O MENINO CRIADO COMO CÃO

Copyright© 2017 by Bruce D. Perry e Maia Szalavitz.
Licença exclusiva para publicação em português brasileiro cedida à nVersos Editora. Todos os direitos reservados. Publicado originalmente na língua inglesa sob o título: *The boy who was raised as a dog : and other stories from a child psychiatrist's notebook : what traumatized children can teach us about loss, love, and healing*, publicado pela Editora *Basic Books*.

Diretor Editorial e de Arte: _____
Julio César Batista

Produção Editoria e Capa: _____
Carlos Renato

Preparação: _____
Mariana Silvestre de Souza

Revisão: _____
Adriane Gozzo e Cristiane Martini Toledo

Editoração Eletrônica: _____
Matheus Pfeifer

Dados Internacionais de Catalogação na Publicação (CIP)
(Câmara Brasileira do Livro, SP, Brasil)

Perry, Bruce D.

O menino criado como cão : o que as crianças traumatizadas podem nos ensinar sobre perda, amor e cura / Bruce D. Perry e Maia Szalavitz ;

Tradução Vera Caputo. - São Paulo: nVersos, 2020.

Título original: The boy who was raised as a dog : and other stories from a child psychiatrist's notebook : what traumatized children can teach us about loss, love, and healing.

ISBN 978-85-54862-38-1

1. Psiquiatria infantil - Obras de divulgação 2. Trauma psíquico em crianças - Estudo de casos I. Szalavitz, Maia. II. Título.

CDD-618.9289
NLM-WS 350

19-32149

Índices para catálogo sistemático:
1. Psiquiatria infantil : Pediatria 618.9289
Cibele Maria Dias - Bibliotecária - CRB-8/9427

1ª edição – 2020
Esta obra contempla o Acordo Ortográfico da Língua Portuguesa
Impresso no Brasil - *Printed in Brazil*
nVersos Editora: Rua Cabo Eduardo Alegre, 36 - cep: 01257060 - São Paulo – SP
Tel.: 11 3382-3000
www.nversos.com.br
nversos@nversos.com.br

Nem a editora nem o autor pretendem dar aconselhamento ou prestar serviços profissionais ao leitor individual. As ideias, procedimentos e sugestões contidos neste livro não visam substituir consultas com seu médico. Tudo o que se refira à sua saúde requer supervisão médica. O autor e a editora não são responsáveis por qualquer perda ou dano alegado devido a qualquer informação ou sugestão neste livro.

Bruce D. Perry, MD, PhD
e Maia Szalavitz

O MENINO CRIADO COMO CÃO

HISTÓRIAS REAIS DE UM PSIQUIATRA INFANTIL

O QUE CRIANÇAS TRAUMATIZADAS PODEM
NOS ENSINAR SOBRE PERDA, AMOR E CURA

Tradução
Vera Caputo

nVersos

SUMÁRIO

Prefácio à edição de 2017, 9

Introdução, 15

Capítulo 1: O mundo de Tina, 21

Capítulo 2: É melhor para você, garota, 43

Capítulo 3: Uma escada para o céu, 67

Capítulo 4: Fome de pele, 87

Capítulo 5: Um coração gelado, 103

Capítulo 6: O menino criado como cão, 125

Capítulo 7: Pânico demoníaco, 151

Capítulo 8: O corvo, 171

Capítulo 9: "Mamãe está mentindo. Mamãe está me machucando. Chamem a polícia.", 191

Capítulo 10: A delicadeza das crianças, 201

Capítulo 11: Comunidades terapêuticas, 215

Capítulo 12: Uma imagem, não um rótulo, 229

Apêndice, 241

Comentários dos capítulos para a edição de 2017, 251

Guia de estudos e comentários para líderes de grupo, 285

Comentários do líder de grupo sobre as questões discutidas, 295

Agradecimentos, 313

Índice remissivo, 317

Nota do autor

As histórias contadas neste livro são todas verídicas, mas para garantir o anonimato e proteger a privacidade dos protagonistas alteramos os detalhes identificadores. O nome das crianças foi mudado, bem como o dos adultos de suas famílias, quando as informações pudessem identificar essas crianças. Todos os demais adultos tiveram o nome mantido, exceto os identificados por um asterisco. Fora essas mudanças necessárias, os elementos essenciais de cada caso são relatados da maneira mais fiel possível. As conversas, por exemplo, são extraídas de lembranças e/ou registros de anotações, de fitas de áudio ou de vídeo.

A dura realidade desses relatos é apenas uma pequena porcentagem dos muitos que coletamos. Nos últimos dez anos, nosso grupo clínico The Child Trauma Academy, tratou mais de uma centena de crianças que presenciaram o assassinato de um dos pais. Trabalhamos com centenas que suportaram severo abandono em instituições, nas mãos de parentes ou responsáveis. Esperamos que a força e o espírito de crianças cujas histórias são contadas neste livro, e de muitas outras que tiveram destino similar, sejam sentidos por meio destas páginas.

PREFÁCIO À EDIÇÃO DE 2017

Em uma tarde de primavera de 2001, eu ouvia meu correio de voz enquanto aguardava o voo no aeroporto St. Paul, de Minneapolis. Passara o dia falando, primeiro para líderes comunitários no café da manhã, depois em uma sessão de treinamento para clínicos que trabalhavam com crianças vítimas de maus-tratos e, por fim, com os colegas acadêmicos que haviam me convidado. Depois de catorze horas de conversas, a última coisa que eu queria era falar ao telefone; deixei dezenas de mensagens para ouvir mais tarde. Mas retornei uma única ligação.

Maia Szalavitz, autora e jornalista especializada em ciências, queria saber minha opinião sobre uma matéria que estava escrevendo. Já tínhamos conversado antes. Eu gostava dela. Era uma pessoa interessada, bem preparada, que fazia excelentes perguntas e, até onde é possível na grande imprensa, se mantinha fiel ao contexto tanto quanto ao conteúdo de nossas conversas em suas matérias. Diferentemente de outros jornalistas com os quais tive contato, Maia lia a literatura científica relacionada às matérias que escrevia – e sempre queria ler mais. E também tinha um prazo para finalizar o trabalho.

Não me lembro sobre o que conversamos, mas no fim ela me disse:

— Você deveria escrever um livro.

— Já pensei nisso, mas não tenho tempo. E o que vale para a academia são as pesquisas, a publicação de novos artigos e os financiamentos. Gosto de escrever, mas ando muito ocupado. Quem sabe um dia.

— Eu ajudo você. Vamos escrever juntos.

E assim começamos a manter conversas que nos levaram à atual colaboração e, por fim, ao livro *O menino criado como cão*.

Quando comecei a escrever, não fazia a menor ideia de que a emergente área da traumatologia mudaria tanto, e que tanta gente se interessaria pelos efeitos do trauma sobre a mente e o cérebro, e esse tremendo interesse logo nos levaria aos tratamentos do "trauma informado" (em inglês, *trauma-informed care*). Também não imaginava que o livro se tornaria um manual para cursos de iniciação e graduação em Sociologia, Neurociência, Psicologia, Criminologia e muitas outras disciplinas.

Embora nós dois soubéssemos que o livro seria bem-aceito, não esperávamos a imensa quantidade de respostas que receberíamos de jovens e adultos afetados por traumas e pelo abandono. Pais, professores, assistentes sociais, policiais, militares, funcionários de creches, oficiais de justiça, juízes, treinadores, psiquiatras, enfermeiros, psicólogos, pediatras – todos que vivem e trabalham com vítimas de traumas e maus-tratos nos procuraram, por escrito ou verbalmente, dizendo que os conceitos encontrados no livro foram incluídos em seus trabalhos.

Nos últimos dez anos, a certeza da importância do trauma na esfera do desenvolvimento e das "experiências adversas na infância" (mais conhecidas pela sigla ACE, em inglês) para a saúde mental, física e até mesmo social espalhou-se como rastilho de pólvora de um pequeno grupo de clínicos e pesquisadores para os sistemas públicos e para a população em geral. Os sistemas educacionais públicos e privados, a assistência à criança nas áreas da saúde e da saúde mental, as Varas da Infância e da Juventude, a Justiça e outros implantaram iniciativas sobre "informação do trauma", "consciência do trauma", "foco no trauma" e "consciência de experiências adversas". *O menino criado como cão* funciona como uma útil introdução aos conceitos, aos princípios e às práticas centrais nas abordagens da "informação do trauma".

Todavia, no início, eu não tinha ideia do que estava fazendo, ao menos como escritor. Maia já havia escrito um livro, eu não. Tivemos muitas discussões sobre como organizar tanto material. Decidimos usar narrativas clínicas, histórias reais de pacientes que ilustrassem os conceitos-chave do cérebro, do desenvolvimento e do trauma. Buscamos equilibrar relatos individuais detalhados com material científico; queríamos que o leitor se envolvesse, mas não se sentisse pressionado pelas complexidades do cérebro, e muito menos pela intensidade emocional da dolorosa história de cada criança. O limite era muito tênue, e, como não poderia deixar de ser, para alguns leitores a intensidade e a complexidade foram esmagadoras. Então, preste atenção: se você começou a ler este livro e teve uma experiência traumática na infância, prepare-se para um material extremamente perturbador. Adapte a leitura ao seu próprio ritmo.

Para a maior parte dos leitores, o equilíbrio funciona. Se, por alguma razão, o leitor não se sentir bem, feche o livro e retome a leitura mais tarde. Procuramos estabelecer um ritmo no texto, na estrutura e na prosa. Devo dizer que foi intencional de nossa parte encontrar a dose "certa" de intensidade emocional, que tanto fosse motivo de estresse para o leitor quanto de novidade, o que também é estressante. E ainda foi nossa intenção encontrar nosso próprio ritmo para o aprendizado acontecer; criar um padrão de resiliência na ativação do estresse para o leitor que envolvesse um esgotamento moderado, controlável e previsível. Mas não conhecíamos tanto esses conceitos quanto os conhecemos agora.

Nós dois queríamos uma linguagem com ritmo e uma história bem contada, então seguimos nossa intuição – e, ao final, acredito termos encontrado o equilíbrio. Nas novas partes incluídas nesta edição, destacamos quanto o ritmo, a "dose" e o espaço entre as experiências são importantes para a construção da resiliência. Ao longo desses últimos dez anos, conseguimos entender melhor esses conceitos aplicados ao aprendizado do desenvolvimento, à terapia, à paternidade e a todo processo cerebral de mudança intencional. Voltaremos a isso mais tarde.

A segunda escolha para este livro foi a sequência das vinhetas clínicas. Sentimos que seria importante apresentá-las numa ordem mais ou menos cronológica, que refletisse o crescimento da área e meu próprio crescimento como clínico e pesquisador. Minhas experiências educacionais em neurociência, medicina e psiquiatria com crianças e adolescentes ocorreram paralelamente à evolução da traumatologia em geral. Por estar mais focado no desenvolvimento, me ajudaria muito entender a "história" – como a pessoa se tornou o que é hoje? Por que essa área se desenvolveu dessa maneira? Como a ideia surgiu? Para mim, é mais fácil entender o presente se eu souber o que aconteceu no passado.

Quando escrevi *O menino criado como cão*, tinha apenas uma vaga ideia dos conceitos-chave mais importantes para compreender crianças traumatizadas e vítimas de maus-tratos, bem como a sequência dos conceitos e teorias aprendidos ao longo do meu desenvolvimento profissional. Tendo em mente essas estruturas, partimos para o trabalho.

Nosso processo envolveu longas conversas ao telefone; eu morava em Houston, e Maia, em Nova York. Uma vez por semana conversávamos por uma hora, enquanto eu narrava o trabalho clínico que havia feito com algum cliente, e elaborávamos um conceito ou princípio sobre desenvolvimento e neurociência. Essas conversas eram gravadas, transcritas, e Maia as editava, organizava, acrescentava algumas coisas e então me enviava a cópia. Eu revisava tudo com cuidado. Nesse processo de "leva e traz", o trabalho em conjunto fluiu tranquilamente.

Após a publicação do livro, começou o *feedback* positivo. Recebemos e-mails e cartas de leitores; muitos compartilhavam experiências pessoais bastante fortes de traumas na infância, outros nos agradeciam por ajudá-los a "ligar os pontos" em sua vida. Ao longo dos anos, à medida que a popularidade crescia, o livro foi traduzido em doze idiomas e, como dissemos, adotado em cursos que cobrem o desenvolvimento e o trauma infantis e as consequências na psicologia e fisiologia da pessoa.

Além disso, a abordagem da solução clínica do problema descrita em *O menino criado como cão* – Modelo Neuro Sequencial de Terapia (NMT, em inglês) – ainda desperta grande interesse. Como será discutido em mais detalhes no capítulo final do livro (capítulo 12: "Uma imagem, não um rótulo"), a evolução dessa abordagem tem sido igualmente explosiva. Quando o livro foi publicado pela primeira vez, meus colegas da The Child Trauma Academy eram os únicos treinados para aplicar a técnica. Hoje, mais de dez mil clínicos estão usando a mesma versão do modelo neuro sequencial em seus trabalhos, afetando diretamente mais de duzentos mil clientes. Estimamos que cerca de um milhão de crianças, jovens e adultos tenham sido expostos aos mesmos aspectos do NMT.

Decidimos escrever esta versão atualizada e comentada para ter certeza de que *O menino criado como cão* seja uma fonte útil e acurada. Nos últimos dez anos, houve avanços nas pesquisas, na prática, no desenvolvimento do programa e das políticas relacionadas ao trauma na infância. Esta versão atualizada visa: 1) corrigir e esclarecer o conteúdo da edição original; 2) expandir, elaborar e atualizar conceitos-chave e princípios descritos no original e 3) apresentar novas e promissoras direções nessas áreas.

Novamente, discutimos muito qual seria a melhor maneira de fazer isso. O *feedback* que obtivemos sobre o livro foi positivo; o ritmo e o equilíbrio da narrativa científica tinham funcionado bem para a maioria. Decidimos, então, deixar intacto cada capítulo (fazendo apenas pequenas correções no conteúdo factual, cujos dados tivessem realmente mudado). No fim do livro, foi acrescentada uma série de ensaios relacionados a cada capítulo, para o leitor refletir e comentar os elementos-chave do capítulo com base em nosso ponto de vista.

Como está escrito nos comentários, nos imaginávamos sentados com nossos leitores para uma rápida conversa sobre o que eles haviam acabado de ler. Assim, podíamos mantê-los atualizados sobre o pensamento mais corrente de algum conceito-chave da neurociência; outras vezes, elaborávamos o trabalho clínico ou os progressos ligados a questões de um caso específico. Mas sempre com a intenção de enriquecer, atualizar, elaborar.

É claro que o processo de criação dessas seções menores envolveu voltar e reler cada capítulo. Por mais estranho que pareça, quando o livro foi finalmente publicado, nunca mais o reli. É óbvio que, quando estamos escrevendo, e fazendo o "vai e volta" das revisões, os capítulos são relidos inúmeras vezes. Entretanto, no momento em que entregamos a versão final para ser impressa, eu já não conseguia sequer olhar para o livro. De certa maneira, hoje, passados dez anos, leio cada capítulo com outros olhos. Às vezes fico impressionado com a clareza de algumas explicações; outras, quero mudar tudo. Hoje sei muito mais; ensinei esses conceitos e aprendi muito com meus colegas e pacientes. E acredito que tudo isso possa ser usado para tornar mais completa a experiência do leitor.

Para acompanhar a nossa apresentação sequencial, acrescentamos um novo capítulo no fim do livro, bem como um guia de estudos. Este novo capítulo nos traz para o presente. Pretendemos, ali, esclarecer os importantes conceitos centrais e visualizar futuras direções na área.

O novo guia de estudos foi adaptado de um guia de estudos para o professor, criado por mim e por meu colega, Steve Garner, professor aposentado e diretor no nosso Modelo Neuro sequencial em Educação (NME, em inglês). Esperamos que seja útil àqueles que pretendem ter discussões mais estruturadas dos conceitos apresentados em *O menino criado como cão* e quiserem usar as ideias nele contidas em suas inter-relações e no trabalho com crianças.

Em conjunto com: as atualizações, o capítulo anexado, o capítulo novo e o guia de estudos devem garantir que *O menino criado como cão* continue sendo um recurso acessível e atual para quem se interessa – ou foi afetado – por um trauma infantil.

INTRODUÇÃO

∽⃝∾

Hoje é difícil imaginar, mas, quando eu estava na faculdade de medicina, no início dos anos 1980, os pesquisadores não prestavam muita atenção nos efeitos duradouros produzidos por um trauma psicológico. Menos ainda em como um trauma era capaz de prejudicar as crianças. Para eles, isso era irrelevante. Acreditava-se que as crianças eram naturalmente "resilientes" e tinham uma capacidade inata de se recuperar.

Quando me tornei psiquiatra e neurocientista infantil, meu objetivo não foi refutar essa teoria enganosa. Depois, já como pesquisador, comecei a observar no laboratório que experiências estressantes, principalmente no início da vida, eram capazes de alterar o cérebro de animais jovens. Vários estudos com animais mostraram que mesmo uma pressão aparentemente pequena na infância causava impacto permanente na arquitetura e na química do cérebro e, consequentemente, no comportamento. E pensei: por que não aconteceria o mesmo com seres humanos?

Essa pergunta não me saía da cabeça quando comecei a realizar o trabalho clínico com crianças perturbadas. Logo descobri que a grande maioria dos meus pacientes vivia uma vida de caos, abandono e/ou violência. É óbvio que essas crianças não "se recuperavam" nem eram levadas a uma clínica de psiquiatria infantil! Sofreram traumas – sendo estupradas ou presenciando assassinatos – que, se os psiquiatras levassem em conta o diagnóstico de distúrbio de estresse pós-traumático (DEPT), teriam adultos com problemas psiquiátricos. Mas as crianças eram tratadas como se seus traumas fossem irrelevantes, e só "por coincidência" apresentavam sintomas de depressão e déficit de atenção que geralmente necessitavam de medicamentos.

É verdade que o diagnóstico do DEPT só foi introduzido na psiquiatria em 1980. No princípio, era visto como algo raro, uma condição que só afetava soldados devastados pelas experiências em combate. Mas logo alguns desses sintomas – pensamentos intrusivos sobre o evento traumático, *flashbacks*, interrupções do sono, sensação de irrealidade, reações de susto exageradas, ansiedade extrema – começaram a ser descritos por sobreviventes de estupro, vítimas de desastres naturais, pessoas que presenciavam acidentes ou sofriam ferimentos graves. Hoje, 7 por cento da população norte-americana acredita nessa condição, e a maior parte das pessoas sabe que o trauma tem efeitos profundos e duradouros. Desde os horrores dos ataques terroristas do 11 de setembro às consequências do furacão Katrina, reconhecemos que eventos catastróficos deixam marcas indeléveis na mente. Atualmente sabemos – e minhas pesquisas e as de muitos outros comprovam – que o impacto é muito maior nas crianças que nos adultos.

O objetivo do meu trabalho é entender de que maneira os traumas afetam as crianças e criar novas maneiras de ajudá-las a lidar com eles. Tratei e estudei crianças que enfrentaram as mais horrendas experiências que se possa imaginar – desde vítimas sobreviventes da conflagração da seita Branch Davidian, em Waco, no Texas, aos órfãos abandonados do Leste Europeu e sobreviventes de genocídios. Também auxiliei advogados a recuperar os depoimentos extraviados sobre o "Abuso de Ritual Satânico", baseados em acusações forçadas de crianças torturadas e apavoradas. Fiz o possível para ajudar crianças que presenciaram o assassinato dos pais e outras que passaram anos acorrentadas em gaiolas ou trancadas em armários.

Embora a maior parte das nossas crianças jamais passará por nada tão terrível quanto o que muitos de meus pacientes passaram, raramente uma criança se livra por completo de um trauma. De acordo com estatísticas conservadoras, cerca de 40 por cento das crianças norte-americanas terão ao menos uma experiência potencialmente traumatizante até os dezoito anos: isso inclui a morte de um dos pais ou irmãos, abuso físico contínuo e/ou abandono, abuso sexual ou experiências de acidente grave, desastres naturais, violência doméstica ou outros crimes violentos.

Só em 2004 foram feitas três milhões de denúncias de abuso ou abandono de criança nas agências governamentais de proteção à criança; por volta de 872 mil casos foram confirmados. É claro que o número real de crianças abusadas e abandonadas é muito superior, porque a maioria dos casos jamais é denunciada, e alguns casos reais não podem ser confirmados para que se possa adotar uma ação oficial. Em uma pesquisa mais ampla, uma entre oito crianças menores de dezessete anos reportou alguma forma de maus--tratos graves por parte de adultos no ano anterior, e cerca de 27 por cento das mulheres e 16 por cento dos homens foram vitimizados sexualmente durante a infância. Em uma sondagem de âmbito nacional realizada em 1995, 6 por cento das mães e 3 por cento dos pais admitiram ter abusado fisicamente dos filhos ao menos uma vez.

E não é só isso. Mais de dez milhões de crianças norte-americanas são expostas à violência doméstica todos os anos, e 4 por cento das crianças com menos de quinze anos perde um dos pais por morte a cada ano. Além disso, a cada ano, cerca de 800 mil crianças passam um tempo em acolhimento familiar e outros milhões são vítimas de desastres naturais e acidentes automobilísticos devastadores.

Embora eu não esteja dizendo que todas as crianças serão gravemente afetadas por essas experiências, as estimativas mais modestas sugerem que em dado momento, mais de oito milhões de crianças norte-americanas apresentarão graves problemas psiquiátricos diagnosticáveis relacionados a traumas. Outros milhões apresentarão consequências menos graves, mas não menos dolorosas.

Praticamente, um terço das crianças que sofrem abuso apresentará evidentes problemas psicológicos – e a pesquisa continua indicando que problemas aparentemente "físicos", como doenças cardíacas, obesidade e câncer, afetarão crianças traumatizadas em algum momento da vida. A reação dos adultos durante e após os eventos traumáticos pode fazer uma enorme diferença nesses eventuais cenários – tanto para o bem quanto para o mal.

Ao longo dos anos, pesquisas feitas em meu laboratório e em muitos outros nos levaram a uma compreensão muito maior do que o trauma faz com as crianças e de como podemos ajudá-las a se curar. Em 1996, fundei a The Child Trauma Academy, um grupo de profissionais interdisciplinares dedicados a melhorar a vida de crianças e suas famílias expostas a altos riscos. Nosso trabalho clínico continua, e ainda temos muito que aprender, e nosso principal objetivo é oferecer às pessoas tratamentos baseados naquilo que conhecemos. Treinamos pessoas com ou sem filhos, agentes públicos, oficiais da polícia e da justiça, assistentes sociais, médicos, legisladores e políticos, em formas mais eficientes de minimizar o impacto do trauma e maximizar a recuperação dos pacientes. Visitamos agências governamentais e outros grupos para assessorá-los na implementação das melhores práticas para lidar com essas questões. Meus colegas e eu viajamos por todo o mundo, conversando com pais, médicos, educadores, protetores da infância e agentes da lei, bem como com partes interessadas em níveis superiores, como órgãos e comitês legislativos, além de líderes empresariais. Este livro é parte desses nossos esforços.

Em *O menino criado como cão*, vocês conhecerão algumas crianças que nos ensinaram lições importantes sobre como os traumas as afetaram. E saberão o que esperam de nós – pais e responsáveis, médicos e governantes – para ter uma vida saudável. Verão como as crianças são marcadas pelas experiências traumáticas, o que influencia a personalidade e a capacidade de crescimento físico e emocional. Conhecerão minha primeira paciente, Tina, cuja experiência de abuso alertou-me para o impacto de um trauma no cérebro infantil. Conhecerão também Sandy, uma garotinha corajosa que aos três anos foi encaminhada para um programa de proteção assistida e me permitiu enxergar a importância da criança poder controlar os aspectos da própria terapia. E ainda um menino encantador chamado Justin, com quem aprendi que as crianças podem se recuperar de privações indescritíveis. Todas as crianças traumatizadas com as quais trabalhei – as do Branch Davidian, que encontraram conforto cuidando umas das outras; Laura, cujo corpo não se desenvolveu até ela se sentir segura e amada; Peter, órfão russo cujos colegas do ensino fundamental se tornaram seus "terapeutas" – nos ajudaram a mim e a meus colegas a encaixar uma nova peça no quebra-cabeça de um tratamento para elas e suas famílias.

Nosso trabalho nos permitiu entrar na vida de pessoas desesperadas, solitárias, tristes, apavoradas e machucadas, embora a maior parte das histórias aqui descritas seja de sucesso – de esperança, sobrevivência e triunfo. O mais surpreendente é que, ao percorremos o massacre emocional causado pelo que há de pior na humanidade, nos deparamos com o que a humanidade tem de melhor.

Por fim, o que determina como a criança sobrevive a um trauma físico, emocional ou psicológico é se as pessoas que as cercam, em particular os adultos em quem confiam e com os quais contam, permanecem ao lado delas para amá-las, apoiá-las e incentivá-las. O fogo pode aquecer ou consumir, a água pode matar a sede ou afogar, o vento pode refrescar ou destruir. Assim também são os relacionamentos humanos: tanto podemos criar ou destruir, alimentar ou aterrorizar, traumatizar ou curar nosso próximo.

Neste livro, você conhecerá crianças notáveis cujas histórias nos ajudaram a entender melhor a natureza e a força dos relacionamentos humanos. Embora muitos desses meninos e meninas tenham tido experiências muito mais extremas que a maioria das famílias enfrentará (e damos graças a Deus por isso), suas histórias trazem lições para todos os pais que querem ajudar os filhos a lidar com as inevitáveis pressões que a vida nos impõe.

Trabalhar com crianças maltratadas e traumatizadas levou-me a pensar mais seriamente na natureza humana e na diferença entre espécie humana e humanidade. Nem todos os seres humanos são humanos; o ser humano aprende a se tornar humano. Esse processo, que algumas vezes dá tão errado, é outro aspecto tratado neste livro. As histórias aqui descritas exploram as condições necessárias para que a empatia cresça, mas também podem levar à crueldade e à indiferença. Revelam como o cérebro das crianças se desenvolve e é moldado pelas pessoas que as cercam. E expõem como a ignorância, a miséria, a violência, o abuso sexual, o caos e o abandono causam estragos no cérebro em desenvolvimento e em personalidades em formação.

Faz muito tempo que tenho vontade de entender melhor o desenvolvimento humano e principalmente saber por que alguns nascem para ser produtivos, responsáveis e gentis, enquanto outros reagem à violência sendo muito mais violentos. Meu trabalho me revelou muita coisa sobre formação moral, sobre as raízes do mal e sobre como as tendências genéticas e as influências ambientais podem determinar decisões importantes, que, por sua vez, vão interferir nas nossas escolhas futuras e, por fim, em que tipo de pessoa seremos. Não acredito na "desculpa do abuso" para justificar um comportamento violento e perigoso, mas descobri que existem interações complexas que começam na primeira infância, e influenciam nossa capacidade de vislumbrar escolhas e mais tarde limitam a competência de tomar as melhores decisões.

Meu trabalho me levou à intersecção entre mente e cérebro, ao lugar onde as escolhas são feitas e testamos as influências que determinarão se nos tornamos, ou não, verdadeiramente humanos. *O menino criado como cão* faz parte do que aprendi. Apesar do sofrimento e do medo, as crianças citadas neste livro, e muitas outras iguais a elas, demonstraram muita coragem e humanidade, e me deixaram esperançoso. Com elas aprendi muito sobre perda, amor e recuperação.

As lições que aprendi com as crianças servem para todos. Porque, para entender um trauma, é preciso entender a memória. Para avaliar de que maneira as crianças se recuperam, temos que entender de que forma aprendem a amar, como enfrentam desafios, como lidam com o estresse. E, ao reconhecer o impacto destrutivo que a violência e as ameaças podem causar na nossa capacidade de amar e trabalhar, conhecemos melhor a nós mesmos e cuidamos melhor das pessoas que nos cercam, especialmente das crianças.

CAPÍTULO 1

O MUNDO DE TINA

∽✢∾

Tina foi minha primeira paciente, tinha apenas sete anos quando a conheci. Estava na sala de espera da clínica de psiquiatria infantil da Universidade de Chicago, pequenina e frágil, agarrada à mãe e aos irmãos, sem saber o que esperar do novo médico. Quando a recebi no consultório e fechei a porta, difícil saber qual dos dois estava mais nervoso: se a menininha afro-americana com um metro de altura, com os cabelos meticulosamente trançados, ou eu, o rapaz branco com um metro e oitenta e cabeleira de cachos desordenados. Tina sentou-se na poltrona e me examinou de cima a baixo. Em seguida, atravessou a sala, veio para o meu colo e se aninhou.

Fiquei comovido. Que coisa mais linda! Que criança meiga! Doce ilusão. Ela se virou, levou a mão para a minha braguilha e tentou abrir o zíper. Agora não estava mais comovido, mas triste. Peguei a mão dela, afastei das minhas pernas e com cuidado tirei-a do colo.

No dia anterior, eu havia lido a "ficha" de Tina – uma folha de papel com algumas poucas informações anotadas na entrevista feita por telefone pelo nosso funcionário. Tina morava com a mãe, Sara, e dois irmãos mais novos. Sara ligou para a clínica de psiquiatria infantil porque a escola da filha exigiu que a menina fosse avaliada. Tina era "agressiva e inadequada" com os colegas de sala. Expunha-se, atacava as crianças, usava linguagem sexual, tentava envolvê-las em brincadeiras sexuais. Não prestava atenção às aulas e era desobediente.

A história mais relevante contida na ficha é que Tina havia sido abusada por dois anos, dos quatro aos seis anos. O agressor foi um garoto de dezesseis anos, filho da mulher que cuidava das crianças. Ele molestava Tina e o irmão menor dela, Michael, enquanto a mãe deles trabalhava. A mãe de Tina era solteira. Pobre, mas nem por isso na assistência social, Sara sustentava a família com um trabalho mal remunerado em uma loja de conveniência.

Só podia pagar um arranjo informal feito com uma vizinha. Infelizmente, essa vizinha costumava deixar as crianças com o filho, quando precisava sair. E o rapaz era doente. Amarrava as crianças e as estuprava, sodomizava com objetos e ameaçava matá-las se abrissem a boca. Até que a mãe dele o surpreendeu e os abusos terminaram.

Sara nunca mais deixou as crianças aos cuidados de vizinhos, mas o mal estava feito. (O menino foi condenado a fazer terapia, porém não fora preso.) E aqui estamos nós, um ano depois. A menina apresentava problemas graves, a mãe não dispunha de recursos, e eu não sabia nada sobre crianças abusadas.

— Venha cá. Vamos pintar — eu disse em tom gentil, tirando-a do colo. Ela pareceu não gostar. Não gostou de mim? Eu parecia muito bravo? Ela não tirava os olhos de mim, seguia meus movimentos e buscava uma pista não verbal para entender nossa interação. Meu comportamento não combinava com suas experiências anteriores com homens.

Tina só conhecia predadores sexuais: nunca teve um pai carinhoso, um avô acolhedor, um tio ou irmão mais velho que a protegesse. Os únicos homens adultos com os quais convivia eram os namorados da mãe, quase sempre inadequados, e seu agressor. A experiência lhe ensinara que os homens queriam sexo, dela ou da mãe. É lógico que do ponto de vista dela eu deveria querer o mesmo.

O que fazer, então? Como se mudam os comportamentos e convicções bloqueados após anos de experiência com apenas uma hora de terapia semanal? Em minha experiência e treinamento, ninguém havia me preparado para alguém como aquela menininha. Eu não a entendia. Por que ela interagia como se todos quisessem fazer sexo com ela, mulheres e meninas, inclusive? O comportamento agressivo e impulsivo na escola estaria relacionado a isso? Ou estaria pensando que eu a rejeitava? E de que maneira isso a afetava?

Era 1987, eu fazia parte da ala de Psiquiatria da Criança e do Adolescente da Universidade de Chicago, e estava iniciando os dois últimos anos de um dos melhores cursos médicos do país. Foram quase doze anos de pós-graduação. Fiz o doutorado em medicina, o pós-doutorado e concluíra três anos como médico residente na psiquiatria geral. Conduzia uma pesquisa básica em um laboratório de neurociência que estudava os sistemas cerebrais de resposta ao estresse. Já conhecia bem os sistemas celulares e cerebrais, suas redes e químicas tão complexas. Havia muitos anos tentava entender a mente humana. E, apesar disso, só consegui me sentar diante de Tina em uma pequena mesa em meu consultório, dar a ela alguns lápis de cor e um livro para colorir. Ela folheou o livro.

— Posso pintar este? — perguntou, como se não soubesse o que fazer naquela estranha situação.

— Claro — respondi. — O vestido será azul ou vermelho?

— Vermelho.

Ela terminou de pintar e mostrou-me o livro para minha aprovação.

— Muito bonito — eu disse.

Tina sorriu. Nos quarenta minutos seguintes nós nos sentamos lado a lado no chão, pintando em silêncio, trocando os lápis de cor, mostrando nosso progresso um ao outro e tentando nos acostumar a ficar no mesmo espaço como dois estranhos. Quando a sessão terminou, eu a acompanhei até a sala de espera. A mãe dela segurava o pequeno no colo e conversava com o filho de quatro anos. Sara me agradeceu e marcamos outra consulta na semana seguinte. Quando saíram, senti que precisava conversar com meus supervisores mais experientes, alguém que pudesse me ajudar a pensar em como auxiliar aquela menininha.

No treinamento em saúde mental, supervisão não é um termo adequado. Quando eu era médico residente ainda aprendendo a colocar um cateter central, ressuscitar alguém com parada cardíaca ou tirar sangue, sempre havia um médico por perto para instruir, corrigir, supervisionar. O *feedback* era sempre imediato e, em geral, negativo. E quando era aplicado o tradicional método "ensine fazendo", sempre havia um cirurgião mais velho e experiente para auxiliar nas interações com os pacientes.

Nada disso acontece na psiquiatria. Ainda em treinamento, quando eu estava com um paciente, ou com o paciente e sua família, sempre trabalhei sozinho. Depois que via o paciente, em geral em muitas ocasiões, eu e meu supervisor conversávamos sobre o caso. Durante o trabalho clínico, o psiquiatra infantil costuma ter vários supervisores. Eu costumava apresentar a mesma criança ou o mesmo caso a vários supervisores, para obter impressões diferentes e pareceres complementares. É um processo interessante, que tem inúmeras vantagens, mas também claras deficiências, as quais logo pude reconhecer. Apresentei o caso de Tina ao meu primeiro supervisor, o Dr. Robert Stine*, um jovem sério e intelectual, que estava em treinamento para ser psicanalista.

Usava barba longa e a mesma roupa todos os dias: terno preto, camisa branca e gravata preta. Talvez fosse mais inteligente que eu, porque usava o jargão psiquiátrico com toda tranquilidade: "introjeção materna", "relações objetais", "contratransferência", "fixação oral". Eu olhava seriamente para ele e assentia com a cabeça, como se suas palavras esclarecessem todas as minhas dúvidas.

— Ah, sim, obrigado. Vou me lembrar disso.

Mas pensava: "Afinal, do que ele está falando?".

Fiz uma apresentação rápida, porém formal, descrevendo os sintomas de Tina, sua história, a família e as reclamações da escola, além de detalhar os elementos-chave do meu primeiro encontro com ela. O Dr. Stine tomou notas. Quando terminei, perguntou:

— E o que você acha que ela tem?

— Não tenho certeza — respondi, sem ter a menor ideia. O treinamento médico ensina ao jovem aprendiz a se mostrar muito menos ignorante do que ele realmente é. E eu era mesmo ignorante. O Dr. Stine percebeu e sugeriu que consultássemos o guia de diagnósticos das desordens psiquiátricas, o Diagnostic and Statistical Manual (DSM).

Naquela ocasião, era o DSM III. A cada dez anos, o manual é revisado para incluir atualizações de pesquisa e novas descobertas sobre distúrbios. O processo tem princípios objetivos, mas é muito suscetível à sociopolítica e a outros processos não científicos. Por exemplo, a homossexualidade já foi considerada "distúrbio" pelo DSM e hoje não é mais. O principal problema do DSM – até o momento – é ser um catálogo de distúrbios baseados em listas de sintomas. Mais ou menos como um manual de computadores criado por um grupo sem nenhum conhecimento dos novos hardware e software para encontrar a causa e a solução dos problemas, mas perguntando que barulhos a máquina está fazendo. Sei, graças às minhas pesquisas e ao meu treinamento, que os sistemas desta "máquina", o cérebro humano, são muito complexos. Por essa razão, as mesmas "respostas" podem ser causadas por vários problemas no interior do cérebro. E o DSM não leva isso em conta.

— Então ela é desatenta, indisciplinada, impulsiva, inconformada, desafiadora, opositora e tem problemas com os colegas. Ela atende aos critérios para o diagnóstico de Distúrbio de Déficit de Atenção e distúrbio desafiador opositivo — decretou prontamente o Dr. Stine.

— É, parece que sim — respondi. Mas não estava convencido. Tina vivenciava alguma coisa a mais e diferente do que descreviam aqueles diagnósticos rotulares. Eu sabia, pelas minhas pesquisas com o cérebro, que os sintomas que envolvem o controle e o foco da nossa atenção são extremamente complexos. Sabia também que muitos fatores ambientais e genéticos podem influenciar esses sintomas. Estaria correto dizer que Tina era "desafiadora" se seu "inconformismo" talvez fosse consequência de sua vitimização? E o distúrbio que a fazia acreditar que seu comportamento sexual em público, com adultos e com seus pares, era normal? Se ela tivesse Distúrbio de Déficit de Atenção (TDA), o abuso sexual seria importante para tratar alguém igual ela?

Mas não fiz essas perguntas. Só olhei para o Dr. Stine e balancei a cabeça, como se estivesse absorvendo o que ele me dizia.

— Leia mais sobre a farmacologia para TDA. Conversaremos mais na próxima semana — decretou.

Ele me deixou ainda mais confuso e desapontado. É isso que é ser um psiquiatra infantil? Fiz o treinamento em psiquiatria geral (para adultos), conhecia as limitações da supervisão e do nosso método diagnóstico, mas não tinha nenhuma familiaridade com os problemas difusos nas crianças que eu atendia. Elas eram marginalizadas socialmente, seu desenvolvimento estava defasado, foram profundamente maltratadas e tinham vindo à nossa clínica esperando que "consertássemos" coisas que não combinavam com os brinquedos que oferecíamos a elas. Como é possível que algumas poucas horas mensais e uma prescrição iriam mudar a aparência e o comportamento de Tina? O Dr. Stine acreditaria realmente que a Ritalina ou qualquer outra droga indicada para TDA resolveria o problema da menina?

Felizmente eu tinha outro supervisor: um homem sábio e maravilhoso, um verdadeiro gigante da psiquiatria, o Dr. Jarl Dyrud. Assim como eu, era da Dakota do Norte e nos demos bem logo de cara. Como o Dr. Stine, o Dr. Dyrud era especialista em método analítico. E tinha muitos anos de experiência ajudando pessoas na vida real. O Dr. Dyrud deixou que a experiência, não só as teorias freudianas, moldassem sua prática.

Ele ouviu atentamente a descrição de Tina. Quando terminei, sorriu e perguntou:

— Você gostou de colorir com ela?

— Sim, gostei muito.

— É um bom começo. Me conte mais — pediu.

Comecei listando os sintomas de Tina, as queixas dos adultos sobre seu comportamento.

— Não, não. Fale-me sobre ela, não sobre os sintomas.

— Como assim?

— Onde ela mora? Como é a casa dela, onde dorme, o que faz durante o dia? Fale-me dela.

Confessei que não sabia nada a respeito dela.

— Dê um tempo para conhecê-la melhor... e esqueça os sintomas. Saiba como ela vive — aconselhou.

Nas sessões que se seguiram, Tina e eu pintávamos, jogávamos, conversávamos sobre o que ela gostava de fazer. Quando pergunto às crianças iguais a Tina o que querem ser quando crescer, em geral me respondem "se eu crescer", porque já viram tantas mortes e tanta violência em casa e na vizinhança que não sabem se chegarão à idade adulta. Tina dizia, às vezes, que queria ser professora, outras, cabeleireira, desejos perfeitamente comuns e mutáveis para uma menina da idade dela. Mas, quando discutíamos os detalhes desses vários objetivos, levava tempo para ela reconhecer que o futuro pode ser algo que a gente planeja, algo que pode ser previsto e até alterado, e não uma série de eventos imprevisíveis que vão acontecendo diante de nós.

Conversei com a mãe sobre o comportamento de Tina na escola e em casa, e assim soube como era sua vida. Havia, claro, a rotina escolar diária. Depois da aula, infelizmente, havia um bom período de tempo entre a hora em que Tina e o irmão chegavam em casa e Sara saía do trabalho. Sara monitorava os filhos por telefone, tinha vizinhos próximos a quem eles podiam recorrer numa emergência, mas ela não queria mais arriscar que abusos fossem cometidos por outros cuidadores. Então as crianças ficavam sozinhas, geralmente assistindo à TV. E às vezes, Sara admitiu, pelo que eles já haviam passado, as brincadeiras eram sexualizadas.

Sara não era uma mãe negligente. Mas o sustento dos filhos a deixava exausta, sobrecarregada, desmotivada. Toda mãe teria dificuldade de lidar com as necessidades emocionais de filhos traumatizados. A família dispunha de pouco tempo para se divertir e para estar juntos. Como em toda família financeiramente carente, sempre surgem necessidades urgentes, uma emergência médica ou emocional, e aquela atenção imediata para evitar todo tipo de desastre, seja um despejo, a perda do emprego e mesmo dívidas esmagadoras.

Meu trabalho com Tina prosseguia. Sara estava sempre sorridente; a hora da terapia de Tina era um tempo na semana em que ela não fazia mais nada além de estar com os filhos. Tina corria para dentro do consultório, e eu ficava brincando mais um pouco com seu irmãozinho (ele também estava em terapia, mas com outra pessoa e em outro horário) e com o bebê. Quando eles encontravam alguma coisa mais interessante, eu me juntava a Tina, que já esperava por mim sentada em sua cadeirinha.

— O que vamos fazer hoje? — ela perguntava. Os jogos, os livros de colorir e os brinquedos já tinham sido tirados da estante e estavam sobre a mesa. Enquanto eu fingia pensar o que escolher, ela olhava para mim cheia de expectativa.

— Hummmmm... que tal jogarmos *Operation*?
— Sim! — ela dizia, sorridente.

Tina conduzia o jogo. E eu ia introduzindo novos conceitos, como pensar com calma qual seria a próxima jogada. Vez ou outra ela comentava espontaneamente algum fato, uma esperança, um medo. E eu fazia perguntas para esclarecer algum detalhe. E então ela voltava a atenção para o jogo. E assim, aos pouquinhos, comecei a conhecer melhor aquela menininha.

No fim do outono, porém, Tina atrasou-se para a terapia durante várias semanas. Como as sessões duravam uma hora, os atrasos só nos permitiriam ter vinte minutos de conversa. Cometi o erro de comentar isso com o Dr. Stine em uma atualização do meu caso. Ele ergueu as sobrancelhas e me olhou decepcionado.

— O que está acontecendo?
— Não sei. Talvez a mãe esteja muito ocupada.
— Vamos interpretar essa resistência.

O que ele queria dizer? Que Tina não queria mais fazer terapia e estava obrigando a mãe a se atrasar?

— O senhor se refere à resistência de Tina ou da mãe?
— A criança corre perigo. A mãe deve estar com ciúme da atenção que a menina está recebendo. Prefere que a filha continue lesada — decretou.

Eu não sabia o que pensar. Sei que os analistas costumam interpretar os atrasos em terapia como sinal de "resistência" à mudança, mas neste caso isso era um absurdo. Sua afirmação não dava espaço para o acaso; a culpada era a mãe de Tina que, a meu ver, estava fazendo o possível para ajudar a filha. A dificuldade para chegar à clínica era imensa. Tinham que tomar três ônibus, em geral atrasados sob o rigoroso inverno de Chicago; Sara não tinha com quem deixar os filhos; várias vezes teve que pegar dinheiro emprestado para a passagem. Eu sabia que ela estava fazendo o melhor possível em uma situação extremamente difícil.

Logo depois dessa conversa com o Dr. Stine, saí da clínica numa noite gelada. Tina e a família esperavam o ônibus para voltar para casa. Já estava escuro, e a neve atravessava a fraca luminosidade de um poste de rua. Sara segurava o bebê no colo, e Tina estava encolhida ao lado dela, sob uma lâmpada de aquecedor. De mãos dadas, os irmãos espremiam-se uns contra os outros. Os pés não alcançavam o chão. Eram 18 horas e 45 minutos. Estava gelado. Eles não chegariam em casa antes de uma hora. Longe da vista, estacionei o carro e os fiquei observando, torcendo para que o ônibus chegasse logo.

Eu me sentia mal por estar em um carro aquecido. Pensei em oferecer carona, mas a área da psiquiatria é muito rigorosa em relação a limites. Existem paredes instransponíveis entre um paciente e o médico, limites rigorosos que definem com clareza o relacionamento deste último com pessoas desestruturadas. Essa regra faz sentido, mas, como muitos outros princípios terapêuticos desenvolvidos em trabalhos feitos com adultos neuróticos da classe média, este também não se aplicava ao caso.

Por fim o ônibus chegou, e me senti aliviado.

Na semana seguinte, esperei um tempo depois que a sessão terminou para pegar meu carro. Disse a mim mesmo que precisava redigir alguns pareceres, porém, na realidade, não queria ver a família esperando no frio. E não pude evitar indagar o que haveria de errado em um ato de humanidade tão simples como dar carona a pessoas que esperavam no frio. Por que isso interferiria no processo terapêutico? Entre idas e vindas, meu coração permaneceu do lado da gentileza. Um ato sincero, gentil, teria impacto terapêutico muito maior que qualquer atitude artificial emocionalmente controlada, característica da "terapia".

Estávamos em pleno inverno e fazia um frio de rachar. Prometi a mim mesmo que se visse aquela família novamente, ofereceria uma carona. Era o que eu devia fazer. Em uma noite de dezembro, quando saí do trabalho e passei pelo ponto de ônibus, lá estavam eles. Ofereci a carona. Sara agradeceu, mas disse que teria que passar em um mercado a caminho de casa. Ofereci-me para passar no estabelecimento. Ela hesitou, mas acabou aceitando, e todos entraram em meu Toyota Corolla.

Já distante do centro médico, Sara apontou para uma loja na esquina, e parei o carro. Ela estava com o bebê no colo e ficou em dúvida se levava a criança ou a deixava no carro.

— Me dê aqui o bebê. Esperamos por você aqui no carro — decidi.

Enquanto ela estava no mercado, ouvimos rádio. Tina cantarolou a música que tocava. Para que o bebê não acordasse, comecei a embalar a criança, imitando os movimentos da mãe. Sara se aproximou do carro com duas sacolas pesadas.

— Segure isso e não mexa em nada — ela disse a Tina, que estava no banco de trás.

Quando chegamos ao apartamento, notei que Sara tinha dificuldade para sair do carro e caminhar sobre a neve com o bebê no colo, a bolsa pendurada no ombro e as duas sacolas de compras. Tina quis ajudar com uma sacola, mas era pesada, e a menina escorregou. Saí do carro, peguei a sacola de Tina e também a que Sara levava.

— Não precisa, nós conseguimos — protestou.

— Sei que conseguem, mas hoje posso ajudar.

Sara deixou claro que não sabia como lidar com a minha oferta. Tentava entender se seria mera gentileza da minha parte ou se haveria alguma intenção sinistra por trás. Ela parecia constrangida. E eu também. Mesmo assim, insisti em ajudar.

Subimos três lances de escada até o apartamento. Sara encontrou as chaves na bolsa e abriu a porta com cuidado para não acordar a criança que dormia em seu colo. Não é fácil a vida de uma mãe que cuida sozinha de três crianças, sem dinheiro, fazendo trabalhos esporádicos e monótonos, sem a família por perto para ajudá-la. Fiquei esperando na porta com as sacolas nas mãos.

— Ponha as sacolas sobre a mesa — Sara pediu, seguindo para o único quarto da casa a fim de acomodar o bebê sobre um acolchoado encostado na parede. Dei dois passos e estava na mesa da cozinha. Deixei as sacolas sobre a mesa e olhei em volta. Havia uma poltrona diante de uma televisão colorida e uma mesinha de apoio com copos e pratos sujos em cima. Sobre a pequena mesa da cozinha rodeada por três cadeiras, havia um pão de fôrma já aberto e um pote com manteiga de amendoim. Um colchão no chão acomodava cobertores dobrados e travesseiros. Algumas roupas e jornais estavam espalhados pela sala. Na parede, uma foto de Martin Luther King Jr. ladeada por fotos de Tina e do irmão tiradas na escola. Era um apartamento acolhedor.

Sara saiu do quarto.

— "Quero agradecer outra vez pela carona", ela parecia envergonhada.

Respondi que estava tudo bem, mas sentindo certo desconforto. Antes de sair, disse:

— Vejo vocês na semana que vem.

Tina acenou, tirando as compras da sacola.

Eram crianças bem-educadas e viviam melhor que muitas que conheci – essa foi minha impressão. No caminho de volta, atravessando um dos bairros mais pobres de Chicago, senti certa culpa. Culpa pela sorte e pelas oportunidades que tive, pelos recursos e pelos presentes que recebi da vida, por todas as vezes que reclamei por excesso de trabalho e por não obter reconhecimento por isso. E também vi que, agora, conhecia Tina muito mais. Ela vivia em um mundo muito diferente do meu. De alguma forma, isso tinha relação com os problemas que a levaram ao meu consultório. Eu não sabia exatamente o que, mas alguma coisa importante naquele mundo em que ela vivia foi determinante para sua saúde emocional, social e física.

É claro que senti medo de contar a alguém o que fizera, ou seja, levar minha paciente e a família dela para casa. Pior que isso, que parara no meio do caminho para comprar pão e ajudara a carregar as compras. Mas parte de mim não se importava com isso. Sabia que havia feito a coisa certa. Não se deixa uma jovem mãe com dois filhos pequenos e um bebê à espera de um ônibus no frio.

Esperei duas semanas para contar ao Dr. Dyrud o que havia feito.

— Estava muito frio, eu os vi esperando o ônibus e ofereci uma carona até a casa deles.

Um tanto nervoso, eu tentava decifrar a reação dele nas expressões de seu rosto, da mesma maneira que Tina fizera comigo. Mas ele apenas sorriu enquanto eu relatava minha transgressão. Quando terminei, o Dr. Dyrud cruzou as mãos e disse:

— Parabéns! Deveríamos visitar a casa de todos os nossos pacientes. Conte-me mais sobre isso — pediu e se acomodou para ouvir.

Entrei em choque. Naquele momento, o sorriso do Dr. Dyrud e a satisfação em seu rosto libertaram-me de uma culpa incômoda que durava já duas semanas. Ele me perguntou o que eu havia aprendido, e eu disse que poucos minutos naquele pequeno apartamento me ensinaram muito mais sobre os desafios que Tina e sua família enfrentavam do que eu jamais conseguiria saber em uma sessão ou entrevista clínica.

Mais tarde, durante meu primeiro ano de treinamento em psiquiatria infantil, Sara e a família se mudaram para um apartamento mais próximo do centro médico, apenas a vinte minutos de ônibus. As viagens noturnas terminaram. Não havia mais "resistência". Seguimos nos encontrando uma vez por semana.

A sabedoria e orientação do Dr. Dyrud foram libertadoras. Como outros mestres, clínicos e pesquisadores que me inspiraram, ele incentivava a exploração, a curiosidade e a reflexão, e o que é mais importante: encorajava-me a desafiar os princípios existentes. Munido do que recebi de cada um de meus mentores, comecei a desenvolver um método terapêutico que explicasse os problemas emocionais e comportamentais como sintomas de uma disfunção no interior do cérebro.

Em 1987, a psiquiatria infantil ainda não englobava a neurociência. A ampla expansão da pesquisa cerebral e do desenvolvimento do cérebro que teve início na década de 1980 e explodiu nos anos 1990 ("a década do cérebro") ainda não ocorrera, bem como sua influência na prática clínica. Pelo contrário, o que existia era uma ativa resistência por parte de psicólogos e psiquiatras em aceitar uma perspectiva biológica para o comportamento humano. O método era considerado mecanicista e desumano, como se a redução automática do comportamento a seus correlatos biológicos significasse que os causadores seriam os genes, sem espaço para o livre-arbítrio e a criatividade, sem jamais levar em conta fatores ambientais como a pobreza. As ideias evolucionistas eram malvistas, como teorias racistas e sexistas retrógradas que racionalizavam o *status quo* e reduziam a ação humana a instintos animais.

Por ser apenas iniciante em psiquiatria infantil, eu ainda não confiava na minha capacidade de pensar com independência, de processar e interpretar com precisão o que via. Por que só eu estaria certo se nenhum psiquiatra já estabelecido, as estrelas, meus mentores, falavam ou ensinavam essas coisas?

Felizmente, o Dr. Dyrud e vários outros me incentivaram a incluir a neurociência em meu raciocínio clínico de Tina e de outros pacientes. O que se passava no cérebro de Tina? O que havia de diferente no cérebro daquela menina que a tornava mais impulsiva e desatenta que outras meninas da mesma idade? O que teria acontecido em seu cérebro em desenvolvimento quando ela viveu aquelas experiências anormais e sexualizadas com tão pouca idade? As dificuldades causadas pela pobreza a teriam afetado? E por que as dificuldades de fala e de linguagem? O Dr. Dyrud apontava para a própria cabeça e dizia:

— A resposta está aqui, em algum lugar.

Fui apresentado à neurociência já no primeiro ano da faculdade. Meu primeiro orientador foi o Dr. Seymour Levine, neuroendocrinologista mundialmente famoso, cujo trabalho pioneiro sobre o impacto causado pelo estresse no desenvolvimento cerebral na primeira infância influenciou todo meu pensamento subsequente. Com ele, aprendi que as influências precoces deixam no cérebro impressões por toda a vida.

Levine fez uma série de experimentos com ratos e observou o desenvolvimento de importantes sistemas hormonais relacionados ao estresse. Seu grupo de trabalho demonstrou que a biologia e as funções desses importantes sistemas podiam ser alteradas drasticamente por breves períodos durante os primeiros anos de vida. Biologia não são só genes representando um *script* que nunca se altera. É sensível ao mundo exterior, como previram as teorias evolucionistas. Em alguns experimentos, o estresse durava apenas alguns minutos e envolvia os momentos de manipulação humana com os camundongos, o que é muito estressante para eles. Mas essa breve e estressante experiência em um momento-chave do desenvolvimento do cérebro provocava alterações nos sistemas hormonais do estresse que perduravam na vida adulta.

Desde que iniciei minha educação formal nesta área, tenho consciência de que as experiências vividas na primeira infância têm impacto transformador. Isso se tornou um padrão de comparação de todos os conceitos subsequentes.

Com muita frequência, pensava em Tina e nas outras crianças com as quais trabalhava. Então me vi obrigado a elaborar melhor o problema: o que eu sei? Quais informações estão me faltando? Existe alguma relação entre o que já se conhece e o que ainda não é conhecido? Estou fazendo diferença na vida dessas crianças? Eu considerava também os sintomas que meus pacientes apresentavam: por que esta criança em particular tem esses problemas específicos? O que pode mudar? Os comportamentos podem ser explicados pelo que eu e outros cientistas da área conhecemos sobre as funções do cérebro? Por exemplo, a neurobiologia do apego – ligação entre pais e filhos – pode ajudar a resolver problemas entre mãe e filho? Conceitos freudianos como transferência – quando o paciente projeta o que sente pelos pais em outros relacionamentos, em especial com o terapeuta – podem ser explicados por meio de um exame das funções cerebrais?

Tem que haver alguma ligação, pensava. Só porque não é possível descrever ou mesmo entender, tem que haver correlação entre o que se passa no cérebro e os fenômenos e sintomas humanos. Afinal, o cérebro é o órgão mediador das emoções, dos pensamentos e dos comportamentos humanos. Em comparação com outros órgãos do corpo humano, como o coração, os pulmões e o pâncreas, o cérebro executa milhares de funções complexas. Se alguém tem uma boa ideia, se apaixona, cai da escada, ofega ao subir degraus, se derrete com o sorriso de um filho, ri de uma piada, sente fome ou está saciado, todas essas experiências e as respectivas respostas são mediadas pelo cérebro. Conclui-se, então, que as dificuldades de Tina com fala e linguagem, atenção, impulsividade e relacionamentos saudáveis envolvem o cérebro dela.

Mas que parte do cérebro? Saber em qual delas me ajudaria a tratar melhor de Tina? Que regiões do cérebro, que redes neurais, que sistemas neurotransmissores estariam desregulados, atrofiados ou desorganizados, e como essas informações me ajudariam na terapia? Para responder a essas perguntas tive que começar pelo que já conhecia.

As notáveis capacidades funcionais do cérebro têm origem em um conjunto de estruturas igualmente notáveis. São oitenta e seis bilhões de neurônios (células cerebrais), e para cada um deles há células de apoio igualmente importantes, as chamadas células da glia. Ao longo do desenvolvimento – desde os primórdios da vida no interior do útero até o início da vida adulta –, todas essas células complexas (das quais existem muitos tipos) deverão estar organizadas em redes específicas. Que resultarão em inúmeros sistemas altamente especializados e intrinsicamente interligados. Essas redes e teias de neurônios interligados compõem a arquitetura diferenciada do cérebro. Para nossos propósitos, consideraremos as quatro grandes partes do cérebro: o tronco encefálico, o diencéfalo, o sistema límbico e o córtex.

O cérebro está organizado de dentro para fora, como se fosse uma casa com acréscimos sofisticados construídos sobre antigos alicerces. A região inferior e a mais central do tronco encefálico e do diencéfalo são as mais simples. São as primeiras a se desenvolver e a evoluir durante o crescimento da criança. Quanto mais elas se movem para cima e para fora, tudo vai se tornando mais complexo no sistema límbico. O córtex ainda mais intricado é a culminância da arquitetura cerebral. A organização das nossas regiões cerebrais inferiores é similar à de seres primitivos, como os lagartos, enquanto as regiões intermediárias se assemelham às de mamíferos, como cães e gatos. Nossas áreas externas são semelhantes às dos primatas, como os macacos de pequeno e grande portes. A parte mais especificamente humana do cérebro é o córtex frontal, e até mesmo esta compartilha 96 por cento da organização com a dos chimpanzés!

As quatro áreas do nosso cérebro estão organizadas hierarquicamente de baixo para cima e de dentro para fora. Uma boa maneira de ilustrar isso é dobrar umas cinco notas de dinheiro ao meio e colocá-las na palma da mão. Feche os dedos sobre elas com o polegar erguido, como se pedisse carona. Agora, aponte o polegar para baixo. O polegar representa o tronco encefálico, sendo a ponta o local em que a medula espinhal se funde com esse tronco encefálico; a parte mais grossa do polegar corresponderia ao diencéfalo; as notas dobradas na palma da mão e os dedos seriam o sistema límbico; e os dedos fechados sobre as notas, mais a mão, representariam o córtex. No cérebro humano, o sistema límbico é totalmente interno; como as notas de dinheiro, não pode ser visto de fora para dentro; o dedo mínimo, que agora está posicionado por cima e na frente, representaria o córtex frontal.

Embora interconectadas, cada uma dessas quatro grandes áreas controlam um grupo distinto de funções. O tronco encefálico, por exemplo, controla as funções regulatórias do coração, como a temperatura corporal, o ritmo cardíaco, a respiração e a pressão sanguínea. O diencéfalo e o sistema límbico cuidam das respostas emocionais que orientam o nosso comportamento, como medo, ódio, amor e alegria. O córtex, que está na parte superior do cérebro, regula funções humanas mais complexas; como a fala e a linguagem, o pensamento abstrato, o planejamento e a tomada de decisões deliberada. Todas eles trabalham em harmonia, como uma orquestra sinfônica, de modo que, enquanto houver capacidades individualizadas, nenhum dos sistemas é totalmente responsável pelo som da "música" que a pessoa está ouvindo.

Os sintomas de Tina sugeriam anormalidades em todas as partes do cérebro. Ela apresentava problemas de sono e de atenção (tronco encefálico), dificuldades de controle motor fino e de coordenação (diencéfalo e córtex), claros retardos e déficits relacionais e sociais (límbico e córtex) e problemas de fala e de linguagem (córtex).

Essa ampla distribuição de problemas foi uma pista muito importante. Minhas pesquisas, e de muitos outros, indicavam que todos os problemas de Tina estariam relacionados a um conjunto-chave de sistemas neurais cuja função é também ajudar os seres humanos a lidar com o estresse e a ameaça. Por coincidência, eram precisamente os sistemas que eu estava estudando no laboratório.

Eu considerava esses sistemas "suspeitos" por duas razões principais. A primeira é que grande quantidade de estudos com humanos e animais documenta o papel desses sistemas na regulação da excitação, do sono, da atenção, do apetite, do humor e do impulso – basicamente as áreas em que Tina apresentava problemas. A segunda razão é que essas importantes redes tinham origem nas partes inferiores do cérebro e se conectavam diretamente com todas as outras áreas. Essa arquitetura faz com que os sistemas tenham papéis específicos e possam integrar e orquestrar sinais e informações dos nossos sentidos para todo o cérebro. Isso é necessário para se reagir eficazmente a uma ameaça: se, por exemplo, um predador estiver à espreita, a presa vai reagir ao odor e ao som com muito mais rapidez do que se visse o agressor.

Acima de tudo, os sistemas de reação ao estresse estão entre alguns poucos sistemas neurais do cérebro, que se estiverem mal regulados ou anormais, causarão disfunções em todas as quatro principais áreas cerebrais – exatamente o que eu via em Tina. Basicamente, o trabalho que havia alguns anos eu vinha fazendo em neurociência implicava observar em detalhes o funcionamento desses sistemas. No interior do cérebro, os neurônios transmitem mensagens de uma célula a outra por meio de mensageiros químicos, ou neurotransmissores, que, por sua vez, interligam os neurônios entre si; são as chamadas sinapses. Esses mensageiros químicos se encaixam perfeitamente em receptores específicos do neurônio seguinte, assim como a chave certa só cabe em uma fechadura. As conexões sinápticas, que ao mesmo tempo são incrivelmente complexas e extremamente simples, formam essas redes de "neurônio a neurônio a neurônio", transmissoras das inúmeras funções cerebrais, como pensamentos, sentimentos, movimentos, sensações e percepções. Mas também deixam passar as drogas que nos alteram, porque a maior parte dos medicamentos psicoativos funcionam como cópias de chaves que cabem perfeitamente em fechaduras, abrem determinados neurotransmissores e enganam o cérebro abrindo ou fechando portas.

Fiz minha pesquisa de doutorado em neurofarmacologia no laboratório do Dr. David U'Prichard, que foi treinado pelo Dr. Salomon Snyder, pioneiro em neurociência e psiquiatria. (A equipe do Dr. Syder ficou famosa, entre outras coisas, por identificar o receptor onde agiam as drogas opiáceas como morfina e heroína.) Quando trabalhei com o Dr. U'Prichard, pesquisei os sistemas da norapinefrina (também conhecida como noradrenalina) e da epinefrina (também conhecida como adrenalina). Esses neurotransmissores estão envolvidos com o estresse. A clássica reação "lute ou saia correndo" começa em um aglomerado de neurônios norapinefrina conhecido como *locus coeruleus* (ou "ponto azul", por sua cor). Esses neurônios enviam sinais a praticamente todas as demais partes importantes do cérebro e ajudam a reagir em situações estressantes.

Parte do meu trabalho com o Dr. U'Prichard envolvia dois grupos de ratos: eram animais da mesma espécie, mas com algumas leves diferenças genéticas. Os ratos tinham a mesma aparência e se comportavam exatamente da mesma maneira em situações ordinárias, mas diante do mais leve estresse alguns apresentavam uma espécie de comoção. Em situações de calma, esses ratos aprendiam a andar por labirintos; todavia, se submetidos a um mínimo estresse, atrapalhavam-se e esqueciam tudo. Os outros ratos não eram afetados. Quando examinamos o cérebro dos ratos reativos ao estresse, descobrimos uma hiperatividade nos sistemas de adrenalina e noradernalina no início do desenvolvimento deles. Essa alteração provocou uma cascata de anormalidades nos receptores, na sensibilidade, nas funções de muitas áreas cerebrais e, por fim, na capacidade de reagir ao estresse de forma adequada ao longo da vida.

Eu não tinha nenhuma prova de que Tina fosse geneticamente "supersensível" ao estresse. Mas sabia que as ameaças e os dolorosos ataques sexuais resultaram em uma ativação intensa e repetitiva de seus sistemas neurais reativos ao estresse mediador de ameaças. Isso me fez lembrar dos trabalhos de Levine, de acordo com os quais bastam alguns minutos de experiência estressante no início da vida de um rato para mudar sua reação ao estresse para sempre. Os abusos sofridos por Tina duraram muito tempo – ela foi agredida pelo menos uma vez por semana, durante dois anos. Some-se a isso o constante estresse causado pelo estado de crise de uma família que vivia constantemente no limite financeiro. Ocorreu-me, então, que se os genes combinados com o meio ambiente produziam sintomas disfuncionais similares, os efeitos de um ambiente estressante em uma pessoa geneticamente sensível ao estresse provavelmente seriam potencializados.

À medida que meu trabalho com Tina e no laboratório avançavam, comecei a pensar que no caso dela a ativação repetida de seus sistemas de resposta ao estresse causado por um trauma duradouro no início a vida, quando o cérebro ainda está se desenvolvendo, deveria causar uma cascata de alterações nos receptores, na sensibilidade e na disfunção do cérebro como um todo, como se pode observar nos padrões animais. Consequentemente, os sintomas seriam, então, resultantes de um trauma desenvolvimental. Seus problemas de atenção e impulsividade seriam causados por uma alteração nas redes neurais de reação ao estresse, alteração que talvez a tivesse ajudado a enfrentar os abusos, mas agora causavam comportamento agressivo e falta de atenção na escola.

Fazia sentido: uma pessoa com um sistema superativo ao estresse presta muita atenção às reações das outras pessoas, professores e colegas, onde as ameaças talvez sejam veladas, mas não para beneficiar coisas como uma boa aula. A percepção aguçada de uma ameaça potencial também é capaz de predispor uma pessoa como Tina a reagir, como se os sinais de que alguém que vai atacá-la viessem de toda parte, e provocar reações exageradas ao menor sinal de agressão. Essa me parecia uma explicação muito mais plausível para os problemas de Tina do que assumir que seus problemas de atenção fossem mera coincidência, sem qualquer relação com o abuso.

Retomei a ficha dela e vi que após a primeira visita à clínica seu ritmo cardíaco era de 112 batimentos por minuto. Um coração normal para uma menina dessa idade deveria ser menor que 100. O alto índice de batimentos pode indicar uma reação persistentemente ativada ao estresse, o que comprovaria minha suspeita de que os problemas dela seriam resultado direto de uma reação cerebral ao abuso. Se eu classificasse Tina hoje, não seria mais por DDA (distúrbio de déficit de atenção), mas por DEPT (distúrbio de estresse pós-traumático).

Durante os três anos em que trabalhei com Tina, tive o prazer e o alívio de acompanhar um progresso visível. Não houve mais relatórios de comportamento "inconveniente" na escola. Ela frequentava as aulas, não brigava mais com as crianças e fazia as lições de casa. Sua fala tinha melhorado; a maioria dos problemas tinham ligação com o fato de que ela falava tão baixo que a professora e mesmo a mãe não a ouviam e não a entendiam, isso sem falar na pronúncia. Quando ela começou a falar mais alto e com mais frequência, portanto repetindo o *feedback* corretivo que precisava, Tina alcançou os colegas.

Rapidamente, tornou-se mais atenta e menos impulsiva; na verdade, o processo foi tão rápido que não conversei mais sobre medicação com meus supervisores depois daquela primeira conversa com o Dr. Stine.

Era Tina quem escolhia nossos jogos durante as sessões, mas eu aproveitava todas as oportunidades para ensinar alguma coisa que poderia ajudá-la a se sentir mais confiante e a se comportar de maneira mais adequada e racional. Primeiro ela aprendeu a controlar os impulsos e as decisões tomadas pelo outro, às vezes por intermédio de lições explícitas, outras pelo exemplo. Mas Tina vivia em um ambiente em que nem as lições explícitas nem as implícitas eram ensinadas. Todo mundo só reagia aos acontecimentos, portanto reagia também ao que ela fazia. Em nossos encontros, ela recebia toda a atenção de que necessitava, e os jogos ensinavam o que ela nunca aprendera. Por exemplo, quando começamos a trabalhar, Tina não entendia o conceito de ter a vez. Ela não tinha paciência para esperar; agia e reagia sem pensar. Quando jogávamos, eu me comportava da maneira esperada e repetidamente lhe ensinava a parar antes de fazer a primeira coisa que lhe viesse à cabeça. Pelo seu excelente progresso na escola, acredito que a ajudei.

Infelizmente, duas semanas antes de eu deixar a clínica para iniciar um novo trabalho, Tina, agora com dez anos, foi pega praticando felação em um rapaz mais velho, na escola. Foi como se eu tivesse lhe ensinado não a mudar de comportamento, mas a controlar os impulsos e a ocultar dos adultos sua atividade sexualizada para evitar problemas. Na aparência, era possível pensar que ela se comportava de maneira apropriada, mas por dentro o trauma não fora superado.

Fiquei decepcionado e confuso quando ouvi a notícia. Me esforcei tanto, pensei que ela tivesse realmente melhorado. Difícil aceitar que um esforço terapêutico tão positivo acabou sendo tão superficial. O que aconteceu? E, mais importante, o que não aconteceu no nosso trabalho que não ajudou que ela mudasse?

Fiquei pensando nos efeitos que o trauma sofrido por Tina na infância e na sua vida em um lar instável poderiam ter causado em seu cérebro. Logo entendi que minha visão do trabalho clínico em saúde mental tinha que ser expandida. As respostas para o tratamento fracassado e ineficiente de Tina – e para as grandes questões da psiquiatria infantil – estavam em conhecer o funcionamento do cérebro, de que forma ele se desenvolve, como organiza e compreende o mundo. Não o cérebro representado como algo rígido, um sistema geneticamente predeterminado que, muitas vezes, requer medicação para ajustar "desequilíbrios", mas o cérebro em todas as suas complexidades. Não o cérebro como um complexo efervescente de "resistências" e "desafios" inconscientes, mas o cérebro que evolui para atender às demandas de um mundo social complexo. Um cérebro, enfim, cujas predisposições genéticas tenham sido desenvolvidas pela evolução, para ser perfeitamente sensível ao ambiente em que está inserido.

Tina aprendeu a controlar seu sistema de estresse – o maior controle dos impulsos era prova disso. Mas os problemas mais graves estavam relacionados a comportamentos sexuais distorcidos e insalubres. Percebi que alguns dos sintomas podiam ser corrigidos mudando a reação exageradamente reativa ao estresse, embora as memórias permanecessem. Então comecei a pensar que, antes de qualquer outra coisa, era a memória o que eu precisava entender.

O que é a memória, realmente? Costuma-se associar a memória a nomes, fisionomias, números de telefone, mas é muito mais que isso. É uma propriedade básica dos sistemas biológicos. A memória é a capacidade de fazer avançar no tempo algum elemento de uma experiência. Até os músculos têm memória, como se vê nas mudanças que acontecem ao nos exercitarmos. Mais importante, a memória é o que o cérebro faz, de que modo ele nos compõe e permite que o nosso passado ajude a determinar nosso futuro. Em larga medida, a memória faz de nós o que somos, e, no caso de Tina, as memórias do abuso sexual foram o que ficou em seu caminho.

As interações precoces e supersexualizadas de Tina com seres masculinos eram claramente originadas dos abusos que sofrera. Comecei levando em conta a memória e como o cérebro cria "associações" quando dois padrões de atividades neurais ocorrem simultânea e repetidamente. Por exemplo, se a atividade neural causada pela imagem visual de um carro de bombeiros e pelo som de uma sirene ocorrem repetidamente, cadeias neurais antes isoladas (redes neurais ligadas à imagem e ao som) criam novas conexões sinápticas e formam uma rede única e interligada. Ao se criar este novo conjunto de conexões entre redes visual e auditiva, basta estimular uma parte (por exemplo, ouvir a sirene) para ativar a parte visual da cadeia, e a pessoa visualizará automaticamente o carro dos bombeiros.

Essa fantástica propriedade de associação é uma característica universal do cérebro. É através dessa associação que combinamos os sinais sensoriais que recebemos de fora – som, imagem, tato e cheiro – para compor uma pessoa, um lugar, um objeto, uma ação. A associação possibilita e fundamenta tanto a linguagem quanto a memória.

Nossa memória consciente é repleta de lacunas, o que é, com certeza, uma boa coisa. O cérebro filtra o ordinário e o esperado, o que é extremamente necessário para nosso bom funcionamento. Se estamos dirigindo, por exemplo, automaticamente confiamos em nossas experiências anteriores com carros e ruas; se tivermos que focar em cada um dos aspectos absorvidos pelos nossos sentidos, ficaremos exaustos e certamente causaremos acidentes. Quando aprendemos algo, o tempo todo nosso cérebro compara a experiência em questão com os padrões que temos armazenados – essencialmente a memória – de situações e sensações anteriores similares e pergunta "Isso é novo?" ou "Isso é algo que preciso prestar atenção?".

Então, conforme seguimos pelas ruas, o sistema vestibular motor do cérebro nos diz que estamos em determinadas posições. Mas o cérebro não estará criando novas memórias com essa experiência. Estará armazenando-as nas nossas experiências anteriores com carros, e o padrão da atividade neural associada a elas não mudará. Nada é novidade. Já estivemos naquele lugar, já fizemos aquilo, é algo familiar. É também por isso que conseguimos dirigir longas distâncias por caminhos conhecidos sem nos lembrarmos quase nada de tudo o que fizemos durante o trajeto.

Isso é importante porque a experiência anterior armazenada define as redes neurais, os padrões de "memória" que passarão a ser usados para reconhecer as novas informações que chegam até nós. Esses padrões se formam no cérebro como os vários níveis de um todo, e como as informações chegam primeiro no nível inferior, que são as regiões mais primitivas, muitas nem têm acesso à percepção consciente. Por exemplo, a pequena Tina certamente não tinha consciência do modelo que orientava suas interações com os homens e determinou seu comportamento comigo no momento que nos conhecemos. Mais tarde, todos nós já tivemos a experiência de levar um susto, antes mesmo de saber o que foi que nos assustou. Isso acontece porque os sistemas de resposta ao estresse no cérebro carregam informações de ameaças potenciais e estão preparados para reagir o mais rápido possível, em geral antes que o córtex decida que ação tomar. Se, igual a Tina, tivermos passado por experiências muito estressantes, as memórias dessas situações podem ser igualmente poderosas e provocar reações também conduzidas por processos inconscientes.

Isso significa, ainda, que a experiência anterior tem necessariamente impacto muito maior que as mais recentes. O cérebro procura explicar o mundo por meio de padrões. Quando a conexão é coerente e os padrões são interligados consistentemente, o cérebro passa a classificá-los como "normais" ou "esperados" e para de prestar atenção consciente. Por exemplo, a primeira vez que somos colocados sentados quando bebês, prestamos atenção às sensações que emanam de nossas nádegas. O cérebro aprende a sentir a pressão associada a sentar-se normalmente, sentimos como equilibrar o nosso peso sentado com as costas eretas pelo sistema vestibular motor e, por fim, aprendemos a sentar. Agora, quando nos sentamos, a menos que o lugar seja desconfortável ou irregular, ou que a pessoa tenha alguma espécie de distúrbio de equilíbrio, não prestamos atenção se estamos ou não sentados com as costas eretas e nem na pressão que sentar exerce em nossas costas. Quando estamos dirigindo, então, isso é algo em que raramente prestamos atenção.

O que fazemos é passar os olhos pela rua para ver se há algo novo, se existem coisas fora de lugar, como um caminhão trafegando na contramão. Isso porque descartamos a percepção do que é considerado normal, porque só assim podemos reagir rapidamente ao que for aberrante e exija atenção imediata. Os sistemas neurais evoluíram para ser especialmente sensíveis ao novo, pois novas experiências sinalizam, em geral, ou perigo ou oportunidade.

Uma das características mais importantes tanto da memória quanto dos tecidos neurais, e do desenvolvimento, é que todos eles mudam com a atividade padronizada e repetitiva. Então, os sistemas do nosso cérebro repetidamente ativados mudarão, e os não ativados, não. Esse desenvolvimento "dependente do uso" é uma das propriedades mais importantes do tecido neural. Pode parecer um conceito simples, mas tem enormes e amplas implicações.

E entender esse conceito, acredito, foi a chave para entender crianças iguais a Tina. Ela desenvolveu um conjunto infeliz de associações porque foi abusada sexualmente ainda muito nova. Suas primeiras experiências com homens e com o agressor adolescente foram os formadores da concepção que ela tinha dos homens e da maneira como agiam com ela; as experiências anteriores que temos com quem nos cerca molda toda nossa visão de mundo. Devido à enorme quantidade de informações com as quais o cérebro é confrontado diariamente, esses padrões são usados para prevermos como o mundo é. Se as primeiras experiências forem aberrantes, as previsões orientarão o nosso comportamento de maneira disfuncional. No mundo de Tina, os homens maiores que ela eram ameaçadores, criaturas perigosas que forçavam ela e a mãe, a fazerem sexo. Os cheiros, as imagens e os sons associados a isso se somavam na composição de um conjunto de "padrões de memória" usados por ela para entender o mundo.

Assim, quando Tina entrou pela primeira vez em meu consultório e se viu sozinha na companhia de um homem, é perfeitamente natural entender que era sexo o que eu queria. Quando foi para a escola e se expôs e se envolveu em brincadeiras sexuais com outra criança, estava repetindo o que sabia sobre como se comportar. Ela não fez nada intencionalmente. Foi um mero conjunto de comportamentos causados por suas associações tóxicas, pelo padrão distorcido de sexualidade. Eu queria mostrar a ela que existem situações em que a atividade sexual é imprópria, ajudá-la a aprender a resistir aos impulsos, mas não podia, em tão pouco tempo, substituir o padrão impresso no frágil tecido de seu cérebro jovem, gravado a ferro e fogo com uma experiência repetitiva e padronizada numa idade tão precoce. Eu precisava integrar muito mais em meus tratamentos sobre como o cérebro humano funciona, como se modifica junto aos sistemas que interagem nesse aprendizado, para começar a fazer o melhor para pacientes como Tina, pacientes cujas vidas e memórias tinham sido marcadas de muitas maneiras por traumas precoces.

CAPÍTULO 2

É MELHOR PARA VOCÊ, GAROTA

∽⊙∾

— Preciso da sua ajuda.

Quem ligava era Stan Walker,* advogado da Guarda Policial do condado de Cook, Illinois. Eu havia terminado meu treinamento em psiquiatria infantil e agora era professor assistente na Universidade de Chicago, mas ainda clinicava e dirigia meu laboratório, foi no ano de 1990.

— Acabei de receber um caso que vai a julgamento na semana que vem — Ele explicou que era um caso de homicídio. Uma garotinha de 3 anos presenciara o assassinato da própria mãe. Agora, quase um ano depois, a promotoria queria que ela testemunhasse sobre o crime. —Temo que isso possa ser um tanto difícil para ela — Stan concluiu e, em seguida, perguntou se eu poderia prepará-la para o tribunal.

"Um tanto difícil para ela?", pensei. "Acha mesmo?"

Stan era um *guardian-ad-litem*, um advogado indicado por uma corte para representar crianças no sistema legal. No condado de Cook (onde Chicago se localiza), a Delegacia dos Guardiões Públicos tem uma equipe especializada no Serviço de Proteção à Criança. Em outros lugares, esse papel é representado por advogados que podem ter ou não experiência na legislação infantil. O condado de Cook criou esses cargos com a nobre intenção de que, se os advogados trabalhassem nesses casos em tempo integral, aprenderiam a lidar com crianças, saberiam o que fazer em caso de maus-tratos e poderiam atender melhor a seus representados. (Infelizmente, como em todos os demais componentes do sistema de proteção à criança, o volume de casos era muito maior do que se esperava, e as delegacias não tinham recursos.)

— Quem é o terapeuta dela? — perguntei, pensando que alguém que a menina conhecesse seria mais adequado para ajudá-la a se preparar.

— Não tem ninguém.

Péssima notícia.

— Não tem terapeuta? Onde ela mora? — perguntei.

— Não sabemos. Ela está em acolhimento familiar, mas o promotor e o Serviço de Proteção à Criança e à Família mantêm o lugar sob sigilo, porque a vida dela corre perigo. Ela conhece o suspeito e o identificou para a polícia. Ele pertence a uma gangue, e a menina corre risco de vida."

A situação era pior do que eu pensava.

— Ela conseguiu identificar com segurança com três anos de idade? — perguntei. Eu sabia que testemunhas oculares são facilmente contestadas nos tribunais em função das propriedades da memória narrativa já comentadas, principalmente pelas lacunas e pela tendência de "preenchê-las como se espera". E o que dizer das lembranças que uma criança de quatro anos tem de um fato que aconteceu quando tinha três? Se a promotoria não tiver mais nada, um bom advogado de defesa derrubará rapidamente o testemunho de Sandy.

— Bem, ela conhecia o suspeito — Stan explicou. — Espontaneamente, disse que foi ele e depois o identificou pelas fotos.

Perguntei se existiam outras evidências, e se houvesse, talvez o testemunho de uma menina tão pequena nem fosse necessário. Nesse caso, eu poderia ajudar Stan a convencer o promotor de que testemunhar o assassinato da própria mãe seria muito arriscado para uma criança tão traumatizada.

Stan explicou que existiam, sim, outras evidências. Várias provas físicas colocavam o suspeito na cena do crime. Os investigadores encontraram sangue da mãe da menina nas roupas dele. Apesar de ele ter fugido depois de cometer o crime, ainda havia sangue nos sapatos quando o prenderam.

— E por que Sandy terá de testemunhar? — perguntei, já disposto a ajudar a menina.

— É isso que estamos querendo saber. Vamos tentar adiar o julgamento até conseguir que ela possa dar o testemunho em circuito fechado de TV ou que esteja pronta para comparecer ao tribunal.

Ele continuou a descrever os detalhes do crime, a internação da criança em um hospital para tratar os ferimentos recebidos durante o crime e os acolhimentos familiares subsequentes. Eu ouvia e, ao mesmo tempo, me questionava se devia ou não me envolver. Como sempre, eu andava muito ocupado e bastante cansado. Além disso, não me sinto bem em tribunais e não gosto de advogados. Mas, quanto mais Stan falava, mais eu queria saber.

Todas as pessoas que deveriam cuidar da menina – do Departamento de Proteção à Criança e à Família ao judiciário – pareciam ignorar o que um trauma é capaz de fazer a uma criança. E ela merecia que ao menos uma pessoa em sua vida não ignorasse isso.

— Bem, deixe-me ver se entendi direito — eu disse. — Uma criança de 3 anos vê a mãe ser violentada e morta. Ela própria tem o pescoço cortado duas vezes e é deixada para morrer por onze horas, ao lado do corpo da mãe, em um apartamento. Então é levada ao hospital para tratar os ferimentos no pescoço. Lá, os médicos recomendam uma avaliação de sua saúde mental e o tratamento. Mas quando a criança é liberada é levada para um lar adotivo sob custódia do Estado. O funcionário do Serviço de Proteção à Criança representante do seu caso acha que ela não precisa ver um profissional em saúde mental. E então, apesar da recomendação dos médicos, ele não procura ajuda para ela. Durante nove meses essa criança entra e sai de vários lares adotivos sem nenhum acompanhamento psiquiátrico nem nada parecido. E os detalhes da experiência dela jamais são comentados com as famílias adotivas, porque a menina está escondida, certo?

— Isso mesmo — Stan concorda, diante da indisfarçável frustração em meu tom de voz que tornava tudo ainda mais terrível por descrever a situação com tamanha frieza.

— E agora, a dez dias de um julgamento por homicídio, você se dá conta da gravidade da situação.

— É verdade — ele admitiu, envergonhado.

— Quando seu departamento foi notificado sobre o caso dessa menina? — perguntei.

— O processo foi aberto logo depois que o crime aconteceu.

— E ninguém pensou em encaminhá-la a uma clínica de apoio em saúde mental?

— A tendência é revermos os casos que estão próximos da audiência. Cada um de nós tem centenas de casos.

Não me surpreendi. Os sistemas públicos que trabalham com famílias de alto risco estão superlotados. Por estranho que pareça, em meus anos de treinamento clínico em saúde mental da criança, poucas vezes tive contato com o Sistema de Proteção à Criança ou com os Sistemas de Educação Especial e Justiça de Menores, embora mais de 30 por cento das crianças que chegavam em nossas clínicas viessem desses sistemas. A compartimentação dos serviços, o treinamento e os pontos de vista eram chocantes. E como pude constatar, muito destrutivo para as crianças.

— Quando e onde poderei vê-la? — perguntei. Não consegui me conter. Eu me encontraria com Sandy em uma sala do tribunal no dia seguinte. E estava bastante surpreso que Stan tivesse pedido *minha* ajuda.

Nesse mesmo ano, ele me mandou uma carta do tipo "pare e desista". Em quatro parágrafos longos, exigia que eu justificasse o uso de uma medicação chamada clonidina para "controlar" as crianças de um centro de tratamento residencial no qual eu atendia. Prestava serviços psiquiátricos para as crianças desse centro. A carta dizia que, se eu não explicasse por que estava usando essa medicação, teria que interromper imediatamente o tratamento "experimental". Era assinada por Stan Walker, advogado dos Guardiões Públicos.

Li a carta e entrei em contato com Stan para explicar por que estava usando a medicação e por que seria um erro interrompê-la. As crianças daquele centro residencial estavam entre os casos mais difíceis do Estado. Mais de cem meninos que tinham sido encaminhados ao programa porque "não deram certo" em lares adotivos pelo péssimo comportamento e por problemas psiquiátricos. Embora o estabelecimento aceitasse meninos de sete a dezessete anos, tinham em média dez anos de idade e já haviam passado por dez "lares anteriores", o que significa que a maioria deles era considerada incontrolável por dez pais substitutos, pelo menos. Facilmente rebeláveis, difíceis de serem controlados, essas crianças davam trabalho a cuidadores, terapeutas e professores que as confrontavam. Por fim, eram expulsas dos lares adotivos, de instituições de assistência à criança, de escolas e até mesmo da terapia. A última parada era nesse centro.

Tendo lido os prontuários de uns duzentos meninos que viviam no centro ou passaram por lá, descobri que cada um deles, sem exceção, sofrera traumas graves e abusos. A grande maioria vivera, pelo menos, seis grandes experiências traumáticas. Aquelas crianças nasceram e cresceram no meio do caos, das ameaças e dos traumas. Foram criadas no terror.

Todas tinham sido avaliadas várias vezes antes e durante a permanência no centro. Cada uma recebera dezenas de diagnósticos de: distúrbios mentais (DTM), principalmente déficit de atenção/distúrbio de hiperatividade, distúrbio desafiador e de oposição e distúrbio de conduta – exatamente como Tina. O mais curioso é que apenas alguns poucos meninos foram considerados "traumatizados" e "estressados"– semelhante ao caso de Tina, seus traumas foram considerados irrelevantes para o diagnóstico. Apesar dos longos relatos de violência doméstica, de relacionamentos familiares interrompidos pela perda dos pais por mortes violentas ou doenças, de abuso físico, de abuso sexual e outros eventos angustiantes, poucos foram diagnosticados com distúrbio de estresse pós-traumático (DEPT). O DEPT nem mesmo consta no "diagnóstico diferencial", uma lista incluída nos estudos de caso de um possível diagnóstico alternativo com sintomas similares, mas que o médico lê e logo descarta.

Na época, o DEPT era um conceito relativamente novo; só foi introduzido no manual diagnóstico de distúrbios mentais (DSM, em inglês) em 1980 como síndrome identificada nos veteranos da guerra do Vietnã que retornavam com problemas de ansiedade, insônia e *flashbacks* de memórias da guerra. Eram pessoas nervosas que reagiam agressivamente ao menor sinal de ameaça. Alguns tinham pesadelos terríveis e reagiam a um som mais alto como se fossem tiros e como se ainda estivessem nas selvas asiáticas.

Durante meu treinamento em psiquiatria geral, trabalhei com veteranos com DEPT. Naquela época, os psiquiatras já reconheciam a prevalência desse distúrbio em adultos que sofreram experiências traumáticas como estupros e desastres naturais. O que me espantava especialmente era que, embora as experiências que marcaram os adultos com DEPT tivessem sido relativamente breves (em geral, duravam no máximo algumas horas), o impacto delas se fazia notar por muitos anos no comportamento daquelas pessoas. Isso me lembrava o que Seymour Levine havia observado naqueles filhotes de ratos, cujos cérebros sofreram alterações por toda a vida com apenas alguns minutos de estresse. Qual seria, então, o impacto de uma experiência genuinamente traumática em uma criança?

Mais tarde, como residente em psiquiatria geral, estudei os aspectos dos sistemas de reação ao estresse em veteranos com DEPT. Eu e outros pesquisadores descobrimos que os sistemas dessas pessoas estavam hiper-reativados, o que os cientistas chamam de "sintetizados". Com isso, queriam dizer que, mesmo expostas a estressores leves, seus sistemas reagiam como se estivessem diante de uma grande ameaça. Em alguns casos, os sistemas cerebrais associados à reação ao estresse eram tão hiperativos que acabavam "esgotados", e perdiam a capacidade de regular funções que, em geral, mediariam. Consequentemente, a capacidade do cérebro de regular o humor, as interações sociais e a cognição abstrata também ficava comprometida.

Em paralelo, eu trabalhava com os meninos do centro e continuava minha pesquisa no laboratório sobre o desenvolvimento dos sistemas neurotransmissores do estresse. Não estudava apenas a adrenalina e a noradrenalina; também explorava outros sistemas relacionados: os que usam serotonina, dopamina e opioides endógenos e são conhecidos como encefalinas e endorfinas. A serotonina é mais conhecida como o local da ação dos antidepressivos como Prozac e Zoloft; a dopamina é a química do prazer e da motivação envolvida sobre o efeito de drogas como a cocaína e as anfetaminas; os opioides endógenos são os analgésicos naturais do cérebro afetado pela heroína, pela morfina e por similares. Toda essa química tem papéis importantes na resposta ao estresse, como a adrenalina e a noradrenalina, que preparam o corpo para reagir ou fugir, e a dopamina, que produz força e competência para alcançar objetivos. As ações da serotonina são mais difíceis de ser caracterizadas, mas os opioides acalmam, relaxam e reduzem o sofrimento provocado pelo estresse e pela ameaça.

Quando reconheci que os sintomas de Tina ligados à impulsividade e à atenção tinham relação com um sistema hiperestimulado de estresse, comecei a pensar que as medicações que acalmavam esse sistema poderiam ajudar a outros semelhantes. A clonidina, medicamento antigo e considerado seguro, era usada há muito tempo em pessoas cuja pressão sanguínea costumava ser normal, mas que, sob situação ameaçadora, a hipertensão disparava. A clonidina ajudava a "retardar" essa resposta. Em um estudo anterior, o medicamento também ajudava a reduzir os sintomas da hiperestimulação provocados pelo DEPT. Quando soube que os sintomas físicos apresentados por muitos meninos do centro residencial de tratamento eram consistentes com um sistema de estresse muito ativo e claramente reativo, decidi testar neles a clonidina, com a permissão dos guardiões.

Para muitos funcionou. Em poucas semanas de tratamento, os batimentos cardíacos em repouso tinham normalizado, e a qualidade do sono, melhorado. Os meninos estavam mais atentos e menos impulsivos. Melhor ainda, as notas começaram a subir, bem como melhoraram as interações sociais. Isso não me surpreendeu. Ao diminuir a hiperatividade dos sistemas de estresse, a medicação permitiu que os meninos fossem menos sensíveis aos sinais de ameaça. Isso ajudou a que prestassem mais atenção tanto no material acadêmico quanto nas atitudes sociais, e com isso o desempenho escolar e as habilidades interpessoais melhoraram (veja outros detalhes na figura 3, no Apêndice).

Expliquei tudo isso a Stan Walker em resposta à sua carta. Para minha surpresa, ele retirou as objeções e pediu mais material sobre traumas em crianças. Na época não existia muito material escrito sobre o tema. Enviei-lhe alguns relatórios e algumas observações minhas. E não nos comunicamos mais até este último telefonema.

No dia seguinte, enquanto me preparava para conhecer Sandy, fiquei imaginando o crime que ela presenciara. Nove meses atrás, fora encontrada toda ensanguentada sobre o corpo nu da mãe, chorando e balbuciando sons desconexos. Ainda não tinha 4 anos. Como teria sobrevivido, dia após dia, com essas imagens? De que forma eu a prepararia para testemunhar e para o interrogatório da defesa, uma experiência intimidadora até para um adulto? Como seria Sandy? Como estaria psicologicamente? Como sua mente a protegera de experiências tão traumáticas? E como era possível que pessoas inteligentes, treinadas para lidar com crianças problemáticas, não tinham visto que ela precisava de ajuda?

Infelizmente, naquela época, a visão predominante de crianças e traumas — e que persiste ainda hoje — é a de que "crianças são resilientes". Lembro-me de que mais ou menos nessa mesma época estive em uma cena de assassinato com um colega que participava de um grupo de estudos de reações ao trauma entre socorristas, que são sempre os primeiros a chegar nas cenas de crimes e de acidentes. Policiais, paramédicos e bombeiros que estão acostumados a terríveis panoramas de morte, mutilação e devastação, e é claro que isso cobra um preço alto. Meu colega se orgulhava do serviço que prestava a esses profissionais.

Quando andávamos pela casa onde o sangue das vítimas ainda ensopava o sofá e manchava as paredes, vi três crianças encolhidas como zumbis em um canto.

— E essas crianças? — perguntei.

Meu colega respondeu:

— Crianças são resilientes. Ficarão bem.

Por ser muito jovem e em respeito ao colega mais velho, assenti ao ouvir a resposta, mas por dentro queria gritar. Para começar, as crianças são mais vulneráveis a traumas que os adultos; os trabalhos de Seymour Levine e de dezenas de outros nos ensinaram isso. A resiliência da criança é aprendida, não é inata. O cérebro em desenvolvimento é mais maleável e mais sensível às experiências – boas e ruins – no início da vida. (Por isso aprendemos tão rápido e com tanta facilidade a falar, as nuances sociais, as habilidades motoras e dezenas de outras coisas na infância, e por essa razão, essas são as chamadas experiências "formativas".) As crianças se tornam resilientes em razão dos padrões de estresse e da estimulação recebidos no início da vida, como veremos mais detalhadamente neste livro. O resultado disso é que também somos transformados rápida e facilmente pelos traumas quando jovens. Embora esses efeitos não sejam evidentes a um leigo, se soubermos o que um trauma pode causar em uma criança, veremos suas consequências em todo lugar.

Nessa época, meu laboratório estudava os mecanismos neurobiológicos, que eu sabia estar relacionado à resiliência e à vulnerabilidade ao estresse. Estávamos pesquisando um efeito curioso das drogas, mas muito importante, como estimuladoras dos sistemas cerebrais. É o chamado efeito de sensitização e tolerância, e tem profundas implicações no estudo da mente humana e das reações aos traumas.

Na sensitização, um padrão de estímulos aumenta a sensitividade a estímulos similares futuros. Foi o que se viu nos veteranos de guerra e nos ratos geneticamente hipersensíveis expostos ao estresse. Quando o cérebro está sensitizado, o mais leve estressor é capaz de provocar reações desmedidas. A tolerância, por sua vez, aquieta essas reações ao longo do tempo. Os dois fatores são importantes no funcionamento da memória: se não formos tolerantes com nossas experiências familiares, elas retornarão renovadas e potencialmente perigosas. Assim como um velho computador, a capacidade do cérebro também se esgota. Da mesma maneira, se não nos tornarmos mais e mais sensitivados em relação a certas coisas, jamais reagiremos melhor a elas.

Curiosamente, os dois efeitos são obtidos com a mesma quantidade de droga, mas os resultados serão radicalmente opostos se o padrão de uso for diferente. Por exemplo, se um rato ou um humano receber doses pequenas, mas frequentes, de uma droga como a cocaína ou a heroína, que agem sobre a dopamina e os sistemas opioides, a droga perderá a "força". É o que acontece durante a dependência: o dependente químico torna-se tolerante e precisará de mais drogas para obter o mesmo efeito. Por outro lado, se dermos a um animal a mesma quantidade diária de droga, mas em doses maiores e menos frequentes, a droga "ganhará" força. Em duas semanas, a dose que causou uma reação mais leve no primeiro dia provocará uma reação forte e prolongada no décimo quarto dia. Em alguns casos, a sensitização a uma droga pode provocar convulsões e até levar à morte, fenômeno que talvez seja responsável por algumas overdoses inexplicáveis. O desejo pela droga tende a produzir no dependente químico padrões de uso para desenvolver a tolerância, mas não a sensitização do efeito que ele tanto busca; no entanto, produzirá a sensitização para efeitos indesejáveis, como a paranoia associada ao uso da cocaína.

É importante salientar que, para os nossos propósitos, a resiliência e a vulnerabilidade ao estresse dependem da tolerância e da sensitização do sistema neural diante da experiência. Os efeitos também explicam a diferença entre estresse e trauma, o que é muito importante em se tratando de crianças como Tina e Sandy. Por exemplo, "usar e largar" é o que se ouve nas quadras esportivas, não sem motivo. Os músculos inativos enfraquecem, enquanto os ativos se fortalecem. É a chamada "dependência pelo uso".

As mudanças – memórias de todo tipo – ocorrem na musculatura, porque a atividade repetitiva e padronizada envia sinais para as células musculares que "trabalham no mesmo nível" e faz as mudanças musculares necessárias para que determinada função seja exercida com mais facilidade. As repetições têm que ser padronizadas para que o músculo se adapte. Erguer vinte e cinco quilos trinta vezes, em três grupos de dez em intervalos regulares, fortalecerá a musculatura. Contudo, se erguer vinte e cinco quilos trinta vezes em intervalos aleatórios ao logo do dia, o sinal que o músculo recebe será inconsistente, caótico e insuficiente, e as células musculares não serão fortalecidas. Se não houver um padrão de estímulos, com o mesmo peso e mesmo número de repetições, os resultados serão muito menos eficazes. Para criar uma "memória" e aumentar a força, os estímulos terão que ser padronizados e repetitivos.

Assim também é com os neurônios, os sistemas neurais e o cérebro. A experiência padronizada é fundamental. De célula para célula, nenhum outro tecido é mais propenso a mudar com sinais padronizados e repetitivos. De fato, essa é a função exclusiva dos neurônios. É um dom molecular que permite a criação de memórias por meio de conexões sinápticas para comer, digitar, fazer amor, jogar basquete e realizar tudo que o ser humano é capaz. São essas teias e conexões intricadas que fazem o cérebro funcionar. Todavia, se os músculos ou o cérebro tiverem o funcionamento forçado, sofrerão "estresse". Os sistemas biológicos funcionam em equilíbrio. Para funcionar bem, precisam se manter em certo limite adequado ao que estiverem fazendo naquele momento, e o cérebro é encarregado de manter esse equilíbrio essencial. A experiência atual é o estressor; o impacto sobre o sistema é o estresse. Por exemplo, se a pessoa ficar desidratada após os exercícios, o estresse provocará sede, porque o cérebro pedirá a reposição necessária de líquido. De maneira similar, quando a criança aprende uma palavra nova, o córtex sofre leve estresse, que requer estimulação repetitiva para que se crie a memória correspondente. Se não houver estresse, o sistema não saberá que algo novo está acontecendo. Em outras palavras, o estresse nem sempre é ruim. Se for moderado, previsível e padronizado, o sistema é fortalecido e funciona melhor. Portanto, o músculo mais forte hoje é o que suportou estresses moderados no passado. O mesmo se dá com os sistemas cerebrais de reação ao estresse. Nossos sistemas de reação ao estresse serão ativados moderadamente apenas se os desafios forem moderados e previsíveis. Os resultados são reações ao estresse flexíveis e resilientes. O sistema de reação ao estresse mais forte no presente é o que sofreu estresse moderado e padronizado no passado.

Mas isso não é tudo. Se a pessoa tentar erguer pesos de cem quilos na primeira vez em que for à academia, se conseguir levantá-los, não desenvolverá músculos, mas provocará distensão e se machucará. O padrão e a intensidade da experiência são importantes. Se um sistema está sobrecarregado por um estresse traumático, se trabalhar além da capacidade, sofrerá profundas disfunções, desorganização e deterioração, seja um sistema de músculos das costas ou das redes cerebrais.

Quero dizer com isso, que o resultado do efeito fortalecedor de experiências anteriores moderadas e padronizadas pode ser traumaticamente estressante para uma pessoa e trivial para outra. Assim como um fisiculturista que consegue erguer pesos que uma pessoa destreinada não ergueria, alguns cérebros lidam bem com os mesmos eventos traumáticos que paralisariam outra pessoa. O contexto, o *timing* e as reações de terceiros são muito importantes. A morte da mãe é muito mais traumática para uma filha única de 2 anos de idade do que será para os filhos de um homem de 80 anos.

Nos casos de Tina e dos meninos do centro, as experiências de estresse vividas por eles foram muito além da capacidade de seus sistemas ainda jovens. Em vez de ativá-los de forma moderada, previsível e fortalecedora, as experiências imprevisíveis, prolongadas e extremas marcaram a vida deles para sempre. Esse era exatamente o caso de Sandy.

Antes de me encontrar com Sandy, procurei conhecer o máximo possível sua história e seu passado. Conversei com a atual família adotiva, com o assistente social e, por fim, com membros de sua família estendida. Fiquei sabendo que a menina apresentava problemas de sono e era muito ansiosa. Disseram-me que se assustava com facilidade. Como os veteranos do Vietnã, ela se assustava ao mais leve ruído. Também tinha episódios de delírio, durante os quais era muito difícil trazê-la de volta à realidade apenas "estalando os dedos". Um médico que a examinou sem conhecer sua história diagnosticou "ausência "e uma forma "leve" de epilepsia.

Eu soube que Sandy tinha rompantes de agressividade e birra. A família adotiva não identificava um padrão nesses comportamentos, não sabia dizer o que os provocava. Mas reportou outros comportamentos "estranhos": Sandy não usava nada que fosse prateado. Tinha medo especialmente de facas; recusava-se a tomar leite e até mesmo a ver uma embalagem do laticínio. Quando a campainha tocava, escondia-se como um animal assustado, às vezes com tanto sucesso que os pais adotivos não conseguiam encontrá-la. Muitas vezes a encontraram embaixo da cama, atrás do sofá, no armário da pia da cozinha, encolhida e chorando. Isso era demais para ganhar resiliência. Essas reações de susto, por si mesmas, indicavam que os sistemas de resposta ao estresse de Sandy estavam sensitizados. Depor no tribunal seria mergulhar nas dolorosas lembranças daquela terrível noite. Eu precisava saber se ela iria ou não tolerar. Mesmo que eu não quisesse, em algum momento da nossa primeira sessão, teria que sondar um pouco mais suas memórias para ver de que maneira ela reagiria. Mas me confortava saber que sofrer um pouco agora a protegeria de dores muito maiores no futuro e ajudaria a iniciar um processo de cura.

Meu primeiro encontro com Sandy foi em uma típica saleta estéril de um prédio do governo. Era um ambiente mobiliado para crianças com brinquedos, lápis de cor, livros de colorir e papel. Havia alguns personagens dos quadrinhos pintados nas paredes, mas o "sistema" ainda se impunha no piso sem revestimento e nas paredes de blocos de concreto. Quando entrei, Sandy estava sentada no chão rodeada de algumas bonecas. Estava pintando. O que mais me surpreendeu, como me surpreendi quando conheci Tina, foi como ela era pequena. Não tinha mais que um metro de altura. Tinha olhos grandes e castanhos, cílios longos, cabelos cacheados. E cicatrizes de ambos os lados do pescoço, desde as orelhas até o meio da garganta. Todavia, eram muito menos visíveis do que imaginei que fossem; as cirurgias plásticas foram bem-feitas. Quando entrei ao lado de Stan, ela parou o que fazia e ficou olhando para mim fixamente.

— Sandy, ele é o médico de que lhe falei. Ele vai conversar com você, tudo bem?

Ela não se moveu um milímetro. Continuou com a mesma expressão. Stan olhou para mim, de volta para ela, abriu um sorriso e falou no mais alegre tom de um professor da pré-escola:

— Muito bem. Agora vou deixar vocês dois sozinhos.

Achei que ele estivesse maluco e me surpreendi que tivesse ignorado a não reação de Sandy. Quando me voltei para ela, sua expressão era exatamente a mesma de quando nos viu entrar. Inclinei a cabeça, ergui levemente os ombros e sorri. Como uma imagem no espelho, Sandy fez o mesmo.

Enfim, uma conexão! É um bom começo, pensei, não o deixe escapar. Eu sabia que, se me aproximasse – sou muito alto –, a reação sensitizada de alarme dela iria à loucura. O ambiente em que estávamos não lhe era nada familiar – novos adultos, novo lugar, nova situação –, e eu precisava me manter o mais calmo possível.

— Também quero colorir – eu disse, procurando os lápis.

Queria parecer o mais confiável possível e deixar que ela decidisse o que fazer, passo a passo. Nenhum movimento. Fique mais baixo, pensei, sente-se no chão. Não olhe para ela, não a encare, faça movimentos lentos e delicados. Sentei-me no chão, próximo a ela. Tentei falar da maneira mais calma e tranquila possível.

— Gosto do vermelho. O carro vai ser vermelho — apontei para a figura no meu livro de colorir.

Sandy não tirava os olhos de mim, das minhas mãos, dos meus movimentos. Prestava atenção em mim, mas parcialmente. Era uma menininha desconfiada. Durante um bom tempo, pintei sozinho, falei sozinho sobre as cores que escolhia, tentei ser o mais informal possível, mas não tão "descontraído" quanto Stan ao disfarçar sua ansiedade. Por fim, Sandy sentou-se um pouco mais perto de mim e, em silêncio, indicou determinada cor. Aceitei. Quando fez isso, parei de falar. E durante alguns minutos nós dois pintamos em silêncio.

Eu precisava lhe perguntar o que tinha acontecido, e ela sabia que eu estava lá por isso – e sabia que eu sabia. Todos os adultos que passaram por sua vida "nova", em algum momento e de alguma maneira, voltavam a falar sobre aquela noite.

— O que houve com seu pescoço? — perguntei, apontando para as cicatrizes. Ela fingiu não ouvir e continuou pintando. O rosto não se alterou.

Repeti a pergunta. Ela travou. Parou de pintar. O olhar se perdeu no vazio. Perguntei outra vez. Ela pegou um lápis, rabiscou o desenho terminado e não respondeu. Perguntei outra vez. Detesto fazer isso. Eu a estava forçando a se lembrar de cenas que a faziam sofrer. Sandy se levantou, ergueu um coelho de pelúcia pelas orelhas e golpeou-o com o lápis de cor. E repetia sem parar:

— É melhor pra você, garota.

Ela jogou o coelho no chão, correu até o aquecedor, subiu e saltou várias vezes de cima dele. Pareceu não ouvir quando lhe pedi para ter cuidado. Temendo que se machucasse, me levantei e a peguei no colo. Ela relaxou. Sentamo-nos lado a lado por alguns minutos. Sua respiração frenética foi acalmando até se tranquilizar.

E então, num tom robótico, lento, ela contou o que acontecera.

Um conhecido tocou a campainha e a mãe abriu a porta.

— O homem mau batia nela, e a mamãe gritava: "ele vai me matar". Saí quando a mamãe dormiu, ele me cortou e disse: "é melhor pra você, garota".

O agressor cortou o pescoço dela... duas vezes. Sandy desmaiou. Quando recobrou a consciência foi "acordar" a mãe. Pegou leite na geladeira, bebeu um pouco e engasgou. O sangue escorreu pelos cortes no pescoço. Tentou dar leite para a mãe, mas "ela não estava com "sede". Sandy andou pelo apartamento durante onze horas até aparecer alguém. Um parente, preocupado que ninguém atendia ao telefone, encontrou aquela cena horrível.

No fim dessa entrevista, tive certeza de que testemunhar seria devastador para Sandy. Ela precisava de ajuda, e se tivesse mesmo que depor, precisaria de mais tempo para se preparar. Stan conseguiu adiar o depoimento.

— Você pode fazer a terapia? — ele me perguntou. É evidente que eu não poderia dizer não.

As imagens de Sandy gravadas em minha mente durante aquela entrevista são as piores possível: uma menina de 3 anos com o pescoço cortado tenta confortar a mãe, busca conforto sobre o corpo nu da mãe, amarrado, ensanguentado e, por fim, gelado. Como deve ter se sentido desamparada, confusa, aterrorizada! Os sintomas, as "ausências", as respostas não dadas, os esconderijos, os medos específicos eram defesas construídas pelo cérebro para manter o trauma a distância. Compreender essas defesas era crucial para ajudar Sandy e outras crianças iguais a ela.

Mesmo *in utero* e após o nascimento, todos os dias, a cada momento, nosso cérebro processa os sinais enviados por nossos sentidos. Imagens, sons, toques, cheiros e sabores, os mais variados dados sensoriais que resultarão em sensações que penetram nas partes inferiores do cérebro e dão início a um processo de várias etapas: seleção, comparação com padrões previamente armazenados e, por fim, se for o caso, agir.

Muitas vezes, os sinais recebidos são tão repetitivos, tão familiares, tão seguros, e o padrão de memória a que correspondem está gravado de forma tão profunda, que o cérebro basicamente os ignora. Essa é uma forma de tolerância que se chama habituação.

Ignoramos os padrões familiares em contextos corriqueiros a ponto de nos esquecermos de algumas partes do dia em que fizemos coisas rotineiras, como escovar os dentes ou nos vestirmos. Mas nos lembraremos se o mesmo padrão familiar ocorrer fora de contexto. Por exemplo, estamos acampados, vamos escovar os dentes e o sol está nascendo. O momento é tão exuberante que nos lembraremos dele para sempre. As emoções são fortes marcadoras do contexto. O prazer e a alegria de ver o dia irromper nessas circunstâncias não é comum no padrão de memória "escovar os dentes", por isso se torna tão vívido e memorável.

Da mesma maneira, se estivermos escovando os dentes e a nossa casa for destruída por um terremoto, esses eventos ficarão ligados na mente, e sempre que nos lembrarmos de um nos lembraremos do outro. As emoções negativas costumam ser muito mais memoráveis que as positivas, porque relembrar o que nos ameaçou, e se for possível evitar a mesma situação no futuro, é fundamental para a sobrevivência. O rato que não aprende a evitar o cheiro dos gatos depois de uma experiência ruim, por exemplo, não será capaz de produzir muitos descendentes. Consequentemente, essas associações se transformarão em geradoras de sintomas relacionadas ao trauma. Para o sobrevivente de um terremoto que escovava os dentes quando a casa desmoronou ao seu redor, basta ver uma escova de dentes para sentir um medo desesperador.

No caso de Sandy, o leite, antes associado à atenção e à alimentação, agora passa a ser algo que escorre de sua garganta e é "recusado" pela mãe morta. A faca não é mais usada para cortar o alimento, mas algo que mata, mutila, aterroriza. E a campainha... afinal, foi onde tudo começou; a campainha anuncia a chegada de um assassino.

Para ela, este mundo de coisas tão comuns e tão prosaicas se transformou em sinais evocativos que a mantinham em constante estado de medo. É evidente que isso confundia os pais adotivos e professores, que não conheciam em detalhes o que havia acontecido com ela e, portanto, não entendiam o que estaria provocando comportamentos tão estranhos. Não sabiam por que ela era tão meiga em um momento e tão desafiadora, impulsiva e agressiva no momento seguinte. Os ataques pareciam desconectados de qualquer fato ou interação que os adultos pudessem identificar. Mas tanto a aparente imprevisibilidade quanto a natureza dos comportamentos de Sandy faziam sentido. O cérebro estava tentando protegê-la do que ela já aprendera sobre o mundo.

O cérebro sempre compara os padrões atuais com os modelos e as associações armazenadas. Esse processo de compatibilidade começa nas partes mais baixas e mais simples do cérebro, onde, lembramos, têm origem os sistemas neurais de reação à ameaça. Conforme as informações começam a sair desse primeiro estágio de processamento, o cérebro tem chance de dar uma segunda olhada nos dados, fazer uma avaliação e integrá-las de maneira mais complexa. Mas, a princípio, ele só quer saber se os dados que chegam sugerem perigo em potencial.

Se a experiência é familiar e reconhecida como segura, o sistema de estresse do cérebro não é ativado. Contudo, se a informação é desconhecida, nova, não familiar, o cérebro reage instantaneamente, e o sistema de estresse é ativado de acordo com o grau de ameaça oferecido pela situação. É importante notar que o padrão tende sempre à desconfiança, não à aceitação. Ao nos defrontarmos com um padrão de atividade desconhecido, nos tornamos, no mínimo, mais alertas. O objetivo do cérebro é, então, obter mais informações, a fim de examinar melhor a situação e decidir até que ponto ela oferece perigo. Como os humanos são os animais mais letais se confrontados, aprendemos a monitorar minuciosamente esses sinais não verbais de ameaça, como tom de voz, expressão facial e linguagem corporal.

Feita a avaliação, o cérebro reconhece que o novo padrão de ativação é causado por algo familiar, mas fora de contexto. Por exemplo, se estamos lendo em uma biblioteca e alguém deixa cair um livro pesado, o barulho alto imediatamente interrompe nossa leitura. O estado de alerta é ativado, voltamos a atenção para a fonte do barulho e a classificamos como um acidente perturbador, porém seguro e familiar, nada preocupante. Se, por outro lado, ouvimos um barulho alto na biblioteca, notamos que a pessoa ao lado se assusta, erguemos a cabeça e vemos que um homem se aproxima com uma arma, o cérebro dá um salto da excitação para o alarme e, daí, para um medo incontrolável. Mas, se percebermos que foi uma brincadeira de mau gosto de um aluno, o cérebro voltará ao estado de excitação e recobrará a calma inicial.

A reação de medo é gradual e calibrada pelo grau de ameaça percebido pelo cérebro (ver figura 3, Apêndice). Se o medo aumenta, os sistemas de ameaça do cérebro integram as informações que chegam até nós e orquestram uma resposta para todo o organismo, a fim de nos manter vivos. Os sistemas hormonais e neurais trabalham em conjunto para o bom funcionamento do cérebro e de todo o corpo. Em primeiro lugar, o cérebro nos obriga a parar de pensar em irrelevâncias e silencia a tagarelice do córtex frontal. Em seguida, concentra-se nos sinais enviados pelas pessoas ao redor, de modo que nos permita identificar quem nos protege e quem nos ameaça, e passa o comando para o sistema límbico, que faz a "leitura dos sinais sociais". O ritmo cardíaco aumenta para enviar mais sangue aos músculos, caso tenhamos que lutar ou fugir. Aumenta também o tônus muscular, e as sensações como fome são deixadas de lado. De milhares de maneiras o cérebro se prepara para nos proteger.

Quando estamos calmos, é fácil viver no córtex; usamos as capacidades superiores do cérebro para contemplar, abstrair, fazer planos, sonhar com o futuro ou ler. Todavia, se algo chamar nossa atenção e se introduzir em nossos pensamentos, ficaremos mais vigilantes e objetivos e transferiremos o equilíbrio da nossa atividade cerebral para as áreas subcorticais, a fim de aguçar os sentidos e identificar a ameaça. Se a excitação crescer e se transformar em medo, passaremos a confiar necessariamente nas regiões mais baixas e mais ágeis do cérebro. Quando em pânico, por exemplo, nossas respostas são meramente reflexivas, sem nenhum controle consciente. O medo nos torna mais irracionais, o que nos permite ter reações mais rápidas num período de tempo menor, para garantir a sobrevivência naquele momento. Mas o medo se tornará constante se for mal adaptativo: o sistema de ameaças é sensitizado a fim de nos manter constantemente nesse estado. Essa resposta hiperexcitada era típica de muitos sintomas de Sandy.

Mas não de todos. O cérebro não tem um único conjunto de adaptações à ameaça. Na situação que Sandy viveu, era uma menina tão pequena e tão indefesa, e a ameaça tão esmagadora, que ela não conseguiu lutar ou fugir. Se o cérebro apenas aumentasse o ritmo cardíaco e preparasse os músculos para a ação, ela teria sangrado até morrer ao ser ferida. Mas o cérebro também tem um conjunto de adaptações para situações semelhantes, que respondem por outro importante conjunto de sintomas relacionados ao trauma, conhecidas como reações "dissociativas".

A dissociação é uma reação primitiva: as formas de vida mais primitivas (e os membros mais jovens de espécies superiores) raramente escapam de situações difíceis por seus próprios meios. A única reação possível a um ataque ou ferimento é, basicamente, se encolher, tornar-se o menor possível, gritar por socorro e esperar por um milagre. Essa reação parece ser conduzida por sistemas cerebrais mais básicos, localizados no tronco encefálico e imediatamente ao redor dele. Em bebês e crianças pequenas, que não conseguem lutar nem fugir, é bastante comum uma resposta dissociativa a estressores extremos, como também é mais comum em mulheres do que em homens. E, se a dissociação for prolongada, é bem possível que esteja relacionada a sintomas de estresse pós-traumático.

Durante a dissociação, o cérebro prepara o corpo para ferimentos. O sangue é desviado dos membros, e o ritmo cardíaco diminui, para reduzir o sangramento nas feridas. Um fluxo de opioides endógenos – substâncias naturais do cérebro semelhantes à heroína – é liberado, eliminando a dor, produzindo calma e sensação de distanciamento psicológico do que está acontecendo.

Por ser uma reação hiperestimulada, a resposta dissociativa é gradual e se dá num *continuum*. Estados corriqueiros como devanear e as transições entre sono e vigília são formas suaves de dissociação. O transe hipnótico é outro exemplo. Nas experiências dissociativas extremas, a pessoa passa a focar exclusivamente seu interior e se desconecta da realidade. As regiões do cérebro que dominam o pensamento deixam de planejar a ação para se concentrar na mera sobrevivência. A sensação é de que o tempo passa mais lentamente e o que acontece não é "real". O ritmo da respiração diminui. A dor e o medo cessam. As pessoas costumam relatar torpor e ausência de emoções, como se tudo isso afetasse o personagem de um filme.

Em experiências mais traumáticas, contudo, ocorre não só uma, mas a combinação de duas respostas. Em muitos casos, a dissociação moderada de um evento traumático pode ajustar a intensidade e a duração de uma resposta hiperestimulada. A capacidade de ficar anestesiado e parcialmente robotizado durante um combate, por exemplo, permite que um soldado continue a agir sem entrar em pânico. Mas em outro pode predominar um ou o outro padrão. E, se esses padrões são ativados repetidamente por tempo mais longo, por causa da intensidade, da duração e do padrão do trauma, os sistemas neurais sofrerão mudanças "dependentes do uso", que passarão a mediar as respostas. A consequência é que esses sistemas podem se tornar hiperativos e sensitizados e provocar problemas emocionais, comportamentais e cognitivos muito tempo depois que o evento terminar.

Já se sabe que muitos sintomas psiquiátricos pós-traumáticos estão relacionados efetivamente a reações dissociativas e hiperestimuladas às lembranças de um trauma. Essas reações ajudam a pessoa a sobreviver após um trauma, mas, se persistirem ao longo da vida, causarão sérios problemas em outras áreas.

Existem poucos exemplos de problemas relacionados a traumas que os que vi naqueles meninos do centro residencial. O impacto do trauma e a interpretação frequentemente equivocada dos sintomas estavam revelados no fato de que todos apresentavam algum tipo de diagnóstico ligado à atenção e à solução de problemas. Infelizmente, em um ambiente de sala de aula, as reações de dissociação, tanto quanto as de hiperestimulação, se assemelham muito ao distúrbio de déficit de atenção, à hiperatividade e ao transtorno desafiador de oposição. É óbvio que crianças dissociadas são desatentas: parecem sonhar acordadas, estar "fora do ar", não se concentram no trabalho escolar e se desligam por completo do mundo ao redor. O jovem hiperestimulado parece hiperativo e desatento, porque está ligado no tom de voz do professor e na linguagem corporal das outras crianças, não no conteúdo das aulas.

A agressão e a impulsividade provocadas pela reação de lutar ou fugir, costumam ser confundidas com desafio e oposição, quando na verdade, são resquícios de outra reação a alguma situação traumática anterior que a criança lembra ter vivido. O estado de "congelamento" em que o corpo estressado entra, uma imobilidade súbita, como um animal sob o farol de um carro, costuma ser mal interpretado pelos professores como uma recusa desafiadora, porque, quando ocorre, a criança não consegue literalmente obedecer. Embora nem todo o DDA, nem toda a hiperatividade, nem todo o transtorno desafiador de oposição estejam relacionados a traumas, é bem provável que os sintomas desses distúrbios estejam, sim, com mais frequência do que se possa imaginar.

A primeira vez que estive com Sandy em terapia foi no saguão de uma igreja. Ainda sob a forma de proteção à testemunha, ela precisava ser protegida dos membros da gangue e do assassino que talvez não fossem presos por não terem participado diretamente do crime. Por isso, nos encontrávamos em locais e horários não usuais. Em geral, aos domingos, em alguma igreja. Ela me esperava com os pais adotivos. Eu os cumprimentei, e Sandy logo me reconheceu.

A mãe adotiva entrou conosco em uma classe da escola dominical, onde faríamos a sessão. Peguei papel, lápis de cor, me sentei no tapete e comecei a colorir. Não demorou dois minutos e Sandy sentou-se ao meu lado. Eu disse:

— Sandy, a senhora Sally vai orar lá fora enquanto ficamos aqui pintando, tudo bem?

— Tudo bem — ela concordou, sem desviar os olhos do papel.

Ficamos em silêncio. Por uns dez minutos nossa atividade foi exatamente igual à do primeiro encontro no tribunal. Então algo mudou. Sandy parou de pintar. Tirou o lápis da minha mão, puxou meu braço e me empurrou pelo ombro, para que me deitasse no chão.

— Que brincadeira é essa? — perguntei.

— Não fala! — ela ordenou séria e determinada. Me fez dobrar os joelhos e cruzar as mãos atrás do pescoço, como se estivesse amarrado. E então aconteceu a encenação. Nos quarenta minutos que se seguiram, Sandy andou pela classe balbuciando sons desconexos.

— Isso é bom. Come... — ela abriu minha boca para que eu comesse uns legumes de plástico. Depois me cobriu com um cobertor. Nessa sessão inicial de terapia, ela se deitou do meu lado, me sacudiu, abriu minha boca, meus olhos, andou pela sala e voltou com um brinquedo ou outro objeto. Não encenou o ataque que sofrera nem naquele momento, nem depois, mas repetia sem parar:

— É melhor pra você, garota.

Ela mandava, e eu obedecia: não fale, não se mexa, não pegue, pare. Ela tinha que ter o controle da representação. E esse controle, reconheci, era fundamental para ajudar a curá-la.

Afinal, os elementos que definem a experiência traumática, principalmente se for tão traumática a ponto de a pessoa se dissociar porque, não há outra forma de se livrar dela, são a perda de controle e a sensação de total impotência. Por isso recuperar o controle é um aspecto importante em um estresse traumático. Isso ficou muito claro no clássico estudo de um fenômeno que veio a ser conhecido como "desamparo aprendido". Martin Seligman e colegas da Universidade da Pensilvânia criaram um paradigma experimental em que dois animais (no caso, ratos) são colocados em gaiolas separadas, mas vizinhas. Em uma das gaiolas, toda vez que o rato pressiona uma alavanca para obter comida, antes recebe um choque elétrico. É óbvio que isso é estressante para o animal, mas com o tempo, sabendo que a comida chegará após o choque, ele se adapta e tolera. O rato sabe que só vai levar um choque se pressionar a alavanca, por isso tem algum controle sobre a situação. Como vimos, com o passar do tempo, um estressor previsível e controlável "estressa" menos o sistema e, consequentemente, aumenta a tolerância.

Mas o rato da segunda gaiola, que também tinha que pressionar a barra para obter comida, leva um choque quando *o outro* rato pressiona a alavanca. Ou seja, este segundo rato não sabe quando levará o choque, por isso não tem controle da situação. Está sensitizado para o estresse, não habituado a ele. Em ambos os ratos, notam-se importantes mudanças nos sistemas de estresse do cérebro: mudanças saudáveis no caso do rato que tem controle sobre o estresse e deterioração e desregulagem no outro. Os animais que não têm controle sobre o choque costumam desenvolver úlceras, perder peso, têm o sistema imunológico comprometido, por isso são mais suscetíveis a doenças. Mesmo quando a situação mudava e os ratos podiam controlar o choque, os que não tiveram controle por tempo mais prolongado eram medrosos demais para explorar a gaiola e descobrir como se servir. As mesmas situações de desmoralização e resignação são vistas em humanos depressivos; a cada dia, a pesquisa encontra mais vínculos entre depressão e eventos estressantes incontroláveis vividos na infância. Não é à toa que o DEPT (distúrbio de estresse pós-traumático) vem sempre acompanhado da depressão.

Como consequência desse vínculo entre controle e habituação, e entre falta de controle e sensitização, que para se recuperar de um trauma é preciso que a vítima retorne a uma situação previsível e segura. Nosso cérebro decodifica naturalmente um trauma para nos permitir tolerá-lo, trocando mentalmente a experiência traumática, diante da qual somos impotentes, por outra em que temos algum controle.

Era o que Sandy fazia na encenação. Controlava nossas interações durante as sessões de tal maneira que lhe permitisse "quantificar" o grau de estresse, assim como um médico quantifica os efeitos desejáveis e os colaterais de uma droga para receitar a dose certa. Ao encenar, Sandy controlava sua exposição ao estresse. Seu cérebro criava um padrão de estresse mais tolerável a uma experiência previsível que substituía a anterior. Por intermédio da encenação, o cérebro transformava o trauma em algo previsível e, se possível, até enfadonho. O padrão e a repetição são a chave para isso. Estímulos padronizados e repetitivos produzem tolerância, enquanto os sinais caóticos e infrequentes produzem sensitização. Para recuperar o equilíbrio, o cérebro busca aquietar as memórias do trauma, sensitizadas, com "doses" pequenas e repetitivas de recordações. Quer que o sistema sensitizado desenvolva a tolerância. E, em muitos casos, consegue. As consequências imediatas de um evento estressante e traumático são os pensamentos intrusivos: não paramos de pensar no fato, sonhamos com ele, pensamos nele mesmo sem querer, contamos e recontamos a amigos e às pessoas próximas. As crianças recriam as cenas nos desenhos, nas interações diárias. Quanto mais intensa e insuportável é a experiência, mais difícil é "dessensitizar" a memória do trauma.

Em suas encenações, Sandy estava buscando desenvolver a tolerância às terríveis memórias traumáticas. Ela controlava as encenações, e esse controle lhe permitia modular o grau de sua própria angústia. Se era por demais intensa, ela redirecionava a representação, e foi o que mais fez. Não interferi no processo nem a forcei a se lembrar de qualquer coisa depois dessa primeira vez, quando tive que fazer uma avaliação.

Nos primeiros meses em que trabalhamos juntos, todas as sessões começaram em silêncio. Ela me pegava pela mão, me levava até o meio da sala e fazia sinais para que eu me deitasse. Eu me deitava e me encolhia como se estivesse com frio. Ela andava pela sala, indo e voltando. Por fim, aproximava-se e deitava-se sobre mim. E começava a balbuciar e a balançar. Eu não dizia nada nem mudava de posição. Deixava que ela controlasse tudo como queria. Isso era de cortar o coração.

As reações de uma criança traumatizada quase sempre são mal interpretadas. Em alguns momentos, foi o que aconteceu com Sandy nos lares adotivos. Por serem situações inerentemente estressantes, e porque crianças vítimas de traumas, em geral, vêm de lares nos quais o caos e a imprevisibilidade são "normais", elas reagem com medo em situações de calma e segurança. Para terem o controle sobre o que acreditam ser um inevitável retorno do caos, fazem "provocações" que possam torná-lo mais confortável e previsível. Assim que termina a "lua de mel" com os lares adotivos, a criança passa a se comportar de maneira desafiadora e destrutiva, para provocar gritos e a rígida disciplina familiar. Como todos nós, ela se sente melhor com o que é "conhecido". Como dizia um conhecido terapeuta familiar, preferimos "a certeza do sofrimento ao sofrimento da incerteza". Esse tipo de reação ao trauma causa graves problemas à criança se não for bem entendido por seus cuidadores.

Felizmente, neste caso, consegui instruir aqueles que trabalhavam com Sandy sobre o que esperar e como reagir. Mesmo assim, fora da terapia, persistiam o sono agitado, a ansiedade e os problemas de comportamento, ao menos no início. Seus batimentos cardíacos em repouso eram superiores a cento e vinte, extremamente altos para a idade dela. Apesar dos profundos comportamentos dissociativos ocasionais, ela estava sempre "ligada" e supervigilante – muito semelhante aos meninos com quem eu trabalhava no centro residencial. Conversei com a família adotiva, com o assistente social e com Stan sobre os potenciais efeitos positivos da clonidina. Eles concordaram que eu experimentasse, e, de fato, o sono dela melhorou, e a frequência, intensidade e duração dos surtos diminuíram. A convivência se tornou mais fácil, e Sandy se mostrou mais disposta a aprender, tanto em casa quanto na escola.

A terapia também continuou. Após umas doze sessões, Sandy começou a mudar a posição em que eu devia me deitar. Não mais encolhido, mas de lado. E o ritual se repetia. Andava pela sala e voltava para perto de mim com os objetos recolhidos. Ainda erguia minha cabeça para me alimentar. Em seguida, deitava-se sobre mim, balançando, murmurando canções de ninar, às vezes ficava parada como se congelasse. Outras vezes, chorava. Nessa parte da sessão, que em geral durava uns quarenta minutos, eu ficava em silêncio.

Com o passar do tempo, Sandy foi mudando a encenação. O balbucio diminuiu e ela passava mais tempo explorando, balançando e cantarolando. Por fim, um dia ela me levou pela mão até uma cadeira de balanço e me fez sentar. Então foi até a estante, pegou um livro e se aninhou em meu colo.

— Leia uma história — pediu. Comecei a ler, e ela disse: — Balança. Desse dia em diante, Sandy passou a se sentar comigo na cadeira de balanço e a ler livros.

Não foi a cura, mas foi um bom começo. Ela teve ainda que passar por uma exaustiva batalha de custódia entre o pai biológico, a avó e a família adotiva. É um prazer dizer que Sandy fez tudo certo. Seu progresso foi lento, porém constante, em especial depois que a custódia ficou com a família adotiva, com quem ela passou toda a infância. Às vezes era rebelde, mas em geral se comportava bem. Tinha amigos, tirava boas notas e era bastante gentil e atenciosa nas interações com os outros. Os anos se passaram e não recebi qualquer notícia dela. Mas pensava com frequência em Sandy e em tudo que ela me ensinara durante nosso trabalho. Quando escrevia este capítulo, recebi notícias. Ela estava bem. Não posso revelar detalhes em razão das circunstâncias do seu caso, mas ela estava vivendo bem, levando a vida produtiva que todos nós lhe desejamos. Nada me deixaria mais feliz.

CAPÍTULO 3

UMA ESCADA PARA O CÉU

⁓⊙⌇

As crianças que moravam no complexo do Branch Davidian, em Waco, Texas, viviam com medo. Nem os bebês escapavam: o líder do culto, David Koresh, acreditava que a vontade das crianças, algumas com apenas oito meses de vida, deviam ser destruídas com rígida disciplina física, para que elas permanecessem "na luz". Koresh era mercurial: em um momento era gentil, atencioso e afetivo, e em seguida era o profeta da fúria. Sua ira era imprevisível e inevitável. Os davidianos, como eram denominados os membros da comunidade religiosa de Mount Carmel, eram admiravelmente sensíveis a esses humores do líder, para cair em suas graças e evitar, inutilmente, sua vingança.

Com temperamento volátil e uma raiva violenta, Koresh se excedia nas doses irregulares de ameaças extremas – alternadas com gentileza e atenção individuais – para manter os seguidores fora do próprio eixo. Todos os aspectos da vida no complexo eram controlados com punhos de aço. Ele separava os casais, os filhos dos pais, os amigos de amigos, destruindo qualquer relacionamento que ameaçasse sua posição como a maior e mais dominante força na vida de cada pessoa. O amor de todos convergia para ele como os raios conectados ao eixo de uma roda. Koresh era a fonte de todo entendimento, toda sabedoria, todo amor e poder; era o condutor para Deus, senão o próprio Deus sobre a terra.

E era um deus que governava pelo medo. As crianças (muitas vezes também os adultos) temiam os ataques físicos constantes e a humilhação pública pelo mais ínfimo erro, como derramar o leite. A punição costumava ser apanhar até sangrar com um remo de madeira chamado "auxiliar". As crianças davidianas também temiam a fome: quem se "comportava mal" era privado de alimento durante dias ou condenado a uma dieta leve de pão e batata. Às vezes, passavam noites isoladas. Quanto às meninas, acreditava-se que seriam "Noivas de Davi". Numa forma exclusiva de abuso sexual sancionado, meninas de apenas 10 anos eram preparadas para serem parceiras sexuais de Koresh. Um ex-seguidor revelou que, certa vez, Koresh comparou os batimentos cardíacos dessas pré-adolescentes que ele violava aos de animais caçados.

Mas talvez o medo mais insidioso que Koresh instilava era o dos "babilônios": agentes do governo, forasteiros e infiéis. Ele pregava e preparava a comunidade para a "batalha final". O Branch Davidians, aí incluídas as crianças, era preparado para o fim do mundo iminente (daí o apelido dado por Karesh ao complexo, "Rancho do Apocalipse"). A preparação envolvia exercícios armados, interrupção do sono e luta "homem a homem". Se as crianças não quisessem participar ou não se empenhavam nos treinos de batalha, eram humilhadas e muitas vezes apanhavam. Ainda pequeninas, aprendiam a usar armas. Todas eram instruídas nas técnicas mais letais de suicídio com armas de fogo se fossem capturadas por "babilônios", como encostar o cano da arma no ponto "mais mole" do céu da boca. A justificativa era que os "infiéis" tinham chegado para matar todo mundo. Depois dessa batalha apocalíptica, havia a promessa de que os membros se reuniriam com suas famílias no céu e o deus Koresh retornaria à terra para eliminar os inimigos.

Cheguei ao Texas em 1992 para assumir o posto de vice-diretor de pesquisa no departamento de psiquiatria do Baylor College of Medicine (BCM), em Houston. Também era diretor de psiquiatria do Texas Children's Hospital (TCH) e coordenava o Programa de Recuperação de Trauma do Veterans Administration Medical Center (VAMC), em Houston. Minhas experiências com Tina e Sandy, com os meninos do centro residencial e outras me convenciam de que não sabíamos o suficiente sobre traumas e suas consequências na saúde mental das crianças. Não sabíamos como os traumas sofridos durante o desenvolvimento produziam determinados problemas em determinadas crianças. Ninguém sabia dizer por que algumas livravam-se dos traumas aparentemente ilesas, enquanto outras desenvolviam sérias doenças mentais e problemas comportamentais. Ninguém sabia de onde vinham os sintomas devastadores de algumas condições, como a DEPT, e por que algumas crianças desenvolviam, digamos, principalmente sintomas dissociativos e outras eram, sobretudo, hipervigilantes. A única maneira de saber tudo isso era acompanhar grupos de crianças imediatamente após o evento traumático. Infelizmente, as crianças só eram trazidas em busca de ajuda anos depois de sofrerem o trauma, e não imediatamente após ele.

Me dispus a resolver esses problemas e montei uma Equipe de Avaliação de Traumas. Esperávamos que, ajudando as crianças a lidar com traumas graves, como ferimentos por armas de fogo, acidentes de carro, desastres naturais e outras situações que ofereciam risco de vida, aprenderíamos o que esperar delas imediatamente após a experiência traumática, e qual a relação disso com quaisquer sintomas que apresentassem. As crianças de Waco eram, infelizmente, um caso apto a ser estudado.

No dia 28 de fevereiro de 1993, os "babilônios" da Agência de Álcool, Tabaco e Armas de Fogo chegaram ao complexo do Branch Davidian para prender David Koresh por violações das leis sobre uso de armas de fogo. Mas ele não se entregaria facilmente. Quatro agentes da agência e pelo menos seis davidianos foram mortos no confronto inevitável. O FBI e os profissionais que negociaram o resgate conseguiram garantir a soltura de vinte e uma crianças. Foi nesse ponto que minha equipe foi chamada para ajudar o que imaginávamos ser o único grupo de crianças do complexo. Ninguém esperava encontrar mais crianças davidianas. O cerco terminou com um segundo ataque em 19 de abril, muito mais violento, que deixou oitenta membros mortos (entre eles vinte e três crianças) em uma conflagração sem precedentes.

Ouvi as primeiras notícias da invasão do Branch Davidian como todo mundo: pela televisão. Logo em seguida, os repórteres começaram a ligar para saber o que aconteceria com as crianças. Perguntaram-me o que poderia ser feito para ajudar as que estavam sendo retiradas do complexo. Respondi extraoficialmente que, por certo, o Estado saberia o que fazer.

Assim que as palavras saíram da minha boca, percebi que não era verdade. As agências governamentais, principalmente o sobrecarregado e desfalcado Serviço de Proteção à Criança (CPS, em inglês), dificilmente teriam planos concretos para a chegada inesperada de grandes grupos de crianças. Além disso, as cadeias de comando das agências federal, estaduais e locais, responsáveis pela manutenção da ordem e proteção das crianças, não são muito claras em crises não usuais e com rápida evolução como o impasse em Waco.

Pensando nisso, avaliei a utilidade da *expertise* em traumas infantis da nossa Equipe de Avaliação de Trauma. Podíamos oferecer informações básicas às pessoas que trabalhavam com as crianças, orientá-las por telefone sobre a solução de problemas pontuais e oferecer acompanhamento e assistência para entender melhor a situação. Entrei em contato com várias agências, mas ninguém soube me dizer quem "poderia responder". Até chegar ao gabinete do governador. Poucas horas depois, me ligaram do escritório da agência estadual pedindo que eu fosse a Waco para o que pensei ser uma única consulta. A reunião daquela tarde se transformou em seis semanas de um dos casos mais difíceis que eu já tivera.

Em Waco, só encontrei desorganização, tanto nas agências oficiais que deveriam responder pela crise quanto no cuidado com as crianças. Nos primeiros dias, elas foram levadas do complexo em grandes veículos semelhantes a caminhões-tanques. A qualquer hora do dia ou da noite em que fossem retiradas, eram interrogadas por horas pelo FBI e pelos Texas Rangers. O FBI era o mais bem-intencionado; buscava informações para combater a situação no rancho rapidamente e retirar mais pessoas em segurança. Os depoimentos das testemunhas eram necessários, e os Texas Rangers eram os encarregados de reunir provas para futuros julgamentos criminais dos envolvidos nos tiroteios que mataram os agentes da BATF. Mas ninguém lembrou que seria insuportável para as crianças serem afastadas dos pais, colocadas em um caminhão-tanque depois de presenciarem a um ataque mortal a suas casas, serem levadas para um barracão e questionadas durante horas por homens armados que elas nunca viram antes.

Por pura sorte, essas crianças davidianas continuaram juntas depois da invasão. A princípio, o Serviço de Proteção à Criança do Texas pensou em casas adotivas individuais, mas não encontraram nenhuma que se dispusesse a recebê-las. Mantê-las juntas acabou sendo uma das decisões mais terapêuticas: aquelas crianças precisavam umas das outras. Depois do que tinham vivido, afastá-las dos amigos e/ou irmãos só aumentaria o sofrimento delas.

Por fim, as crianças foram levadas a um lugar agradável, semelhante a um camping, o Lar das Crianças Metodistas de Waco. Lá, ficaram instaladas em um grande chalé, vigiado por dois Texas Rangers armados. Dois casais em rodízio moravam na casa e cuidavam delas; eram as "mães da casa" e os "pais da casa". Apesar das boas intenções do Estado de preservar a saúde mental das crianças, não foi o que aconteceu na prática. Os Texas usaram os profissionais de seus sistemas sobrecarregados, convocando qualquer um que dispusesse de tempo. Consequentemente, a disponibilidade e a consistência das visitas de especialistas em saúde mental eram muito infrequentes, o que deixava as crianças ainda mais desorientadas com tanta gente desconhecida.

Naqueles primeiros dias, o clima no chalé também era caótico. Oficiais das várias agências apareciam a qualquer momento do dia ou da noite para interrogar uma ou outra criança em particular. Não existia rotina diária e nenhuma regularidade das pessoas que podiam vê-las. Naquela época, uma das poucas coisas das quais eu tinha certeza era de que as crianças traumatizadas precisam de previsibilidade, de rotina, sensação de controle e relacionamentos estáveis com os cuidadores. Isso era muito importante para as crianças davidianas: elas vinham de um lugar em que eram mantidas em estado de alarme e condicionadas a esperar por uma catástrofe a qualquer momento.

Na reunião inicial com as agências envolvidas, meu conselho resumiu-se a isso: consistência, rotina e familiaridade. Isso significava estabelecer a ordem, definir limites claros, melhorar a comunicação interorganizacional e limitar o pessoal de saúde mental a quem pudesse acompanhar regularmente as crianças. Sugeri ainda que apenas pessoas treinadas para entrevistá-las tivessem permissão de conduzir as entrevistas forenses para os Rangers e o FBI. No fim da reunião, o Serviço de Proteção à Criança perguntou se eu assumiria a coordenação dos trabalhos. Mais tarde, os agentes do FBI também pediram que eu fizesse as entrevistas forenses. Até então, pensávamos que a crise terminaria em poucos dias, por isso aceitei. Achei que seria uma ótima oportunidade de aprender e, ao mesmo tempo, ajudar aquelas crianças. Peguei meu carro e fui até o chalé conhecer um grupo de crianças admiráveis.

Quando cheguei, um Ranger me parou na porta. Era um rapaz alto, imponente, um arquétipo da polícia texana. Não se impressionou com o homem cabeludo, de calça jeans, que dizia ser o psiquiatra que cuidaria das crianças. Mesmo quando provei que era de fato o Dr. Perry, ele afirmou que eu não me parecia com um médico e que "essas crianças não precisam de psiquiatra, só precisam de um pouco de amor e ser tiradas daqui o mais rápido possível".

No final, esse Ranger foi uma das figuras mais positivas e saudáveis para aquelas crianças durante o período em que ficaram no chalé. Era uma pessoa calma, bondosa e sabia intuitivamente ser uma presença solidária sem ser intrusiva. Mas, naquele momento, se interpôs no meu caminho.

— Tudo bem, vou lhe dizer uma coisa. Você sabe como tomar um pulso? — perguntei.

Mostrei a menina que dormia num sofá. Disse que, se a pulsação dela estivesse abaixo de cem, eu voltaria para casa. O ritmo cardíaco normal de uma criança dormindo se mantém entre setenta e noventa pulsações por minutos.

Com toda a delicadeza, ele se abaixou para tomar o pulso da criança e, em seguida, me olhou aflito.

— Chame o médico — disse.

— Eu sou médico — respondi.

— Não, um médico de verdade. A pulsação dela está a cento e sessenta!

Expliquei que os psiquiatras recebem o mesmo treinamento dos médicos e descrevi os efeitos fisiológicos dos traumas em crianças. Naquele caso específico, os batimentos cardíacos altos provavelmente eram um reflexo do sistema de respostas a um estresse elevado e persistente. O Ranger entendeu os fundamentos da reação lutar ou fugir; os policiais, em geral, têm alguma experiência nisso. Observei que os mesmos hormônios e neurotransmissores que inundam o cérebro em um evento estressante – a adrenalina e a noradrenalina – também estão envolvidos na regulação dos ritmos cardíacos, o que faz sentido, pois o coração tem que alterar o ritmo para reagir ao estresse. Pelo meu trabalho com outras crianças traumatizadas, eu já sabia que muitas exibiam resposta hiperativa ao estresse durante meses, e até anos, após sofrerem o trauma. Podíamos apostar, então, que os batimentos cardíacos da menininha ainda eram tão rápidos porque a experiência traumática ainda estivera muito próxima. O Ranger me deixou entrar.

As crianças davidianas foram libertadas em grupos de duas a quatro por vez nos primeiros três dias que se seguiram à invasão em fevereiro. As idades variavam entre cinco meses e doze anos. A maioria tinha entre quatro e onze anos. Pertenciam a dez famílias diferentes e dezessete das vinte e uma saíram com pelo menos um irmão. Embora alguns membros mais antigos da seita contestassem os relatos de abuso de crianças (e embora eu tenha sido citado na imprensa por sugerir que não acreditava que as crianças vivessem em situação abusiva), ninguém duvidava de que estariam traumatizadas, antes pela invasão do complexo, mas também pela vida que levavam lá dentro.

Uma garotinha foi solta com um papel preso à roupa em que se lia que a mãe dela morreria assim que os parentes lessem o recado. Outra beijou o agente do FBI em nome da mãe e disse:

— Vocês estão nos matando. Vou encontrar vocês no céu.

Muito antes de o complexo ser incendiado, as crianças davidianas que nos foram entregues agiam como se os pais estivessem mortos (uma delas sabia que estavam vivos). A primeira vez que tivemos contato, elas estavam sentadas ao redor da mesa, comendo. Quando entrei na sala, uma pequenina perguntou calmamente:

— Você veio matar a gente?

Elas não se sentiam livres. Ao contrário, pelo que haviam aprendido sobre pessoas de fora e a violência a que tinham sido submetidas, sentiam-se reféns. Sentiam mais medo de nós agora que antes, não só porque estavam longe da família e de tudo que conheciam, mas porque a invasão prevista por Koresh se concretizava. E, se os "infiéis" viriam para destruí-las, a hipótese de que iríamos matá-las, e suas famílias, se comprovava.

Imediatamente, reconhecemos que tínhamos ali um grupo de crianças mergulhadas no medo. A única maneira de oferecer a ajuda de que precisavam era aplicar o que sabíamos sobre como o medo afeta o cérebro e, consequentemente, altera o comportamento.

O medo é nossa principal emoção, mas apenas por uma questão evolucionária. Sem ele, nossos ancestrais não teriam sobrevivido. O medo brota, literalmente, no centro do cérebro e afeta todas as áreas e funções em ondas de atividade neuroquímica que se expandem rapidamente. Incluem-se aqui algumas reações químicas importantes já discutidas, como a adrenalina e noradrenalina, além do cortisol, que é o hormônio do estresse. Duas regiões-chave do cérebro estão envolvidas com o medo: o *locus coeruleus*, onde tem origem a maior parte dos neurônios noradrenalina, e a amígdala cerebelosa, que é uma parte do sistema límbico com o formato de uma amêndoa.

Como vimos, o cérebro evoluiu de dentro para fora e da mesma maneira se desenvolve. A região mais inferior e mais primitiva, o tronco encefálico, tem grande parte do desenvolvimento completado ainda no útero e na primeira infância. O mesencéfalo e os sistemas límbicos se desenvolvem em seguida, sofisticando-se de forma exuberante nos primeiros três anos de vida. Os pais de adolescentes não se surpreendem quando aprendem que os lóbulos frontais do córtex, que regulam a capacidade de planejamento, autocontrole e pensamento abstrato, não se desenvolvem por completo até o fim da adolescência e só se reorganizam de forma significativa a partir dos vinte anos.

O fato de o cérebro se desenvolver em sequência e com muita rapidez nos primeiros anos de vida, explica por que crianças muito pequenas correm grande risco de que os efeitos dos traumas sejam duradores: é porque o cérebro ainda está se desenvolvendo. A mesma plasticidade miraculosa do cérebro que permite aos pequeninos aprender tão rápido a amar e a falar infelizmente também os torna altamente suscetíveis a experiências negativas. Assim como os fetos são vulneráveis às toxinas, dependendo do período da gravidez a que são expostos, crianças pequenas são igualmente vulneráveis aos efeitos longevos dos traumas, dependendo de quando estes ocorrem. Portanto, muitos sintomas resultam de traumas vividos em épocas diferentes.

Por exemplo, se a criança ainda não fala e não pode descrever uma experiência dolorosa e repetitiva de abuso sexual, desenvolverá uma profunda ansiedade, forte aversão a ser tocada e terá os mais variados problemas com intimidade e relacionamentos. Contudo, se uma criança de dez anos sofrer um abuso idêntico, é mais provável que desenvolva medos específicos ligados ao fato e evite, deliberadamente, situações associadas a lugares, pessoas e ao tipo de abuso. A ansiedade oscilará de acordo com a exposição a situações que a façam se lembrar do molestamento. Crianças mais velhas provavelmente associarão o abuso sofrido a sentimentos de vergonha e culpa – as emoções mais complexas mediadas pelo córtex. Essa região é muito menos desenvolvida nos bebês, por isso os sintomas correspondentes serão muito menos prováveis se o abuso acontecer no início da vida.

Em qualquer idade, se a pessoa se vir em situação ameaçadora, o cérebro fechará, primeiro, as regiões corticais superiores. Ela perde a capacidade de planejar e a vontade de comer porque nada disso tem utilidade para sua sobrevivência imediata. É comum perder também a capacidade de "raciocinar", e até mesmo de falar se a ameaça for muito grave. A pessoa apenas reage. E, se o medo se prolongar, o cérebro poderá sofrer alterações crônicas, quase permanentes. As alterações que resultam de um pavor prolongado, principalmente no início da vida, podem causar mudanças duradouras para uma forma mais impulsiva, mais agressiva, menos racional e menos solidária de estar no mundo.

Isso se dá porque os sistemas do cérebro mudam conforme a "dependência do uso", como já dissemos. Assim como os músculos, quanto mais um sistema cerebral for "exercitado", como a rede de reações ao estresse, mais mudará e maior será o risco de que seu funcionamento se altere. Ao mesmo tempo, quanto menos forem usadas as regiões corticais, que controlam e modulam o estresse, menores e mais fracas elas serão. Expor uma pessoa ao medo e ao estresse crônicos é como enfraquecer os sistemas de freios de um carro cujo motor foi potencializado: foram alterados os mecanismos de segurança que impediam a "máquina" de se descontrolar. Essas mudanças causadas pela dependência do uso na capacidade relativa dos vários sistemas cerebrais – assim como os modelos dependentes do uso que a pessoa armazena na memória de acordo com sua visão de mundo – são determinantes fundamentais do comportamento humano. Entender a importância da dependência do uso foi crucial para nosso trabalho com crianças traumatizadas, como as que encontramos logo após a primeira invasão do Rancho do Apocalipse.

Por mais estranho que pareça, somente a essa altura do meu trabalho comecei a reconhecer a importância dos relacionamentos no processo de cura. As pessoas do nosso grupo, e outras também, notaram que a natureza dos relacionamentos das crianças – antes e após o trauma – tinha papel muito importante na forma como reagiam. Se os cuidadores eram pessoas confiáveis, conhecidas e capacitadas, elas tendiam a se recuperar com mais facilidade e não apresentavam os efeitos negativos duradouros do evento traumático. Sabíamos que os efeitos "amortecedores do trauma" nos relacionamentos eram de alguma forma mediados pelo cérebro.

    Mas de que maneira? Para que um animal seja biologicamente bem-sucedido, seu cérebro terá que guiá-lo para cumprir três diretivas principais: primeiro, permanecer vivo; segundo, procriar e terceiro, se tiver que carregar os bebês como os humanos, protegê-los e alimentá-los até que possam cuidar de si mesmos. Também em humanos, as milhares de capacidades do cérebro estão todas conectadas, de uma maneira ou de outra, há sistemas que evoluíram originalmente para cumprir essas três funções.

    Em espécimes sociais como nós, as três funções essenciais dependem profundamente da capacidade do cérebro de criar e manter relacionamentos. Os seres humanos são individualmente fracos e não sobrevivem muito tempo na natureza sem o auxílio dos demais. Nossos ancestrais lobos solitários não sobreviveram por muito tempo. Foi apenas por meio da cooperação, compartilhando com os membros da nossa família estendida, vivendo em grupos e caçando e colhendo juntos que conseguimos sobreviver. É por isso que, igual às crianças, associamos a presença de pessoas conhecidas à segurança e ao conforto; em ambientes seguros e familiares, o coração acelera, a pressão sanguínea diminui e os sistemas de reação ao estresse se acalmam.

Todavia, ao longo da história, enquanto alguns seres humanos são nossos melhores amigos e nos dão segurança, outros são nossos piores inimigos. Os grandes predadores dos seres humanos são os próprios seres humanos. Então, nossos sistemas de reação ao estresse estão intimamente conectados aos sistemas que leem e reagem aos sinais sociais humanos. Por isso somos tão sensíveis às expressões, aos gestos e aos humores do outro. Como veremos, interpretamos as ameaças e aprendemos a lidar com o estresse observando quem está a nossa volta. Temos até células especiais no cérebro que se comovem, não quando somos tocados ou estamos emocionados, mas quando o outro também se comove. A vida social humana é construída sobre essa habilidade de um "refletir" o outro e reagir aos reflexos, com resultados positivos e negativos. Por exemplo, se estamos nos sentindo muito bem e no trabalho encontramos o chefe de mau humor, logo nos sentiremos péssimos também. Se o professor está zangado e contrariado, os alunos começarão a se comportar mal, em reflexo à forte emoção expressa pelo docente. Para acalmar uma criança assustada, primeiro temos que nos acalmar.

O reconhecimento da força dos relacionamentos e dos sinais relacionais é essencial para a eficácia de um trabalho terapêutico e, por certo, para a eficácia da paternidade, da educação, da instrução e do empenho humano. Esse foi nosso grande desafio quando trabalhamos com as crianças davidianas. Porque logo descobri que os funcionários do Serviço de Proteção à Criança, os policiais e os especialistas em saúde mental que deveriam ajudá-las estavam sobrecarregados, cansados e, principalmente, assustados.

Além disso, quanto mais informação eu recebia sobre Koresh e os davidianos, mais convencido ficava de que teríamos que nos aproximar daquelas crianças como se elas viessem de uma cultura alienígena: a visão de mundo delas era muito diferente daquela das pessoas que cuidariam delas. Infelizmente, a mesma habilidade que nos aproxima do outro também nos une para derrotar um inimigo comum; o que nos permite realizar um grande ato de amor nos leva, igualmente, a marginalizar e desumanizar quem não é "como nós", não pertence ao nosso "clã". Esse tribalismo, muitas vezes, resulta em formas extremas de ódio e violência. E, para completar, as crianças doutrinadas por Koresh nos viam como forasteiros, infiéis, enfim, uma ameaça. E eu não sabia o que fazer com isso.

Nos dois primeiros dias em Waco, comecei a entrevistar as crianças individualmente, para obter informações que convencessem os negociadores do FBI a desativar o cerco. Essas entrevistas são difíceis em qualquer situação, mais ainda quando se suspeita de abuso, porque as crianças não querem, obviamente, criar problemas para os pais. Neste caso específico, era ainda mais difícil, porque as davidianas cresceram acreditando que não havia problema em enganar os "babilônios", porque estes eram inimigos de Deus. Elas não nos contavam a verdade não só porque estariam traindo os pais, mas porque o pecado cometido seria muito grave.

As crianças nos passavam a sensação de que havia um grande e terrível segredo que não podiam revelar. Se eu perguntasse o que aconteceria com o Rancho, ouvia coisas terríveis como "você vai ver só". Uma vez perguntei explicitamente a uma criança onde estavam seus pais, e ela me respondeu: "morreram". Elas diziam que não veriam mais os pais até Davi voltar à terra para matar os infiéis. E não entravam em maiores detalhes.

As crianças não costumam ser falsas ou mentir propositalmente para não revelar alguma coisa, em especial quando são instruídas pela família. Entretanto, é muito mais difícil esconder os pensamentos e os sentimentos quando desenham. Por isso eu me sentava, desenhava e conversava com cada uma que já conseguia desenhar.

Pedi a um garoto de dez anos, chamado Michael, um dos primeiros que entrevistei, que fizesse um desenho qualquer. Rapidamente ele desenhou um unicórnio no meio de uma paisagem de montanhas e florestas, fez um céu com muitas nuvens, um castelo e um arco-íris. Elogiei o desenho, e ele disse que Davi gostava quando ele desenhava cavalos. Michael também era elogiado pelos colegas e pelo líder quando desenhava castelos celestiais e incorporava o símbolo do grupo, a estrela de Davi. Então pedi a ele que desenhasse a si mesmo. O que ele fez foi uma figura esquemática, como faria uma criança de 4 anos. Pedi, então, que desenhasse sua família, e ele parou para pensar. Por fim, deixou a folha toda branca e desenhou uma figurinha espremida no canto da página dizendo que era ele. Seus desenhos refletiam o que ele aprendera no grupo: a elaboração do que Koresh valorizava, o domínio de líder supremo, uma noção de família confusa e empobrecida e uma imagem de si imatura e dependente.

Conforme fui conhecendo melhor as crianças davidianas, notei em várias ocasiões contrastes similares: ilhas de talentos, conhecimentos e relações cercadas pelo amplo vazio do abandono. Por exemplo, elas liam bem para a idade porque estudavam a Bíblia regularmente, mas não tinham nenhuma noção de matemática. Os talentos limitavam-se às regiões do cérebro que tinham sido exercitadas e aos comportamentos recompensados. No caso de Michael, as lacunas eram resultado da falta de oportunidades para se desenvolver e da não exposição às escolhas básicas que as crianças aprendem a fazer quando começam a descobrir de que gostam e o que são.

No complexo, todas as decisões, desde o que comer e vestir até pensar e rezar, eram tomadas por terceiros. E, como em outras áreas do cérebro, as regiões responsáveis pelo desenvolvimento de uma consciência de si cresce ou estagna dependendo da frequência em que são exercitadas. Para que o eu se desenvolva, é preciso exercitar as escolhas e aprender com as consequências; se a única coisa que a pessoa aprende é obedecer, é muito mais difícil saber de que ela gosta e o que quer.

Outra entrevista que realizei foi com uma menininha de quase seis anos. Pedi a ela que desenhasse sua casa. Ela desenhou a casa do complexo. Pedi então que desenhasse o que aconteceria com sua casa. Ela desenhou a mesma casa, mas cercada pelo fogo. No alto, fez uma escada para o céu. Eu sabia que após a primeira invasão o cerco caminharia para uma conclusão potencialmente cataclísmica. As outras crianças também desenharam chamas e explosões; algumas diziam: "vamos explodir todo mundo", "todo mundo vai morrer"; essa foi uma pista importante para negociadores de reféns e para os líderes do FBI.

Formamos um grupo para facilitar a comunicação entre os vários agentes da força policial e a nossa equipe. Fizemos um acordo com o FBI: se respeitassem os limites que havíamos estabelecido para lidar com as crianças, passaríamos todas as informações sobre nosso trabalho que pudessem ajudar nas negociações e a suspender o cerco. Quando vi os desenhos e ouvi os comentários, imediatamente comuniquei minha preocupação de que outros ataques ao complexo precipitariam uma espécie de apocalipse. Eu não sabia ao certo o que seria, mas talvez houvesse explosões e incêndios. As frases, os desenhos e o comportamento das crianças apontavam para a certeza de que o cerco terminaria com mortes. O que descreviam era essencialmente um suicídio coletivo.

Eu temia que as provocações ao FBI deflagrassem a batalha final. Fiz diversas reuniões com meus contatos no FBI e com os membros da equipe de ciência comportamental, e todos concordaram que outra escalada da força policial provocaria um desastre, não a rendição. Só que a responsabilidade não seria deles, mas do grupo tático, que escutava, mas não ouvia – achavam que estavam lidando com impostores e criminosos. Não entendiam que os seguidores de Koresh acreditavam piamente no líder, como se ele fosse um mensageiro de Deus e que Cristo retornaria com a mesma devoção e compromisso para o auto sacrifício. Esse conflito entre concepções de mundo determinou a escalada das ações que contribuiu para a catástrofe final.

Terminadas as entrevistas iniciais, algumas pessoas das instituições de Houston foram a Waco para formarmos um núcleo de clínicos. Com os guardas, os funcionários do SPC e o pessoal da Methodist Home, começamos a organizar a vida no chalé. Definimos horários para dormir e para as refeições, criamos rotinas para as aulas, para brincar e para as crianças nos dizerem o que acontecia no rancho. Como o fim do cerco era imprevisível, não permitíamos que vissem TV ou ficassem expostas a qualquer cobertura da mídia.

No início, alguns membros da nossa equipe insistiram em começar a "terapia" com as crianças. Para mim, o mais importante naquele momento era restaurar a ordem e estarmos disponíveis para apoiar, interagir, alimentar, respeitar, ouvir, brincar, enfim, "estar presente". As experiências das crianças eram tão recentes e tão cruéis que uma sessão de terapia convencional com um estranho, principalmente um "babilônio", seria potencialmente desastrosa.

A propósito, desde Waco, pesquisas mostram que a pressa de "interrogar" as pessoas logo após um evento traumático por um terapeuta ou conselheiro desconhecido é algo intrusivo, indesejado e até contraproducente. Alguns estudos apontam uma probabilidade duas vezes maior de distúrbio de estresse pós-traumático causado por esse "tratamento'. Em alguns dos nossos trabalhos, constatamos que as intervenções mais produtivas para evitar os efeitos conhecidos e previsíveis de um trauma agudo implicam educar e manter uma rede social de apoio, em especial a família, e só oferecer suporte terapêutico se, e somente se, a família notar sintomas pós-traumáticos extremos e prolongados.

Eu acreditava que aquelas crianças precisavam ter a chance de processar os acontecimentos no próprio ritmo e da maneira que achassem melhor. Se quisessem falar, que procurassem um membro da equipe com quem se sentissem mais à vontade; se não, que fossem brincar para ter novas experiências infantis e criar novas memórias, e começar a desativar outras tão assustadoras. Queríamos oferecer estrutura, não rigidez; carinho, e não afeto forçado.

À noite, depois que as crianças dormiam, a equipe se reunia para discutir cada uma delas e rever os acontecimentos do dia. Esse processo começou a revelar padrões de experiências terapêuticas que aconteciam em interações muito curtas. À medida que inventariávamos os contatos, descobrimos que, apesar de não haver sessões formais de "terapia", as crianças tinham horas diárias de conexões íntimas, afetivas e terapêuticas. Controlavam quando, com quem e como interagiam com os adultos mais sensíveis – alguns eram carinhosos e afetivos; outros, bem-humorados; outros, ainda, eram bons ouvintes ou davam boas informações. A criança podia buscar o que mais quisesse, quando quisesse. Isso criou uma forte teia terapêutica.

E assim as crianças gravitavam em torno de um profissional específico que mais se adequasse à sua personalidade, ao seu estágio de desenvolvimento e ao seu temperamento. Porque gosto de brincar de luta, se uma criança quisesse brincar assim, me procurava. Com outras eu pintava, jogava, fazia perguntas ou reagia a um medo. Outras exigiam de mim outro papel. Um menino, por exemplo, gostava de se esconder. Eu aceitava a brincadeira às vezes fingindo um susto quando o encontrava, outras me assustando de verdade quando o via se aproximar – uma brincadeira de esconde-esconde envolvente e divertida. Essas curtas interações ajudavam-no a desenvolver um senso de conexão e, creio, de segurança. Por eu ter entrevistado todas as crianças e por elas perceberem que o pessoal da equipe respondia a mim, sabiam que de alguma forma eu era "o chefe". E, por terem sido criadas como foram, eram especialmente sensíveis a sinais de predominância e a outros sinais de quem, naquele momento, mandava mais. E esses sinais eram, por causa do sistema patriarcal imposto por Koresh, claramente sexistas.

Para aquele menino, então, a ideia de que "o macho predominante do grupo brinca comigo" lhe transmitia um senso de segurança real. Saber que podia interagir e ter certeza de que este macho dominante era amigável davam a ele sensação de controle – um contraste muito grande com o medo e a impotência vividos antes. De modo similar, uma menininha preocupada com a mãe gostava de conversar com uma pesquisadora da equipe. Mas, quando a conversa ficava mais séria, mais perigosa, ela ia fazer qualquer outra coisa ou simplesmente ficava em silêncio, manipulando um brinquedo. Nas reuniões da equipe, relatávamos os contatos diários com as crianças, para que todos soubessem tudo que estava acontecendo com cada uma delas e conduzissem a próxima interação da maneira mais apropriada.

No entanto, as crianças precisavam mais que capacidade de escolher o que e com quem conversar; precisavam da estabilidade que vem com a rotina. Nos primeiros dias após o ataque, livres da organização externa que lhes era imposta, reproduziam de imediato a cultura sexualmente segregadora e autoritária do complexo davidiano, onde homens e meninos com mais de doze anos eram separados das mulheres e meninas, e onde David Koresh e seus representantes governavam com poder absoluto.

Dois irmãos mais velhos, um menino e uma menina, diziam ser os "escribas". A menina escriba dominava e tomava decisões para as meninas; o menino comandava os meninos e também tinha influência sobre a irmã, enquanto as demais crianças formavam uma fila para falar com eles. Meninos e meninas sentavam-se em mesas separadas para fazer as refeições; brincavam separadamente e evitavam qualquer interação. As meninas mais velhas, que se preparavam para ser "Noivas" de David, desenhavam estrelas de Davi e escreviam "David é Deus" em papéis adesivos amarelos para colar em volta do chalé.

Mas nenhuma das crianças sabia o que fazer das escolhas mais simples: ficavam inquietas e até irritadas para escolher entre um sanduíche de manteiga de amendoim ou de geleia. No complexo, todas as decisões eram tomadas por terceiros. Por nunca terem feito escolhas básicas e agir como se precisassem descobrir de que gostavam e quem eram, aquelas crianças não tinham consciência de si. A noção de autodeterminação era, como toda novidade, não familiar, por isso provocava ansiedade. Também por isso elas procuravam os escribas para orientá-las e ajudá-las a tomar decisões.

Não sabíamos bem como lidar com essa questão. Por querer que se sentissem "em casa", achamos que, se permitíssemos os rituais, se sentiriam mais seguras. Por outro lado, precisavam aprender o que as esperava lá fora. Tínhamos apenas tentativas e erros para nos orientar. A primeira tentativa que fiz para romper a segregação entre meninos e meninas foi desastrosa. Um dia, sentei-me à mesa das meninas para comer. Imediatamente as crianças ficaram tensas. Uma menininha de 3 ou 4 anos me ameaçou:

— Você não pode sentar aqui.

Perguntei por quê.

— Porque você é menino.

— Como você sabe? — Tentei parecer bem-humorado para aliviar o clima, mas ela não desistiu e procurou o apoio da escriba ali presente.

Continuei sentado ali. As crianças não gostaram, e o clima ficou tão carregado e hostil que temi uma rebelião. Algumas se levantaram numa postura agressiva, e reagi. Depois disso, permitimos que continuassem se sentando em mesas separadas e seguindo as estranhas restrições alimentares impostas por Koresh, como não comer frutas e legumes na mesma refeição.

É claro que a disciplina era importante. Evitávamos impor restrições rígidas, punições corporais, isolamento, limitações físicas ou qualquer outra técnica disciplinar usada no complexo. Em raras ocasiões, quando as crianças ficavam agressivas fisicamente ou dissessem coisas ofensivas, redirecionávamos gentilmente aquele comportamento até acalmá-las e, se necessário, fazíamos com que pedissem desculpas. Como a reação pós-traumática mantém a criança em persistente estado de medo e excitação, sabíamos que o medo as faria agir de forma impulsiva, agressiva, sem controle das reações imediatas. E não as puníamos por essas reações naturais.

Então, notamos que se as crianças tivessem que enfrentar outras experiências terríveis como a primeira invasão do Rancho do Apocalipse, reagiriam da mesma maneira que reagiram antes. Por exemplo, se tivessem que fugir, se esconderiam; se tivessem que reagir, o fariam com agressividade; se dissociassem – fenômeno em que mente e corpo se desconectam da realidade –, o fariam novamente. Se as crianças davidianas se zangavam ou precisavam fazer alguma coisa para as quais ainda não estavam prontas, por exemplo, ser entrevistadas pelos policiais, essas reações apareciam. Em uma entrevista com Suzy, uma menina de 6 anos, pude presenciar uma das respostas dissociativas mais extremas que já vi. Perguntei a ela onde achava que a mãe estava. Ela fez que não ouviu. Enfiou-se embaixo da mesa, encolheu-se em posição fetal e não se moveu nem falou mais. Quando encostei a mão para confortá-la, ela estava tão longe que nem percebeu que saí da sala cinco minutos depois. Fiquei observando-a através de um espelho falso por mais alguns minutos, até ela começar se mexer e voltar a reagir a estímulos externos. Os meninos, às vezes também as meninas, comportavam-se com agressividade atirando coisas se as perguntas lembrassem os acontecimentos passados ou respondiam verbalmente com muita raiva. Alguns quebravam lápis e saíam da sala.

É claro que não só nossas perguntas evocavam as recordações das crianças. Um dia, brincavam lá fora quando um helicóptero da imprensa sobrevoou o chalé. Koresh lhes dizia que o FBI chegaria em helicópteros, jogaria gasolina e atearia fogo nelas. Em segundos, desapareceram e se protegeram como um pelotão de soldados em um filme de guerra. Quando o helicóptero passou, formaram duas filas, uma de meninas, outra de meninos, e entraram na casa cantando uma canção cuja letra dizia que eram soldados de Deus. Isso me deixou muito impressionado.

Uma outra vez, quando chegou um furgão branco de entregas, parecido com uma viatura da polícia que antes da invasão ficava estacionado próximo ao complexo, elas também foram se esconder. Tínhamos uma hipótese, que mais tarde se confirmou com outros pesquisadores, de que o distúrbio pós-traumático não é sinalizado por uma constelação de novos sintomas que se desenvolvem após um evento estressante, mas é, em muitos aspectos, a persistência mal adaptativa a respostas antes adaptativas que surgiram como mecanismos de sobrevivência em reação ao evento em si.

Enquanto durou o impasse em Waco, nossa equipe morou, literalmente, com as crianças do Branch Davidian. De vez em quando, eu dirigia longas horas até Houston para cuidar o mínimo necessário dos meus compromissos administrativos e das minhas responsabilidades familiares. Passei horas em reuniões com organizações parceiras discutindo a crise, procurando ter certeza de que, quando nos deixassem, as crianças viveriam com famílias estáveis e saudáveis e tentando convencê-las de que aquelas que precisassem continuariam recebendo cuidados mentais. Também passei longas e frustrantes horas tentando transmitir a alguém que tivesse autoridade para mudar as táticas que estavam sendo aplicadas à informação que havíamos recebido sobre um possível suicídio coletivo ou um ataque suicida aos policiais que cercavam o complexo. Contei ao FBI sobre os desenhos fortes e as ameaças que as crianças repetiam; contei que, quando entravam na sala de entrevista, onde havia muitos brinquedos, todas elas, meninos e meninas, imediatamente pegavam um rifle de brinquedo muito realista e conferiam se estava carregado. Uma garotinha de quatro anos pegou o rifle, puxou o mecanismo para carregar a arma e comentou decepcionada:

— Isso não é de verdade.

Infelizmente, a equipe tática encarregada das operações continuou vendo Koresh como um charlatão, não como líder religioso. Assim que a dinâmica do grupo no interior do culto os empurrou para a terrível conclusão, o mesmo aconteceu com a dinâmica do grupo da força policial. Ambos os grupos ignoraram tragicamente *inputs* que não correspondiam às respectivas visões de mundo, aos seus modelos. A câmara de eco da força policial amplificou muito além do limite os rumores sobre Koresh; em algum momento, surgiu a preocupação real de que ele tivesse desenvolvido uma arma nuclear e iria detoná-la no complexo. Tanto um grupo quanto o outro ouviram principalmente pessoas que só confirmaram o que já se acreditava.

Trabalhando com as crianças davidianas, e testemunhando de perto o desenrolar da crise em Waco, pude constatar repetidamente, como as influências do grupo são poderosas na vida humana, e como o cérebro humano não pode ser entendido de fato fora do contexto por pertencer a uma espécie extremamente social.

Na manhã do dia 19 de abril, eu estava em Houston quando atendi a uma ligação de um agente do FBI que eu não conhecia. Ele pediu que eu fosse para Waco imediatamente: o governo ordenara a invasão do complexo para pôr fim ao impasse e libertar as crianças que ainda estavam lá dentro. Dirigi até lá acompanhando as notícias pelo rádio do carro. Quando subi a montanha nos limites da cidade, vi uma grande coluna de fumaça cinza e labaredas de fogo. Segui imediatamente para a Methodist Children's Home. Até então, os adultos estavam conseguindo acalmar as crianças. Nós nos preparamos para receber as vinte e três crianças que ainda estavam no complexo conversando com os irmãos que estavam conosco e assistindo aos vídeos filmados por Koresh e confiscados pelo FBI. Quando cheguei, encontrei todos muito abalados e preocupados, pois sabiam que a morte daquelas crianças afetaria muito as nossas.

Como se não bastasse, grande parte da confiança que tínhamos conquistado entre elas fatalmente evaporaria. Conseguimos convencê-las de que éramos amigos e de que os pais, irmãos e amigos não seriam mortos. Mas os fatos estavam confirmando as profecias de Koresh: assim como ele dizia que os "homens maus" atacariam o complexo, também previu com precisão a destruição impiedosa do grupo. Tudo isso se somaria aos traumas já existentes. E é claro que Koresh profetizou ainda que retornaria à terra para castigar os "infiéis", o que incluía o grupo que fora afastado de seus ensinamentos.

Decidimos com muito cuidado a melhor maneira de transmitir as notícias. Pelo desenrolar dos acontecimentos, esperamos até o dia seguinte, porque até então não tínhamos informação de sobreviventes. Marcamos uma reunião na sala do chalé. Cada criança tinha um relacionamento mais próximo com ao menos uma ou mais pessoas da nossa equipe. Planejamos que eu diria ao grupo o que havia acontecido da maneira mais clara e factual possível, e deixaria as crianças fazerem quantas perguntas quisessem. Depois disso, passariam um tempo com os membros da equipe com quem tivessem mais afinidade.

Esse foi um dos momentos mais difíceis da minha experiência clínica. Como dizer àquelas crianças que os pais, irmãos e amigos estavam mortos? Sim, todos haviam morrido, como Koresh profetizara. E, sim, garantimos que isso não aconteceria. Algumas crianças simplesmente se recusaram a acreditar.

— Não é verdade — disseram, como os adultos diante da morte de uma pessoa querida.

— Não pode ser — disseram outras. — Eu sabia que ia acontecer. Eu não disse?

A pior parte era saber que não precisava terminar assim. A reação dos davidianos era prevista, e as mortes poderiam ser atenuadas e até mesmo evitadas. Apesar disso, a ação do governo federal resultou num tremendo desastre com oitenta pessoas mortas, todas elas próximas das crianças.

Quando o complexo pegou fogo, a maior parte das nossas crianças já estava fora, morando na casa de parentes; apenas onze meninas e meninos continuavam conosco. É claro que a invasão foi um choque para eles. Os sintomas traumáticos voltaram, assim como a rígida observância às regras de alimentação de Karesh e a segregação sexual.

Sabíamos que tínhamos que ser muito cuidadosos. Por exemplo, discutimos sobre o que fazer com o fato de meninas e meninos fazerem as refeições em duas mesas separadas. Então, sugeri tirar uma das mesas e ver o que acontecia. Uma menina perguntou por que estávamos tirando a mesa, e eu disse que não precisávamos mais dela. A menina aceitou a resposta sem questionar – na ocasião, havia poucas crianças no chalé. A princípio, meninas se sentaram de um lado e meninos do outro. Depois, aos poucos, começaram a se misturar e a interagir naturalmente. Com o tempo, os sintomas traumáticos e a obediência às regras de Karesh retrocederam.

Passados vinte e quatro anos, tivemos várias oportunidades de acompanhar as crianças davidianas, mas de modo muito informal. Todas elas foram afetadas profunda e permanentemente por tudo que aconteceu. Metade morava com parentes e ainda seguia os ensinamentos de Koresh; outras buscaram refúgio em outras religiões. Algumas continuaram os estudos, fizeram carreira e formaram as próprias famílias; outras levavam uma vida conturbada e caótica.

Houve investigações, audiências no Congresso, livros, exposições e documentários. Com tanta atenção, apenas há pouco tempo o interesse naquelas crianças diminuiu. Aconteceram julgamentos criminais, julgamentos civis, muito barulho e muita polêmica. Todos os envolvidos – SPC, FBI, Rangers, nosso grupo em Houston – retomaram antigos modelos e as antigas maneiras de fazer as coisas. Embora pouca coisa tenha mudado em nossa prática, muita coisa mudou em nossas concepções.

Aprendemos que muitas das nossas experiências terapêuticas não acontecem em "terapia", mas naturalmente, nos relacionamentos saudáveis entre um profissional igual a mim e uma criança, entre uma tia e uma menininha assustada, entre um calmo Texas Ranger e um garoto levado. As crianças que se saíram melhor após o apocalipse davidiano não foram as menos estressadas ou que participaram com mais entusiasmo de nossas conversas no chalé; foram as que viviam em ambientes mais amorosos e saudáveis, seja com famílias que seguiam os ensinamentos davidianos, seja com pessoas queridas que rejeitavam Koresh. De fato, uma pesquisa sobre os tratamentos mais eficazes para vítimas de trauma na infância pode ser resumida assim: o que mais funciona é melhorar a qualidade e a quantidade de relacionamentos saudáveis na vida da criança.

Vi também que é possível reunir grupos díspares com objetivos conflitantes. Várias agências estaduais, federais e locais se uniram para cuidar daquelas crianças. A proximidade e o tempo que estivemos juntos aumentaram o compromisso de ajudá-las. Os relacionamentos são importantes: a moeda de troca sistêmica é a confiança, e só há confiança se as relações forem saudáveis. A colaboração e o respeito nos permitiram fazer a diferença, embora a invasão tenha sido catastrófica. Nas cinzas de Waco foram plantadas as sementes de um novo modo de trabalhar com crianças traumatizadas.

CAPÍTULO 4

FOME DE PELE

∽⊙⌒

Como todo mundo, os médicos também gostam de ser reconhecidos por seu trabalho. Uma maneira garantida de se tornar famoso é descobrir uma nova doença ou solucionar um enigma médico particularmente ameaçador. E os médicos de um hospital do Texas em que eu consultava consideravam a menininha do quarto 723E um desses desafios. Aos 4 anos, Laura pesava apenas onze quilos, apesar da dieta de altas calorias inserida pela narina por meio de um tubo durante semanas. A pilha de prontuários médicos que encontrei na enfermaria tinha mais de um metro de altura, mais alta que a própria criança franzina. A história de Laura, bem como as histórias das crianças de Waco, nos ajuda a conhecer as respostas dadas às experiências vividas anteriormente. Nos ensinam que mente e corpo não podem ser tratados separadamente, revelam o que é necessário para que crianças e bebês desenvolvam cérebros saudáveis e demonstram que ignorar essas necessidades vai impactar profundamente todos os aspectos do crescimento.

O prontuário de Laura continha milhares de documentos, com detalhes das visitas a endocrinologistas, gastroenterologistas, nutricionistas e outros especialistas; e infinitos laudos laboratoriais de exames de sangue, testes cromossômicos, níveis hormonais e biópsias. Os documentos também incluíam resultados de exames mais invasivos, como sondas inseridas pela garganta para examinar o estômago ou pelo reto para examinar os intestinos. Os laudos dos médicos consultados eram dezenas. A pobrezinha tinha sido submetida a uma laparoscopia exploratória, em que um tubo é inserido no abdômen para examinar os órgãos internos; e uma amostra de seu intestino delgado fora extraída e enviada para análise.

Por fim, depois de passar um mês em uma unidade de pesquisa gastrointestinal, uma assistente social sugeriu que Laura fosse enviada a um psiquiatra. Assim como os colegas gastroenterologistas pensaram ser um caso de "epilepsia intestinal", os médicos também apresentaram uma nova teoria para o caso de Laura. Um psicólogo especializado em distúrbios alimentares fez uma sondagem inicial e acreditou estar diante do primeiro caso diagnosticado de "anorexia infantil". Entusiasmado, discutiu o caso com colegas de saúde mental. Por fim, requisitou uma consulta comigo, porque eu tinha mais experiência com publicações acadêmicas e era um caso a ser notificado. Ele comentou que a criança devia vomitar em segredo ou se levantar no meio da noite para fazer exercícios pesados. Se não, como era possível ingerir tantas calorias e não se desenvolver? Ele pedia o meu parecer sobre esse novo problema perturbador encontrado pela primeira vez em uma criança tão pequena.

Fiquei curioso. Nunca ouvira falar em anorexia infantil. Entrei no hospital para fazer a consulta e, como sempre, requisitei o histórico da criança, para me inteirar o máximo possível de sua história. Todavia, quando me deparei com a pilha de documentos reunida em quatro anos, vinte internações em seis clínicas especializadas, apenas olhei a ficha de admissão e fui me apresentar à paciente e à mãe dela.

No quarto da menina a cena era lamentável. Virginia, a mãe de Laura, com vinte e dois anos no máximo, assistia à televisão sentada a alguns poucos metros da filha. Elas não interagiam. Pequena e muito magrinha, Laura estava sentada em silêncio, os olhos grandes fixos num prato de comida. Estava conectada a um tubo de alimentação que bombava nutrientes em seu estômago. Mais tarde, eu soube que Virginia evitava interagir com Laura durante as refeições, a conselho dos psicólogos de distúrbios alimentares, para evitar que Laura, a astuta anoréxica infantil, a manipulasse sobre comer e fazer as refeições. A teoria, no caso, é que os anoréxicos querem chamar a atenção e não comem para ter o controle da família; se essa "recompensa" lhes fosse negada, ajudaria na recuperação. Mas só o que vi ali era uma menininha muito magra, muito tristonha, e uma mãe totalmente desligada.

O cérebro é um órgão histórico. Armazena nossa narrativa pessoal. Nossas experiências de vida configuram o que somos, criando no cérebro um catálogo de memórias-modelo que orientam nosso comportamento, às vezes de forma que as reconhecemos conscientemente; porém, com mais frequência, por processos inconscientes. Um elemento para compreender um problema relacionado ao cérebro é obter uma história acurada das experiências passadas do paciente. Como a maior parte do cérebro se desenvolve no início da vida, os cuidados que recebemos na infância têm influência crucial em seu desenvolvimento. Portanto, assim como tendemos a cuidar dos nossos filhos da mesma maneira que fomos cuidados na infância, uma boa história de cérebro infantil começa na história da infância e das primeiras experiências dos nossos pais. Para compreender Laura, precisava conhecer sua família, que nesse caso era a mãe. Comecei perguntando a Virginia coisas básicas, inócuas. No mesmo instante, suspeitei de que a origem dos problemas de Laura estava no passado de uma mãe jovem, bem-intencionada, porém inexperiente.

— De onde você é? — perguntei.
— Acho que de Austin.
— E seus pais, de onde são?
— Não sei.

Em poucos minutos, descobri que Virginia vivera em um orfanato. Abandonada no nascimento pela mãe viciada em drogas e de pai desconhecido, cresceu numa época em que era comum o sistema de assistência social de crianças transferi-las dos lares adotivos a cada seis meses: a justificativa era que não se apegassem a uma única família cuidadora. Hoje, sabemos que o apego consistente a um pequeno número de cuidadores é importante para a saúde emocional e até para o bom desenvolvimento físico da criança. Mas naquela época essa noção ainda esbarrava na burocracia do setor.

Mais que qualquer outra espécie, o bebê humano, quando nasce, é uma criatura vulnerável e dependente. A gravidez e o recém-nascido são tremendos drenos energéticos da mãe e, indiretamente, de toda a família. Mas, apesar das dores do parto, dos inúmeros desconfortos da gravidez, da amamentação e das contínuas exigências do recém-nascido, as mães humanas se desdobram para confortar, alimentar e proteger seus bebês. A maioria o faz com tanta alegria que é considerado patológico quando não acontece.

Para um marciano, ou para quem não é mãe e pai, esse comportamento é um mistério. O que os faz preferir não dormir, não fazer sexo, não ter amigos, não ter tempo para si ou para qualquer outro prazer só para atender às necessidades de um ser ainda tão pequeno e tão irritante, barulhento, incontinente e carente? O mistério é que cuidar de uma criança é, de várias maneiras, um prazer indescritível. Nosso cérebro nos recompensa por interagirmos com nossos filhos, em especial ainda bebês: o cheiro, os sons delicados que emitem quando estão calmos, a pele macia e, especialmente, o sorriso nos enchem de alegria. O que achamos "tão engraçadinho" é, na realidade, uma adaptação evolucionária para que os pais cuidem bem dos filhos, que os bebês tenham as necessidades satisfeitas e os pais assumam essas tarefas com imenso prazer.

E assim, durante o desenvolvimento, se tudo acontecer como deve ser, receberemos atenção, harmonia e cuidados amorosos. Se, por alguma razão, estivermos resfriados, com fome, com sede, assustados ou incomodados, basta chorar para atrair os zelosos cuidadores que vão satisfazer às nossas necessidades e amenizar nosso desconforto com atenção e amor. Esses cuidados vão estimular ao mesmo tempo duas grandes redes neurais do cérebro em desenvolvimento: a primeira é um conjunto complexo de percepções sensoriais associadas às interações relacionais humanas – o rosto, o sorriso, a voz, o toque e o cheiro do cuidador; a segunda são as redes neurais mediadoras do "prazer". O "sistema de recompensas" é ativado de várias maneiras, sendo um deles o alívio do desconforto. Saciar a sede, satisfazer a fome e acalmar a ansiedade – todos esses sistemas resultam em sensações de prazer e bem-estar. E, como já vimos, quando dois padrões de atividades neurais são estimulados simultaneamente, com repetições suficientes, uma associação é estabelecida entre eles.

No caso da paternidade sensível, o prazer e as interações humanas se entrelaçam inextricavelmente. Essa associação entre o prazer e a interação humana é uma "cola" neurobiológica importante para os relacionamentos saudáveis. Consequentemente, a maior recompensa que podemos receber é atenção, aprovação e afeto das pessoas que amamos e respeitamos. Por outro lado, o maior sofrimento que podemos experimentar é perder a atenção, a aprovação e o afeto – o exemplo mais claro é, evidentemente, a perda de um ente querido. Por isso nossos triunfos intelectuais, atléticos e profissionais serão vazios se não tivermos com quem compartilhá-los.

Se a criança nasce, como nasce a grande maioria, em um lar amoroso, todas as suas necessidades serão supridas por cuidadores consistentes e acolhedores – os pais ou qualquer outra pessoa. Se a criança chorar de fome, de frio ou sentir medo, alguém estará lá para apaziguá-la. Enquanto o cérebro se desenvolve, os cuidadores amorosos são os modelos que a pessoa irá aplicar em seus relacionamentos humanos. O vínculo, então, é a memória-modelo da relação entre esses seres humanos. O principal modelo da "visão de mundo" em uma relação é profundamente influenciado pelo que a pessoa recebeu: se os pais foram amorosos e atentos ou se os "cuidados" recebidos foram inconsistentes, interrompidos, abusivos ou negados.

Como já dissemos, o cérebro se desenvolve pela dependência do uso. Os sistemas neurais mais usados são os mais dominantes; os menos usados se desenvolvem menos. Conforme a criança cresce, os sistemas do cérebro que serão desenvolvidos precisam ser estimulados. E não só isso. O desenvolvimento que depende do uso deve ocorrer em momentos específicos, para que os sistemas funcionem da melhor maneira possível. Se o "período sensível" passar, alguns sistemas jamais desenvolverão todo seu potencial. Em alguns casos, o déficit causado por falta de uso pode ser permanente. Por exemplo, se o olho de um filhote recém-nascido não abrir nas primeiras semanas de vida, ele ficará cego desse olho, mesmo que o olho esteja sadio. O circuito visual do cérebro requer uma experiência normal de visão para se manter conectado; se faltar o estímulo visual, os neurônios do olho fechado não estabelecerão conexões importantes, e a percepção de visão remota e profundidade se perderá. Da mesma maneira, se a criança não for exposta a determinado idioma no início da vida, talvez nunca seja capaz de falar e entender o que se fala normalmente. Se a criança não se tornar fluente em uma segunda língua antes da adolescência, essa língua sempre será falada com sotaque.

Enquanto não soubermos se existe um "período sensível" para desenvolver uma conexão normal entre pessoas, como acontece no caso da visão e da língua, pesquisas sugerem que em experiências como as de Virginia, que não teve a chance de desenvolver relacionamentos permanentes com os principais cuidadores nos três primeiros anos de vida, os efeitos negativos na habilidade de ter um relacionamento normal e afetivo com outras pessoas serão duradouros. Crianças que não desenvolvem afeição física consistente, ou não têm oportunidade de construir vínculos afetivos, simplesmente não recebem a necessária e repetitiva estimulação paternal para construir sistemas cerebrais adequados de recompensa, prazer e interação humana. Foi o que aconteceu com Virginia. O resultado de ela receber afetos fragmentados e transitórios na infância foi não sentir o mesmo grau de recompensa, ou de prazer, se preferirem, ao abraçar, cheirar e interagir com a filha, como outras mães.

Aos cinco anos, Virginia finalmente chegou ao que seria seu lar mais duradouro. Os pais adotivos eram afetuosos, muito religiosos e atenciosos. Ensinaram-lhe boas maneiras. Ensinaram-lhe a "não fazer aos outros o que não quer que façam com você". Forneceram um roteiro básico e humano de comportamentos normais. Ensinaram que roubar é errado, que não se deve pegar nada dos outros sem permissão. Ensinaram que as drogas fazem mal e não devem ser usadas. Ensinaram que é preciso trabalhar e ir à escola, e foi o que ela fez. Quiseram adotá-la, ela queria ser adotada por eles, mas o Estado jamais anulou os direitos dos pais biológicos, e os assistentes sociais responsáveis pelo seu caso vez ou outra levantavam a possibilidade de reuni-la com a mãe biológica, por isso a adoção não aconteceu. Infelizmente, Virginia fez dezoito anos e o Estado parou de "responsabilizar-se" por ela. Ela teve que sair do lar adotivo e perdeu o contato com os pais. O futuro deles como pais adotivos de outras crianças dependia das determinações dos assistentes sociais. Por causa de uma política desumana de assistência à criança – mais preocupada em reduzir as responsabilidades legais do sistema que em proteger a criança –, Virginia perdeu os únicos pais que conhecera.

Quando isso aconteceu, ela havia terminado o ensino médio. Foi colocada em uma casa de jovens "além da idade" para serem adotados, em uma comunidade de baixa renda. Longe das pessoas que amava, sem regras claras para seguir e carente de afeto, Virginia engravidou. O pai da criança a abandonou; ela quis ficar com o bebê, para fazer o que era certo e o que aprendera com os pais adotivos. Virginia procurou os cuidados pré-natais e rapidamente entrou em um programa para grávidas de alto risco. Infelizmente, quando a criança nasceu, ela não pôde continuar no programa porque não estava mais grávida. E quando deu à luz se viu sozinha.

Quando saiu do hospital, Virginia não tinha a menor ideia do que fazer com o bebê. Com os vínculos desfeitos prematuramente e brutalmente encerrados, não tinha o que se costuma chamar de "instinto maternal". Cognitivamente, sabia quais eram as atitudes básicas que deveria tomar: alimentar, vestir e banhar a criança. Mas, emocionalmente, estava perdida. Nunca ninguém a instruíra a oferecer especificamente o amor e as interações físicas de que as crianças necessitam, e ela não se sentiu obrigada a isso. Apenas não tinha prazer nessas coisas e não sabia o que fazer.

Por não se sentir atraída pelos sistemas límbico e emocional, e não ser empurrada pelo córtex cognitivo repleto de informações, Virginia exerceu a maternidade desconectada emocionalmente. Não segurava a criança no colo, alimentava-a com mamadeira, não a aninhava no peito. Não a ninava, não cantava para ela, não brincava olhando nos olhos dela, não contava os dedinhos dos pés ou fazia qualquer outra coisa tola, mas muito importante, que as pessoas fazem instintivamente quando amam os filhos. Sem esses sinais físicos e emocionais de que todos os mamíferos precisam para estimular o desenvolvimento, Laura parou de ganhar peso. Virginia fez o que achava certo, não porque o coração mandasse, mas porque a mente sabe o que a "mãe" deve fazer. Se perdia a paciência, era rude com a filha ou a ignorava. Simplesmente não sentia o prazer e a alegria das interações positivas que, em geral, ajudam os pais a superar as dificuldades emocionais e os desafios físicos de se educar uma criança.

O termo técnico usado para descrever bebês que nascem normais e saudáveis, mas não crescem ou perdem peso por carência emocional é "déficit de crescimento". Já nos anos 1980, quando Laura ainda nem existia, o déficit de crescimento era uma síndrome muito comum em crianças abandonadas e abusadas, em especial quando não recebiam afeto e atenção individualizados. Essa condição era documentada havia muito tempo em orfanatos e outras instituições onde atenção e carinho não são encontrados facilmente. E, se não forem oferecidos desde o início, pode ser mortal. Um estudo da década de 1940 mostrou que mais de um terço das crianças que cresciam em instituições sem receber atenção individual morriam até dois anos de idade – índice extraordinariamente alto. As que sobrevivem a essas privações emocionais, como os órfãos do Leste Europeu – um deles conheceremos adiante –, apresentavam graves problemas comportamentais, acumulavam alimentos e se afeiçoavam abertamente a estranhos, mas tinham dificuldade de manter bons relacionamentos com os mais próximos.

Quando Virginia levou Laura ao médico pela primeira vez, então com 8 meses, a menina foi diagnosticada corretamente com déficit de crescimento e foi hospitalizada para uma estabilização nutricional. Mas ninguém explicou a Virginia qual era o diagnóstico. Quando a menina teve alta, Virginia apenas recebeu orientações alimentares, mas não conselhos maternais. Apenas sugeriram que ela fizesse uma visita ao serviço social, porém jamais a recomendaram. A questão dos maus cuidados foi ignorada, principalmente porque os médicos consideraram que os aspectos sociais e "psicológicos" dos problemas clínicos eram menos interessantes e importantes que as questões fisiológicas. E também porque Virginia não devia ser uma mãe negligente. Afinal, que mãe negligente procuraria intervenção imediata para o seu bebê recém-nascido?

Retomando, então, Laura não crescia. Alguns meses mais tarde, Virginia levou a filha de volta ao pronto-socorro em busca de ajuda. Por desconhecerem o histórico de abandono precoce de Virginia, os médicos que examinaram a menina desconfiaram de que os problemas de Laura pudessem estar ligados ao aparelho gastrointestinal, não ao cérebro. E assim teve início uma odisseia de exames, procedimentos, dietas especiais, cirurgias e alimentação tubária. Virginia ainda não havia se dado conta de que seu bebê queria ser acariciado, ninado, queria brincar e ser fisicamente estimulado.

Crianças nascem com os elementos centrais de reação de estresse já prontos e concentrados nas partes inferiores e mais primitivas do cérebro em desenvolvimento. Quando o cérebro do bebê recebe sinais internos do corpo ou dos sentidos de que algo não está bem, registra isso como desconforto. O desconforto pode ser "fome", se o corpo precisar de calorias; "sede", se estiver desidratado; ou "ansiedade", se perceber alguma ameaça externa. Passado o desconforto, a criança sente prazer. Isso porque a neurobiologia da reação de estresse está interconectada às áreas de prazer/recompensa do cérebro, bem como com outras áreas representativas de dor, desconforto e ansiedade. As experiências que diminuem o desconforto e aumentam as chances de sobrevivência tendem a nos dar prazer; aquelas que aumentam os riscos costumam causar desconforto.

Bebês logo descobrem que ser amamentado, ficar no colo da mãe, ser acariciado e ninado é agradável e prazeroso. Se são bem cuidados e alguém sempre chega quando estão com fome ou com medo, a alegria e o alívio de serem alimentados e acalmados ficam associados ao contato humano. Então, se a infância é normal, como acabamos de descrever, as interações humanas afetivas e estimulantes tornam-se intimamente ligadas ao prazer. As milhares de vezes que acalmamos o choro do nosso bebê ajudam a criar nele a capacidade saudável de sentir prazer em futuras conexões humanas.

Porque ambos os sistemas neurais – o relacional e o mediador do prazer – estão ligados ao nosso sistema de reação de estresse, nossas interações com as pessoas que amamos são nosso principal mecanismo modulador do estresse. No início, os bebês contam com quem estiver por perto não só para aliviar a fome, mas também para amenizar a ansiedade e o medo causados por não serem capazes de obter comida e outros cuidados por si mesmos. Aprendem com os cuidadores a reagir aos sentimentos e às necessidades. Se os pais os alimentam quando têm fome, os acalmam quando estão incomodados e percebem suas necessidades físicas e emocionais, estarão construindo na criança a capacidade de se acalmar e confortar a si mesma, habilidade que lhe será muito útil quando tiver que encarar os altos e baixos da vida.

Todos nós já vimos uma criança que começa a andar buscar o olhar da mãe quando cai e machuca o joelho; se a mãe não se preocupa, a criança não chora; mas, se nota alguma preocupação, o choro começa. Esse é apenas o exemplo mais óbvio da complexa dança que ocorre entre cuidador e criança para ela aprender a se autorregular emocionalmente. É claro que algumas crianças são geneticamente mais ou menos sensíveis aos estressores e à estimulação, mas as forças e as vulnerabilidades genéticas serão potencializadas ou embotadas no contexto de suas primeiras relações. Para a maioria de nós – adultos, inclusive –, a mera presença de uma pessoa conhecida, a voz ou a aproximação de alguém que amamos conseguem modular a atividade dos sistemas neurais da reação de estresse, interromper o fluxo dos hormônios do estresse e reduzir a sensação de desconforto. Basta segurar a mão dessa pessoa e um poderoso remédio contra o estresse entra em ação.

Existe também uma classe de células nervosas no cérebro conhecidas como "neurônios-espelho", que agem em sincronia com o comportamento do outro. Essa capacidade de regulação mútua é outra base para estabelecer uma ligação. Por exemplo, quando o bebê sorri, os neurônios-espelho no cérebro da mãe costumam responder com um conjunto de padrões idênticos aos que ocorrem quando a mãe sorri. Esse espelhamento faz a mãe responder com um sorriso. Não é difícil perceber que aqui se originam a empatia e a capacidade de reagir aos relacionamentos: quando mãe e filho entram em sintonia, ambos se reforçam mutuamente, e os conjuntos de neurônios-espelho dos dois refletem alegria e senso de conexão.

Entretanto, se o sorriso do bebê é ignorado, se o deixam sempre sozinho quando chora, se não é alimentado ou é alimentado rudemente, se nunca o pegam no colo, as associações positivas entre contato humano e segurança, previsibilidade e prazer não se desenvolvem. Se, como aconteceu com Virginia, o bebê começa a criar vínculo com outra pessoa, mas é abandonado quando se sente confortável com seu cheiro, seu ritmo, seu sorriso, e é abandonado de novo quando começa a se acostumar com um novo cuidador, essas associações talvez nunca se consolidem. As repetições não ocorrem em número suficiente para que as conexões se estabeleçam: pessoas não são substituíveis. O preço do amor é a agonia da perda, desde a infância. A ligação entre o bebê e seus primeiros cuidadores não é trivial: o amor que o bebê sente por quem cuida dele é tão profundo quanto uma forte conexão romântica em todos os sentidos. É a memória-modelo dessa ligação principal que permitirá ao bebê ter relacionamentos saudáveis na vida adulta.

Ainda bebê, Virginia nunca teve a chance de aprender que era amada; tão logo conseguiu se acostumar a um cuidador, foi transferida para os cuidados de outro. Sem um ou dois cuidadores fixos, ela nunca vivenciou as repetições relacionais particulares de que uma criança precisa para associar o contato humano ao prazer. E não desenvolveu a capacidade neurobiológica básica para compreender que a filha necessitava de amor físico. No entanto, por ter vivido em um lar estável e afetuoso quando as regiões cognitivas superiores do cérebro se desenvolviam mais ativamente, ela conseguiu aprender o que "deveria" fazer como mãe. Mas não tinha alicerces emocionais para que esses comportamentos afetuosos brotassem naturalmente.

Então, quando Laura nasceu, Virginia sabia que deveria "amar" seu bebê, mas não sentia esse amor como as pessoas costumam sentir e não conseguia expressá-lo por meio do contato físico. Para Laura, essa falta de estimulação foi devastadora. Seu corpo reagiu com uma desregulagem hormonal que impediu seu crescimento normal, apesar de receber a nutrição adequada. É um problema similar ao de outros mamíferos, a chamada "síndrome do nanico". Entre os filhotes de ratos e camundongos, e também entre os de cães e gatos, o animal menor e mais fraco geralmente morre em poucas semanas após o nascimento se não houver intervenção externa. O nanico não tem força para estimular o mamilo da mãe e extrair o leite de que precisa para se alimentar (em muitas espécies, cada filhote escolhe e suga um único mamilo exclusivamente) ou para receber ações incentivadoras por parte da mãe. A mãe ignora fisicamente o nanico, não o lambe nem o incita, como faz com os outros. Isso limitará o crescimento dele. Sem esse incentivo, os hormônios de crescimento do bebê se desligam, e mesmo que de alguma maneira ele tenha o que comer não crescerá de forma adequada. Esse mecanismo, embora cruel, desvia recursos para os filhotes que possam utilizá-los melhor. Sem desperdiçar recursos, a mãe alimenta preferencialmente os filhotes saudáveis, que têm mais chance de sobreviver e de transmitir seus genes.

As crianças diagnosticadas com "déficit de crescimento" têm, em geral, níveis reduzidos de hormônio do crescimento, o que explica a incapacidade de Laura de ganhar peso. Sem a estimulação física necessária para liberar esses hormônios, o organismo de Laura tratava a comida como lixo. Ela não precisava vomitar nem se exercitar para não engordar; a falta de estimulação física programou o corpo dela para fazer isso. Sem amor, as crianças não crescem. Laura não era anoréxica; assim como o nanico raquítico em uma ninhada de filhotes saudáveis, ela não recebia o estímulo físico de que seu corpo precisava para se sentir "desejada" e saber que era seguro crescer.

Assim que cheguei a Houston, conheci uma mãe adotiva que costumava levar os filhos à nossa clínica. Uma pessoa simpática e calorosa que não fazia cerimônia e falava o que pensava. Mama P.* parecia saber intuitivamente de que precisavam as crianças maltratadas e, em geral, traumatizadas das quais cuidava.

Pensando em como poderia ajudar Virginia a ajudar Laura, lembrei-me do que tinha aprendido com Mama P. A primeira vez em que a vi, eu era relativamente novo no Texas. Tinha montado uma clínica-escola, onde éramos pouco mais que uma dúzia de psiquiatras, psicólogos, pediatras e residentes de psiquiatria, estudantes de medicina, alguns outros profissionais e estagiários. Era uma clínica-escola voltada, em parte, aos estagiários, para que pudessem observar clínicos e "especialistas" fazendo seu trabalho. Fui apresentado a Mama P. na parte de *feedback* de uma consulta inicial de avaliação de um de seus filhos adotivos.

Mama P. era uma mulher grande e robusta. Movia-se com segurança e determinação. Usava um vestido longo muito colorido e um lenço ao redor do pescoço. Tinha vindo se consultar para falar de Robert, um menino de sete anos de quem ela estava cuidando. Três anos antes da nossa consulta, o menino fora retirado da mãe, uma prostituta viciada em cocaína e álcool que abandonava e batia no filho e apanhava dos clientes e cafetões na frente dele. O próprio Robert havia sido aterrorizado e abusado pelos parceiros da mãe.

Desde que fora tirado da mãe, Robert esteve em seis lares adotivos e em três orfanatos. Foi hospitalizado três vezes por comportamentos descontrolados. Recebera dezenas de diagnósticos, incluindo transtorno de déficit de atenção e hiperatividade (TDAH), transtorno desafiador opositivo (TDO), transtorno bipolar, transtorno esquizoafetivo, e ainda apresentava problemas de aprendizagem variados. Em geral, era uma criança amável e afetuosa, mas tinha episódios de "raiva" e agressão que assustavam seus pares, professores e pais adotivos o suficiente para rejeitá-lo e expulsá-lo do ambiente em que estivesse quando os ataques aconteciam. Mama P. levou o menino até nós porque, mais uma vez, sua agressividade e falta de atenção tinham criado problemas na escola, e esta exigira que algo fosse feito. Ele me lembrava os meninos com os quais havia trabalhado em Chicago, no centro de tratamento residencial.

Comecei falando e procurei envolver Mama P., para que se sentisse à vontade. Sei que as pessoas "ouvem" e processam informações muito melhor quando estão calmas. Queria que ela se sentisse segura e respeitada. Lembrando hoje, ela deve ter me achado muito paternalista. Eu estava seguro; achei que sabia o que estava acontecendo com o filho adotivo dela, e a mensagem implícita foi: "Entendo seu filho; você, não". Ela olhava para mim desconfiada, o rosto sério, os braços cruzados. Comecei a dar uma explicação confusa, provavelmente ininteligível, da biologia da reação de estresse para explicar os sintomas de agressividade e super vigilância do menino. Ainda não sabia explicar com clareza o impacto de um trauma em uma criança.

— E como você pode me ajudar com meu bebê? — ela perguntou.

Suas palavras chamaram minha atenção: por que ela chamava aquele menino de sete anos de "meu bebê"? Eu não sabia bem como lidar com isso.

Sugeri a clonidina, medicação que usara com Sandy e os meninos do centro. Ela me interrompeu com calma, mas muita firmeza:

— Ninguém vai usar drogas no meu bebê.

Tentei explicar que éramos muito conservadores com medicações, mas ela não quis ouvir.

— Nenhum médico vai usar drogas no meu bebê.

A essa altura, o psiquiatra infantil, o clínico principal de Robert, que estava ao meu lado, começou a ficar inquieto. Foi constrangedor. O senhor vice-diretor e chefe da psiquiatria tinha pisado na bola. Eu estava desafiando aquela mãe e não chegava a lugar nenhum. Outra vez tentei explicar a biologia do sistema da reação de estresse, mas ela me interrompeu.

— Me explique o que disse da escola — ela foi direta. — Meu bebê não precisa de drogas. As pessoas precisam ser gentis e delicadas com ele. A escola e aqueles professores não o entendem.

— OK, vamos falar da escola — eu me rendi. — Mama P., como a senhora o ajuda? — Eu tinha curiosidade em saber por que ela não tinha problemas com os ataques de "raiva" de Robert, responsáveis pela expulsão dele de outros lares adotivos e das escolas.

— Eu o abraço, e a gente se senta na cadeira de balanço. Eu o amo. À noite, quando ele acorda assustado e anda pela casa, coloco-o na minha cama, coço as costas dele, canto um pouco, e logo ele adormece.

O colega agora olhava para mim claramente preocupado: meninos de 7 anos não podem dormir na cama com os cuidadores. Mas eu quis ouvir mais.

— Como a senhora o acalma quando ele surta durante o dia? — perguntei.

— Do mesmo jeito. Paro tudo o que estou fazendo, abraço ele e vamos para a cadeira de balanço. Logo ele se acalma, coitadinho.

Quando ela disse isso, lembrei-me de um padrão recorrente nos registros de Robert. Em todos eles, inclusive no último relatório enviado pela escola, os funcionários reclamavam do comportamento imaturo do "bebê-chorão" e de sua desobediência; queixavam-se da carência dele e da necessidade que tinha de ficar "grudado". Perguntei a Mama P.:

— Quando ele se comporta assim, a senhora não fica zangada?

— Você fica zangado com um bebê se ele faz manha? — ela perguntou. — Não, porque é isso que os bebês fazem. Eles fazem o melhor que podem, e nós os perdoamos pela bagunça, porque estão chorando, porque cospem em nós.

— Robert é seu bebê?

— Todos eles são meus bebês. Só que Robert é um bebê de 7 anos.

Encerramos a sessão e marcamos outra na semana seguinte. Prometi ligar para a escola. Mama P. não tirou os olhos de mim enquanto eu caminhava com Robert pelo corredor da clínica. Falei brincando que Robert precisava voltar para nos ensinar outras coisas, e finalmente ela sorriu. Nos anos seguintes, Mama P. continuou trazendo os filhos adotivos à clínica, e nós aprendendo com ela. Mama P. havia descoberto, muito antes que nós, que jovens vítimas de abuso e abandono precisam ser estimuladas fisicamente com abraços e carícias – conforto muito apropriado para crianças pequenas. Ela sabia que não se deve interagir de acordo com a idade da criança, mas dar o que falta a ela e o que deve ter perdido nas "fases sensitivas" do desenvolvimento. As crianças encaminhadas a ela tinham todas uma tremenda necessidade de serem abraçadas e tocadas. Quando meu pessoal a via na sala de espera abraçando e ninando uma criança, temia que a estivesse infantilizando.

Mas eu podia entender que aquele afeto fisicamente exagerado, que a princípio temi ser constrangedor para as crianças mais velhas, era o que os médicos deveriam receitar. Aquelas crianças jamais haviam recebido o afeto físico repetido e padronizado, tão necessário ao desenvolvimento de um sistema de reação de estresse bem regulado e sensível. Não tinham aprendido que eram amadas e estavam seguras; não tinham a segurança interna necessária para explorar o mundo e crescer sem medo. Eram carentes de carinho – e Mama P. as supria.

Quando fui me encontrar com Laura e sua mãe, sabia que as duas seriam beneficiadas por Mama P., não só porque ela sabia cuidar de crianças, mas por ser uma mulher afetuosa e maternal. Fui até a recepção, anotei o telefone de Mama P. e liguei. Perguntei-lhe se gostaria de receber mãe e filha em sua casa e ensinar Virginia a cuidar de Laura. Mama P. concordou imediatamente. Por sorte, as duas famílias estavam inscritas em um programa não governamental que nos permitia pagar por esse tipo de tratamento, mas que jamais seria aprovado pelo sistema de adoção oficial.

Agora, faltava convencer Virginia e meus colegas. Quando voltei à sala onde elas me esperavam, encontrei Virginia ansiosa. Meu colega psiquiatra havia dado a ela um artigo escrito por mim sobre nosso trabalho clínico com crianças vítimas de abuso. Virginia entendeu que eu a considerava incompetente como mãe. Antes que dissesse qualquer coisa, ela se adiantou.

— Se for para ajudar meu bebê, pode levá-lo.

Virginia amava tanto a filha que estava disposta a se afastar de Laura, se fosse preciso, para ela se recuperar.

Expliquei que era um equívoco; queria que elas fossem morar com Mama P., e Virginia aceitou prontamente, pois faria qualquer coisa para ajudar Laura.

Meus colegas pediatras ficaram preocupados com as necessidades nutricionais de Laura. Ela estava tão abaixo do peso que talvez não recebesse as calorias necessárias sem o suporte médico. Afinal, estava sendo alimentada por intermédio de tubos. Prometi aos médicos que monitoraríamos sua dieta para ter certeza de que ela estava recebendo as calorias necessárias e os convenci. Passamos, então, a documentar seu notável progresso. No primeiro mês com Mama P., Laura consumiu exatamente a mesma quantidade de calorias do mês anterior no hospital, quando seu peso se mantinha em 11 quilos. No ambiente carinhoso de Mama P., Laura ganhou 4,5 quilos em um mês. Seu peso aumentou 35 por cento consumindo a mesma quantidade de calorias que antes não foram suficientes para conter a perda de peso, porque agora ela estava recebendo a estimulação física necessária para o cérebro liberar os hormônios do crescimento. Ao observar Mama P. e receber sua atenção, Virginia aprendeu quais eram as necessidades de Laura e como supri-las. Antes de Mama P., as refeições eram mecânicas e cheias de conflito:

as instruções e os conselhos alimentares em constante mudança, dados por tantos médicos e hospitais que só queriam ajudar, caíam no imenso vazio que era a experiência de Laura com a comida. Além disso, pelo fato de Virginia não entender as necessidades da filha, ora se mostrava carinhosa, ora rígida e punidora, ou simplesmente ignorava a criança. Sem as recompensas que a alimentação normalmente oferece tanto aos pais quanto aos filhos, Virginia era especialmente propensa a frustrações. Ser mãe não é fácil. Sem a capacidade neurobiológica de viver as alegrias da maternidade, a irritação e os aborrecimentos se agigantam.

O senso de humor, o carinho e os abraços de Mama P. deram a Virginia um pouco do afeto maternal que ela não conhecia. E, observando como Mama P. atendia Laura e os outros filhos, Virginia começou a entender as pistas que a filha dava. Agora já sabia quando a menina tinha fome, quando queria brincar, quando precisava de carinho. Aos 4 anos de idade, aquela garotinha que parecia presa na desafiadora fase do "não" começava a amadurecer emocional e fisicamente. Laura cresceu, e a tensão entre mãe e filha durante as refeições terminou. Virginia relaxou e conseguiu discipliná-la com mais paciência e consistência.

Laura e Virginia moraram com Mama P. durante um ano. Depois, as mulheres se tornaram grandes amigas, e Virginia mudou-se para mais perto, e elas não perderam o contato. Laura se tornou uma garotinha inteligente, parecida com a mãe no aspecto de se manter emocionalmente distante, mas com uma poderosa bússola moral: ambas tinham fortes valores positivos. Quando Virginia teve o segundo filho, cuidou bem dele desde o princípio, e a criança não teve problemas. Virginia retomou os estudos, e seus filhos vão bem na escola. Eles têm amigos, frequentam a igreja e, é claro, visitam Mama P.

Laura e Virginia ainda trazem as cicatrizes do passado. Se observarmos bem de perto mãe e filha, notaremos expressões faciais vazias, até mesmo tristes; contudo, se elas percebem a presença do outro, assumem uma *persona* social e agem de maneira apropriada. Prestando um pouco mais de atenção, é possível perceber algo estranho e artificial em suas interações. As duas conseguem ter comportamentos interativos normais, mas não são naturalmente inclinadas ao social, a sorrir com espontaneidade ou a expressar atitudes afetivas, como abraçar alguém.

Embora até certo ponto todos nós agimos em função do outro, a máscara cai facilmente para os que sofrem abandono precoce. Em nível cognitivo "mais alto", mãe e filha são pessoas excelentes. Ambas seguem as regras morais e têm forte sistema de crenças para apaziguar seus medos e desejos. Mas nos sistemas de comunicação relacional e social do cérebro, a fonte das conexões emocionais com o outro, há sombras da estimulação interrompida na infância. Somos formados pela natureza das nossas experiências desenvolvimentais e pelos momentos em que elas aconteceram em nossa vida. Como pessoas que aprendem uma língua estrangeira na idade adulta, Virginia e Laura jamais falarão a língua do amor sem algum sotaque.

CAPÍTULO 5

UM CORAÇÃO GELADO

Entrar em uma prisão de segurança máxima é sempre um desafio. Depois da longa e minuciosa checagem de identificação no portão, você tem que entregar as chaves, a carteira, o telefone e qualquer outra coisa que possa ser roubada ou usada como arma. Tudo o que nos identifica, exceto as roupas, é confiscado. Uma das primeiras portas que se atravessa é marcada por uma placa onde se lê que, se você for feito refém daquele ponto em diante, estará por sua própria conta. A polícia evita ostensivamente que os visitantes queiram ser capturados pelos prisioneiros para permitir uma fuga, mas também instila uma sensação perturbadora. Há pelo menos três ou quatro portas duplas de grosso metal, com muita segurança eletrônica e humana entre elas, que batem solidamente às suas costas até você se encontrar com o prisioneiro que o levou lá para ser examinado. Aos dezesseis anos, Leon assassinou cruelmente duas adolescentes e depois violou os corpos.

Virginia e Laura demonstraram que o abandono na infância pode interromper o desenvolvimento de regiões do cérebro que controlam a empatia e a habilidade de ter relacionamentos saudáveis — perda que costuma deixar as pessoas perturbadas, solitárias e socialmente ineptas. A privação emocional nos primeiros anos de vida, contudo, também predispõe à maldade e à misantropia. No caso de mãe e filha, felizmente, apesar de a capacidade de empatia não ter se desenvolvido por completo, elas se tornaram pessoas altamente moralistas; as primeiras experiências de ambas na infância as deixaram emocionalmente paralisadas e insensíveis aos estímulos sociais, mas não cheias de raiva e ódio. A história de Leon ilustra um efeito potencial muito mais perigoso e, felizmente, menos comum. Leon me ensinaria outras coisas sobre os danos que a negligência parental, mesmo que não intencional, pode infligir, e quanto a cultura ocidental moderna pode corroer as redes familiares estendidas que tradicionalmente protegiam muitas crianças.

Leon foi condenado à morte por um crime gravíssimo. Fui contratado para testemunhar na fase sentencial de seu julgamento. Essa audiência determinaria se existem fatores "mitigantes", como histórico de problemas de saúde mental ou abuso, que poderiam pesar na tomada de decisão da sentença. Meu testemunho ajudaria a corte a decidir entre prisão perpétua ou pena de morte.

Visitei a prisão na primavera, em um dia ensolarado que deixa as pessoas felizes por estarem vivas. O canto dos pássaros e o calor do sol me pareceram deslocados quando me vi diante daquele imenso prédio cinza. Eram cinco andares dos mais crus tijolos de cimento. Havia poucas janelas gradeadas e uma pequena guarita verde com porta vermelha colada ao muro, que parecia estranhamente pequena diante de um volume tão imponente. A área era cercada por três espirais de arame farpado. Eu era a única pessoa ali. Alguns carros velhos estavam estacionados no pátio.

Aproximei-me da porta vermelha, o coração batendo acelerado, as mãos molhadas de suor. Tentei manter a calma. Tudo ali era muito tenso. Atravessei uma porta dupla, passei pelo detector de metais, fui sumariamente revistado e levado para dentro do complexo por uma policial que parecia tão enjaulada e ressentida quanto um prisioneiro.

— O senhor é psicólogo? — ela me olhou quase com desprezo.

— Não, sou psiquiatra.

— Tanto faz. Não queira viver aqui dentro — ela sorriu. Sorri de volta.

— Estas são as regras. Precisa ler. —Ela me entregou um papel e continuou: — Nada de contrabando. Nada de armas. Não pode trazer presentes ou tirar qualquer coisa da prisão.

O tom de voz e a atitude diziam que ela não me ajudaria em nada. Talvez estivesse aborrecida porque tinha que passar aquele dia lindo na prisão. Talvez ressentida, pois achava que os profissionais de saúde mental que trabalhavam no sistema judiciário só ajudavam os criminosos a fugir da responsabilidade por seus atos.

— OK — eu disse, tentando ser respeitoso. Mas sabia o que ela estava pensando a meu respeito. Daí tanta hostilidade. O cérebro humano se adapta ao ambiente em que vive, e aquele lugar não inspirava gentileza nem confiança.

A sala de entrevistas era pequena, com uma única mesa de metal e duas cadeiras. O piso era de cerâmica cinza com manchas verdes, e as paredes, de blocos de concreto pintados. Leon foi trazido por dois guardas. Ele me pareceu pequeno e infantil quando ficamos frente a frente, usando um macacão amarelo, braços e pernas acorrentados. Era um menino franzino para a idade. Não me pareceu perigoso. É claro que a postura era agressiva, e pude ver que ele já havia feito tatuagens na prisão pela marca do "X" torto no antebraço. Mas a agressividade me pareceu falsa e artificial, como um gato com os pelos eriçados querendo parecer maior do que é. Era quase impossível acreditar que aquele rapazola, agora com 18 anos, tinha matado duas pessoas com tamanha brutalidade.

Ele havia visto as duas vítimas em um elevador do prédio onde morava. Embora fossem apenas 15h ou 16h horas da tarde, ele já havia bebido muito. Sem mais rodeios, fez um convite às adolescentes. Quando as meninas o rejeitaram, obviamente ele as seguiu, entrou com elas no apartamento e provavelmente, depois de uma discussão, as esfaqueou até a morte com uma faca de cozinha. Cherise tinha doze anos, e a amiga, Lucy, treze. As duas mal haviam entrado na adolescência. O ataque foi tão rápido, e Leon era tão mais forte que as vítimas, que as meninas não tiveram chance de se defender. Ele conseguiu imobilizar Cherise rapidamente com um cinto. Depois, quando Lucy tentou se defender, ele a matou e, em seguida, para não deixar testemunha, ou talvez por raiva, assassinou também a menina amarrada. Em seguida, violentou os dois corpos.

Embora Leon já tivesse vários problemas com a lei, seu histórico não indicava que fosse capaz de nada com tal nível de violência. Seus pais eram imigrantes trabalhadores, casados, cidadãos de bem, sem passagem pela polícia. Sua família nunca procurou os serviços de proteção à criança; não havia casos de abuso nem de lares adotivos, nenhuma bandeira vermelha para questões de envolvimento. Mas o histórico sugeria que ele era mestre em manipular as pessoas que o cercavam e, o que é mais sinistro, totalmente desprovido de ligação emocional com quem quer que fosse. Costumavam descrevê-lo com pouca ou nenhuma empatia: não sentia remorso, era insensível, indiferente à maior parte das "consequências" estabelecidas na escola ou nos programas de justiça para jovens.

Vendo-o agora, tão pequeno nas algemas nesta terrível prisão, quase senti pena dele. Mas então começamos a conversar.

— É o médico? — ele perguntou, claramente desapontado.

— Sou.

— Eu disse que queria uma mulher — ele zombou, empurrando a cadeira para longe da mesa e chutando.

Perguntei a ele se havia conversado com seu advogado sobre minha visita e se entendera a razão dela.

Ele assentiu, tentando parecer indiferente, mas eu sabia que estava assustado. Provavelmente, ele jamais admitiria ou entenderia isso, mas nunca baixava a guarda, sempre vigilante, sempre estudando as pessoas. Para identificar quem iria ajudá-lo ou quem o machucaria. Qual é o ponto fraco do outro, o que ele quer, do que tem medo. No momento em que entrei, percebi que estava sendo estudado. Ele procurava as minhas fraquezas, buscava maneiras de me manipular. Era bastante esperto para saber que estava diante do estereótipo do psiquiatra liberal emotivo. Fizera excelente leitura de sua advogada. Agora ela sentia pena dele; e ele a convencera de que estava errada. Aquelas garotas o convidaram para ir ao apartamento. Prometeram fazer sexo com ele. Alguma coisa deu errado, e o acidente aconteceu. Ele tropeçou nos corpos, por isso os sapatos estavam cheios de sangue. Mas nunca quis machucá-las. E agora ele tentava convencer também a mim de que fora vítima de duas adolescentes malvadas e que elas o provocaram e o seduziram. — Fale-me de você — comecei com questões abertas para ver aonde ele chegaria.

— Como assim? Isso é um truque de psiquiatra? — ele perguntou, desconfiado.

— Não. Só imagino que você seja a melhor pessoa para me falar sobre você. Tenho lido muitas opiniões de outras pessoas. Professores, terapeutas, oficiais de justiça, imprensa. Todos têm suas opiniões. Então quero saber qual é a sua.

— O que você quer saber?

— O que gostaria de me dizer? — A dança continuou. Girávamos em torno um do outro. Era um jogo, eu sabia. Ele era muito bom nisso. Mas eu também era.

— Bom. Vamos começar por aqui. Como é viver nesta prisão? É chato, não é tão ruim, tem pouca coisa para fazer? Me conte como é seu dia.

E assim tudo começou. Aos poucos, ele foi se soltando, à medida que descrevia a rotina da prisão e suas experiências no centro socioeducativo para menores. Eu o deixei falar; algumas horas depois, fizemos uma pausa para ele fumar um cigarro. Quando voltei, havia chegado a hora de ir direto ao ponto.

— Fale sobre o que aconteceu com aquelas meninas.

— Não foi grande coisa, na verdade. Eu só estava por ali e as garotas chegaram. Começamos a conversar e elas me convidaram para subir no apartamento, pra gente brincar um pouco. Então, quando chegamos lá, elas mudaram de ideia. Fiquei louco da vida.

Essa era uma versão diferente das outras que ele já havia contado. Parecia que, quanto mais tempo se passava do crime, menos violenta ficava a história. Cada vez que era contada, ele tinha menos responsabilidade pelo que acontecera: ele, não as meninas, era a vítima.

— Foi um acidente, eu só quis dar um susto nelas. Aquelas vacas burras não calavam a boca — ele continuou.

Senti um nó no estômago, mas não esbocei nenhuma reação. Permaneci imóvel. Se ele percebesse que eu estava apavorado, deixaria de ser honesto. Ia editar o texto. Fiquei calmo e assenti.

— Elas falavam alto? — perguntei, tentando ser o mais neutro possível.

— Falavam. Prometi que não ia machucá-las se elas calassem a boca.

Ele estava fazendo uma versão resumida, higienizada, dos assassinatos. Deixou de fora os abusos sexuais. Não mencionou que chutou brutalmente as meninas. Perguntei se os gritos delas o enfureceram e se foi por isso que ele chutou os corpos. A autópsia mostrou que a garota de treze anos foi chutada no rosto e pisada no pescoço e no peito.

— Bom, eu não chutei de verdade. Só tropecei nelas. Tinha bebido um pouco, sabe como é...

Sem esperar pela minha resposta, ele olhou para ver se eu havia engolido as mentiras. A expressão em seu rosto e na voz era fria. Ele descreveu os assassinatos como se estivesse fazendo um resumo de uma aula de geografia. O único traço de emoção era o desdém com que disse que as vítimas "o obrigaram" a matá-las por terem reagido, resistido.

Era de uma frieza impressionante. Ele era um predador, alguém cujo único interesse é obter alguma coisa do outro, o que for possível fazer para atender aos seus objetivos egoístas. Não tinha nenhuma atitude generosa nem com o terapeuta contratado pela defesa, alguém que buscava nele o mais ínfimo sinal de bondade, de humanidade.

Não que ele não soubesse que deveria estar arrependido. Simplesmente era incapaz de levar em conta os sentimentos dos outros de outra maneira que não fosse tirar vantagens para si. Por não sentir compaixão, não conseguia fingir. Leon não era bobo. Na realidade, o QI dele estava bem acima da média em vários aspectos. Mas era bastante irregular. Enquanto o QI verbal ficava abaixo da faixa de normalidade, a pontuação para performance, que mede coisas como a habilidade de sequenciar corretamente uma série de imagens e manipular objetos no espaço, era bastante alta. Ele pontuava especialmente bem na leitura de situações sociais e em reconhecer as intenções dos outros.

Essa diferença entre as pontuações verbal e comportamental costuma ser vista em crianças traumatizadas e brutalizadas, indicando que o desenvolvimento requer certas regiões do cérebro, em particular aquelas áreas corticais envolvidas na modulação das regiões inferiores e mais reativas que não foram utilizadas. Esse padrão aparece em 5 por cento da população em geral, mas nas prisões e nos centros de recuperação para menores salta para 35 por cento. Isso reflete no desenvolvimento cerebral dependente do uso: quanto mais caos e ameaças houver para o desenvolvimento, mais crescerão os sistemas cerebrais de reação de estresse e outras áreas responsáveis pela leitura dos sinais sociais de perigo, ao passo que menos afeto e acolhimento resultarão em subdesenvolvimento dos sistemas codificados para sentir compaixão e ter autocontrole. Esses resultados foram as primeiras pistas de que algo havia dado errado na primeira infância de Leon.

Tentei imaginar o que poderia ter sido com base em nossa entrevista, mas não obtive sucesso. A maioria das pessoas não se lembra de muita coisa dos anos mais críticos do desenvolvimento, entre o nascimento e o maternal. Havia evidências de que ele dera trabalho desde muito cedo, de acordo com relatos de comportamento agressivo desde a pré-escola. Pelas nossas conversas, eu diria que teve poucos amigos e relacionamentos significativos fora da família. Suas fichas traziam histórias de *bullying* e pequenos delitos, como furtos em lojas e outros roubos, mas nunca antes estivera em uma prisão para adultos. Seus problemas com a lei na adolescência resultaram em períodos de vigilância, principalmente: ele nem sequer passara muito tempo em detenção juvenil, apesar de ter cometido alguns assaltos mais graves.

Contudo, descobri que Leon cometera ou era suspeito de ter cometido vários delitos mais graves, pelos quais não fora detido nem julgado por falta de provas para uma condenação. Por exemplo, uma vez foi pego com uma bicicleta roubada. O dono da bicicleta apanhou tanto que teve que ser hospitalizado. Mas ninguém testemunhou ou deu queixa do assalto, e Leon foi apenas indiciado por posse de propriedade roubada. Depois de várias visitas de avaliação, ele me contou outros ataques sexuais que praticara com o mesmo desdém com que confessara os assassinatos.

Buscando algum sinal de remorso, fiz uma pergunta fácil de responder.

— Olhando hoje, o que você teria feito de outra maneira? — perguntei, esperando trivialidades, como controlar a raiva ou não machucar ninguém.

Ele pensou um pouco e respondeu:

— Não sei. Talvez jogar fora essas botas.

— Jogar fora as botas?

— É. Foram as marcas no chão e o sangue nas botas que me pegaram.

Muitos psiquiatras sairiam daquela prisão acreditando que Leon era uma típica "semente ruim", uma aberração genética, um demônio incapaz de empatia. E existem predisposições genéticas que parecem afetar sistemas cerebrais envolvidos com a empatia. Minhas pesquisas, contudo, me levaram a acreditar que comportamentos extremos como os de Leon não são raros entre pessoas que sofreram certas formas de privação emocional e/ou física.

Se Leon tinha um código genético que aumenta o risco de comportamentos sociopatas – se esses genes realmente existem –, seu histórico familiar deveria ter revelado outros parentes, como um pai, um avô, talvez um tio com problemas similares, mesmo que menos extremos. Talvez um histórico de múltiplas detenções, por exemplo. Mas não havia nada. Além disso, Leon foi entregue à polícia pelo próprio irmão, um irmão que parecia ser tudo que Leon não era.

Esse irmão, Frank*, os pais e outros parentes eram trabalhadores bem remunerados. Frank era um encanador bem-sucedido, casado, pai de dois filhos e respeitado na comunidade. No dia em que o crime aconteceu, ele chegou na casa dos pais e encontrou Leon ainda usando as botas sujas de sangue, assistindo à TV na sala. No noticiário, um boletim urgente sobre a recente descoberta dos corpos barbarizados de duas meninas no prédio em que Leon morava. Olhando disfarçadamente para as botas, Frank esperou Leon sair e ligou para a polícia para revelar suas suspeitas sobre o envolvimento do irmão no crime.

Parentes consanguíneos compartilham ao menos 50 por cento dos genes. Enquanto Frank fora abençoado com uma capacidade muito maior para a empatia que Leon, era improvável que apenas isso daria conta de temperamentos e tipos de vida tão diferentes. Até onde sei, Leon e Frank compartilharam a mesma casa e viveram nela com os mesmos pais, então o ambiente também não seria um provável culpado. Só descobri o que hoje acredito estar na raiz dos problemas de Leon depois que conheci Frank e os pais, Maria e Alan*. Em nosso primeiro encontro, todos eles estavam claramente angustiados com a situação.

Maria era uma mulher franzina, vestia-se de maneira conservadora, usava um cardigã abotoado de cima a baixo. Sentou-se ereta, os joelhos juntos, as mãos segurando uma bolsa no colo. Alan usava roupas de trabalho verde-escuras, o nome bordado em fundo branco sobre o bolso. Frank usava camisa azul e calças caqui. Maria me pareceu triste e frágil; Alan, envergonhado; e Frank, zangado. Eu os cumprimentei com apertos de mão e tentei estabelecer contato visual.

— Sinto muito nos conhecermos nessas circunstâncias — eu disse com muito cuidado, observando-os. Queria ver como se relacionavam com o outro, se demonstravam empatia, se haveria algum sinal de patologia ou comportamento estranho que talvez não aparecesse nos registros médicos de Leon e no histórico da família. Mas eles responderam bem, só estavam constrangidos, sentindo-se culpados, preocupados, tudo o que se esperaria de uma família cujo membro caçula tivesse cometido um crime inenarrável.

Como vocês sabem, o advogado do filho de vocês me pediu para avaliá-lo para a fase de condenação do julgamento. Estive com Leon duas vezes. Quis conversar com vocês para entender melhor como ele era quando mais novo.

Os pais ouviram, mas nenhum dos dois me olhava nos olhos. Frank me encarava, querendo defender e proteger os pais.

— Todos nós queremos entender o que ele fez — concluí.

Os pais concordaram com um movimento de cabeça; os olhos do pai se encheram de lágrimas. O sofrimento deles preenchia a sala. Frank finalmente desviou o olhar, ele próprio disfarçando as lágrimas.

Logo vi que aquelas pessoas tinham passado horas devastadas pela tristeza, perplexidade e culpa, buscando um "por quê". *Por que nosso filho fez isso? Por que se transformou nesse monstro? Onde erramos? Não somos bons pais? Ele já nasceu assim?* Eles estavam totalmente desconcertados. Haviam feito o melhor que puderam, trabalharam duro para dar o que ele queria. Disseram que o levaram para a igreja, tinham feito tudo que os professores e conselheiros pediram. Ouvi as recriminações. *Talvez tivéssemos que ser mais rígidos. Ou menos rígidos. Ou devêssemos tê-lo mandado para a casa da minha mãe na primeira vez que se envolveu com problemas.* Eles se esforçavam para retomar a rotina. Cansados de tanto sofrer, das noites mal dormidas, de fingir que não viam os olhares de acusação de vizinhos e colegas de trabalho.

— Vamos começar do início. Me contem como vocês dois se conheceram — pedi.

Alan foi o primeiro a falar, sorrindo levemente ao relembrar sua infância e o namoro com Maria. Eles se conheciam desde pequenos. Vinham de famílias numerosas que viviam na mesma comunidade rural. Frequentaram a mesma escola, oraram na mesma igreja, moraram no mesmo bairro. Eram pobres e viviam dignamente. Cresceram rodeados de primos, tios e avós. Todos se conheciam e se respeitavam. Na casa de Alan e Maria, as crianças nunca se afastavam dos olhares atentos de alguém.

Maria abandonou a escola aos quinze anos e foi trabalhar no hotel local. Alan chegou a se formar e foi trabalhar em uma fábrica nas proximidades. Eles se casaram com dezoito e vinte anos, respectivamente. Alan foi um bom funcionário e ganhava bem na fábrica. Maria engravidou.

A gravidez foi motivo de alegria para ambas as famílias. Maria logo deixou o trabalho para cuidar dos filhos. A jovem família morava no apartamento térreo de um prédio construído por um tio. Os pais dela moravam ao lado; os dele, na quadra seguinte. Os dois sorriam ao falar dessa época. Alan era o mais falante; Maria concordava em silêncio. Frank os ouvia atentamente, como se nunca tivesse ouvido sobre a vida pregressa dos pais. Por alguns momentos, a família parecia esquecer por que estava lá.

Enquanto Alan falava, tentei várias vezes fazer perguntas a Maria, mas em geral ela só sorria e deixava o marido responder a elas em seu lugar. Com o tempo, ficou claro que Maria, embora gentil e delicada, era mentalmente comprometida. Parecia não entender a maior parte das perguntas. Então perguntei:

— Você gostava da escola?

Alan olhou para mim e respondeu em voz baixa:

— Ela não é boa nessas coisas. É meio lenta.

Maria concordou e sorriu timidamente, protegida pelo marido e pelo filho.

Alan continuou descrevendo o nascimento do primogênito Frank. Quando Maria voltou do hospital, as avós, as tias e as primas mais velhas passavam horas com a jovem mãe e o recém-nascido. A mãe e a criança estavam imersas no amor e na atenção das respectivas famílias. Quando Maria se cansava, sempre tinha alguém para cuidar do recém-nascido. Se o bebê chorasse muito, ela ia repousar e alguém o acalmava. Então Alan perdeu o emprego. Ele procurou um novo trabalho, mas foi impossível encontrar um emprego decente para pessoas sem educação superior. Após seis meses desempregado, conseguiu trabalho em outra fábrica, muito distante de casa. Por não ter opção, aceitou.

Frank tinha então três anos de idade quando a família teve que sair da cidade e alugar outro apartamento. O único lugar pelo qual puderam pagar ficava no subúrbio, com altos índices de crimes violentos e consumo de drogas. Poucos tinham trabalho ou raízes na região. Como é comum neste país, as famílias se dividem em busca de trabalho, os filhos não veem mais os pais, e a maioria conta só com a mãe.

A gravidez de Leon foi muito diferente da anterior. Maria passava o dia sozinha com uma criança que aprendia a andar em um apartamento pequeno. Desnorteada com a nova vida, preferia ficar só. Não conhecia ninguém, nem mesmo os vizinhos. Alan trabalhava longas horas e voltava exausto para casa. A criança de três anos era seu único contato humano. Os dois passavam muitas horas juntos. Passeavam no parque, tomavam ônibus para visitar museus gratuitos, participavam de algum programa para mães em uma igreja. A rotina de Maria era sair cedo do apartamento, ficar fora o dia todo e na volta comprar alguns mantimentos para o jantar. Sentia-se bem assim. Ela criou um padrão de atividade repetitivo, e as pessoas que via na rua lembravam alguém das famílias que ficaram para trás. Maria sentia falta deles, sentia falta da antiga casa. Sentia falta das mulheres experientes que a ajudaram a criar o primeiro filho.

Então Leon nasceu. Por não suportar as inevitáveis necessidades de um recém-nascido, Maria sentia-se sufocada. Jamais criara um filho sozinha. Ficou claro para mim que a família reconhecia as limitações de Maria e, quando necessário, intervinha para manter um ambiente amoroso, previsível e seguro para Frank. Mas quando Leon nasceu essa rede de segurança relacional não estava presente. Também por isso Leon e Frank eram tão diferentes.

— Ele era muito agitado, chorava muito — Maria declarou, referindo-se a Leon.

— E como você o acalmava?

— Dava a mamadeira pra ele. Às vezes ele sossegava.

— Mais alguma coisa?

— Ele não parava de chorar. Então a gente saía pra andar.

— A gente quem?

— Eu e o Frank.

— Ah. Alguém ajudava você com o Leon?

— Não. Eu acordava, dava mamadeira pra ele e a gente saía pra andar.

— Os mesmos passeios que vocês faziam antes de o Leon nascer?

— É. A gente brincava um pouco no parque, tomava o ônibus para a igreja e almoçava. Depois ia no museu das crianças. Tomava o ônibus até o mercado, comprava comida pro jantar e voltava pra casa.

— Vocês ficavam fora o dia todo.

— Sim.

Aos poucos comecei a entender que quando Leon completou um mês a mãe retomou os "passeios" com o filho mais velho, de quatro anos. Ele ficava sozinho, fechado em um apartamento. Meu coração ficou apertado ao ouvir a mãe – inocente, porém ignorante das necessidades cruciais de um bebê – descrever o abandono sistemático do filho caçula. É difícil ser crítico nessas horas: ela amava e cuidava do filho de quatro anos. E ao mesmo tempo privava o recém-nascido das experiências básicas e necessárias para construir e manter um relacionamento saudável.

— Ele parou de chorar tanto. — Maria quis dizer que a solução encontrada por ela havia funcionado.

No entanto, quando Leon cresceu, os pais relataram que ele nunca agiu como Frank agia. Se Frank era repreendido, sentia-se mal por desapontar os pais e se corrigia. Se era elogiado, sorria agradecido; ele sabia que agradar aos pais era recompensador. O garotinho estava sempre abraçando alguém, corria para os braços da mamãe ou do papai e passava os bracinhos ao redor do pescoço deles.

Mas Leon, quando era repreendido ou castigado, não demonstrava qualquer emoção. Pouco se importava se os pais se sentissem mal ou se alguém se machucasse física ou emocionalmente. Leon não se corrigia. Se os pais ou os professores se mostrassem satisfeitos e lhe dessem atenção, ele também não se alterava. Não gostava de ser tocado nem de tocar qualquer pessoa.

Com o tempo, ele aprendeu a usar elogios, flertes e outras formas de manipulação para conseguir o que queria. Se nada funcionasse, fazia o que queria, quando queria, e, se não conseguisse, tirava. Se fosse pego fazendo coisa errada, mentia; se fosse pego na mentira, era indiferente a sermões e punições. As punições só o ajudavam a aprimorar seus truques e a disfarçar melhor. Professores, orientadores, padres e treinadores eram unânimes:

Leon não se importava com ninguém nem com nada, só consigo mesmo. Recompensas e consequências relacionais normais, como deixar os pais orgulhosos, agradar a um amigo ou ser solidário não tinham importância nenhuma para ele.

Leon começou a criar problemas já no maternal, depois na pré-escola e por fim na escola fundamental. No início eram pequenas coisas: roubar um lanche, pequenas provocações, espetar os colegas com lápis, responder aos professores, ignorar as regras. No terceiro ano, foi encaminhado ao serviço de saúde mental. No quinto ano, passou a frequentar o sistema judicial para adolescentes por abandono escolar, roubo e vandalismo. Esse comportamento insensível o qualificou para ser diagnosticado com "transtorno de conduta" aos dez anos de idade.

Enquanto Maria passeava com Frank, Leon chorava no berço. Logo ele aprendeu que não adiantava chorar, então parou. Ficava ali sozinho, desamparado, sem ter ninguém para conversar, ninguém para elogiá-lo por saber se virar sozinho ou engatinhar (mesmo sem muito espaço para explorar). A maior parte do dia não ouvia ninguém falar, não via nada novo, não recebia atenção. Tal como Laura e Virginia, Leon foi privado dos mais relevantes e necessários estímulos para desenvolver regiões do cérebro que modulam o estresse e vinculam o prazer e o conforto à companhia humana. Seu choro não tinha resposta, suas necessidades de calor e afeto não eram satisfeitas. Virginia ao menos recebeu carinho consistente em seus lares adotivos, mesmo se mudando repetidamente, e Laura teve a mãe sempre presente, mesmo sem receber afeto físico. Mas o início da vida de Leon foi perigosamente inconstante. Às vezes Maria dava atenção à criança, outras vezes a deixava sozinha em casa. Às vezes Alan estava em casa e brincava com o bebê, mas era mais comum estar fora trabalhando e chegar em casa cansado demais para dar atenção ao caçula. Um ambiente de afeto tão intermitente pontuado de total abandono é o pior que pode acontecer a uma criança. O cérebro precisa de estímulos padronizados, repetitivos, para se desenvolver de maneira adequada. O alívio imprevisível e espasmódico do medo, da solidão, do desconforto, da fome mantém o sistema de estresse do bebê em alerta máximo. Por não receber qualquer resposta consistente e amorosa para seus medos e suas necessidades, Leon jamais associou o contato humano ao alívio de estresse. Em vez disso, aprendeu que a única pessoa em quem podia confiar era em si mesmo.

Ao interagir com os outros, por carência ele se mostrava exigente, agressivo e frio, alternadamente. Tentava em vão obter o amor e a atenção de que tanto necessitava. Leon batia e machucava as pessoas, roubava e destruía. Como só recebia punição, a raiva aumentava. E, quanto "pior" se comportava, mais reforçava entre os mais próximos que era um menino "mau" e não merecia atenção: um círculo vicioso. Leon cresceu, e seu comportamento escalou do *bullying* para o crime.

Leon reconhecia que as pessoas gostavam de ser abraçadas e tocadas, mas por lhe terem sido negadas suas próprias necessidades considerava os abraços repulsivos. Reconhecia que as pessoas gostavam de interagir, mas por lhe negarem atenção no início da vida ele as tratava com frieza e indiferença. Leon simplesmente não sabia se relacionar com ninguém.

Leon gostava de comer, dos prazeres materiais como assistir a jogos pela televisão, de sensações físicas, incluindo as associadas à sua sexualidade. No entanto, porque tudo lhe foi negado enquanto a chave do circuito social do cérebro se desenvolvia, ele não se importava em agradar a quem quer que fosse ou receber atenção, como também não se importava em ser rejeitado por professores e colegas. Por não associar as pessoas ao prazer, não via necessidade em fazer o que outros queriam, não sentia prazer em deixar alguém feliz e não se importava que as pessoas ficassem magoadas.

Aos 2 anos e meio, o comportamento de Leon o qualificou a uma intervenção precoce em um programa da pré-escola que poderia ter sido uma excelente oportunidade, mas só agravou seus problemas. A mãe não mais o deixava sozinho durante todo o dia, mas agora ele ficava exposto a muita estimulação cognitiva para aprender a falar e a entender intelectualmente o que era esperado dele. Todavia, nada disso compensava o que ele nunca recebeu. Apesar das boas intenções, o programa só contava com um cuidador para cinco ou seis crianças severamente perturbadas; se esse número já é insuficiente para dar a atenção adequada a crianças normais dessa idade, imagine para crianças com problemas emocionais.

O córtex em desenvolvimento permitia que Leon observasse o comportamento das outras crianças. Com o tempo, ele aprendeu a copiar os comportamentos mais adequados, o que lhe permitia manipular o outro para obter o que quisesse, embora os sistemas neurais límbico e relacional subdesenvolvidos o limitassem a relacionamentos superficiais e vazios. Para ele, as pessoas eram meros objetos que ou se interpunham em seu caminho ou cediam às suas necessidades. Era um sociopata clássico (o diagnóstico psiquiátrico é transtorno de personalidade antissocial – TPA), que acredito ser completamente produto do meio, não de genes. Também acredito que, se tivesse sido criado como o irmão Frank, provavelmente levaria uma vida normal e jamais se tornaria um estuprador assassino.

Tudo o que foi feito para ajudá-lo, como admiti-lo em um programa de prevenção na pré-escola com um grupo de crianças problemáticas, por exemplo, só fez piorar sua condição. Pesquisas têm mostrado repetidamente, que cercar uma criança problemática de outras crianças igualmente problemáticas tendem a fazer com que os maus comportamentos se intensifiquem. Esse padrão de intervenção malograda continuaria durante toda a infância e adolescência de Leon em programas de "educação especial" e outros. Era onde ele conhecia outros adolescentes antissociais que reforçavam a mútua impulsividade. Formavam parcerias no crime, atiçavam o outro, alimentavam a ideia de que a violência é a melhor maneira de resolver os problemas. Além disso, pelo que Leon já vira acontecer no subúrbio em que morava, nos filmes e na TV sempre ligada em todos os lugares por onde passava, as mensagens de que a violência não só resolve os problemas como é prazeroso ser fisicamente superior aos outros eram as que mais recebia. Leon aprendeu a copiar os piores comportamentos humanos.

Existem outros transtornos cerebrais que afetam a capacidade de sentir empatia que identificam sociopatas como Leon. Os mais conhecidos são os transtornos do espectro autista (TEAs), aí incluída a Síndrome de Asperger, forma menos severa de autismo. Os TEAs parecem ter forte influência genética e variam amplamente no espectro da incapacitação. Cerca de um terço das crianças autistas nunca aprende a falar, e todas elas se isolam e preferem focar objetos em vez de pessoas. Crianças autistas não gostam de brincadeiras de imaginação. Embora muitas delas gostariam de se conectar com outras pessoas, sentem grande dificuldade de entender e se relacionar com o outro.

Os TEAs sempre vêm acompanhados de diferentes problemas de integração sensorial e sensibilidades, como não tolerar tecidos que "pinicam" ou barulhos altos e luzes muito fortes. Crianças autistas têm comportamentos repetitivos, como balançar o corpo, e obsessões peculiares, tipicamente com objetos que se movem – por exemplo, com trens ou as rodas dos carros. Alguns autistas têm talento para decifrar sistemas complexos de matemática, música e ciência da computação, e muitos desenvolvem interesses específicos em objetos e ideias.

Quem apresenta Síndrome de Asperger tem mais facilidade de se conectar e agir em sociedade do que se tivessem formas mais severas de autismo, mas suas obsessões e a incapacidade de ler os sinais sociais os mantêm isolados. Suas precárias habilidades sociais também dificultam conseguir e manter um emprego, embora em alguns casos as habilidades para matemática e engenharia mais que compensam as limitações. Muitas crianças chamadas *geeks* ou *nerds*, porque não conseguem se relacionar com os pares, podem ter TEA ou estarem muito próximas do critério para um TEA.

Para funcionarmos socialmente bem, temos que desenvolver o que é conhecido como "teoria da mente". Em outras palavras, temos que saber que somos diferentes uns dos outros, vemos o mundo de maneiras distintas e temos desejos e interesses variados. No autista, essa distinção é difusa. Algumas crianças autistas não falam porque não reconhecem a necessidade de se comunicar; não percebem que as outras pessoas não sabem o que elas sabem. Em um experimento famoso, pesquisadores puseram um lápis em um tubo que normalmente continha balas e perguntaram às crianças autistas o que alguém, que não estava na sala, esperaria encontrar lá dentro. As crianças normais e com síndrome de Down disseram balas. Mas as autistas insistiram que a pessoa diria que era o lápis, sem se dar conta de que quem não tinha visto as balas serem retiradas pensaria que elas continuavam lá dentro. As crianças sabiam que as balas não estavam mais lá, então a hipótese mais lógica era a de que todos também soubessem. (Acredita-se que as regiões cerebrais que decodificam a "teoria da mente" fiquem à esquerda do córtex frontal medial, logo acima dos olhos.). Diferentes de sociopatas como Leon, os autistas se comportam estranhamente, mas não recorrem à violência e ao crime, apesar de seus problemas com tomada de perspectiva e com o reconhecimento de que, por exemplo, ignorar a presença do outro pode ser ofensivo. Esse problema de empatia é conceitual. Os autistas podem ser insensíveis aos sentimentos e às necessidades alheias porque não os reconhecem, não porque sejam indelicados. São capazes de amar e sofrer, mas não fazem relações que lhes permitam interagir e se relacionar com facilidade. Digamos que têm dificuldade de "calçar os sapatos do outro" – a chamada "cegueira da mente" –, mas não lhes falta simpatia pelas experiências de outra pessoa quando as conhecem. Sociopatas como Leon são diferentes. A incapacidade deles de sentir empatia é consequência da dificuldade de refletir os sentimentos do outro somada à falta de compaixão. Em outras palavras, não só não reconhecem o que o outro sente como não se importam se o estão magoando ou se o magoam de propósito. Conseguem se imaginar calçando os sapatos do outro, e, graças à habilidade de se colocar no lugar dele, até prever como a pessoa agirá, sem se importar com o que seja. Só querem saber como o outro os afetará.

Basicamente, os sociopatas possuem uma "teoria da mente", embora distorcida. Por não viverem plenamente o amor, o veem apenas como uma promessa para obter sexo, por exemplo, não como um sentimento genuíno. Por usarem os sentimentos da outra pessoa para manipulá-la, assumem que é o que todos fazem. Por não sentirem prazer nos relacionamentos, não acreditam que os outros o sintam. Por serem egoístas, acreditam que todos agem de acordo com os próprios interesses. Consequentemente, rejeitam apelos de cuidado e compaixão como tentativas manipuladoras de assumir o poder, não como apelos emocionais sinceros. São emocionalmente frios, um gelo que distorce não só os sentimentos deles, mas também como veem os sentimentos da outra pessoa e os retribuem.

Uma pesquisa acaba de identificar que alguns dos correlatos químicos da sociopatia foram encontrados nos mesmos sistemas neurotransmissores que compõem os sistemas da reação de estresse: alterações nos sistemas da serotonina, da norepinefrina e da dopamina estão envolvidas nos comportamentos agressivos, violentos e antissociais. Jovens que exibem traços antissociais e comportamentos insensíveis tendem a apresentar níveis anormais de cortisol, hormônio do estresse (medido nos testes de saliva).

Sociopatas são famosos por enganarem os detectores de mentira, que, na realidade, medem as reações físicas de ansiedade e estresse, não a mentira. É como se seus sistemas do estresse estivessem desregulados, perdessem a capacidade de só reagir a estimulações extremas – ou porque sofreram algum trauma, ou por vulnerabilidade genética, ou, mais provavelmente, por uma combinação de ambas. Por isso parecem "frios", não emotivos, o que lhes permite mentir impunemente por não apresentarem sinais de temer a detecção que tende a desmascará-los. O que também significa que níveis de estimulação muito superiores de sofrimento e prazer são necessários para que essas pessoas sintam alguma coisa. Diferentemente de alguém cuja reação ao trauma é ficar preso em estado altamente sensibilizado, no qual qualquer nível de estresse provoca uma resposta exagerada, os sistemas do sociopata parecem presos no outro extremo do espectro – insensibilidade sufocante e, muitas vezes, mortal.

Enquanto preparava meu testemunho, pensei muito em como falaria sobre Leon e no que acreditava sobre a responsabilidade por seus atos. Por que ele matou? Por que alguém é capaz de matar? Seriam essas as perguntas certas? Talvez fosse melhor tentar entender o que nos impede de matar nosso semelhante e não freou o comportamento de Leon. O que, exatamente, tinha dado errado para aquele menino? Como ele transformou sua infelicidade, seu abandono e seu trauma em ódio – ou foi transformado por eles?

Ninguém duvidava de que ele fosse culpado e não correspondesse à definição legal de insanidade, quando a pessoa não consegue separar o certo do errado. Leon sabia que matar ia contra a lei e admitia isso; e não apresentava nenhuma doença mental diagnosticável que pudesse influenciar seu raciocínio moral.

Ele correspondeu aos critérios de transtorno de déficit de atenção e transtorno de conduta durante a maior parte da infância e adolescência. Na vida adulta, encaixar-se-ia tanto nos perfis de TDAH (Transtorno de Déficit de Atenção e Hiperatividade) e TPA (Transtorno de Personalidade Antissocial), mas esses diagnósticos só descrevem sintomas de rebeldia, indiferença e incapacidade de prestar atenção e não implicam uma nebulosidade mental capaz de abalar a noção de que matar e estuprar são inaceitáveis. Esses transtornos diminuem o controle dos impulsos, mas não significa total ausência de livre-arbítrio.

Mas e a incapacidade de Leon de amar e ser amado? Podemos culpá-lo por ter tido uma infância que destruiu a parte do cérebro que lhe permitiria sentir as maiores alegrias que podemos ter na vida, a tristeza e o prazer das conexões humanas? É claro que não. Acredito que ele seja responsável pelas reações às próprias vulnerabilidades. Virginia e Laura tiveram problemas similares, mas não se tornaram pessoas violentas, muito menos assassinas.

Pode-se argumentar que essa diferença de reação se deve ao gênero, e que, realmente, o gênero masculino é o principal indicador de comportamentos violentos. Assassinos homens superam as mulheres em pelo menos nove para um, embora recentemente as mulheres tenham começado a diminuir essa diferença. Ainda assim, ao longo da história, em todas as culturas e na maioria das espécies, predomina o macho violento. Entre nossos parentes evolucionários mais próximos, os chimpanzés são os machos que brigam com os outros, são os mais dispostos a fazerem uso da força. No entanto, já tratei outros garotos adolescentes com históricos muito piores de negligência e abandono e que tiveram muito menos oportunidades de amor e afeição que Leon. Alguns foram literalmente criados em jaulas sem receber nenhum amor familiar, diferentemente de Leon, que tinha pai, mãe e irmão, e sofreu abandono não por maldade, mas por ignorância. Entre os garotos que tratei, muitos tiveram uma vida difícil e solitária, outros, graves problemas mentais, mas a grande maioria não era perversa.

E a genética? Ela explicaria o comportamento de Leon? Genética desfavorável combinada com condições ambientais muito abaixo das ideais provavelmente foi um fator importante na criação de Leon e no que ele se tornou. Se Leon tivesse temperamento mais dócil, talvez Maria não se sentisse tão exigida; se Maria fosse mais inteligente, teria encontrado melhores maneiras de lidar com uma criança difícil.

Mas o que acho que aconteceu na vida de Leon foi uma escalada de pequenas decisões negativas e inconsequentes tomadas por ele e para ele que aos poucos chegaram a um resultado tão terrível para as vítimas, para a família e para o próprio Leon. Todos já ouviram falar em "efeito borboleta": a ideia de que sistemas complexos, principalmente os que determinam o clima do planeta, são extraordinariamente sensíveis a pequenas flutuações em certos pontos críticos. Esses sistemas reagem tão facilmente a essas pequeninas perturbações que, de acordo com o nome, se uma borboleta bater as asas no momento errado no Brasil, disparará uma série de eventos que resultarão em um tornado devastador sobre uma pequena cidade do Texas. O cérebro humano, o sistema mais complexo que existe – na verdade, o objeto mais complicado em todo o universo conhecido –, é igualmente vulnerável a um tipo de efeito borboleta. Que também pode ser chamado "efeito bola de neve": quando as coisas começam bem, tendem a continuar bem e podem até mesmo se corrigir quando surge algum problema. Mas, quando começam mal, tendem a continuar se dando mal.

Esse efeito está literalmente inserido na arquitetura do nosso cérebro e do nosso corpo. Por exemplo, é um pequenino gradiente químico que determina quais das nossas células serão pele ou cérebro, ossos, coração ou intestinos. Outras diferenças extremamente pequenas nos neurônios formam o cerebelo, outras formam o cérebro, e diferenças similares na posição e na concentração de certos elementos químicos determinam quais células devem viver e quais morrerão.

Não temos genes suficientes para determinar a localização ou saber de que tipo cada célula é: são apenas 30 mil genes para o corpo inteiro, e só o cérebro tem 86 bilhões de células nervosas (e células da glia cercando cada uma delas). Cada um desses bilhões de neurônios possui entre 5 mil e 10 mil conexões, criando redes extraordinariamente complexas. Nosso corpo, em especial o cérebro, é feito para ampliar incongruências iniciais quase imperceptíveis em resultados maciçamente diferenciados. O que, por sua vez, nos permite reagir ao complicado meio social e físico em que vivemos.

Então, se as cólicas abdominais de um bebê não fazem mais que chamar a atenção dos pais, as cólicas de Leon sobrecarregavam os recursos emocionais já tão limitados de Maria. Sem a presença da família extensa, ela não tinha ninguém para entregar o filho quando chegava ao limite de suas forças, como teve com Frank. Ao abandonar Leon durante todo o dia, Maria o deixava sem os estímulos tão necessários para acalmá-lo e, em última instância, organizar seus sistemas de reação de estresse ainda levemente desregulados, tornando-os mais caóticos e desorganizados.

Isso, por sua vez, deixou Leon mais dependente e agressivo, prejudicando habilidades sociais que permitiriam ao menino encontrar em toda parte o carinho e o amor de que tanto necessitava. Mais tarde, isso também o afastou dos pais e criou um ciclo de mau comportamento, punição, raiva crescente e sofrimento. E então, da pré-escola em diante, Leon passou a conviver com meninos ainda mais problemáticos, o que só fez ampliar os danos.

Cercado de crianças normais talvez ele encontrasse pessoas que o aceitassem e lhe oferecessem uma amizade saudável que o afastaria dos comportamentos antissociais. No entanto, na companhia de crianças irritadiças, perturbadas e carentes – e, além disso, estigmatizadas pela má fama –, ele ficou ainda mais perturbado e descontrolado, o que o levou a reagir com impulsividade e agressividade cada vez maiores.

Em nenhum momento Leon tomou a decisão de ser mau; cada pequena escolha que ele e a família faziam o empurrava para a sociopatia, e as consequências de cada uma dessas escolhas provavelmente abriram caminho para futuras escolhas negativas. Nessa estrada, havia muitas bifurcações que teriam feito de Leon uma pessoa melhor, que o ajudariam a iniciar um círculo virtuoso, não vicioso. Mas, infelizmente, ele rejeitou todas as oportunidades de transformar sua raiva e impulsividade. E em nenhuma dessas encruzilhadas recebeu a ajuda e o apoio de que precisava para sair do círculo vicioso em que estava preso.

O cérebro é constituído, assim como tudo em nós, de milhões de pequenas decisões, algumas conscientes, outras não. Escolhas aparentemente irrelevantes podem resultar em consequências futuras muito diferentes. O momento é tudo. Não sabemos quando a escolha mais simples, o "estímulo", levará o cérebro em desenvolvimento ao caminho da genialidade ou do inferno. Não quero dizer com isso que os pais devam ser perfeitos. Mas é importante saber que crianças pequenas são muito suscetíveis às consequências das escolhas que nós fazemos, e mais tarde também elas, sejam boas ou más. Por sorte, o círculo virtuoso tem efeito cascata muito maior que autoamplificador, como tem o círculo vicioso. Um elogio feito na hora certa, por exemplo, pode despertar na criança interesse moderado pela arte, e com o tempo ela pode vir a se apaixonar por isso. Se a intensidade aumenta, a criança desenvolve mais habilidades, recebe mais elogios e, por fim, constrói no cérebro um artista onde antes só existia modesto potencial. Pesquisas recentes destacam o poder desse efeito nos esportes. Metade dos treinandos do futebol inglês, equipes jovens que alimentam os times profissionais, nasceu nos primeiros três meses do ano. Os demais nasceram nos outros meses. Por que isso acontece? Bem, as equipes de treinandos têm limites de idade; se o jovem nasceu no início do ano, provavelmente será fisicamente mais desenvolvido e estará mais qualificado a ser recompensado por sua competência do que os mais novos. Pela recompensa ele se esforçará mais nos treinos; gravitamos em torno de competências. E no ciclo de *feedbacks* positivos em um círculo virtuoso a prática desenvolve habilidades que atraem recompensas, que são o combustível dessa prática. Essa pequena diferença é ampliada pela prática, e com o tempo esse jovem jogador terá a chance de fazer a diferença no time profissional. Contudo, essas espirais positivas são imprevisíveis. Não sabemos quando uma leve brisa poderá se transformar em um furacão.

Então, o que eu poderia dizer na audiência de Leon? Que acreditava em suas chances de reabilitação? Que o desenvolvimento do cérebro dele foi prejudicado por tudo que lhe acontecera na infância? Ou confirmaria os diagnósticos de transtorno de déficit de atenção e de conduta, que são fatores atenuantes, mas não o absolvem da responsabilidade por seus atos?

Eu diria ao juiz que seus problemas emocionais, sociais e cognitivos e os diagnósticos neuropsiquiátricos tinham relação com o abandono não intencional por parte da mãe. Os sistemas de reação de estresse certamente, tinham recebido *inputs* aberrantes: o fato de ser deixado sozinho quando bebê os amplificavam, e não havia ninguém por perto naqueles momentos críticos para ensiná-lo a se acalmar. Paralelamente ao fato de os sistemas inferiores do cérebro terem se desenvolvido muito mais que as regiões corticais superiores, as áreas que modulam as respostas que damos ao mundo, que mantêm nosso foco e autocontrole, permaneceram subdesenvolvidas.

Eu levaria em consideração também o fato de Leon ter bebido quando cometeu os crimes. O álcool é um agente desinibidor: reduz o autocontrole e aumenta a impulsividade. Leon já tinha a tendência de agir sem pensar; o álcool só exacerbou essa tendência, e as consequências foram mortais. Ele cometeria o crime se não tivesse bebido? Desconfio que não. O álcool liberou os freios já gastos e desenvolvidos de maneira imprópria em seu comportamento, deixando que a raiva e a libido tomassem conta. Se ele não tivesse bebido, teria parado muito antes de matar ou mesmo abordar as meninas.

Basicamente, meu testemunho foi sobre a primeira infância de Leon e os efeitos dela em sua capacidade de se relacionar, controlar os impulsos e na atenção. Disse que o abandono precoce predispõe a criança a menos empatia e à violência. Incluí todos os atenuantes que encontrei. Foi o que pude fazer; não era caso de dizer que ele não era legalmente responsável por seus atos, e não pude negar que era um perigo para quem se aproximasse.

Durante o recesso, aproximei-me por acaso do defensor que tentava acalmar as famílias das vítimas, que choravam e confortavam uns aos outros. Estavam sofrendo, lágrimas correndo pelo rosto, abraçavam-se como os sobreviventes de um naufrágio.

Leon perguntou:

— Por que eles estão chorando? Sou eu que vou para a cadeia.

Mais uma vez, sua frieza foi congelante. Ele estava emocionalmente cego. Mais tarde, quando os guardas o levaram e os jurados se retiraram para deliberar, a mãe de Cherise se aproximou de mim. Sua dor era visível nos movimentos lentos, na expressão do rosto.

— Doutor, doutor! — ela chamou.

Voltei-me e esperei ela se aproximar. Quase implorando, ela perguntou:

— Por que ele fez aquilo? Por que matou minha menina? Por favor, me diga por quê?

— Sinceramente, não sei — respondi. Envergonhado pela resposta inadequada, procurei falar alguma coisa que ajudasse aquela pobre mãe. — Ele é uma pessoa muito fria. Algo dentro dele se quebrou. Não é capaz de amar como a senhora ama, como sua filha amava. A senhora sofre porque a amava muito. Ele não sente nada, nem coisas boas nem ruins.

Ela ficou em silêncio por um momento, sorriu timidamente e enxugou as lágrimas.

— É — concordou. — Alguma coisa se quebrou dentro dele por matar uma criança tão linda que nunca fez mal a ninguém.

Nós nos abraçamos, e ela voltou para a família. Pensei em Maria, Alan e Frank. Nossa pesquisa começava a destrancar os segredos do cérebro e as causas de tragédias como aquela, mas naquele momento tive a dolorosa consciência de que eu ainda não sabia muita coisa.

CAPÍTULO 6

O MENINO CRIADO COMO CÃO

∽⊘∾

O que faz alguém escolher o que é certo, mesmo que não tenha tido oportunidade de ter um desenvolvimento ideal? O que fez Virginia continuar procurando ajuda para a filha, e não simplesmente abandoná-la? O que poderíamos tirar do livro de Mama P. e receitar para crianças como Laura? Um tratamento adequado impediria crianças como Leon de se tornarem uma ameaça? O que eu poderia dizer à mãe de Cherise – e também a Frank, Alan e Maria – sobre o porquê Leon teria cometido crimes tão terríveis?

Assim como vamos entendendo gradativamente que o desenvolvimento sequencial do cérebro de uma criança é prejudicado por traumas e abandonos, também gradativamente nos convencemos de que compreender a razão desses fatos vai nos ajudar a encontrar os melhores tratamentos. Foi isso que nos levou a desenvolver o que chamamos de método não sequencial e serviços terapêuticos para crianças maltratadas e traumatizadas. Uma das primeiras crianças na qual aplicamos esse método sofreu abandono mil vezes pior que o de Leon.

Conheci Justin em 1995, aos seis anos de idade, em uma Unidade Pediátrica de Cuidados Intensivos (UPCI). A equipe local me convocou para "aplicar esse seu vodu psiquiátrico", para ver se ele parava de atirar fezes e comida nos atendentes. A unidade era muito movimentada, com enfermeiros, médicos, atendentes e famílias por toda parte. O barulho dos equipamentos, dos telefones e das conversas era quase ensurdecedor. As luzes estavam sempre acesas, pessoas andavam de um lado para o outro, e, embora cada uma tivesse um propósito e as conversas fossem focadas, a impressão era de caos.

Fui até o posto de enfermagem para pegar nos arquivos o material sobre o menino que ia ver. Então, ouvi um grito me fez virar imediatamente para uma criança magrinha que usava uma fralda larga e estava sentada no interior de uma gaiola. O berço de Justin tinha barras de ferro e por cima havia uma chapa de madeira compensada presa por cabos, que mais parecia uma casa de cachorro. Logo me deparei com algo inesperado: um garotinho se balançando para trás e para a frente, murmurando e cantarolando uma antiga canção de ninar. Estava sujo de fezes, tinha comida por todo o rosto e as fraldas pesadas de urina. Estava sendo tratado de uma pneumonia grave, mas resistia aos procedimentos e teve que ser amarrado para colher sangue. Ele tentava arrancar a medicação intravenosa, gritava e xingava os atendentes, jogava comida para o alto. A unidade psiquiátrica mais próxima do hospital era a UPCI (onde o número de atendentes é bem maior), e Justin foi transferido para cá. Aqui eles improvisaram o berço/gaiola. E, quando colocaram o menino dentro dele, ele começou a atirar fezes e qualquer outra coisa que tivesse à mão. Então a psiquiatria foi acionada. Eu sabia por experiência que não é bom pegar uma criança de surpresa. O imprevisível e o desconhecido deixam qualquer um ansioso e a pessoa não consegue processar bem as informações. Além disso, e o mais importante para uma avaliação clínica, quanto mais ansiosa é a pessoa, mais difícil ela se lembrar e descrever com precisão o que sente, o que pensa e sua história. Ainda mais grave, é muito mais difícil criar um relacionamento positivo com uma criança ansiosa, o principal veículo da mudança terapêutica.

Também reconheço a importância das primeiras impressões. Posso fazer um prognóstico muito melhor de uma criança se ela tiver impressão favorável ou pelo menos neutra de mim. Então, em vez de começar a fazer perguntas àquela criança inocente, mas muito assustada e desorientada, achei melhor que ela tivesse uma chance de me conhecer. Tivemos uma conversa breve, mas tranquila; esperei que me olhasse dos pés à cabeça, dei uma explicação simples e clara do que queria saber a respeito dela e, em seguida, afastei-me para deixá-la processar as informações. Prometi que ela faria o que quisesse, inclusive não dizer nada. Se surgisse qualquer assunto que não quisesse compartilhar comigo, era só me dizer que conversaríamos sobre outras coisas. Em toda minha carreira, tive só uma adolescente que não quis conversar. Mais adiante, ela disse aos atendentes que a única pessoa com quem conversaria era "aquele psiquiatra de cabelo cacheado".

Logo vi que esse caso seria diferente. Eu precisava saber mais sobre Justin antes de me aproximar. Peguei a ficha, voltei para o posto de enfermagem e li os registros mais antigos, de vez em quando olhando o menino se balançar, os braços ao redor dos joelhos encostados no queixo. Ele cantarolava e murmurava, e de vez em quando soltava um grito raivoso. A equipe da UPCI já estava acostumada e não dava mais atenção.

Os prontuários de Justin deixavam claro que ele não tivera uma infância normal. A mãe tinha quinze anos quando ele nasceu e o deixou permanentemente com a mãe dela quando completou dois meses. A avó, segundo relatos, era uma mulher bondosa e afetiva que adorava o neto. Infelizmente, era obesa mórbida com graves problemas de saúde. Quando Justin fez onze meses, ela foi hospitalizada e morreu poucas semanas depois.

Enquanto ela ficou no hospital, o namorado dela, Arthur*, que morava na casa, cuidou de Justin. Mas a criança tinha comportamento difícil, certamente porque perdera mãe e avó em período tão curto. Arthur, que ainda lamentava a morte da companheira, não sabia o que fazer com aquela criança chorona e birrenta, e com quase setenta anos de idade não estava preparado física e mentalmente para esse desafio. Ele chamou o Serviço de Proteção à Criança (SPC) para encontrar um lugar permanente para o menino, que, afinal, nem era parente dele. O SPC achou que com ele o menino estaria seguro e pediu que ficasse com Justin enquanto tentava encontrar um local alternativo. Arthur concordou. Era, em geral, um homem pacífico e paciente. E acreditou que o SPC buscaria um novo lar para Justin. Mas o SPC é uma agência reativa, focada em crises, e sem ninguém para pressioná-la a sair a campo não agiu.

Arthur não era maldoso, mas não sabia reconhecer as necessidades de uma criança. Ganhava a vida como criador de cães e aplicou o que sabia nos cuidados da criança. Começou mantendo Justin em uma gaiola para cães. Cuidava para que ele tivesse água e comida, mas nunca conversava e brincava com ele ou fazia outras coisas que os pais fazem para proteger os filhos. Justin ficou em uma gaiola por cinco anos, tendo só os cachorros como companhia.

Se observássemos os momentos de conforto, curiosidade, exploração e recompensa de uma criança, e seus momentos de terror, humilhação e privação, saberíamos muito mais sobre ela e sobre quem será quando crescer. O cérebro é um órgão histórico, reflexo de nossas histórias pessoais. Nossos dons genéticos só se manifestarão se tivermos as experiências desenvolvimentais apropriadas e no momento certo. Mais cedo essas experiências são controladas principalmente pelos adultos que nos cercam.

Lendo as fichas de Justin, comecei a imaginar como seria sua vida. Justin fora diagnosticado com "encefalopatia estática", ou seja, apresentava graves danos cerebrais de origem desconhecida, que dificilmente melhorariam. Foi ao médico porque seu desenvolvimento estava severamente atrasado: ele não andava nem falava, numa fase em que as crianças estão explorando de maneira ativa o espaço e já começam a formar algumas frases. Quando Justin era examinado, ninguém nunca perguntou de que modo ele vivia; ninguém fez uma boa descrição do seu desenvolvimento. O menino foi testado para várias doenças; o cérebro escaneado revelou atrofia do córtex cerebral e acúmulo de líquido nos ventrículos centrais. Seu cérebro era semelhante ao de alguém com Alzheimer em estágio avançado; a circunferência da cabeça era tão pequena que o classificava abaixo do segundo percentil para crianças de sua idade.

A propósito, muitos médicos ainda não se convenceram do estrago que o abandono, por si só, é capaz de fazer no cérebro. Acreditam que algo tão visível nos mapeamentos só pode indicar defeito genético ou de injúria intrauterina, como exposição a toxinas e doenças; nem imaginam que o meio ambiente pode ter efeitos tão profundos. Mas estudos feitos pelo nosso grupo e outros que se seguiram revelam que órfãos que são deixados em instituições, sem receber afeto e atenção individuais, têm a cabeça menor e cérebro pequeno. São cérebros que exibem claras anormalidades, idênticas às que havia no cérebro de Justin. Como no caso de Laura, os problemas de Justin também foram exacerbados por um sistema de saúde fragmentado. Apesar de ter feito sofisticados mapeamentos cerebrais de alta tecnologia e análises cromossômicas em busca de problemas genéticos, raramente conseguia se consultar com o mesmo médico. Ninguém acompanhava seu caso nem sabia de que modo ele vivia. Aos cinco anos, um grito repetitivo mostrou sua coordenação motora fina e grossa, as áreas de comportamento e cognição, e a capacidade de falar e de linguagem haviam progredido muito pouco. Ele também não andava. Para os médicos, que não sabiam das privações que a criança sofrera, era como se a maior parte das capacidades mediadas pelo cérebro simplesmente não estivessem funcionando. Acreditavam que a "encefalopatia estática" se devia a algum tipo de defeito de nascimento até então intratável. A conclusão velada sobre crianças com danos cerebrais severos era que não respondiam a intervenções terapêuticas. No fim, os médicos disseram a Arthur que os problemas cerebrais de Justin eram permanentes, que talvez jamais ele pudesse cuidar de si mesmo, e o aconselharam a buscar outro tipo de ajuda.

Ou pelo pessimismo dos médicos, ou pelos cuidados irregulares, o fato é que Justin nunca fizera uma terapia física, oral ou ocupacional, e seu cuidador, já velho, jamais procurou o serviço social. Deixado o menino à própria sorte, os cuidados que Arthur tinha com Justin repetiam o que ele conhecia. Arthur não teve filhos e passou a maior parte da vida sozinho. Era uma pessoa muito limitada, provavelmente com leve retardo mental. Criava Justin como criava os outros animais: dava comida, abrigo, disciplina e momentos episódicos de afeto. Arthur não era uma pessoa cruel: tirava Justin e os cães das gaiolas diariamente, brincava com eles, agradava-lhes. Mas, se Justin agisse como os cães, tinha que ser tratado igual a eles: se "não obedecia", voltava para a gaiola. Muitas vezes Justin foi esquecido lá.

Fui o primeiro médico com quem Arthur falou sobre suas práticas educacionais, porque, para azar de Justin, fui o primeiro a perguntar. Depois da entrevista, relendo as fichas de Justin e observando seu comportamento, percebi que alguns problemas talvez não fossem causados pela completa ausência de potencial. Talvez ele não falasse porque raramente alguém falava com ele, e, diferente de uma criança normal que ouve uns três milhões de palavras aos três anos, ele ouvia muito menos. Talvez não ficasse em pé e não andasse, pois, ninguém segurou nas mãos dele e o ajudou a se equilibrar. Talvez não soubesse usar pratos e talheres porque jamais pegou em nenhum deles. Decidi como o abordaria, na esperança de que suas deficiências fossem causadas por falta de estimulação apropriada e de oportunidades, não de capacidade.

As enfermeiras olhavam eu me aproximar do berço lentamente.

— Ele vai começar a jogar as coisas — comentou uma delas.

Andando bem devagar, queria que ele me notasse. Imaginei que meus passos comedidos, em contraste com a típica correria nos corredores da unidade, chamariam a sua atenção. Eu não olhava para ele. Um olhar pode ser ameaçador, como se vê entre os animais. Deixei a cortina do berço meio aberta, para que ele pudesse me ver e às enfermeiras no posto. E assim, se distrair menos com as outras crianças do berçário.

Tentei enxergar sob a perspectiva dele. Justin continuava doente, a pneumonia não totalmente curada. Agia como uma criança apavorada e confusa: ainda não havia compreendido aquele universo novo, caótico no qual fora colocado. Ao menos sua casa no canil era familiar; conhecia todos os cachorros e sabia o que esperar deles. Eu tinha certeza de que Justin estava com fome; ele jogava a comida para o alto havia três dias e não comera nada até então. Quando me aproximei, ele rosnou, agitou-se naquele pequeno espaço da gaiola e deu um de seus gritos.

Parei onde estava. Então, bem devagar, comecei a tirar o jaleco branco e o deixei cair no chão. Ele não tirava os olhos de mim. Sempre lentamente, soltei o nó e tirei a gravata. Arregacei as mangas. A cada ação, eu dava um passo à frente. E não dizia nada, para ser o menos ameaçador possível: nada de movimentos rápidos, nenhum contato visual; falava baixo num tom melódico e ritmado, como se fosse uma canção de ninar. Aproximei-me como me aproximaria de uma criança aterrorizada, de um animal assustado.

— Sou o Dr. Perry, Justin. Você não sabe o que está acontecendo aqui, não é? Vou tentar ajudar você. Olha, vou tirar o jaleco, tudo bem? Agora vou chegar um pouco mais perto. Está bom aqui? E agora, o que faço? Mmmm... tiro a gravata? Aposto que você nunca viu uma gravata. Tirei.

Justin parou de rodar em volta da gaiola. Pude ouvir a respiração: um murmúrio curto e rouco. Ele devia estar faminto. A bandeja com o lanche e um bolinho estava além do alcance dele, mas visível. Fui em direção a ela. Ele rosnou mais alto. Cortei o bolinho em fatias, bem devagar, pus um pedaço na boca e mastiguei como quem está gostando.

— Hummm, Justin, está muito bom. Quer um pedaço?

Estendi o braço para oferecer. Cheguei mais perto, o suficiente para ele pegar o bolo na minha mão. Fiquei imóvel mostrando o bolo. Demorou horas, mas em menos de um minuto ele fez uma tentativa de pegar e no meio do caminho recolheu o braço. Tomou fôlego e então, subitamente, tirou o bolo da minha mão e levou para o interior da gaiola. Encolheu-se no lado mais distante da gaiola e ficou olhando para mim. Sorri e disse calmamente:

— Muito bem, Justin, o bolinho é seu. Está tudo bem.

Justin começou a comer; acenei e fui saindo devagar do posto de enfermagem.

— Daqui a pouco ele vai começar a gritar e a jogar as coisas — comentou uma delas, talvez desapontada por ele não ter se comportado "mal" comigo.

— Espero que sim — respondi e segui meu caminho.

Pelo que sei até hoje sobre os efeitos do abandono no cérebro, a única maneira de descobrir se Justin tinha um potencial ainda não expresso, ou se não desenvolveria mais nada era saber se seus sistemas neurais podiam ser configurados pela experiência padronizada, repetitiva, em um ambiente seguro e previsível. Mas eu ainda não sabia qual era a melhor maneira de estruturar essa experiência.

Sabia que a primeira coisa a fazer era diminuir o caos no ambiente sensorial supercarregado de Justin. Ele foi transferido para um quarto "particular" da unidade. Depois reduzimos ao mínimo o número de pessoas que interagiam com ele. Começamos uma terapia física, ocupacional, e outra de fala/linguagem. Alguém da nossa equipe psiquiátrica ficava com ele diariamente. E eu o via todos os dias.

A melhora foi muito rápida. Cada dia bem-sucedido ajudou Justin. Ele estava bem mais seguro. Parou de atirar comida e de cheirar a fezes, e até aprendeu a sorrir. Já dava sinais claros de reconhecimento e compreensão dos comandos verbais. Conseguimos entender que ele recebia carinho e estímulos sociais dos animais com os quais convivia; os cães são incrivelmente sociais e têm uma hierarquia social sofisticada. Às vezes Justin reagia a desconhecidos como um cão medroso: se aproximava um pouco, recuava, se aproximava de novo.

Com o passar do tempo, ele se afeiçoou a mim e a outros membros da equipe. Deu até sinais de senso de humor. Por exemplo, sabia que "jogar cocô" deixava as pessoas bravas. Certa vez, alguém deu a ele uma barra de chocolate; Justin deixou o chocolate derreter nas mãos e fingiu atirar em alguém. As pessoas que estavam em volta deram um pulo para trás, e ele soltou uma sonora gargalhada. Esse senso de humor primitivo – que demonstra ele ter entendido a consequência de seus atos e a conexão com as pessoas – imediatamente renovou minhas esperanças de que ele poderia mudar. Meus colegas diziam que era desperdício de recursos pedir um fisioterapeuta que o ajudasse a ficar em pé para recuperar a força e o controle motor grosso e fino. Em poucas semanas, Justin já se sentava em cadeiras e se levantava sem precisar de ajuda. Em três semanas, deu os primeiros passos. Então, um terapeuta ocupacional trabalhou o controle motor fino e fundamentos de cuidados pessoais: vestir-se, usar uma colher, escovar os dentes. Embora muitas crianças que passam por essa espécie de privação desenvolvam olfato altamente sensível e têm o hábito de cheirar e lamber alimentos e pessoas, Justin farejava, porque era o que ele fazia entre os cachorros. Precisava aprender que não era muito apropriado.

Também nessa época os fonoaudiólogos o ajudaram a falar palavras que ele nunca ouvira na infância. Suas redes neurais não desenvolvidas e adormecidas começaram a responder aos novos padrões repetitivos de estimulação. O cérebro dele era como uma esponja, faminto das experiências tão necessárias, as quais ele assimilava prontamente.

Em duas semanas, Justin já estava bem para sair do hospital e ir para a casa de uma família adotiva. Nos meses que se seguiram, fez progressos notáveis. Essa foi a recuperação mais rápida que tínhamos visto em um caso de abandono severo. Meu modo de avaliar o potencial de mudança pós-abandono precoce mudou, e me tornei muito mais otimista quanto ao prognóstico de crianças abandonadas.

Seis meses depois, Justin foi transferido para uma família adotiva que vivia longe do hospital. Oferecemos consultoria à nova equipe clínica, mas acabamos perdendo o contato com eles por causa dos inúmeros casos que nosso grupo começou a atrair. Mas sempre falávamos de Justin quando famílias que adotavam crianças abandonadas se consultavam conosco; ele nos obrigou a reavaliar a maneira como nos aproximávamos dessas crianças e tratávamos delas. Ao menos sabíamos agora que algumas podiam melhorar muito mais do que ousaríamos sonhar pouco tempo atrás.

Uns dois anos depois da permanência de Justin no hospital, chegou uma carta à clínica enviada daquela cidadezinha – um breve bilhete da família adotiva nos atualizando sobre o menino. Ele continuava muito bem, atingindo rapidamente marcos desenvolvimentais que ninguém acreditava ser possível. Aos 8 anos, iria começar a pré-escola. Com o bilhete, havia uma foto de Justin vestindo uniforme, lancheira e mochila nas costas, esperando o ônibus escolar. No verso do papel, Justin escrevera a lápis: "Obrigado, Dr. Perry, Justin". E eu chorei.

Aprendi com o caso de Justin que a experiência padronizada e repetitiva em um ambiente seguro tem impacto enorme sobre o cérebro, e integrei as lições de Mama P. sobre a importância de incluir nesses cuidados carinho e estimulação. Entre outros casos que nos ajudaram a desenvolver um método neuro sequencial, um deles foi o de um jovem adolescente, cujas experiências anteriores foram similares às que levaram Leon para um caminho destrutivo e criminoso. Igual a Leon, Connor também tinha uma família nuclear estruturada e uma primeira infância aparentemente nada traumática. Seus pais estudaram em boas faculdades e eram profissionais bem-sucedidos. Semelhante a Leon, Connor tinha QI acima da média, mas, ao contrário de Leon, ia bem na escola. Quando fizemos uma simples revisão do seu tratamento psiquiátrico anterior, notamos que, em vários pontos, Connor recebera dezenas de diagnósticos diferentes, que começavam por autismo e então variavam entre transtorno desenvolvimental generalizado, esquizofrenia infantil, transtorno bipolar, TDAH, transtorno obsessivo-compulsivo (TOC), transtornos de ansiedade, de depressão e outros mais.

Quando, com 14 anos, Connor entrou pela primeira vez em meu consultório, os diagnósticos eram de transtorno explosivo intermitente, transtorno psicótico e transtorno de déficit de atenção. Estava tomando cinco medicamentos psiquiátricos e era tratado por um terapeuta psicanalista. Connor andava de um jeito estranho, desequilibrado. Quando ansioso ou perturbado, oscilava, abria e fechava as mãos e zumbia como um zangão desafinado que deixava todo mundo louco. Quando sentado, balançava-se para a frente e para trás, tal como Justin naquela gaiola. E não tinha amigos: não era intimidador como Leon, mas alvo favorito para os valentões. Connor participava de um grupo de habilidades sociais para tratar seu isolamento e suas precárias habilidades relacionais, mas até então nada havia acontecido. Logo descobri que era como se tentassem ensinar cálculo avançado a uma criança pequena.

Connor apresentava claros problemas de relacionamento, mas não os sintomas clássicos de autismo e esquizofrenia. Comportava-se de modo similar a crianças nessas condições, mas não tinha, por exemplo, "cegueira mental" nem era indiferente às pessoas, características presentes em alguns tipos de autismo, e também não apresentava pensamento desordenado, tão comum na esquizofrenia. Quando o examinei, notei que procurava se relacionar, o que não acontece com o autista genuíno. Connor não tinha nenhuma aptidão social, é verdade, mas era muito mais sociável do que são os meninos autistas. E tomava tanta medicação que era impossível saber se seus "sintomas" tinham relação com os problemas originais ou se eram causados por efeitos colaterais dos remédios. Decidi interromper a medicação. Se fosse necessário, reintroduziria.

Os sintomas peculiares de Connor e a falta de concordância com casos típicos de autismo e esquizofrenia lembravam-me os sintomas que vi em outras crianças vítimas de traumas e abandono precoce, como Justin. Particularmente aquele andar desequilibrado me levou a suspeitar de que o estrago fora feito muito cedo na vida dele, porque o andar coordenado exige que o mesencéfalo e o tronco encefálico estejam bem regulados, regiões cruciais para coordenar a resposta de estresse. Como o tronco encefálico e o mesencéfalo estão entre as áreas que primeiro se organizam durante o desenvolvimento, se alguma coisa deu errado com elas, provavelmente continuará errada no primeiro ano de vida.

Anotei cuidadosamente uma história desenvolvimental e questionei Jane*, mãe de Connor, sobre a infância dela e do filho. Era uma mulher inteligente, mas muito ansiosa, a ponto de a corda quase arrebentar. Sua infância fora tranquila. Era filha única e amada pelos pais. Infelizmente não morava perto dos avós nem cuidou de nenhuma criança na adolescência. Por isso, até o filho nascer, não tinha nenhuma experiência com recém-nascidos e bebês. É comum na sociedade moderna ter poucos filhos, viver longe da família em um mundo cada vez mais segregador em relação à idade, e muita gente não tem muito tempo para os filhos para saber como eles agem em cada fase do desenvolvimento. Além disso, a educação pública não inclui no currículo conteúdos e treinamentos sobre desenvolvimento infantil, cuidados com as crianças, ou sobre o desenvolvimento básico do cérebro. O resultado é uma espécie de "analfabetismo" em relação às crianças, que, infelizmente, teve papel muito importante no que deu errado com Connor e Leon.

Alguns anos antes do nascimento do bebê, Jane e o marido, Mark*, mudaram-se de Nova Jersey para o Novo México a fim de implantar um novo negócio, que progrediu. Financeiramente bem estabelecidos, quiseram ter um bebê, e Jane logo engravidou. Teve excelentes cuidados pré-natais, parto normal, e a criança nasceu robusta e saudável. Mas os negócios da família prosperaram tanto que Jane retomou o trabalho poucas semanas após dar à luz. Por ter ouvido tantas histórias terríveis que aconteciam em creches, preferiu contratar uma babá. Por coincidência, uma prima recém-chegada estava procurando trabalho, e contratá-la foi a solução ideal.

Sem avisar Jane e Mark, a prima aceitou outro emprego e logo depois que começou a trabalhar para eles. Por um salário a mais, não contou aos pais de Connor que estava deixando a criança sozinha. De manhã, alimentava o bebê, trocava a fralda dele e saía para trabalhar, voltava na hora do almoço, alimentava o bebê, trocava a fralda e saía, voltando pouco antes de Jane e Mark chegarem do trabalho. Preocupava-se com as fraldas, com um possível incêndio ou qualquer outro acidente quando a criança estivesse sozinha, mas não com o estrago de suas ações. Essa prima desconhecia ainda mais que Jane de que uma criança precisa para se desenvolver; sabia que precisam ser alimentadas, hidratadas, abrigadas e usarem roupas secas, mas não tinha ciência de que também precisam de carinho e atenção.

Jane me disse que se sentia culpada por ter voltado a trabalhar tão cedo. Descreveu que nas primeiras semanas o choro de Connor ao perceber que ela ia sair de casa era devastador. Mas logo ele parou de chorar, e Jane achou que estava tudo bem.

— Meu bebê era feliz — ela afirmou, descrevendo uma ocasião em que o espetou acidentalmente com um alfinete de segurança e Connor nem chorou. — Ele nunca chorava —, ela foi enfática, mas não sabia que uma criança que não chora, assim como chorar demais, também é sinal de problemas. Mais uma vez, a ignorância sobre o desenvolvimento básico da criança. Assim como Maria, Jane acreditava que se uma criança está quieta é sinal de que está bem.

Alguns meses se passaram, e Jane começou a desconfiar de que algo estava errado. Connor não se desenvolvia tão rápido quanto os filhos dos amigos. Não se sentava nem se virava para engatinhar quando os outros percorriam quilômetros. Preocupada com essa falta de progresso, levou a criança à pediatra da família, excelente em reconhecer e tratar problemas físicos, mas não sabia identificar dificuldades mentais e emocionais. Essa profissional não tinha filhos, portanto, não tinha familiaridade com o desenvolvimento psicológico da criança nem o treinamento adequado para isso. Por conhecer os pais, não viu razão para suspeitar de abuso ou abandono. Consequentemente, não perguntou a Jane, por exemplo, se Connor chorava muito e como reagia às pessoas. Disse apenas que as crianças se desenvolvem em ritmos diferentes e garantiu que ele logo as alcançaria.

Um dia, quando Connor estava com oito meses, Jane voltou mais cedo do trabalho porque não estava se sentindo bem. A casa estava toda fechada, então ela concluiu que a babá tivesse saído com a criança. Mas sentiu um cheiro forte vindo do quarto de Connor. A porta estava semiaberta, e ela espiou lá dentro. Encontrou o filho sozinho, sentado no quarto escuro, sem brinquedos, sem música, sem babá, e com a fralda cheirando mal. Jane ficou horrorizada. Quando confrontou a prima, ela confessou o que fazia. Jane dispensou-a imediatamente, abandonou o trabalho para ficar com o filho e achou que estava tudo resolvido; afinal, ele não havia sido raptado, nem se queimado, nem estava doente – os efeitos dessa triste experiência seriam passageiros. Ela não relacionou o comportamento de Connor cada vez mais estranho com meses e meses de abandono quase diário.

Isolado socialmente, o menino começou a ter comportamentos repetitivos peculiares, mas nenhum profissional de saúde mental, nenhum professor de educação especial, nenhum terapeuta ocupacional ou orientador conheciam a história de Connor de abandono precoce. Muito dinheiro e muitas horas foram gastos inutilmente para tratar tantos transtornos. O resultado foi um adolescente de catorze anos que se balançava e murmurava, sem amigos, solitário e depressivo; que nunca trocava olhares com ninguém e tinha violentos ataques de birra e gritos como se tivesse três anos de idade; que precisava desesperadamente da estimulação que seu cérebro não tivera nos primeiros meses de vida. Quando Mama P. abraçava e ninava as crianças traumatizadas e abandonadas sob seus cuidados, conhecia intuitivamente o que viriam a ser os fundamentos do nosso método neuro sequencial: aquelas crianças precisavam das experiências padronizadas e repetitivas adequadas às suas necessidades desenvolvimentais, necessidades essas que refletiam a idade em que não receberam os estímulos ou sofreram os traumas, não a idade cronológica. Quando ela se sentava na cadeira de balanço para ninar uma criança de 7 anos, estava oferecendo o toque e o ritmo necessários para um crescimento cerebral adequado. Um princípio fundamental do desenvolvimento do cérebro é que os sistemas neutros se organizam e tornam-se funcionais sequencialmente. Além disso, a organização de uma região cerebral menos madura depende, em parte, dos sinais enviados pelas regiões inferiores mais maduras. Se um sistema não tem o que precisa quando precisa, os demais que dependem dele também não funcionarão, mesmo que os estímulos cheguem de maneira apropriada. O segredo do desenvolvimento saudável são as experiências certas em quantidades certas e no momento certo. Logo reconheci que um dos motivos da rápida resposta de Justin à nossa terapia eram as experiências estimuladoras em seu primeiro ano de vida, anteriores à morte da avó. O que significa que as regiões cerebrais inferiores e as mais centrais começaram bem. Se ele tivesse sido criado em uma gaiola desde que nasceu, teria um futuro muito menos promissor. Minha preocupação era que, como Leon, ele tivesse sido abandonado desde o nascimento até um ano e meio. E minha esperança era de que, à noite e nos fins de semana, quando era cuidado pelos pais, tivesse experiências sensoriais positivas.

Levando tudo isso em conta, decidimos sistematizar nosso método de acordo com o período desenvolvimental em que os danos começaram. Examinando minuciosamente os sintomas de Connor e sua história desenvolvimental, tentamos identificar as regiões mais danificadas e aí concentrar nossas intervenções. Usamos as experiências enriquecedoras e as terapias direcionadas às áreas cerebrais afetadas, na ordem em que foram afetadas pelo abandono ou pelo trauma (daí o nome neuro sequencial). Notando um melhor funcionamento após as primeiras intervenções, aplicamos outro conjunto de intervenções na região seguinte, no estágio de desenvolvimento em que se encontrava, até que a idade biológica coincidisse com a desenvolvimental de Connor.

Era evidente que os problemas de Connor haviam começado quando ele ainda era bebê, quando as regiões inferior e mais central do cérebro estão em pleno desenvolvimento. Esses sistemas reagem a ritmos e a toques: os centros regulatórios do tronco encefálico controlam os batimentos cardíacos e o aumento e a diminuição de hormônios e neuroquímicos nos ciclos de dia e noite, o ritmo do andar e outros padrões que precisam de ordem rítmica para funcionar bem. O afeto físico é necessário para estimular algumas atividades químicas dessa região. Sem ele, como no caso de Laura, o crescimento físico (incluindo o crescimento da cabeça e do cérebro) é retardado.

Como Leon e outros que sofreram abandono no início da vida, Connor não suportava ser tocado. Ao nascer, o toque humano é algo incômodo e, no começo, um estímulo estressante. O toque amoroso ainda não tem qualquer relação com prazer. Só nos braços de um cuidador amoroso e presente é que horas e horas de toques passam a ser conhecidos e associados à segurança e conforto. Parece que, se a necessidade de um bebê por toques tão estimulantes não for satisfeita, não é feita a conexão entre contato humano e prazer, e ser tocado pode ser muito desagradável. Para que isso mudasse e Connor passasse a receber os estímulos que não recebera, nós o encaminhamos a um massoterapeuta. Escolhemos nos concentrar primeiro em satisfazer à necessidade de contato pele a pele, em seguida abordaríamos os ritmos corporais assincrônicos.

Como vimos no caso de Laura, ser tocada foi fundamental para o seu bom desenvolvimento. As vias sensoriais envolvidas na experiência do toque são as primeiras a se desenvolverem e as que estão mais prontas no nascimento, comparadas com a visão, o olfato, o paladar e a audição. Estudos com bebês prematuros constataram que um delicado contato pele a pele os ajudou a ganhar peso, a dormir melhor e a amadurecer mais rápido. De fato, prematuros que receberam essas delicadas massagens saíram do hospital quase uma semana antes do tempo previsto. Aplicar massagem em crianças maiores e em adultos ajuda a baixar a pressão sanguínea, a combater a depressão e a reduzir o estresse, porque a quantidade de hormônios do estresse liberada pelo cérebro é menor.

Começar com massagem foi estratégico: sabe-se que os pais que aprendem e aplicam técnicas de massagem em bebês e em crianças se relacionam melhor com os filhos e se sentem mais próximos. Com crianças autistas ou com outras condições que as distanciam do mundo, criar esse senso de intimidade melhora rapidamente a relação entre elas e os pais e, em consequência, aumenta o compromisso dos pais com a terapia.

Isso foi especialmente importante no caso de Connor, porque a mãe estava muito ansiosa em relação ao tratamento. Afinal, todos os "terapeutas" anteriores, psicólogos, psiquiatras, orientadores, professores ou vizinhos bem-intencionados a aconselhavam a não ceder ao comportamento "infantil" e às birras do filho. Diziam que Connor precisava de mais estrutura e limites, não de mimos. Que ele era imaturo e precisava parar com aquela mania de se balançar e murmurar para se acalmar. E nós dizíamos que ele devia ser tratado com delicadeza, que para ela significava tolerância em excesso. Na realidade, em vez de ignorá-lo quando seu comportamento extrapolava, como sugeriam os terapeutas behavioristas, dizíamos que ele merecia ser "recompensado" com uma boa massagem. Nosso método era radicalmente intuitivo, porém, como nada mais havia funcionado, ela concordou em experimentar.

A mãe de Connor estava presente nas sessões de massagem; era preciso que ela participasse ativamente dessa fase da terapia. Queríamos que ela estivesse lá para confortá-lo e ajudá-lo se algum toque fosse estressante. Queríamos também que ela aprendesse essa maneira tão afetiva de demonstrar amor pelo filho e compensar os abraços e os carinhos que ele não recebera na primeira infância. A massagem era gradual, sistemática e repetitiva. Os movimentos iniciais envolviam as mãos de Connor massageando braços, ombros e peito com a ajuda do massagista.

Um monitor de ritmo cardíaco rastreava seu grau de desconforto. Quando constatamos que tocar o próprio corpo não provocava mudanças nos batimentos cardíacos, começamos a usar as mãos da mãe para esse mesmo processo de massagem gradual e repetitiva. Por fim, quando a massagem da mãe também não provocou ansiedade, o terapeuta introduziu uma massagem mais convencional. No início, era tudo muito lento e delicado: a intenção era que Connor se acostumasse com o toque físico e, se possível, gostasse. Jane aprendeu a massagear o pescoço e os ombros do filho para massageá-lo em casa, se Connor não estivesse bem ou se pedisse para ser massageado. Explicamos a ambos por que escolhemos esse método. Nada era forçado. Sabíamos que Connor sentia aversão ao toque, então instruímos o massagista a agir com muita delicadeza ao menor sinal de que estava sendo "demais". A mãe usaria estimulação mais intensa quando os toques anteriores fossem mais conhecidos e seguros. Ela sempre começava os trabalhos fazendo Connor "testar" a massagem com as próprias mãos e, em seguida, ela massageava os dedos e as mãos dele. Aos poucos, Jane conseguiu tocar e massagear mais profundamente o corpo todo do filho. Também a instruímos a fazer todas as vontades dele e não forçar o contato se ele não quisesse.

Seis ou oito meses se passaram até que Connor começasse a tolerar e até apreciar contatos físicos. Quando já estava pronto para entrar em uma nova fase do tratamento, ele se aproximou de mim, estendeu a mão para me cumprimentar e deu tapinhas na minha mão como fazem os avós com os netos. Esse aperto de mão foi um grande progresso. Connor jamais aceitara contatos físicos – e muito menos os iniciara. Ao contrário, os evitava ativamente.

Então chegou a hora de trabalhar o senso rítmico. Por estranho que possa parecer, o ritmo é muito importante. Se o corpo não consegue manter o ritmo mais básico da vida, que são os batimentos cardíacos, não sobrevivemos. Regular esse ritmo não é uma tarefa estática, consistente em: o coração e o cérebro estão trocando sinais o tempo todo para se ajustar às mudanças impostas pela vida. A frequência do nosso coração precisa aumentar para fortalecer a luta ou a fuga, por exemplo, e manter o ritmo da pulsação, apesar das várias demandas que lhe são impostas. Regular os batimentos cardíacos durante o estresse e controlar os hormônios do estresse são duas tarefas básicas para as quais o cérebro precisa manter o momento certo. Além desses, muitos outros hormônios também têm regulagem rítmica. O cérebro não tem uma única batida: muitos tambores têm que estar sincronizados não só de acordo com os padrões do dia e da noite (e, nas mulheres, com os ciclos menstruais e as fases de gravidez e puerpério), mas também uns com os outros. Distúrbios em regiões cerebrais responsáveis por manter o ritmo costumam causar depressão e outros transtornos psiquiátricos. Por isso vêm sempre acompanhados de problemas do sono (em certo sentido, uma leitura errada do dia e da noite).

Em geral, não se costuma avaliar a importância do ritmo nas interações entre pais e filhos. Se o principal metrônomo de um bebê, o tronco encefálico, não funcionar bem, não só as reações hormonais e emocionais de estresse dificilmente serão moduladas como os ciclos de fome e sono também serão imprevisíveis. Isso dificulta muito as responsabilidades parentais. As necessidades de um bebê serão interpretadas com muito mais facilidade se ocorrer em momentos previsíveis: a criança que sente fome ou cansaço em horários consistentes permitirá que os pais ajustem com mais facilidade suas demandas, e o estresse será menor. Ritmos corporais mal regulados têm implicações muito mais graves do que se imagina.

No curso normal do desenvolvimento, o ritmo do bebê comanda vários outros padrões. Se a mãe o acaricia enquanto o amamenta, os batimentos cardíacos dela o acalmarão. Sabe-se que a frequência cardíaca do bebê é em parte regulada por meio desse contato: algumas mortes causadas por Síndrome de Morte Súbita Infantil (SMSI) ocorrem quando os bebês estão longe dos adultos, sem receber estímulos sensoriais. Outros estudos sugerem que, ainda no útero, o coração da criança bate com o da mãe. A frequência repetitiva e padronizada do coração materno – audível, vibratória e tátil – é crucial para a organização do tronco encefálico e de importantes sistemas de neurotransmissores que regulam o estresse.

Se um bebê chora de fome, o nível dos hormônios do estresse aumenta. Todavia, se os pais logo o alimentam, os níveis caem e voltam a ser padronizados e repetitivos graças à rotina diária. Entretanto, muitas vezes o bebê chora por estar incomodado: não tem fome, não está molhado, não sente dor, só está inconsolável. Quando isso acontece, os pais abraçam e ninam a criança instintivamente, com movimentos rítmicos e toques carinhosos, até acalmá-la. Interessante notar que o ritmo cardíaco de bebês ninados, uns oitenta batimentos por minuto, tem a mesma frequência do coração de um adulto normal em repouso. Se for mais rápido, o movimento estimulará o bebê; se for mais lento, ele continuará chorando. Para acalmar nossos filhos, temos que sintonizá-los com a frequência do cronômetro-mestre de nossa vida.

Algumas teorias do desenvolvimento da linguagem sugerem que os seres humanos aprenderam a dançar e a cantar antes de falar, que a música foi a primeira linguagem humana. De fato, bebês aprendem a captar os aspectos musicais da fala – o significado do tom de voz, por exemplo – muito antes de entender o conteúdo. Universalmente, falamos com os bebês – e com os animais de estimação – num tom de voz mais agudo, para enfatizar carinho e emoção. Em todas as culturas, as mães cantam para os filhos, o que sugere que a música e a canção têm papel importante no desenvolvimento da criança.

Connor, contudo, não teve música nem ritmo quando mais precisou deles. Se chorasse durante o dia, não havia ninguém para embalá-lo, acalmá-lo, baixar seus hormônios e seus sistemas de reação de estresse a um nível normal.

Embora ele recebesse atenção à noite e nos fins de semana nos primeiros dezoito meses de vida, aquelas horas solitárias deixaram marcas profundas.

Para compensar o que Connor não tivera, decidimos que ele participaria de aulas de música e movimento, para aprender a manter o ritmo conscientemente, e esperávamos ajudar o cérebro dele a adquirir senso de ritmo de modo geral. A aula em si nada tinha de especial: era o que se vê em qualquer creche e maternal, quando as crianças aprendem a acompanhar o ritmo batendo palmas, cantando, repetindo sons e batendo em blocos e tambores. Nesse caso, as crianças eram bem mais velhas; infelizmente, tínhamos muitos outros pacientes que sofreram abandono precoce nos quais também aplicávamos esse método.

No início, Connor era incrivelmente arrítmico, não acompanhava o tempo das batidas mais básicas. Seu balançar inconsciente era ritmado, mas ele não conseguia marcar nem seguir um ritmo constante. Acredito que a causa disso tenha sido a perda precoce de estímulos sensoriais no tronco encefálico, o que resultou em uma conexão muito fraca entre as regiões superiores e inferiores do cérebro. Esperávamos que, melhorando o controle consciente do ritmo, essas conexões também melhorariam.

No princípio, as aulas foram frustrantes, e Jane ficou desanimada. A essa altura estávamos cuidando de Connor havia nove meses. A frequência das crises havia diminuído, mas um dia ele teve um ataque terrível na escola e ligaram para Jane pedindo que fosse buscá-lo imediatamente. Eu estava acostumado a atender às suas muitas ligações durante a semana, mas esse incidente elevou seu desespero a um nível inédito. Jane achou que o tratamento de Connor não estava funcionando, e tive que usar todo meu poder de persuasão para que ela continuasse confiando nesse nosso método terapêutico tão pouco usual. Connor já passara por dezenas de terapeutas, psicólogos e psiquiatras muito bons, e o que estávamos fazendo não se parecia em nada com os tratamentos anteriores. Ela, como todos os pais de crianças difíceis, só queria que encontrássemos os medicamentos "certos" para ajudar o filho a "se comportar" de acordo com a idade.

Naquele fim de semana, quando vi o número de Jane em meu telefone outra vez, estremeci. Não queria ligar de volta para ouvir outra queixa, ou que ela havia tentado um tratamento alternativo contraproducente de algum novo "especialista" que alguém lhe recomendara. Mesmo assim, liguei de volta, não sem antes respirar fundo para me acalmar. Logo percebi pelo tom de voz que ela estava chorando.

— O que aconteceu? — perguntei.

— Oh, Dr. Perry — ela fez uma pausa, com dificuldade de prosseguir. E então continuou: — Preciso lhe agradecer. Hoje Connor me abraçou e disse que me amava.

Era a primeira vez que ele fazia isso espontaneamente. E Jane, em vez de contestar o método que estávamos utilizando, tornou-se uma de suas maiores defensoras.

Conforme as aulas de música e movimento progrediam, outras mudanças positivas começaram a aparecer no comportamento de Connor. Por exemplo, seu andar estava muito mais normal, mesmo se ele estivesse nervoso. Com o tempo, o balançar e cantarolar foram diminuindo. Quando nos conhecemos, esses comportamentos eram constantes, quando ele não estava fazendo alguma atividade ou jogando. Agora só eram retomados quando algo o deixava muito assustado ou o aborrecia. Gostaria que todos os meus pacientes fossem assim tão evidentes! Graças a essa característica, eu sabia no mesmo instante se estávamos indo longe demais com um desafio e recuávamos até ele se sentir confortável. Após um ano de tratamento, pais e professores começaram a conhecer o verdadeiro Connor além de seu estranho comportamento.

Quando ele aprendeu a manter o ritmo, resolvi introduzir a terapia do brincar paralelo. As aulas de música e movimento e a massoterapia já tinham melhorado o comportamento dele; desde então, ele não teve mais ataques de raiva depois daquele incidente que fez Jane pensar em encerrar a terapia conosco. No entanto, quanto ao desenvolvimento social, Connor continuava defasado, sentindo-se ameaçado e ainda sem nenhum amigo. Um tratamento típico para adolescentes com esse tipo de problema é um grupo de atividades sociais, do qual Connor participava quando a mãe nos procurou pela primeira vez. Mas, por causa da defasagem desenvolvimental causada pelo abandono precoce, isso também era muito avançado para ele.

A primeira interação social do ser humano é o vínculo normal entre pais e filhos. A criança aprende a se relacionar em uma situação social em que as regras são previsíveis e fáceis de assimilar. Se a criança não sabe o que tem que fazer, os pais ensinam. Se ela persiste, os pais a corrigem quantas vezes forem necessárias. Os erros são esperados e logo perdoados. É um processo que requer muita paciência. Como Mama P. bem lembrou, as crianças choram, cospem na gente, fazem "bagunça", mas tudo isso é previsto, e as amamos mesmo assim.

No estágio social seguinte, a criança aprenderá a conhecer os pares e que a transgressão de regras sociais é muito menos tolerada. São regras implícitas e apreendidas muito mais pela observação que pela instrução direta. Os erros podem resultar em consequências negativas duradouras à medida que os pares logo rejeitarão os que são "diferentes", os que não sabem se relacionar e conviver com o próximo.

Quando alguém não desenvolve a habilidade de assimilar as regras claramente definidas da relação entre pais e filhos, é quase impossível aprender a se relacionar com os pares. Assim como as funções motoras superiores, como andar, contam com uma regulagem rítmica nas áreas inferiores do cérebro, como o tronco encefálico, as habilidades sociais avançadas requerem domínio de lições sociais elementares.

Tive que me aproximar de Connor com muito cuidado porque, no início, ele não acreditava em mim: as conversas com psicólogos e psiquiatras não fizeram bem a ele, além de sua dificuldade com as pessoas em geral. Não me dirigia a ele diretamente. E permitia que ele tivesse o controle de nossa interação; se ele quisesse conversar comigo, eu conversava; se não quisesse, tudo bem. Ele chegava para a terapia e entrava no meu consultório. Eu continuava trabalhando na minha mesa. E passávamos um tempo no mesmo espaço. Eu não exigia nada, ele não pedia nada.

Quando Connor se sentiu mais à vontade, sua curiosidade aumentou. Ele foi se aproximando de mim, chegou um pouco mais perto e ficou do meu lado. Por fim, algumas semanas depois, perguntou:

— O que você está fazendo?

— Trabalhando — respondi. — E você, o que está fazendo?

— Hummm... fazendo terapia? O que é terapia? A gente senta e conversa?

— Sim— respondi. — O que você quer falar?

— Nada — ele respondeu.

Eu disse que tudo bem, que estava ocupado, que ele fosse fazer a lição de casa e eu faria a minha.

Passaram-se algumas semanas, e ele quis falar. Sentamo-nos um na frente do outro, e ele perguntou:

— Como vamos fazer isso?

De maneira nenhuma podia ser a terapia que ele conhecia. Então comecei a falar sobre o cérebro e como se desenvolvia. Contei o que havia acontecido com ele quando era pequeno. A ciência fez sentido, e logo ele quis saber:

— Então, o que vamos fazer?

Falei do relacionamento com outras pessoas e que ele não era muito bom nisso.

Connor riu:

— Eu sei, sou péssimo!

Nesse momento, falei explicitamente sobre um treinamento social, e ele logo quis começar. Mas foi mais difícil do que pensei. Linguagem corporal e sinais sociais eram totalmente ininteligíveis para Connor. Trabalhando com ele pude constatar várias vezes como é sofisticada e sutil a comunicação humana. Por exemplo, eu disse que as pessoas fazem contato pelo olhar durante uma interação social, por isso é tão importante olhar nos olhos do outro quando fala e quando falamos com os outros. Quando fomos experimentar, ele me encarou fixamente como antes olhava fixamente para o chão.

— Bem, ninguém olha o tempo todo para as pessoas.

— Quanto posso olhar para elas?

Expliquei que olhamos durante um tempo e então desviamos o olhar, porque, dependendo da situação, olhar muito pode ser, na realidade, sinal de agressão ou de interesse romântico. Ele quis saber quanto tempo podia olhar para as pessoas, mas não pude responder a essa pergunta, porque essas coisas dependem de sinais não verbais e do contexto. Mas disse que poderia se demorar uns três segundos, que ele contou em voz alta e piorou ainda mais as coisas. Nessa prática, descobri que usamos mais sinais sociais do que jamais me dei conta, e que não fazia ideia de como ensiná-los. Por exemplo, quando Connor desviava o olhar, ele virava a cabeça em vez de apenas mover os olhos. Ou então revirava os olhos para o alto em sinal de tédio ou sarcasmo. Era como tentar ensinar a um alienígena como os seres humanos conversam. De vez em quando, ele conseguia atingir um ponto em que era possível interagir socialmente, mesmo que ainda fosse um pouco robotizado.

Cada passo era uma operação complexa. Ensiná-lo a cumprimentar dando as mãos, por exemplo, resultava em mãos flácidas ou em fortes apertos de mão, alternadamente. Por não entender muito bem os sinais de outras pessoas, ele dizia coisas que as magoavam ou assustavam. Connor era um jovem gentil, cumprimentava e gostava de conversar com as recepcionistas quando vinha ao consultório. Mas algo não funcionava bem nessa interação quando suas palavras ou o tom de voz causavam estranheza, e ele não entendia os silêncios que se seguiam. Certa vez, alguém perguntou onde ele morava, e a resposta foi: "eu mudei", e nada mais. Pelo tom da resposta, a pessoa achou que ele não quisesse mais falar. Ou Connor respondia bruscamente ou dava uma resposta lacônica, não entendia que as pessoas se sentem mais à vontade quando recebem mais informações, e as conversas se tornam mais dinâmicas. Mas Connor não sabia disso.

Em algum momento, procurei abordar sua noção de estilo, outro problema que ele tinha com os pares. O estilo também é reflexo das habilidades sociais; para se inserir em um contexto, é preciso observar o outro e decifrar os sinais de "estar por dentro" e "estar por fora" e assimilá-los. Os sinais são sutis, e as escolhas que a pessoa faz devem refletir tanto individualidade quanto conformidade para ser bem-sucedida. Entre os adolescentes, ignorar esses sinais pode ser desastroso. Mas Connor não sabia disso.

Por exemplo, Connor abotoava a camisa até o colarinho. Um dia, sugeri que não abotoasse o último botão. Ele me olhou como se eu estivesse louco e perguntou:

— Como assim?

— Você não precisa abotoar até em cima.

— Mas ainda tem um botão — ele argumentou.

Peguei uma tesoura e cortei o botão. Jane não gostou e me ligou em seguida.

— Desde quando a tesoura faz parte de uma intervenção terapêutica?

Mas ele estava melhorando, e Jane se tranquilizou. Connor fez amizade com outro menino do nosso programa de tratamento, um adolescente que também havia sofrido abandono e estava em grau de desenvolvimento emocional similar. Ambos participavam do mesmo grupo de música e movimento. Se o garoto se aborrecia por não conseguir acompanhar um ritmo, Connor dizia que no início também errava e o incentivava a seguir em frente. Eles se uniram ainda mais quando conheceram as cartas do Pokémon. Essas cartas eram muito populares entre as crianças da escola fundamental, e, embora os meninos estivessem no segundo ano do ensino médio, o desenvolvimento emocional de ambos estava defasado. Eles tentavam compartilhar com a classe sua obsessão, mas os colegas caçoavam.

Connor teve um último incidente de perda de controle, também motivado pelo Pokémon, quando defendeu o amigo dos outros adolescentes que ameaçavam rasgar suas cartas. Jane entrou em pânico quando soube. Ela me questionou por incentivar os meninos com os jogos de Pokémon exatamente por temer semelhante incidente. Eles dois e eu já tínhamos conversado sobre quando e onde abrir as cartas, mas preferi incentivar o relacionamento deles com os demais, porque era uma oportunidade de praticarem habilidades sociais. Sempre achei que eles não sairiam da pré-escola para a socialização do ensino médio se não passassem pela fase intermediária da escola elementar (como o Pokémon). Explicamos a situação à escola, e Connor e o amigo continuaram curtindo Pokémon, mas de maneira muito mais discreta.

Connor terminou o ensino médio e entrou na universidade sem outros episódios de perda de controle. Seu desenvolvimento "sequencial" prosseguiu com pequena ajuda da nossa equipe clínica – só nos víamos nas férias escolares. Ele amadureceu socialmente. Tive certeza de que o tratamento fora um sucesso quando Connor, hoje programador de computadores, me enviou um e-mail com o título "Próxima aula: Garotas!".

Connor ainda apresenta comportamentos sociais que chamam a atenção e sempre será considerado "excêntrico". Entretanto, mesmo sofrendo o tipo de abandono sofrido por Leon em um período desenvolvimental similar, nunca teve comportamentos malignos e sociopatas como os do outro adolescente. Fora vítima de agressões, mas nunca agrediu; causava estranheza, mas nunca odiou ninguém; apresentava comportamentos bizarros e ataques assustadores, mas não batia nas outras crianças, não roubava nem sentia prazer em magoar as pessoas. Seus acessos eram provocados por frustração e ansiedade, não por desejos de vingança ou por querer que o próximo se sentisse tão mal quanto ele se sentia.

Os tratamentos clínicos teriam feito a diferença? Ou teria sido porque a família buscara ajuda quando ele ainda era pequeno? Ou por que foi importante intervirmos quando Connor estava entrando na adolescência? Pode ser. Mas alguma coisa a mais evitou que ele se tornasse um sociopata perigoso como Leon, e é impossível saber o quê. Entretanto, em nosso trabalho com crianças que sofreram abandono precoce tão grave como o sofrido por esses dois meninos tão diferentes, encontramos inúmeros fatores identificados durante o tratamento que claramente determinaram o caminho que eles tomaram.

Vários fatores genéticos tiveram seu papel. O temperamento, condicionado pela genética e pelo ambiente intrauterino (a frequência cardíaca da mãe, alimentação, níveis hormonais e drogas), é um deles. Como já observamos, crianças cujos sistemas das reações de estresse são naturalmente mais bem regulados são mais fáceis de lidar desde o nascimento, e os pais se frustrarão menos, não abusarão delas e não as abandonarão.

A inteligência é outro fator importante, embora menos compreendido. A inteligência é, em princípio, o processamento rápido da informação: a pessoa precisa repetir menos vezes uma experiência para estabelecer uma associação. Essa propriedade da inteligência parece ser amplamente determinada pela genética. Ser capaz de aprender com menos repetições significa ser mais inteligente e, em essência, obter mais com menos. Por exemplo, se uma criança normal precisa de oitocentas repetições para aprender que a mãe virá modular seu desconforto quando estiver com fome, a criança mais "esperta" precisará de apenas quatrocentas repetições para fazer essa conexão.

Se isso não significa que a criança mais esperta necessita de menos afeto, ao menos sugere que, em caso de privação, as mais inteligentes estarão mais bem equipadas para obter o que precisam. O fato de precisar repetir menos para fazer uma associação permite que a criança mais inteligente crie com mais rapidez uma relação de amor e prazer com o outro, mesmo que não receba a estimulação mínima necessária para que esses vínculos sejam consolidados. Essa qualidade permite que a criança se beneficie com experiências breves de amor e atenção fora da família, o que ajuda as que sofrem abuso severo e são abandonadas a reconhecer que o que têm em casa não é necessariamente o que acontece em toda parte.

A inteligência também protege os pequenos de outras formas de desenvolver a raiva e a sociopatia que vimos em Leon. Uma delas é torná-los mais criativos em suas decisões, aumentando suas opções e diminuindo a probabilidade de fazer escolhas ruins. Ela também evita que tenham atitudes derrotistas como "não há mais nada que eu possa fazer". Visualizar cenários alternativos também ajuda a controlar os impulsos. Se a pessoa consegue pensar em um futuro melhor, terá mais chances de planejá-lo. E ser capaz de se projetar no futuro também aumenta a capacidade de sentir empatia pelo outro. Se a pessoa se planejar para as consequências, sentirá empatia pelo próprio "eu futuro". Imaginar-se em outras situações não é muito diferente de imaginar o ponto de vista do outro – em outras palavras, é sentir empatia. Entretanto, apenas a inteligência não basta para manter uma criança no caminho certo. Leon, por exemplo, estava acima da média em algumas áreas, o que não o ajudou em nada.

Outro fator é o momento em que o trauma acontece: quanto mais cedo começa, maiores são os danos e mais difícil é o tratamento. Justin recebeu amor e carinho durante um ano antes de ser colocado em uma gaiola para cães. O afeto construiu em seu cérebro as bases de funções muito importantes – empatia, inclusive – que, acredito, ajudaram muito em sua recuperação.

Talvez o fator mais importante para determinar como a criança se sairá seja o ambiente social em que ela vive. Quando Maria e Alan moravam perto do restante da família, os parentes compensavam as limitações dela, e Frank teve uma infância normal e feliz. O abandono de Leon ocorreu quando Maria não tinha mais a rede de apoio social para ajudá-la a cuidar da criança. No caso de Connor, os pais tinham mais recursos financeiros, mas não dispunham de nenhuma informação sobre o desenvolvimento do filho. Se fossem mais bem informados, mais cedo ou mais tarde se dariam conta dos problemas da criança.

Nos últimos quinze anos, inúmeras organizações sem fins lucrativos e agências do governo focaram na educação das pessoas sobre a paternidade adequada, o desenvolvimento na primeira infância e a importância fundamental do desenvolvimento cerebral nos primeiros anos de vida. Do livro *It takes a village*, de Hillary Clinton, à Fundação "I am your child", de Rob Reiner, à organização "Zero to three" e ao "Success by six", da United Way, milhões de dólares têm sido gastos para educar o público sobre as necessidades das crianças pequenas.

A esperança dessas iniciativas – algumas das quais também me envolvi – é que esse tipo de abandono ocorra cada vez menos por ignorância. Acredito que os resultados serão significativos. Entretanto, a segregação na nossa sociedade, a não integração desses conceitos-chave na educação pública e a experiência limitada que muita gente tem com crianças pequenas antes de ter os próprios filhos, ainda colocam muitos pais e muitos filhos em risco. Atualmente, pouco podemos fazer para mudar os genes, o temperamento e a velocidade de processamento do cérebro de uma criança, mas podemos fazer a diferença quanto aos cuidados que temos com elas e ao ambiente social em que vivem. Muitas crianças traumatizadas com as quais trabalhei e que fizeram progresso, relatam ter tido contato com pelo menos um adulto significativo: um professor que se interessou por elas, um vizinho, um tio, até mesmo um motorista de ônibus escolar. No caso de Justin, os carinhos e o amor da avó permitiram que o cérebro dele desenvolvesse uma capacidade latente de afeto quando foi tirado da situação de privação. Um pequeno gesto, por menor que seja, pode fazer a diferença em um cérebro infantil carente de afeto. Nosso trabalho com o método neuro sequencial em adolescentes como Connor sugere que a terapia pode diminuir os danos causados por abandono precoce. O toque carinhoso, adequado à idade desenvolvimental em que o dano aconteceu, poderia ser uma massagem terapêutica, que deve ser repetida em casa para fortalecer as associações desejadas. O ritmo seria aprendido nas aulas de música e movimento, não só para que um sistema cerebral desregulado tenha maior controle de importantes atividades motoras, como caminhar, mas porque acreditamos que tenha papel fundamental na regulagem do sistema de reação de estresse. A socialização melhoraria ensinando, primeiro, o relacionamento entre duas pessoas, baseado em regras mais simples, e em seguida com o grupo de pares e seus desafios mais complexos.

Creio que, se o abandono maternal fosse descoberto mais cedo, haveria boa chance de Leon não ter se desviado do caminho como fez. Foi preciso uma longa cadeia de privações dos estímulos necessários ao desenvolvimento, de respostas inadequadas às suas necessidades, e de más escolhas para Leon se tornar um assassino cruel. Em cada uma dessas encruzilhadas, em particular as que surgiram no início de sua vida, uma mudança de direção poderia ter resultado em algo completamente diferente. Se tivéssemos tratado dele quando ainda era um jovem adolescente, como Connor, melhor ainda, durante os anos da escola elementar, como ocorreu com Justin, acredito que seu futuro teria sido outro. Se alguém tivesse interferido quando ele ainda era bebê, hoje Leon seria uma pessoa muito diferente; seria muito mais como o irmão do que com jovem predador que conheci em uma prisão.

Porque o trauma, incluindo aquele causado por abandono deliberado ou inadvertido, provoca uma sobrecarga dos sistemas de resposta ao estresse, que se caracteriza pela perda de controle, portanto o tratamento de crianças traumatizadas deve começar em uma atmosfera de segurança. Isso acontece com mais facilidade e com melhores resultados em um contexto de relacionamentos previsíveis e respeitosos. A partir dessa "base doméstica" afetuosa, as crianças maltratadas começam a desenvolver senso de competência e autodomínio. Para se recuperar, precisam se sentir seguras e no controle. Consequentemente, a última coisa que se deve fazer é forçar o tratamento ou usar qualquer tipo de tática coercitiva.

O próximo capítulo ilustra alguns malefícios que os métodos coercitivos podem causar.

CAPÍTULO 7

PÂNICO DEMONÍACO

∽∾⊙∾

— Não faço Satã — eu disse ao jovem que trabalhava no gabinete do governador do Texas. Ele queria minha ajuda para um caso complexo que envolvia um grupo de crianças abusadas por membros de um culto satânico. Esses meninos e meninas estavam agora em lares adotivos, a salvo dos pais e amigos da irmandade, todos adoradores de Satã. Mas o representante da advocacia-geral do estado temia que os funcionários do SPC (Serviço de Proteção à Criança, sigla em Inglês), tivessem tirado aquelas crianças da frigideira para jogá-las no fogo do inferno.

O ano de 1993 estava terminando, e eu não queria me envolver em "guerras de memória" duvidosas, então no auge, e me perguntava se seriam verdadeiros os incidentes de abusos graves "relembrados" pelos adultos em terapia. Debatia-se também a confiabilidade dos relatos das crianças sobre os abusos e molestamentos recentes. Eu tinha certeza de que havia muito abuso infantil acontecendo, todos os dias me deparava com evidências concretas e dolorosas.

No entanto, também sabia, graças ao meu treinamento em neurociência e o trabalho clínico com crianças traumatizadas, que a memória narrativa não é mero *videotape* das experiências reproduzidas com precisão fotográfica. Criamos as memórias, mas estas também nos criam, em um processo dinâmico, em constante mutação, sujeito a distorções e à influência de muitas fontes diferentes sobre o evento real que está "armazenado". Nossas experiências primeiro filtram o que virá em seguida – assim como o abuso sexual precoce de Tina configurou a percepção que ela tinha dos homens; do mesmo modo como o abandono de Leon e de Connor alterou suas respectivas visões de mundo. É, então, um processo de mão dupla: o que sentimos hoje pode influenciar como olhamos para trás e nos lembramos do passado. Consequentemente, essas lembranças podem mudar nosso estado emocional e nosso estado de espírito. Por exemplo, quando estamos deprimidos, temos a tendência de filtrar todas as nossas recordações através da névoa da nossa tristeza. Hoje sabemos que, assim como abrimos um arquivo do Word no computador, ao recorrermos a uma lembrança armazenada no cérebro, ela é automaticamente "editada". A pessoa talvez não tenha consciência de que seu atual estado de espírito e o ambiente possam influenciar o tom emocional dessas lembranças, a interpretação que ela faz dos fatos e até mesmo se esses fatos realmente aconteceram. Contudo, se ela "salva" e arquiva uma lembrança novamente, essa lembrança pode ter sido modificada sem querer. Se a pessoa voltar a falar da experiência, a interpretação de um amigo, de alguém da família ou do terapeuta influenciarão o que e como será lembrada da próxima vez que o "arquivo" for aberto. Com o passar do tempo, todas as mudanças adicionais podem criar fatos que jamais aconteceram. Em laboratório, pesquisadores têm conseguido encorajar os sujeitos a criar memórias de eventos que nunca ocorreram na infância: algumas são tão comuns, como se perder em um shopping; outras, extremas, como ver alguém possuído por demônios. Em 1993, a natureza da memória e sua fantástica maleabilidade não eram ainda bem estudadas e o pouco que se conhecia sobre memória traumática não era transmitido a clínicos e a outros profissionais que trabalhavam com crianças. Pela primeira vez, sobreviventes de incestos tiveram coragem de contar suas experiências, mas suas histórias não foram questionadas nem foi averiguado se o sofrimento era real. As queixas das crianças abusadas também foram levadas a sério. Ninguém queria voltar àquela triste época em que adultos abusivos tinham certeza de que os relatos de maus-tratos de uma criança seriam ouvidos com desconfiança. Infelizmente, o desejo de dar à vítima o benefício da dúvida, a ingenuidade de alguns terapeutas e o fato de ignorarem que a coerção pode afetar a memória, tudo isso causou danos gravíssimos. E em nenhum outro lugar foi mais visível que no pânico satânico que varreu Gilmer, no Texas, na década de 1990. Um funcionário do governo me explicou o que estava acontecendo.

Um garoto de 7 anos, Bobby Vernon Jr., estava em coma irreversível no hospital por ter sido empurrado escada abaixo pelo pai adotivo. Pai e mãe adotivos cometeram suicídio quando os outros filhos adotivos foram retirados deles após a hospitalização de Bobby, o pai atirou na própria cabeça e a mãe morreu de overdose no dia seguinte.

O crânio de Bobby estava fraturado, e o cérebro, gravemente danificado. A criança se recusara a continuar subindo e descendo a escada "obrigada" pelos pais. De acordo com testemunhas, os adultos bateram a cabeça do menino no chão até a parte de trás "ficar mole". Para piorar, só pararam de fazê-lo muito tempo depois que o menino perdeu a consciência, e em vez de ligarem imediatamente para o resgate esperaram uma hora para pedir ajuda, não sem antes experimentar coisas absurdas, como espirrar detergente no rosto da criança para reanimá-la.

Os socorristas se apavoraram ao ver como aqueles pais cuidavam das crianças sob sua responsabilidade. Elas passavam fome, estavam isoladas e apanhavam sem parar. Os paramédicos disseram aos pais, James e Marie Lappe, que eles precisavam ligar para o SPC (serviço de proteção à criança) local, onde o casal estava inscrito. A casa deles, segundo o SPC, era um lar adotivo "terapêutico". Lappe declarou que as crianças eram vítimas de Abuso de Ritual Satânico (ARS) e a disciplina rígida era tão somente a "terapia" delas. Para surpresa de todos, os assistentes sociais do SPC do leste do Texas que cuidavam dos casos da família insistiram que as crianças estavam em boas mãos. Mas os Lappe não moravam mais no leste do Texas. Haviam se mudado "em segredo" para uma comunidade no outro extremo do estado, segundo eles para se manterem longe de um culto satânico perigoso que queria as crianças de volta e faria de tudo para resgatá-las. Os funcionários do SPC local não tinham qualquer informação sobre esse lar "terapêutico" na comunidade ou sobre o tal culto. Só então a direção geral do SPC estadual foi notificada dos fatos.

Com base nos testemunhos dos Lappe e das crianças, os assistentes sociais do leste do Texas comunicaram que um culto satânico criminoso havia sido encontrado. Falaram em assassinatos rituais, em morte de bebês, canibalismo e ingestão de sangue. Oito membros do culto aguardavam presos pelo julgamento, não só por abuso de crianças, mas por estupro coletivo e pela morte ritual de uma líder de torcida de 17 anos. Um dos presos era oficial da polícia que primeiro investigou o desaparecimento da garota. Dois especialistas em satanismo e um promotor especial passaram a cuidar do caso e a colher depoimentos.

Todavia, os oficiais do SPC estadual começaram a desconfiar da integridade das investigações e conseguiram autorização do procurador-geral para entrar no caso. A supervisora dos assistentes sociais que pôs em dúvida as investigações, temia ser presa. Seus temores faziam sentido: o policial acusado de ser membro do culto assassino também havia sido investigado e preso por expressar dúvidas similares. Antes disso, tinha uma ficha impecável e ganhara vários prêmios e medalhas. As denúncias contra ele foram feitas por outros policiais, o xerife do condado, o responsável pelo controle de animais e até por uma agente do FBI, além do chefe de polícia de Gilmer. Dezesseis crianças já tinham sido afastadas dos pais, e ninguém sabia aonde tudo isso podia chegar.

Será que tudo não passava de um grande engano? Os pais inocentes teriam perdido os filhos para um surto de histeria provocado por técnicas de investigação ultrapassadas? O que teria realmente acontecido em Gilmer, no Texas? Tão logo eu soube daquelas dezesseis crianças, entre dois e dez anos de idade, vivendo em um lar adotivo, senti que devia me envolver.

A principal coisa que o Estado quis que eu fizesse foi ajudar o SPC a determinar quais crianças em acolhimento familiar, naquele momento, teriam sido verdadeiramente vítimas de abuso parental, e quais haviam sido afastadas dos pais em razão das falsas acusações feitas por outras crianças que foram forçadas a "se lembrar" de incidentes de abuso no curso das investigações. Para isso, eu teria que reconstruir a história de cada uma delas. Felizmente, existiam caixas e mais caixas de registros antigos e muitas horas de áudio e vídeo de entrevistas com as crianças e os pais "membros do grupo". Nossa equipe clínica começou a estabelecer uma cronologia detalhada de cada caso. A documentação cronológica logo ganhou dezenas de páginas.

Tudo começou em 1989, em uma casa coberta com manta asfáltica, cercada por *trailers* dilapidados, na periferia de Gilmer. Gilmer é uma pequena cidade com 5 mil habitantes, próxima da tríplice fronteira do Texas, da Louisiana e do Arkansas. É sede do condado de Upshur, uma cidadezinha como qualquer outra do Cinturão Bíblico, a não ser por um único fato: tem um dos mais altos índices de analfabetismo do país. Um em cada quatro residentes adultos não sabe ler. Naquela ocasião, Bette Vernon* fez uma denúncia contra o marido, Ward Vernon*, de abuso sexual de duas filhas, de 5 e 6 anos. Pai e mãe foram indiciados por abuso de menor, e os quatro filhos encaminhados para acolhimento familiar. A investigação de abuso sexual das menores resultou na condenação de Ward Vernon. E, por incrível que pareça, em liberdade assistida.

Enquanto cumpria a pena, Ward Vernon foi viver com uma mulher chamada Helen Karr Hill*, que já tinha cinco filhos. Quando o SPC soube dessa ligação, também retirou as crianças de Helen, que acabou se casando com Ward, abrindo mão dos direitos maternos. No curso da investigação de abuso iniciada com a denúncia de Bette Vernon, as crianças acusaram os avós e o tio, Bobby Vernon*, de molestamento, e as cinco foram postas em adoção. Mais tarde, dois filhos de amigos da família se juntariam a elas em lares adotivos, com base nas acusações das crianças que os precederam.

Ao longo do meu trabalho com crianças vítimas de maus-tratos, me deparei com inúmeras famílias estendidas nas quais o abuso era prática comum; famílias que tinham "tradições" multigeracionais de pansexualidade e insularidade, cujo abuso sexual e físico e a ignorância eram passados de pais para filhos como se passam relíquias e receitas de Natal. A essa altura, ainda não havia nenhuma "bandeira vermelha" sugerindo que os assistentes sociais estivessem agindo mal ou com excesso de zelo. A prova física de abuso sexual – em alguns casos, cicatrização anal e genital – foi encontrada. Algumas das dezesseis crianças também tinham marcas de punições corporais.

Mas foi na escolha das colocações adotivas que as coisas começaram a dar errado. As crianças foram encaminhadas a dois lares "terapêuticos" cristãos fundamentalistas, que surgiram no fim dos anos 1980, com tendências culturais aparentemente incongruentes e resultados aterradores. Os Estados Unidos se viram diante de uma epidemia real de abuso infantil que merecia exposição e muita atenção. Uma das razões para o abuso ser discutido na mídia e em *talk shows* foi a popularidade dos "movimentos de recuperação", que encorajavam os norte-americanos a encontrar sua "criança interior" para se livrar das feridas causadas por pais abusivos e negligentes. Nessa época, era difícil abrir um jornal ou ligar a TV sem que alguma celebridade feminina (e, de vez em quando, masculina) estivesse revelando sua história de abuso sexual na infância. Gurus de autoajuda clamavam que mais de 90 por cento das famílias eram disfuncionais. Terapeutas propagavam a ideia de que a maior parte dos problemas de seus clientes tinha origem no abuso infantil e se dispunham a ajudá-los a revirar suas memórias até encontrá-los, mesmo que não se lembrassem de ter sofrido maus-tratos. Alguns mergulhavam em memórias com a ajuda de terapeutas mal treinados e ostensivamente confiantes, até se lembrarem de perversões terríveis praticadas contra si, mesmo que as "memórias" fossem dissociadas de qualquer realidade plausível. A segunda tendência surgiu com o cristianismo evangélico. Convertidos e adeptos advertiam que o demônio estaria por trás das atrocidades sexuais. De que outra maneira explicar a doença da alma que estaria levando tanta gente a cometer atos tão violentos e profanos contra crianças inocentes? Logo esses empresários da moral e dos bons costumes transformaram o problema em um negócio lucrativo, vendendo *workshops* que recuperavam crianças sobreviventes do que se passou a chamar de Abuso Ritual Satânico. Em janeiro de 1993, uma aliada improvável da direita cristã, a revista feminina *Ms.*, lançou uma matéria de capa com um depoimento em primeira pessoa de uma "sobrevivente" desses abusos. Na capa, a chamada: "Acredite: o abuso ritual de crianças existe". Dentro, a história de uma mulher que declarava ter sido estuprada com crucifixos pelos pais e forçada a comer a carne da irmãzinha decapitada.

Os funcionários do SPC e os pais adotivos envolvidos no caso dos Vernon estavam imersos nessa confluência cultural. Quando as crianças foram resgatadas em 1990, os assistentes sociais e os pais adotivos que as supervisionavam participaram de um seminário sobre "Abuso Ritual Satânico". O promotor local se recusou a participar, porque representava um dos réus, e os funcionários do SPC convenceram um juiz local a indicar um promotor especial. Esse promotor especial trouxe dois "investigadores de Satã" para comprovar a existência do culto ao demônio conduzido pela família Vernon, que operava em Gilmer praticando abuso sexual em crianças e sacrifício humano. Esses "investigadores" eram especialistas em crimes cometidos por seitas. Um deles era um ex-pastor batista da Louisiana, e o outro, instrutor de ginástica da Segurança Pública do Texas. Todavia, nenhum deles tinha experiência em investigação policial.

Nenhum material relacionado às terapias de Abuso Ritual Satânico e "memória recuperada" foi testado cientificamente antes de se popularizar. Os terapeutas de "memória recuperada" e os monitores de *workshops* garantiam que as crianças não mentiam sobre o abuso sexual, mas não apresentavam evidências empíricas para sustentar essa tese. E aos pacientes adultos que não tinham certeza de terem ou não sido abusados, diziam que "se você acha que aconteceu, então aconteceu", e que condições como transtornos alimentares e toxicodependência, mesmo sem a lembrança de abusos, eram provas de que tais abusos tinham acontecido. As *checklists* para determinar a presença do Abuso Ritual Satânico baseavam-se em evidências ainda mais frágeis, e mesmo assim eram propostas como ferramentas de diagnóstico em centenas de *workshops* conduzidos por terapeutas, assistentes sociais e especialistas do sistema assistencial da criança.

Se esses métodos tivessem sido testados, como foram mais tarde, estudos comprovariam que as lembranças recuperadas sob hipnose, e até mesmo em terapia ordinária, são facilmente influenciadas pelo terapeuta; e, se muitos têm sentimentos dolorosos ligados à infância, isso não implica necessariamente que todos tenham sido vítimas de abuso ou que os fatos lembrados sejam verdadeiros. Apesar de ser raro crianças mentirem espontaneamente sobre abuso sexual (embora possa acontecer), podem inventar histórias e nem sempre os adultos percebem que elas dizem o que eles querem ouvir. A coerção ostensiva é desnecessária e muitas vezes piora a situação. As *checklists* "satânicas", como outras similares que surgiram na mesma época para serem aplicadas em sobreviventes de incesto e "codependentes" de companheiros e filhos viciados, eram tão vagas e genéricas que qualquer adolescente sem nenhum interesse por sexo, drogas e rock-and-roll, ou seja, um adolescente normal, podia ser considerado vítima. Assim como qualquer criança que tem pesadelos, medo de monstros e faz xixi na cama.

Nessa mesma época, outra forma perigosa de charlatanismo foi muito divulgada e, infelizmente, aplicada em crianças adotadas. Existia em vários formatos e com muitos outros nomes, mas era mais comumente conhecida como "terapia do apego" ou "terapia do abraço". Nesse "tratamento", um adulto prendia os braços fortemente em torno da criança, obrigava-a a olhar nos olhos dos cuidadores e a "revelar" suas memórias e seus medos. Se a criança não contasse uma história convincente de abuso precoce, era agredida verbal e fisicamente. Muito praticada em crianças adotadas e acolhidas, essa "técnica" tinha como objetivo criar um vínculo parental entre a criança e a nova família. Essa técnica inventada no início da década de 1970 por um psicólogo da Califórnia chamado Robert Zaslow envolvia vários "seguradores", um para imobilizar a cabeça da criança, outros para segurar seus braços e pernas, e outro enfiava os nós dos dedos na caixa torácica da criança e movia a mão para trás e para a frente. Com força, para a pele ficar marcada. A "técnica" de Zaslow foi adotada e elaborada por um grupo de terapeutas de Evergreen, no Colorado. Zaslow foi condenado por cometer abuso e perdeu a licença profissional. Os terapeutas de Evergreen também foram condenados pela morte associada à "terapia" de várias crianças.

A "terapia do abraço" durava horas, sem intervalos para comer ou ir ao banheiro. Como se não bastasse torturar um corpo tão pequeno, os adultos provocavam a criança verbal e fisicamente até a raiva explodir. A justificativa é que raiva assim "liberada" evitaria explosões de raiva no futuro – como um *boiler*, o cérebro armazenava a raiva até o ponto de ebulição e ao "expressá-la" esvaziava. A sessão só terminava quando a criança estivesse calma e não mais reagisse às provocações. Para que as agressões terminassem, ela tinha que declarar seu amor ao torturador, dirigir-se aos pais adotivos como se fossem "reais" e mostrar total submissão. Os Lappe e uma mulher chamada Barbara Bass, que também abrigou as crianças dos Vernon, improvisaram técnicas próprias dessa versão, obrigando-as a subir e a descer escadas até ficarem exaustas e chorar, então recomeçar com uma nova sessão de "abraços".

Esse é só um dos muitos exemplos em que a falta de conhecimento pode ser um perigo. Os defensores do método do "abraço" (infelizmente, ainda existem alguns) acreditam que os problemas das crianças traumatizadas são causados pela ausência de vínculo com os cuidadores e pelo abuso/e ou abandono infantil precoce. Em muitos casos, é isso mesmo. Pelo que pudemos constatar, a privação de amor e afeto no início da vida muitas vezes resulta em crianças manipuladoras e sem empatia, como no caso de Leon. Os defensores da "terapia do abraço" acreditam também, e nesse ponto concordo com eles, que a experiência ausente ou lesiva no início da vida interfere na capacidade do cérebro em desenvolvimento de formar relacionamentos saudáveis.

O perigo está na solução dada ao problema. O uso da força e da coerção em crianças abusadas e abandonadas é contraproducente: só as traumatiza novamente. O trauma envolve uma perda de controle devastadora e aterrorizante; fazer a pessoa reviver situações sobre as quais ela não tem nenhum controle é reproduzir o trauma e impedir a recuperação. Desnecessário dizer que prender os braços em torno da criança e machucá-la até ela dizer o que se quer ouvir não cria laços afetivos; ao contrário, induz à obediência pelo medo. Infelizmente, esse "bom comportamento" muitas vezes é considerado uma mudança positiva e até mesmo uma atitude amorosa dela para com os cuidadores. O "vínculo traumático" é também conhecido como Síndrome de Estocolmo: crianças que foram torturadas à submissão "amam" os pais adotivos assim como Patty Hearst, a herdeira de um jornal que foi sequestrada, "abraçou" a causa de seus sequestradores do Exército Simbionês de Libertação. A propósito, o "amor" e a obediência das crianças tendem a diminuir se o abuso não for repetido continuamente, como o vínculo que Hearst manteve com a política radical do grupo depois que foi libertada.

Os pais adotivos do leste do Texas talvez nem imaginassem o potencial de dano inerente à "terapia do abraço", como também não imaginavam os assistentes sociais do SPC que monitoravam seus cuidados e às vezes participavam das sessões de abraço dos filhos dos Vernon. A ideologia do "abraço" ajusta-se perfeitamente às crenças religiosas dessas famílias, segundo as quais a criança mimada nunca é bem-educada, e toda criança tem que aprender a evitar o pecado e as tentações. As famílias adotivas e os assistentes sociais estavam convencidos de que o abuso e o incesto, tão comuns nas famílias biológicas daquelas crianças, se deviam ao envolvimento dos pais em algum culto satânico. E não apenas isso, mas as crianças tinham todos os sintomas que aprenderam a identificar nos *workshops* de Abuso Ritual Satânico. Uma delas chegou a contar a um assistente social: "Meu pai disse que, se eu entrar na floresta, o diabo vai me pegar". É claro que essa mesma advertência poderia ser dada por qualquer pai ou mãe que praticasse outra religião, mas ninguém nunca pensou nisso.

Então, para "ajudar" as crianças a "processar" seus traumas e estabelecer uma ligação com elas, os Lappe e Barbara Bass as "abraçavam". Foi então que outra crença perniciosa entrou em ação, e que infelizmente ainda muito cultivada na área da saúde mental. Eu a chamo de teoria do "pus psíquica". Assim como um furúnculo precisa ser drenado, algumas memórias são tóxicas e precisam ser escavadas e discutidas para a pessoa se recuperar de um trauma. Muita gente passa anos em terapia procurando pela "Pedra da Roseta" de suas histórias pessoais, tentando encontrar aquela lembrança que ajudará sua vida a fazer sentido e resolver instantaneamente todos os problemas.

Mas a memória não funciona assim. O problema das lembranças traumáticas é a tendência de se intrometerem no presente, e não a dificuldade de serem lembradas. E, quando se intrometem, é muito bom discuti-las para entender como influenciam nosso comportamento. Por exemplo, se uma criança evita a água porque passou por um quase afogamento, conversar sobre isso antes de ela ir à praia pode ajudá-la a perder o medo de nadar. Da mesma maneira, muita gente se cura combatendo os próprios medos, mesmo sem conversar sobre eles ou relembrar explicitamente lembranças dolorosas. Se lembranças não afetam negativamente o presente, forçar a pessoa a se concentrar nelas pode fazer mal.

É importante estar atento aos mecanismos de defesa da criança cercada por um forte sistema de apoio. Em um estudo que conduzimos em meados da década de 1990, descobrimos que essas crianças, quando encaminhadas à terapia para discutir um trauma, eram mais propensas a desenvolver transtorno de estresse pós-traumático que aquelas cujos pais nos procuravam quando observavam alguns sintomas específicos. A hora semanal que as crianças passavam focadas em seus sintomas os exacerbava em vez de exorcizá-los. Nos dias que antecediam a sessão de terapia, elas começavam a pensar nos traumas porque teriam que faltar na escola e nas atividades extracurriculares para viajar até a clínica. Algumas ficaram tão sensíveis às reações normais de estresse que percebiam o menor sinal para ter o que dizer ao terapeuta. Isso as deixava incomodadas e aumentava em vez de diminuir o desconforto. Importante notar que, se a criança não tinha uma rede social forte, a terapia era benéfica, talvez por ser um lugar em que ela poderia voltar e que não tinha no dia a dia. O fato é que as necessidades individuais são diferentes, e ninguém é obrigado a discutir um trauma se não quiser. Se a criança é cercada de adultos sensíveis e afetuosos, o *timing*, a duração e a intensidade da terapia podem ser dosados por ela. Observamos isso na prática com as crianças do Branch Davidian e identificamos os mesmos princípios em outras que trabalhavam perdas e traumas, mas tinham um sistema saudável de apoio social.

Pensar que ninguém se recupera se não se lembrar em detalhes de um trauma passado é profecia autorrealizadora. Mantém o indivíduo focado no passado em vez de viver o presente. Por exemplo, alguns estudos constataram que a depressão aumenta se a pessoa ficar ruminando fatos negativos do passado. Porque é assim que a memória funciona. Ruminar é relembrar memórias antigas e ambíguas sob uma nova luz, luz essa que, com o tempo, vai apagando, apagando, até se transformar em um trauma que nunca aconteceu. Acrescente-se à maleabilidade da memória de uma criança pequena a prática coercitiva e fisicamente violenta do "abraçar" e tem-se aí a receita para um desastre.

Durante as sessões do "abraço", os pais adotivos, e às vezes os assistentes sociais e os "investigadores de Satã" interrogavam as crianças sobre os pais biológicos adoradores do demônio. Faziam perguntas longas, insistentes, apertando as costelas da criança com os nós dos dedos até ela concordar com a versão que eles quisessem ouvir. Elas aprendiam que o "abraço" pararia mais cedo ou mais tarde se "revelassem" o envolvimento dos pais biológicos no culto e descrevessem os rituais. Rapidamente, confirmavam histórias de bebês sacrificados, canibalismo, máscaras de diabo, figuras encapuzadas dançando ao redor de fogueiras e altares satânicos, respondendo às perguntas e aos estímulos dos entrevistadores a fim de confirmar o "diagnóstico" de abuso ritual. Desesperadas, as crianças confirmavam que tinham sido filmadas em cenas pornográficas em um galpão e presenciado inúmeros assassinatos. Quando os pais adotivos queriam saber que outras crianças haviam sido abusadas durante o culto, para fugir do "abraço", elas citavam os amigos. Em seguida, duas outras crianças eram tiradas dos pais biológicos e apontadas como possíveis vítimas de abuso.

Felizmente, muitas "sessões do abraço" e as "entrevistas" relacionadas foram filmadas e gravadas. Por mais difícil que fosse assistir a essas sessões e ouvi-las, fatos inacreditáveis afloraram quando tentamos descobrir quais crianças tinham sido realmente vitimizadas pelos pais e quem eram os pais acusados porque as crianças dos Vernon tiveram que dar novos nomes para agradar aos interrogadores. Mas uma coisa ficou clara: se os assistentes sociais conhecessem e gostassem das famílias acusadas (lembre-se, a cidade era pequena e todos se conheciam) dispensavam as acusações dos Vernon e pediam novos nomes. Contudo, se não gostassem, a família era investigada e perdia os filhos.

E foi assim que Brian fez parte das dezesseis crianças em acolhimento "terapêutico". Brian estava no segundo ano, era um menino inteligente e de boa índole. Gostava de assistir aos noticiários, então, antes que o xerife chegasse para prender seus pais por abusar sexualmente dele e do irmão mais novo, Brian já conhecia o caso dos Vernon pela televisão. Os Vernon moravam do outro lado da rua; Brian era amigo dos filhos e já ouvira muitos boatos. Pelo que vira na televisão e ouvira na vizinhança, seus pais poderiam ser os próximos a serem acusados de abuso sexual satânico. Brian brincava na calçada quando viu os carros da polícia chegando e correu para avisar aos pais. Mas nada pôde fazer senão assistir impotente aos assistentes sociais arrancarem o irmãozinho do berço e os pais saírem de casa algemados. Brian teve permissão para levar um único objeto: por não escolher um brinquedo, mas uma Bíblia, bastou para deduzirem que ele não fora criado em um culto satânico.

Infelizmente, Brian também ficou sabendo pelo noticiário de outro crime terrível. Kelly Wilson, de 17 anos, uma linda líder de torcida de cabelos loiros e olhos azuis, havia desaparecido sem deixar rastro no dia 5 de janeiro de 1992. Foi vista pela última vez saindo da videolocadora em que trabalhava. Nem o corpo nem sinal de vida tinham sido encontrados. O sargento James York Brown, que estava de plantão quando os pais comunicaram o desaparecimento da moça, assumiu o caso.

Pelo que se sabe, o sargento Brown trabalhou incansavelmente colando cartazes da menina desaparecida por toda a cidade, até no feriado de Ação de Graças, quando recebeu a informação (falsa, como se viu depois) de que o corpo havia sido encontrado em um matagal. Imediatamente começou a recolher doações no comércio local para instalar um *outdoor* pedindo qualquer informação sobre o paradeiro da filha dos Wilson. Brown logo identificou o suspeito mais provável: um rapaz com quem a líder de torcida costumava sair e que cumprira pena por assalto a mão armada. O carro dele foi vendido misteriosamente logo depois do desaparecimento da moça e, pior ainda, quando foi finalmente localizado, um grande pedaço do tapete que revestia o interior do veículo havia desaparecido. O carro foi lavado por dentro e por fora, e nenhuma prova física definitiva foi encontrada.

Contudo, o suspeito não interessou aos assistentes sociais nem ao promotor especial. O ex-namorado não tinha nenhuma ligação com o caso Vernon. Se tivesse matado Kelly, seria só outro caso de amor adolescente que dera errado, não um corpo que poderia estar relacionado às histórias de sacrifício humano que as crianças dos Vernon estavam contando. Os investigadores estavam convictos de que os Vernon e seus seguidores satânicos tinham que ser responsabilizados por muito mais que espancar e estuprar algumas crianças e sacrificar alguns animais. Mas os corpos nunca foram encontrados, e nenhum morador local havia desaparecido. Até a morte de Kelly Wilson.

Os assistentes sociais e os investigadores de "crimes de seita" tinham certeza de que existia relação entre os Vernon e o desaparecimento da menina. E submeteram o pequeno Brian, de apenas 7 anos, a um dia inteiro de "abraços" para descobrir. O menino era inteligente, e as histórias que fora forçado a criar eram muito mais coerentes que as das outras crianças. Ao se ver cercado por nove adultos que o seguraram e gritaram até deixá-lo aterrorizado, Brian não suportou e contou uma história envolvendo o sargento Brown. Disse que tinha visto Kelly Wilson ser sacrificada nos ritos satânicos dos Vernon e que "um homem de uniforme azul" estava lá. E acrescentou que os policiais eram "maus".

Para os investigadores e o promotor que conduziram e gravaram dez horas de interrogatório de uma mulher com inteligência abaixo da média, um dos policiais "maus" era James York Brown. Patty Clark* era casada com um dos irmãos Vernon, tinha longo histórico de relacionamentos abusivos e fora criada em um lar adotivo. Acusada de abusar dos filhos dos Vernon, teria a sentença atenuada se contasse o que sabia sobre o assassinato de

Kelly Wilson e o envolvimento de James Y. Brown. Mais tarde, ela revelou que seu testemunho estava roteirizado em um quadro branco, e os interrogadores ficaram decepcionados com sua dificuldade de repetir o que a mandavam falar. As transcrições do interrogatório indicam com clareza coerção: os interrogadores afirmam repetidamente que Brown estava na cena do crime e ameaçam a mulher com graves consequências se ela "não disser a verdade". Quem lê essas transcrições tem dificuldade em dizer quem é menos inteligente: os interrogadores, que forçam uma mulher mentalmente comprometida a usar o mesmo termo para sexo anal usado pelas crianças nas sessões de "abraço", ou a pobre Patty Clark, que repetiu pelo menos sete vezes a mesma frase, até os investigadores conseguirem ouvir o que queriam.

O "testemunho" de Clark descreveu os dez dias de tortura suportados pela líder de torcida sequestrada e estuprada por uma gangue: Kelly teve um dos seios arrancados, foi pendurada de cabeça para baixo para o sangue escorrer e ser bebido e, por fim, devorada. Foi o filho de Clark, Bobby Vernon Jr., que mais adiante os Lappe agrediram até o coma.

As confissões coagidas são problemáticas de várias maneiras, sendo uma delas forçar uma acusação contra pessoas inocentes. Além disso, podem trazer à tona fatos desconhecidos dos interrogadores, destruir a credibilidade das testemunhas e, por extensão, a deles próprios. Foram esses fatos que acabaram por deter os investigadores de Satã e do promotor especial em Gilmer. O sargento Brown foi quem descobriu a prova mais condenatória, e por essa razão acredito que o promotor especial e seus auxiliares decidiram que o policial deveria ser apontado como parte do culto. Os problemas das evidências eram muitos: não existia prova física que ligasse os Vernon à líder de torcida desaparecida; as declarações das crianças de que eram levadas para galpões para filmar pornografia infantil não puderam ser corroboradas porque os galpões (todos os que existiam no condado foram checados), os filmes, as fotos e os vídeos não foram encontrados; os ossos desenterrados no quintal dos Vernon eram de animais, não de seres humanos; uma "máscara de diabo" encontrada na casa deles era uma fantasia barata de Halloween que poderia ser usada por qualquer um.

Mas a peça de evidência mais fraca da promotoria foi que, na noite do desaparecimento de Kelly Wilson, os líderes do culto, Ward Vernon e sua mulher, Helen, supostos responsáveis pelo sequestro e morte da menina, estavam em Nova York. Existiam documentos comprobatórios: Ward era motorista de caminhão e tinha registros de todas as suas viagens, bem como as notas de entrega das mercadorias. Tinha também recibos de cartões de crédito emitidos em postos de combustível de Nova York naquela data. Quando o sargento insistiu que os investigadores de Satã suspeitavam das pessoas erradas pela morte de Wilson e que os depoimentos de testemunhas não eram confiáveis, o promotor especial declarou: "Se você se intrometer na minha investigação, vou acabar com você pessoalmente, profissionalmente, financeiramente, de todas as maneiras possíveis".

O promotor cumpriu a ameaça. O interrogatório de Patty Clark que transformou o "homem de uniforme azul" de Brian em James Y. Brown foi logo em seguida. E a prisão dos Brown com detenção brutal por soldados da SWAT ocorreu pouco depois.

Como determinar quais alegações de abuso eram coagidas pelos interrogadores e quais tinham realmente ocorrido? Qual seria o lugar mais seguro para encaminhar aquelas crianças traumatizadas? Deveriam ser devolvidas aos pais, prováveis abusadores, ou encaminhadas a um novo lar adotivo, para serem observadas mais de perto? Pela cronologia, eu tinha certeza de que fora um erro tirar Brian e o irmãozinho de casa. Mas e se os pais dessas crianças fossem mesmo abusivos e os filhos dos Vernon estivessem certos? E se o segundo grupo, Bobby, Patty e os filhos, foi levado só porque os primos foram obrigados a apontar mais vítimas? Nossa cronologia sugeria a existência de provas físicas para sustentar as alegações de abuso contra os irmãos Vernon, suas esposas e os sogros de Vernon, mas a investigações estavam tão viciadas que era difícil saber em quem acreditar.

Por sorte, encontrei uma ferramenta que me ajudaria a vasculhar os destroços na conjunção com outra evidência. Foi por acaso. Logo depois que me transferi para Houston, no início dos anos 1990, voltei a Chicago. Eu participava de maratonas. Em meus treinos, sempre usei monitor de frequência cardíaca. Um dia, depois de correr, e ainda usando o monitor, visitei um menino que estava em um lar adotivo. Ele me perguntou que aparelho era aquele, e eu o deixei experimentá-lo enquanto explicava para que servia. A frequência cardíaca dele eram 100 batimentos por minuto, normal para um garoto da idade dele em repouso. Então me lembrei de que havia deixado uns papéis no carro e perguntei se ele queria ir comigo buscá-los. O garoto não fez nenhum movimento, mas vi que seus batimentos saltaram para 148. Acreditando que ele não tivesse ouvido, repeti em voz alta. O menino não se mexeu, e o coração passou a bater mais rápido. Fiquei perplexo, mas achei melhor não insistir. Saí, peguei os papéis, voltei e encerrei a visita. Antes da minha visita, eu não conhecia a história daquela criança em particular; só passei por ali para ver se o menino estava bem no novo local. Voltei para o consultório e olhei a ficha dele. O menino fora abusado sexualmente pelo namorado da mãe, em uma oficina mecânica. Quando o homem disse a ele, "Vamos lá fora trabalhar naquele carro", o que pretendia realmente dizer era: "Agora vou abusar de você". Sem querer, forneci o sinal traumático ao sugerir que ele fosse comigo até o carro. Então, resolvi testar se o monitor de frequência cardíaca me ajudaria a conhecer os sinais que acionavam os sintomas traumáticos em outras crianças.

Encontrei essa reação com muita frequência: quando uma criança era exposta a um cheiro, a uma visão, a um som ou, como nesse caso, a uma sugestão verbal que a fizesse relembrar o trauma, seu ritmo cardíaco aumentava drasticamente. Em algumas delas, quando os sinais provocavam sintomas dissociativos em vez de reações superexcitadas, o ritmo cardíaco diminuía em vez de aumentar. A hiperexcitação prepara as pessoas para lutar e/ou correr, o que exige aceleração do ritmo cardíaco; a dissociação prepara para o estresse inevitável, diminuindo os batimentos cardíacos, o ritmo da respiração e de outras funções. Embora isso não aconteça sempre e deva ser mais estudado, o monitoramento do ritmo cardíaco tem feito muito sucesso em meu trabalho. Saber que algo ou alguém provoca lembranças traumáticas em uma criança sempre nos ajudou a identificar quem ou o que a magoou, em especial entre as crianças menores, que ainda não conseguem relatar o que aconteceu.

Tentei usar esse método com Brian, que na ocasião vivia em um orfanato. Estava longe dos pais havia dois anos e sentia muita falta deles. Muitas vezes, eu disse a ele que se tivesse alguma coisa para me dizer, que o fizesse, e que nada de mal lhe aconteceria, mesmo que fosse mentira. Disse também que era sua chance de contar seu lado da história. Em várias ocasiões, colorimos figuras juntos. Brian morava com Barbara Brass. Grande parte dos "abraços" e da "investigação" sobre abuso satânico aconteceu na casa dela.

A primeira vez que perguntei o que ele achava de seu lar "terapêutico", Brian disse que era "divertido". Eu o incentivei a contar mais, mas sem alertá-lo de que queria ouvir coisas boas ou ruins.

— Não gosto é de abraçar — ele disse espontaneamente.

— Conte-me como é abraçar — pedi.

— A gente tem que subir e descer a escada correndo até chorar, fica cansado e vai pro quarto, deita na cama, ela deita com a gente e esfrega embaixo do braço, dói; a gente chora, deixa a raiva sair e conta pra ela o que te deixa muito bravo.

— Quando ela diz "deixa a raiva sair", o que isso quer dizer?

— Essas coisas que deixam a gente ficar muito bravo. E depois ela faz a gente falar coisas que não quer falar.

— Que coisas?

— Coisas que os pais fizeram, mas não fizeram.

— Ela quer que você diga isso?

Quase chorando e com o coração acelerado, Brian assentiu.

— Por exemplo — pedi.

— Dizer que eles batem na gente. E a gente sempre tem abraço antes de descer para ver o terapeuta ou qualquer coisa.

— Quantas vezes por semana tem abraço?

— Acho que uma vez por mês, mas depende de onde a gente vai. Se a gente tem que depor, ver o terapeuta ou qualquer coisa assim, a gente é abraçado antes ou no dia anterior.

Perguntei como Barbara o obrigava a dizer coisas que não eram verdade.

— Ela esfrega aqui do lado até doer e, de vez em quando, sabe, a gente desiste. Isso dói.

— Que coisas são essas que ela obriga você a dizer?

Brian caiu no choro, as lágrimas rolando pelo rosto e o nariz escorrendo.

— Que meus pais fizeram coisas que não fizeram — ele disse aos prantos.

Mais uma vez, garanti que ele não precisava me contar nada, que não era obrigado a dizer nada que não quisesse ou que não fosse verdade. Mas Brian era um menino corajoso; ele assoou o nariz e começou a me contar toda a história. Primeiro, descreveu o dia em que foi afastado dos pais; disse que já sabia o que ia acontecer quando a mãe começou a gritar "estou indo" e o deixaram pegar "uma coisa de que eu gostasse muito", e ele pegou a Bíblia. Contou que procurou acalmar o irmãozinho de 1 ano, que "não estava entendendo nada" e "foi ruim, porque tiraram ele do berço". (O bebê não reconheceu a mãe quando voltou para casa.)

Quando o questionei sobre o ritual "satânico" que matou Kelly Wilson e sobre tantos outros crimes que ele dizia ter presenciado ou participado, Brian não chorou, e seu ritmo cardíaco permaneceu estável. Foi muito sincero ao dizer que inventara aquelas histórias para não apanhar mais. Não expressou medo, nem verbal nem físico, ao falar sobre coisas como "matar bebês", atitude muito diferente de quando descreveu como foi tirado de casa e "abraçado". O carinho pelo irmão e o desgosto por mentir sobre os pais deixaram claro que ele era um menino sensível, inteligente e carinhoso. Qualquer criança reagiria com agonia e pavor se obrigada a presenciar assassinatos e canibalismo; só um sociopata reagiria com tanta frieza ao relembrar tais cenas. Brian simplesmente não reagiu de outra maneira a essas experiências, as quais tive que provar em profundidade para convencer o juiz que presidia os casos de custódia a permitir que Brian e o irmão voltassem para casa.

Saber o que havia acontecido de fato com as crianças dos Vernon foi mais complicado. Ninguém queria devolver crianças com cicatrizes anais e genitais às mesmas pessoas que as violentaram repetidamente. Mas as falsas alegações de assassinatos e ritos satânicos tinham corroído tanto a credibilidade delas que os pais podiam alegar, de maneira muito convincente, que tudo o que elas disseram sobre o que acontecera e quem abusara delas era suspeito. Eu esperava poder usar o monitor de frequência cardíaca e outros sinais psicológicos e emocionais para descobrir quem havia agredido aquelas crianças e encontrar o melhor lugar permanente para elas.

Conversei com uma menina tirada da casa dos pais quando ainda era bebê. Annie já havia conversado tanto com profissionais que sabia nos imitar muito bem. Em algum momento da entrevista, ela se sentou em uma cadeira de balanço, começou a balançar e disse:

— Me fale de você. Meu nome é Annie, tenho cabelos e olhos castanhos e já morei em 10 mil casas adotivas.

Ela bebia refrigerante em uma lata e adorava arrotar após cada gole. Perguntei a ela de onde vieram suas histórias sobre Satã e de pessoas assassinadas.

— Vieram do meu pai biológico; ele matou os bebês e me obrigou a matá-los ou eu ia morrer e os bebês também. — Ela arrotou o refrigerante e riu. Não aconteceu nenhum movimento no monitor de frequência cardíaca.

— Como você se lembra disso? — perguntei.

— Porque minha irmã me contou — ela disse, balançando as pernas.

Quando perguntei se ela conseguia se lembrar de alguma coisa por si mesma, ela respondeu que não, que não conseguia se lembrar de quase nada antes dos três anos de idade. Perguntei se ela se lembrava dos "abraços", e imediatamente sua expressão mudou. Ela respondeu num tom sério:

— Lembro, e não quero falar disso.

Mas então começou a descrever que os pais adotivos e os assistentes sociais "me obrigavam a falar do passado, a dizer que eu tinha matado bebês".

Depois, quando perguntei se tinha sido abusada sexualmente pelo pai, ela relutou ainda mais para começar a falar.

— Ele me fez pegar nas partes íntimas, eu disse que não, ele pegou minha mão e levou lá. — Ela saltou da cadeira e foi olhar pela janela.

Quando perguntei se isso havia acontecido mais de uma vez, ela concordou com a cabeça e manteve os olhos baixos.

— Ele me obrigou a esfregar e, quando eu disse que não, falou: ou você faz, ou vou matar você.

Nessa hora pude ver os sinais de medo na resposta dissociativa, quando ela procurou fugir fisicamente da pergunta andando pela sala e por seus batimentos cardíacos. Depois voltou para a cadeira e declarou:

— Não gosto do Ward Vernon.

Ela pegou o lápis que usou para desenhar e rabiscou com força o nome dele, como se quisesse fazê-lo desaparecer para sempre. A menina reagiu de maneira semelhante à madrasta, mas fez questão de dizer que a mãe biológica nunca a magoou.

Linda, uma de suas irmãs mais velhas, me contou que a ideia inicial de que teria havido abuso satânico "saiu da boca de Barbara. Ela dizia, 'OK, você vai ser presa com a Helen, viu?', e pressionava até a gente começar a chorar e concordar. Ela punha palavras na boca da gente".

Linda descreveu ainda abusos sexuais do pai e da madrasta, detalhando como os avós também se envolviam.

— Eles faziam isso quase todos os dias.

Quando a pressionei se ela se lembrava disso ou se alguém lhe falara para dizer, ela ficou séria e disse:

— Você também se lembraria se tivesse acontecido com você aos 7 anos.

Mais uma vez, suas reações psicológicas eram consistentes com ser abusada sexualmente pelos membros da família, mas não com ter participado de rituais satânicos e assassinatos. Nenhuma das crianças dos Vernon acabou voltando para os pais biológicos, porque era evidente que correriam risco de ser abusadas posteriormente nessa família estendida.

Um dos aspectos mais perturbadores do caso – e que é muito importante que os pais se lembrem ao se deparar com situações com carga emocional tão grande – é como o medo desencadeado por essa investigação patética se espalhou e levou pessoas racionais a se comportarem de maneira tão absurda. Quando as alegações do Abuso Ritual Satânico se tornaram públicas, passaram a ter vida própria. Ninguém ficou imune, nem os profissionais treinados em saúde mental nem a polícia.

Assim que as crianças foram retiradas dos lares adotivos e as acusações de abuso satânico vieram à tona, os responsáveis por elas temiam que os satanistas viessem sequestrá-las e exterminassem quem as ajudava. Mesmo que os "líderes de seita" e praticamente todos os envolvidos em abuso e assassinato de crianças estivessem presos, os investigadores de Satã, os assistentes sociais e os pais adotivos acreditavam que existia uma conspiração maior e que todos corriam risco de morte. Então, começaram a se comportar de maneira extremamente paranoica, até se mudando para o outro extremo do Texas (onde Bobby Vernon estava em coma de tanto apanhar) e fugir dos tentáculos ameaçadores da seita. O suicídio dos Lappe era visto como prova de que a seita "os pegara" de alguma maneira. Uma vez comprovados o poder da seita e suas atividades malignas, era quase impossível reconhecer prova do contrário.

Para as pessoas, era fácil explicar o suicídio dos Lappe: o casal espancara uma criança da qual deveriam cuidar com tanta violência que o crânio dela fora esmagado, deixando-a em permanente estado vegetativo. Culpa, vergonha, arrependimento, qualquer uma dessas motivações serviriam, mas não necessariamente uma seita satânica. Todavia, em vez de examinar melhor as hipóteses iniciais, os envolvidos na investigação se distanciavam cada vez mais da realidade.

A cidade de Gilmer ficou dividida. Uns acreditavam na existência de uma seita satânica que assassinara pessoas e continuava causando estragos; outros diziam que pessoas inocentes tinham perdido os filhos e eram acusadas de crimes impronunciáveis e francamente impossíveis. Os próprios pais de Kelly Wilson eram um exemplo dessa divisão. A mãe de Kelly acreditava no envolvimento do sargento Brown com a seita que sequestrara e matara a filha, enquanto o pai argumentava categoricamente que Brown e os outros tinham sido acusados cedo demais e o verdadeiro assassino da filha não fora encontrado.

O juiz que presidiu as audiências de custódia das crianças estava convencido de que os rituais satânicos aconteceram. O júri que condenou Brown recusou-se a reverter a decisão quando o procurador-geral do Texas tentou explicar por que as provas apresentadas antes não eram confiáveis. Por fim, outro juiz diminuiu as sentenças, mas muita gente continuou acreditando que os adoradores de Satã estavam em Gilmer para abusar das crianças e matá-las. Durante o curso do meu trabalho, fui acusado de envolvimento na seita, meu pessoal relatou fatos como gatos mortos na rua como prova de "bruxaria", e uma atmosfera de medo predominava. Sem qualquer outra evidência além do testemunho coagido de dezesseis crianças, em pleno século XX, os adultos estavam dispostos a condenar meia dúzia de pessoas, entre elas um chefe de polícia designado para investigar o crime e um homem cujas notas fiscais e recibos de postos de gasolina provavam que estivera rodando pelo país no dia do crime. Os seres humanos são animais sociais, extremamente suscetíveis ao contágio emocional. Instrução, lógica e inteligência não são páreo para o poder do pensamento coletivo. Os seres humanos que não conseguem captar os sinais emocionais do outro não sobrevivem. Entender esses sinais é a chave para o sucesso social; não conseguir decifrá-los é uma grande desvantagem, como vimos no caso de Connor. O efeito colateral desse legado é uma caça às bruxas, como se viu em Gilmer, no Texas.

CAPÍTULO 8

O CORVO

~~∂⊘∂~~

Amber, 17 anos, foi encontrada caída inconsciente no banheiro da escola. Respiração superficial, batimentos cardíacos lentos, pressão sanguínea muito baixa. Como não podia deixar de ser, Jill*, a mãe, chegou desesperada ao pronto-socorro logo que foi avisada pela escola. Eu também acabara de chegar. Era o médico de plantão naquele mês e estava lendo a avaliação de um adolescente suicida feita por um colega da psiquiatra infantil.

Enquanto os médicos avaliavam Amber, o coração parou de bater. Conseguiram ressuscitá-la e estabilizá-la, mas Jill ficou apavorada. Amber continuou desacordada e inconsciente. E Jill estava histérica. Pediram-me para acalmar a mãe enquanto os médicos se concentravam nos problemas da filha. Análises toxicológicas para encontrar drogas no organismo de Amber deram negativo, e a causa mais provável de inconsciência adolescente foi descartada: overdose. Jill não se lembrava de nenhum outro problema de saúde que pudesse explicar o estado da filha, então os médicos começaram a pensar em uma doença cardíaca rara, talvez um tumor cerebral ou um AVC.

Jill estava sentada ao lado da cama, segurando a mão da filha e chorando. Uma enfermeira ajustava o acesso venoso no braço de Amber. Jill me olhou quase implorando. Procurei acalmá-la dizendo que o hospital era excelente e que sua filha estava sendo bem cuidada. Quando ela perguntou qual era minha especialidade e descobriu que eu era psiquiatra, ficou ainda mais abalada.

— Você está aqui porque ela vai morrer?

— Não — respondi e expliquei que estava lá porque os médicos estavam tentando descobrir o que exatamente havia de errado com Amber. Sabendo que Jill se sentiria melhor se conversasse com alguém, me escalaram para o papel. Ela se convenceu. Relaxou perceptivelmente, e pensei, não pela primeira vez, que a sinceridade andava muito desvalorizada e subutilizada na medicina.

— Por que não me dizem o que está acontecendo?

Expliquei que os médicos não estavam omitindo informação porque não sabiam o que havia de errado com Amber. E prometi olhar o prontuário para descobrir o que fosse possível.

Saí do quarto para ler o prontuário e conversar com outros médicos. Eles disseram que a escola havia ligado para a emergência porque uma aluna encontrara Amber caída no banheiro. Os sinais vitais eram estáveis, mas a frequência cardíaca estava notavelmente baixa: entre 48 e 52 batimentos por minuto. O coração normal, em repouso, de uma menina da idade dela tem entre 70 e 90 batimentos por minuto. Os paramédicos a levaram para o hospital, e os médicos a examinavam quando o coração parou. Então ela foi reanimada, algo comum em centenas de episódios de AVC.

A essa altura, Amber já estava havia quatro horas no leito da emergência. Nesse meio-tempo, já fora vista por um neurologista e fizera uma tomografia que não apresentou nenhuma anormalidade no cérebro. Outros exames neurológicos também estavam normais. O cardiologista não encontrou nenhum problema cardíaco que explicasse o sintoma. Os exames de sangue estavam normais, e os testes toxicológicos deram todos negativos. Ou seja, ninguém conversou com Jill porque ninguém sabia o que estava acontecendo.

Voltei para o quarto e contei o que sabia. Em seguida, usando uma técnica simples que relaxa as pessoas antes da hipnose, comecei perguntando sobre a vida de Amber para acalmar a mãe enquanto buscava uma pista do que dera errado no passado da filha.

— Me fale de sua filha — pedi. Jill pareceu não entender a pergunta aparentemente irrelevante. — Onde ela nasceu? — insisti.

Jill pensou um pouco e começou a me contar uma história que já devia ter contado centenas de vezes desde o nascimento de Amber. O estado de espírito das pessoas muda notadamente ao relembrar o passado, e Jill sorriu pela primeira vez. Quando vacilava, eu a incentivava com tópicos neutros e positivos, como o primeiro dia de Amber na escola ou os livros de que ela gostava de ler na infância.

Mas notei que ela saltava longos períodos de tempo e que sua vida não fora fácil. Ela parecia ter dez anos mais que seus trinta e poucos anos, com os cabelos descoloridos e a aparência cansada. É claro que dificilmente alguém fica bem no quarto de um hospital ao lado de uma filha doente, mas era evidente que Jill passara por dificuldades e lutara muito para chegar aonde estava. Omitia muita coisa, porém acabou preenchendo os espaços em branco ao admitir uma sequência de relacionamentos fracassados e empregos ruins que obrigaram mãe e filha a rodar pelo país por muitos anos, sem criar raízes em nenhum lugar. Mas agora tinha um bom trabalho como assistente administrativa e estava decidida a viver no Texas.

Ouvindo a mãe, também estudei a filha. Amber tinha cabelos pretos tingidos, usava três *piercings* em uma orelha, dois em outra. Então, notei algo muito importante: seu antebraço apresentava dezenas de pequenos cortes. Eram cortes perfeitamente paralelos e de vez em quando uma cruz. O local, a profundidade e o padrão dos cortes eram típicos de automutilação.

Sabendo que os cortes chamariam a atenção para os problemas médicos da menina, perguntei a Jill o que acontecera recentemente que pudesse ter aborrecido Amber. A mãe pensou um pouco e então cobriu a boca com as mãos, como evitando um grito. De fato, na noite anterior, um antigo namorado de Jill, Duane*, telefonara. Jill e Duane tinham rompido havia oito anos, quando ela descobriu que ele violentava sua filha, então com 9 anos. O abuso aconteceu por vários anos. Amber atendera ao telefone na noite anterior, antes de ser hospitalizada. Duane sugeriu visitá-las, mas Jill pegou o fone e disse que nem ela nem a filha queriam vê-lo.

Como Amber, muitas pessoas que se "cortam" têm históricos de traumas. Ao se mutilarem, são induzidas a um estado dissociativo, similar à reação adaptativa que tiveram durante o trauma original. Cortar-se as acalma, porque lhes permite se livrar da ansiedade causada pelas memórias traumáticas revisitadas e pelos desafios da vida diária. Como já discutimos, nos estados dissociativos, as pessoas ficam tão desconectadas da realidade que entram em um estado de consciência em que nada é real, de modo que as dores físicas e emocionais se tornem mais suportáveis. Isso acontece pela liberação de altos níveis de opioides, substâncias naturais produzidas pelo cérebro semelhantes à heroína, que acalmam a dor e dão sensação de distanciamento dos problemas. Pesquisas com roedores mostram que quando esses animais ficam presos – experiência altamente estressante para eles –, o cérebro é inundado por opioides naturais, as chamadas endorfinas e encefalinas. As pessoas que passam por experiências de risco de morte costumam descrever uma sensação de "desconexão" e "irrealidade" e sentem um entorpecimento similar ao que as drogas opioides causam. Endorfinas e encefalinas são partes integrantes do sistema de resposta de estresse do cérebro e preparam o corpo para suportar sofrimentos físicos e emocionais.

Percebi que o estado fisiológico de Amber era muito semelhante ao de alguém com overdose de heroína, embora, diferentemente das vítimas de overdose, ela respirasse sem a ajuda de aparelhos. Considerando a automutilação e o contato inesperado com o agressor na noite anterior, pensei: isso pode ser uma reação dissociativa extrema, causada por overdose dos próprios opioides. Quando abordei essa possibilidade, os médicos do pronto-socorro acharam absurdo. Até concordei, porque nunca se ouvira falar em casos semelhantes. Mas eu sabia que o antídoto para overdoses de opioides, uma droga chamada naloxona, era seguro. De fato, é tão raro fazer mal que alguns programas de troca de agulhas oferecem essa droga aos viciados para reverter overdoses muitas vezes presenciadas. Em nossa clínica, usamos uma droga similar, mas de ação mais prolongada, a naltrexona, em crianças propensas a estados dissociativos, para modular suas reações quando se veem diante dos sinais relacionados ao trauma. Como Amber continuava desacordada e os exames não davam nenhuma pista sobre sua condição, os médicos decidiram dar uma chance para a naloxona. Assim como nas overdoses de opioides comuns, os resultados foram rápidos. Noventa segundos após receber a injeção, Amber piscou, olhou em volta e, logo depois, sentou-se na cama e perguntou onde estava. Conhecendo-a melhor agora, minha suspeita de que uma resposta dissociativa a alguma memória traumática seria a causa dos sintomas, era uma explicação plausível para a perda de consciência que trouxera Amber ao hospital e para sua reação à naloxona.

Amber passou a noite no hospital em observação. Na manhã seguinte, fui vê-la e a encontrei sentada na cama, escrevendo e desenhando em um diário. Apresentei-me:

— Eu a conheci ontem, mas você não se lembra. Estava um pouco desorientada.

— Você não parece ser médico — ela me olhou de cima a baixo, detendo-se no jeans, na camiseta sob o jaleco branco. Parecia desconfiada, mas também confiante e segura de si. Em seguida, retomou o desenho. —Você é psiquiatra? — ela perguntou sem parar o que fazia.

Disfarçadamente, espiei o desenho. O diário tinha desenhos elaborados reminiscentes de caligrafias antigas, como serpentes enroladas nas bordas das páginas. Ela notou que eu estava olhando e fechou o diário devagar. Uma maneira interessante de esconder e revelar ao mesmo tempo. Então percebi que ela estava disposta a conversar.

— Tive oportunidade de conversar com sua mãe a seu respeito. Ela gosta muito de você, mas está preocupada. Acredita que faria bem a você conversar sobre o que aconteceu em sua vida um tempo atrás. — Parei de falar e esperei ela digerir o que acabara de ouvir.

— Minha mãe gosta de você — ela respondeu, olhando diretamente nos meus olhos. E pensei: será que ela acha que sou outro homem que a mãe está introduzindo na vida dela? Ou, como Tina, minha primeira paciente, Amber também desconfia de qualquer homem? Parte de seu cérebro detesta todos os homens de que a mãe gosta? Não é melhor que uma médica da minha equipe trabalhe com ela?

Alguma coisa me dizia que nos daríamos bem. Com o tempo, eu a ajudaria a substituir as associações ruins com os homens por relacionamentos sinceros, previsíveis, seguros e saudáveis.

— Bem, sua mãe gosta é do fato que eu posso ajudar você. Ela me contou o que aconteceu com Duane, e é nisso que posso ajudar. Será muito bom você falar sobre tudo o que aconteceu, para que situações como a de ontem não voltem a acontecer.

— O que aconteceu com *ele acabou* — Amber foi enfática.

Peguei a mão dela, virei para cima e expus o antebraço.

— Ouça bem: você não me conhece, não sabe nada sobre mim e não vai confiar em mim se não souber quem sou. Então vou lhe contar algumas coisas. Quando eu sair, pense se quer ou não passar um tempo conversando comigo. O que você decidir estará decidido. Você não é obrigada a me ver, a escolha é sua. É você quem manda.

Descrevi em termos simples o trabalho clínico que fazíamos com crianças traumatizadas, expliquei de que maneira ele a ajudaria e como conhecer melhor sua história ajudaria o trabalho que fazíamos também com outras crianças vítimas de maus-tratos. Parei de falar e esperei. Amber continuou em silêncio. Ela precisava saber que eu entendia o que estava se passando.

— Sei que quando está ansiosa sente necessidade de se cortar. E que quando passou a lâmina pela primeira vez no braço e fez o primeiro corte sentiu alívio. — Ela me olhou como se eu revelasse um profundo segredo.

— Sei que, na escola, às vezes você sente uma tensão crescente e quer correr para o banheiro para se cortar, nem que seja um corte pequenino. E sei também que nos dias quentes você usa mangas compridas para esconder as cicatrizes.

Então parei de falar. Ficamos nos olhando em silêncio, e segurei a mão dela para me despedir. Prometi voltar para responder a qualquer pergunta que ela quisesse fazer e marcar a consulta.

Quando voltei, Amber e a mãe esperavam por mim.

— Pronta para ir para casa? — perguntei. — Que tal nos vermos na próxima semana?

— Vou, sim — ela sorriu timidamente. — Como você sabia de tudo aquilo que falou?

— Conversaremos na semana que vem. Agora, tire essa camisola horrorosa, vá para casa e tenha uma ótima noite com sua mãe.

Os traumas são mais bem digeridos quando revelados aos poucos. Mãe e filha tinham passado por muita coisa nos últimos dias.

Amber começou a terapia e me surpreendeu ao se abrir tão rápido. Não raro se passam vários meses até o paciente compartilhar os pensamentos íntimos em uma única sessão semanal de psicoterapia. Em três ou quatro semanas, Amber já falava dos abusos cometidos por Duane.

— Você quer que eu fale que fui abusada? — ela perguntou um dia.

— Quando estiver pronta, pode falar — respondi.

— Não sei muita coisa, não gosto de me lembrar.

Perguntei quando ela costumava pensar a respeito.

— Às vezes, quando vou dormir. Mas logo me distraio.

— Se distrai?

Ela falava de dissociação, mas eu precisava que descrevesse melhor. Amber inclinou a cabeça e continuou olhando para baixo. Estava revendo mentalmente imagens dolorosas.

— Quando começou a acontecer, fiquei muito assustada. Ela falava baixo, num tom quase infantil. — Doía muito, eu nem conseguia respirar direito. Me sentia indefesa, pequena, fraca. Não queria contar para minha mãe. Sentia vergonha e estava confusa. Quando acontecia, eu fechava os olhos e procurava pensar em outra coisa. Até encontrar um lugar seguro na minha cabeça.

Conforme ela ia descrevendo, a expressão foi mudando.

— Esse lugar passou a ser o meu esconderijo especial. Sempre que ia para lá, ficava lá, me sentia segura. Ninguém sabia onde era. Ninguém entrava lá comigo. Lá dentro, ninguém podia me machucar. — Ela falava em voz baixa, num tom monótono, automaticamente. Um olhar vazio, quase não piscava. Então continuou: — Nesse lugar, era como se eu estivesse voando. Então comecei a imaginar que era um pássaro, um corvo. Queria ser um pássaro bonito, um pássaro azul, um rouxinol, mas nada era bonito lá. Então um pássaro majestoso, uma águia, um falcão, mas também não deu certo. Na minha cabeça, o pássaro tinha que ser preto, um corvo. Mas um corvo poderoso, que controlava os animais. Eu era sábia, mas muito cruel quando caçava, usava meus poderes para destruir o mal. Para as criaturas do mal, eu era a Morte Negra.

Ela fez outra pausa e então olhou para mim. Eu estava comovido. Sabia que ela jamais dissera isso a alguém e que essa fantasia tão forte que tanto a confortava vinha de sua natureza secreta. Em momentos como esse, quem está vulnerável precisa ser protegido.

— Você ainda é a Morte Negra? — perguntei. Ela ficou em silêncio e começou a chorar. Então nosso trabalho começou.

As semanas se passaram, e fui conhecendo Amber melhor. A história dela me ensinou muita coisa sobre reação dissociativa a um trauma e como ajudar quem sofre desse mal.

O abuso sexual violento e apavorante que Amber sofreu começou aos 7 anos. Os pais se separaram quando ela tinha 2 anos, e logo depois a mãe encontrou um novo parceiro, alguém capaz de sustentar a família. Duane só molestava Amber quando bebia, o que acontecia uma vez a cada dez dias, mais ou menos. Logo se arrependia, trazia presentes e cobria Amber de elogios para compensar o que fizera. Como os dias em que ele bebia eram imprevisíveis, Amber vivia em estado de medo constante por não saber quando voltariam a acontecer as dores e o pavor do abuso. Suas notas na escola despencaram; ela deixou de ser uma criança feliz para ser uma menina retraída e ansiosa.

Amber temia contar à mãe o que Duane fazia; ele a ameaçava de coisas ainda piores se o fizesse. Sem saída, resolveu assumir o controle da situação. Passou a servir bebida a Duane e a se comportar de maneira provocante. Se soubesse quando ele a atacaria, poderia estudar e dormir a noite toda sem se preocupar se ele viria para sua cama. Em suma, conseguiu programar e isolar o terror para que não interferisse em sua vida. Suas notas melhoraram, e os amigos voltaram. Embora seu comportamento dobrasse a frequência do molestamento, ter o controle da situação permitiu que ela controlasse a própria ansiedade a ponto de minimizar os efeitos que o abuso causava em sua vida diária. Infelizmente, isso criou outros problemas ligados à culpa pela cumplicidade, mas a ajudou a lidar com o trauma.

Quando violentada e sodomizada, Amber se dissociava retirando-se para a Morte Negra/o Corvo, seu mundo fantástico. Perseguida por criaturas malignas e demônios, sempre triunfava como em um videogame. A fantasia era elaborada e detalhada. Na realidade, era tão forte que Amber nem sequer sentia o que acontecia em seu corpo. Ela encapsulou o trauma de tal forma que lhe permitiu atuar e superar, embora os efeitos se fizessem sentir quando ficava exposta aos sinais que lembravam coisas como o cheiro de Duane ou o cheiro das bebidas que ele tomava. Esses sinais disparavam uma resposta dissociativa que Amber não controlava, então ela se recolhia em seu mundo "seguro" e parava de responder aos estímulos externos. A reação mais extrema a levou ao hospital no dia seguinte em que ele telefonou.

O abuso continuou por vários anos. Quando Amber tinha 9 anos, a mãe pegou Duane na cama da filha e o expulsou de casa. Não culpou Amber, como muitas mães infelizmente fazem em situações como essa, mas não chamou a polícia nem procurou ajuda para a filha. O xerife do distrito não deu continuidade ao caso depois que o agressor se mudou para outro estado. E Jill tinha problemas suficientes para se preocupar: mãe divorciada, pouco qualificada, se esforçava muito para sustentar a filha e a si mesma. As duas se mudaram várias vezes, buscando melhores oportunidades de trabalho em outros estados. Jill voltou a estudar e conseguiu um emprego melhor e bem remunerado, mas a instabilidade e o abuso já haviam feito estragos em Amber.

A menina cuidava de si mesma, tinha desempenho decente, porém não espetacular, na escola. Era inteligente e poderia se sair melhor, mas talvez por tudo que se passara era uma aluna apenas mediana. Não era a mais popular da classe, todavia também não era a menos popular. Fazia parte de um grupo de adolescentes "góticos" de classe média, que só usavam roupas pretas e tinham comportamentos extremos. Não bebiam nem usavam drogas, mas toleravam o uso por misticismo e pela cultura alternativa. De acordo com um estudo recente, a cultura gótica tende a atrair adolescentes que têm histórico de automutilação como o de Amber. O fato de ser gótico não aumenta essa tendência: antes de encontrar essa comunidade que aceitou seus interesses "obscuros", já eram adolescentes propensos a se cortarem e se mutilarem.

Na escola, Amber descobriu que se beliscar e fazer cortes profundos nos braços aliviavam a ansiedade. Mais tarde, na privacidade do quarto, descobriu que se cortar produzia um estado dissociativo que aliviava o peso intolerável do estresse acumulado. "Como se minha pele fosse mágica". Ela explicou que se cortar com uma faca ou uma lâmina dava a incrível sensação de alívio e acesso ao seu "lugar" seguro. Outros adolescentes encontram saídas similares nas drogas.

Embora o uso de drogas entre adolescentes costume ser visto como simples hedonismo e rebeldia, os que correm mais risco de ter problemas duradouros são aqueles como Amber, cujos sistemas de reação de estresse foram acionados precocemente e por muito tempo. Pesquisas com adictos e alcoólatras mostram números cada vez mais altos de eventos traumáticos precoces se comparados aos não viciados. As histórias mais graves de viciados, principalmente entre mulheres, são repletas de abuso sexual na infância, perda dos pais por divórcio ou morte, presenciar violência grave, abuso e abandono físicos, entre outros traumas. As tomografias do cérebro dos que vivenciaram traumas costumam revelar anormalidades em regiões que também sofreram alterações causadas por dependência química. É bem provável que essas alterações predisponham ao vício.

A automutilação costuma ser vista como um ato de rebeldia ou busca de atenção, mas é mais entendida como automedicação. Cortar-se libera opioides do cérebro, o que é especialmente atraente

para quem sofre um trauma e encontra alívio na dissociação. Embora os que se cortam sintam o efeito de alguma quantidade de opioides, é mais provável que a experiência seja mais percebida como prazerosa e atraente por quem tem reações dissociativas sensibilizadas por traumas anteriores e sofrimentos emocionais. O mesmo é válido para pessoas que usam drogas como a heroína ou OxyContin. Ao contrário do que se pensa, a maioria dos usuários dessas drogas não as considera imensamente agradáveis. Muitos não gostam das sensações provocadas. Só os que não suportam os efeitos colaterais do estresse ou de um trauma severo têm mais probabilidade de vê-las como substâncias calmantes e confortantes, não mortais.

Curiosamente, drogas estimulantes como a cocaína e a anfetamina replicam outra reação natural do trauma: a hiperexcitação. As duas drogas liberam maior quantidade dos neurotransmissores dopamina e noradrenalina (ou norepinefrina), ambos elementos químicos do cérebro que aumentam excepcionalmente com a hiperexcitação. Da mesma forma que a experiência dissociativa se assemelha fisiológica e psicologicamente ao efeito estimulado pelo opioide, o efeito estimulado pelo opioide é comparável fisiológica e psicologicamente ao estado de hiperexcitação. Em ambos os casos, a pessoa tem os batimentos cardíacos elevados, os sentidos intensificados e uma sensação de mais poder e mais possibilidades. São sensações necessárias para abastecer o lutar ou correr, mas também explicam por que os estimulantes aumentam a paranoia e a agressividade. As alterações do cérebro relacionadas à hiperexcitação fazem com que vítimas de traumas sejam mais propensas à dependência de estimulantes, ao passo que as relacionadas às dissociações preferem opioides como a heroína. Quando meus colegas e eu reconhecemos que o trauma afeta o cérebro e o restante do corpo, começamos a buscar métodos farmacológicos para tratar alguns dos sintomas. Esperávamos evitar que crianças pequenas desenvolvessem mais tarde problemas como dependência de drogas e automutilação. Sabíamos, por exemplo, que as drogas bloqueadoras de opioides, como o naloxone e o naltrexone, podiam ser usadas satisfatoriamente para conter a dissociação sensibilizada. Já tínhamos estudado a clonidina para baixar a hiperexcitação. Embora Mama P. temesse, e com alguma razão, que fôssemos drogar as crianças de que ela cuidava usando apenas medicação – e deixássemos de fora o amor e o afeto –, concluímos que a medicação certa ajudaria muito se usada no contexto certo.

Um dos primeiros pacientes nos quais testamos a naltrexona foi um garoto de 16 anos chamado Ted. Assim como Amber, ele chamara nossa atenção pelos sintomas físicos, não pelos problemas psicológicos. Ted apresentava episódios imprevisíveis de desmaios, muitas vezes na escola. Como no caso de Amber, os exames médicos não revelaram problemas cardíacos discerníveis nem problemas neurológicos diagnosticáveis, como epilepsia ou tumor cerebral, que pudessem causar o sintoma. Quando concluíram que Ted induzia inconscientemente alguma forma estranha de chamar a atenção, os médicos que descartaram outros problemas acionaram a psiquiatria.

Ted era um rapaz alto, magro e muito bonito, mas estava sempre deprimido, desmazelado, desconfiado, como se quisesse desaparecer. No entanto, não correspondia aos critérios de depressão. Não relatava infelicidade, pouca energia, ideias suicidas, desconfortos sociais, problemas de sono ou qualquer outro sintoma clássico do transtorno. O único problema é que duas vezes por semana, de repente, desmaiava.

Quando começamos a conversar, descobri outras coisas. "Às vezes me sinto como um robô", ele contou, ao descrever que se sentia distante dos aspectos emocionais da vida, como se assistisse a um filme ou vivendo simplesmente alheio aos acontecimentos. Sentia-se desconectado, apartado, anestesiado: as clássicas descrições de dissociação. Quando o conheci melhor, descobri por que o cérebro o protegia do mundo. Tudo começou na escola fundamental, quando Ted presenciava constantemente violência doméstica. O padrasto batia na mãe de Ted, e não era só um tapa ou um empurrão, mas agressões violentas que a deixavam marcada, assustada, aterrorizada e em total submissão. Mais de uma vez, a mãe teve que ser hospitalizada. Quando cresceu, Ted tentou proteger a mãe, mas a raiva do homem se voltou contra ele. "Era preferível apanhar do que ver minha mãe ser agredida", ele descreveu. Não foi imediatamente, mas a mãe terminou o relacionamento com o agressor.

Ted tinha, então, 10 anos. Viveu a maior parte da vida sob ameaças diárias e ocorrência real de violência grave. Recolheu-se socialmente e se isolou. Os professores o chamavam de "sonhador", porque estava sempre "a quilômetros de distância" em vez de prestar atenção na aula. Mesmo assim, as notas de Ted estavam na média. Como Amber, ele também encontrou um jeito de "desaparecer", porque, se tirasse notas muito altas ou muito baixas, chamaria a atenção para si. Não importa que tirar notas altas fosse algo positivo, pois todo tipo de atenção é estressante e até mesmo uma ameaça. Ted estava convencido de que a melhor maneira de evitar qualquer possibilidade de abuso era tornar-se invisível, desaparecer num vasto e indiferenciado meio cinzento. E desde o início do ensino médio foi o que fez. Propus fazer um teste com a naltrexona para ver se os episódios de desmaio cessavam. Eu já havia observado que, se alguém sofre um estresse traumático extremo, o cérebro fica sensibilizado para futuros estressores, e o estresse terá que ser cada vez menor para que o sistema se mantenha desativado. Se o estresse for severo e inevitável, o cérebro liberará opioides em reação. Se eu usasse um bloqueador de opioides de longa duração como a naltrexona, os opioides liberados pelo sistema sensibilizado não agiriam, e o garoto pararia de desmaiar.

Ted aceitou fazer o teste e continuar a terapia. Tomou a medicação por mais quatro semanas, e nesse ínterim não desmaiou. No entanto, porque a droga bloqueava a reação dos opioides que lhe permitia se dissociar, Ted ficava muito ansioso com experiências novas ou estressantes. Esse é um problema comum a muitas drogas psiquiátricas e da medicina em geral. Uma droga pode ser excelente para eliminar determinado sintoma, mas não trata da pessoa como um todo nem lida com o problema em toda sua complexidade, por isso pode exacerbar os sintomas. Realmente, muitos pais e professores acham que a naltrexona "deixa a criança pior", porque, em vez de ela "desligar" em reação a um estresse, começa a ter sintomas de hiperexcitação. Os adultos consideram essa reação de "lutar ou correr" prejudicial, porque as crianças ficam mais ativas, mais desafiadoras e até mais agressivas. Talvez pudéssemos ministrar clonidina para minimizar a hiperexcitação; porém, se a criança não se acalmasse, essa medicação não faria efeito no longo prazo. Por fim, decidimos que enquanto existissem casos em que a naltrexona ajudou continuaríamos usando-a com muito cuidado.

Os problemas de Ted eram muito mais profundos que os desmaios. Seu transtorno dissociativo tinha efeitos que afetavam sua capacidade de lidar com desafios emocionais e físicos. Para ajudar aquele jovem, não "solucionar" apenas a questão médica que o trouxera até nós, era preciso que ele aprendesse a lidar com o estresse. Graças à naltrexona, o cérebro parou de fechar automaticamente todo o sistema ao menor estresse, mas a mente ainda tinha que aprender a lidar com os estresses normais do dia a dia de maneira mais saudável, confortável e produtiva.

Assim como Amber, não era só o sistema de estresse sensibilizado de Ted que interferia em sua vida, mas também as associações com o abuso. Em nossas conversas, começamos a entender que seus desmaios eram provocados mais pelas interações dele com os homens e as armadilhas da masculinidade – sinais que o faziam se lembrar do agressor, ex-militar extremamente macho. A frequência dos desmaios aumentou na adolescência, quando ele se expôs aos homens adultos muito mais do que antes. Agora, não só tinha contato com professores e treinadores homens, mas ele próprio e os colegas começavam a dar sinais de masculinidade adulta. Ted não conseguia evitar muitos gatilhos que agora estavam por toda parte.

Para aprender a não reagir aos sinais com uma resposta dissociativa exagerada e porque não estava mais tomando a naltrexona, eu queria ter certeza de que Ted estava em um ambiente seguro. Decidi dar a ele, no início da sessão, a naloxona, bloqueador de opioide de curta duração, e expô-lo aos sinais de masculinidade enquanto o ajudava a enfrentá-los, para que não se estressasse tanto. O efeito da naloxona terminava no fim da nossa sessão, e se mais tarde ele voltasse a vivenciar sinais extremamente ameaçadores saberia como se dissociar.

Para maximizar o efeito, eu agia de maneira muito mais masculina e machista do que costumo ser, algo muito mais fácil lá atrás, quando ainda era mais novo e tinha melhores condições físicas. Nos dias da sessão com Ted, eu enfiava a camisa dentro da calça para realçar as características masculinas do tórax e arregaçava as mangas da camisa para expor os músculos do braço. Parece bobagem (e muitas vezes me senti um tolo), mas isso permitiu que ele se acostumasse com esses sinais e desenvolvesse uma relação mais saudável com homens. Quando Ted começava a ter sentimentos e memórias relacionados ao abuso, eu conseguia acalmá-lo e transmitir-lhe segurança, e ele viu que era capaz de lidar com a situação sem se fechar.

Ted era muito inteligente, e expliquei o porquê daquele nosso tratamento. Logo ele encontrou novas formas de acelerar o processo. Ofereceu-se para registrar as estatísticas do time de basquete da escola, o que lhe permitia conviver com outros jovens numa situação segura e confortável e criar novas oportunidades no lugar daquelas que provocavam os sintomas. Os desmaios não aconteceram mais, e, embora às vezes ele ainda quisesse "desaparecer", aprendeu a viver melhor.

Também fiz progressos com Amber. Nós nos encontramos semanalmente por dez meses após sua internação. Como os episódios de desmaios não aconteciam mais com tanta frequência e ela já apresentava algum controle dos sintomas dissociativos, decidi não usar a naloxona nem a naltrexona e agendei outras sessões. Graças à inteligência, à criatividade e ao senso de humor de Amber, ela articulava sua história de modo que me permitiu ter novos *insights* e ajudar outras crianças que não descreviam com tanta clareza o que acontecia com elas. Mas Amber também era uma menina frágil, sensível, interiormente sombria e triste. É preciso ter muita energia para se manter vigilante e "em guarda" como Amber; é exaustivo ver o mundo como ameaça potencial. Ela não temia só ameaças físicas; também distorcia comentários positivos com observações neutras, interações neutras com trocas negativas e sinais negativos com ataques pessoais catastróficos.

"Eles me odeiam", costumava dizer. Amber se ofendia com facilidade, o que dificultava os relacionamentos que já tinha e afastava os que nem sequer haviam começado. Consequentemente, eu perdia muito tempo para fazê-la enxergar essas interações da maneira mais clara possível, assim como tantas outras coisas em sua vida. Essa parte do nosso trabalho era basicamente terapia cognitiva, um dos tratamentos mais eficazes para a depressão. O abuso sofrido por Amber produzira inúmeros sintomas depressivos, um dos quais o ódio por si mesma. Em geral, pessoas como Amber acreditam que os outros "sabem" que elas são "más" e indignas, que merecem ser magoadas e rejeitadas. Projetam o ódio que sentem por si mesmas no mundo e se sensibilizam – na verdade, se hipersensibilizam – ao menor sinal de rejeição.

O segredo da recuperação é o paciente aceitar que sua percepção não é real, que o mundo não precisa ser tão sombrio. O trabalho com Amber foi lento. Ela precisava entender que ninguém queria magoá-la. Que as pessoas também são positivas, gentis e companheiras. Mas ela se afastava de todos para se proteger do sofrimento e do terror causado por Duane no passado.

Um dia, ela entrou no consultório, se jogou na poltrona, pôs os pés sobre a mesinha de centro e perguntou:

— Você sabia que o corvo é o pássaro mais bonito?

— Não, não sabia. Por que está me dizendo isso? — Fechei a porta do consultório e me sentei de frente para ela.

— *Corvus corax* — ela disse em latim o nome de um corvo comum.

— Você fala latim?

— Não. É o nome oficial do corvo.

— Você gosta de corvos.

— Sou um corvo.

— Você é uma menina.

— Engraçadinho. Você sabe o que quero dizer.

— Acho que sei. — Ela ficou em silêncio, e continuei — Quer conversar sobre animais? Vamos falar de animais.

— Tudo bem.

— Os animais enviam os próprios sinais a outros animais, sejam da sua espécie ou predadores. — Percebi que Amber estava prestes a se fechar, então continuei — O urso fica em pé e urra; o cachorro rosna e mostra os dentes; a cobra chacoalha o rabo. — Um silêncio se espalhou pela sala. Queria que ela soltasse um poderoso "Me deixa em paz" em vez da profecia autorrealizadora "Ninguém gosta de mim", como sempre fazia. — O que o corvo faz? — perguntei, e ela sorriu.

— O corvo faz isso. — Ela se sentou mais à frente da cadeira, inclinou-se na minha direção e ergueu a manga da camiseta. Pensei que veria novos cortes, mas vi uma nova tatuagem, toda em tinta preta. Era um corvo sentado com as asas abertas.

— Bela tatuagem. Quem fez? — Finalmente ela reconhecia que as roupas pretas, os *piercings* e a nova tatuagem eram sinais.

— Bubba. Lá de Montrose.
— Então você está se tatuando. É como se cortar?
— Não, não é. Não dói tanto.
— Você está se cortando?
— Não, estou fazendo aquele exercício de relaxamento. Às vezes funciona.

Eu ensinara a ela uma técnica de auto-hipnose para usar quando sentisse necessidade de se cortar, porque a hipnose ajuda a acessar a habilidade dissociativa de forma controlada. Queria que Amber controlasse de forma sadia quando e quanto usar sua forte resposta adaptativa. Então ensinei a ela uma técnica de indução que envolvia se concentrar na respiração. Após observar a respiração normal por um ou dois minutos, respirar dez vezes de forma profunda e controlada, contando em ordem decrescente. Ao inalar, imaginar que está descendo uma escada. No primeiro degrau, há uma porta; atrás dessa porta, existe um lugar "seguro", onde a pessoa não pode ser machucada e tem controle de tudo. Uma vez aprendida a técnica, Amber poderia usá-la sempre que estivesse aflita e angustiada, em vez de se cortar.

Amber se abria um pouco e logo se fechava de novo. Falávamos rapidamente da mágoa e da vergonha que ela costumava sentir, e, se tivesse muita dificuldade, podia desenhar. Eu não a forçava a nada. Sabia que suas defesas estavam ali por alguma razão. Quando ela se sentisse mais segura, falaria. Amber fez mais tatuagens, todas pequenas e pretas. Uma rosa preta, um nó górdio preto, um corvo menor. E continuava usando preto.

Numa das sessões, falamos que as pessoas são programadas para ler o outro e responder a ele. E falamos dos sinais que costumamos enviar.

— Você sabia que o cérebro humano tem sistemas neurais específicos para ler e responder aos sinais sociais enviados por outras pessoas e responder a eles?

Mostrei uma revista de neurociência que tinha nas mãos. É claro que queria que ela reconhecesse que enviava sinais negativos às pessoas e fazia uma leitura errada dos sinais que as pessoas enviavam a ela.

— Você quer dizer que meus neurônios dos sinais sociais estão ferrados?

— Imediatamente ela desviou do ponto em que eu pretendia chegar. Tive que recuar um pouco.

— Nossa! De onde veio isso?
— Sei o que está pensando.

— Agora consegue ler meus pensamentos? Os pensamentos de todo mundo?

Ela não entendeu meu senso de humor. Decidi, então, que a maneira mais segura de continuar era me aproximar pelo nível cognitivo, não emocional.

— Quando esses neurônios do nosso cérebro são ativados, refletem neurônios similares, também ativados no cérebro de com quem estamos interagindo. São os chamados neurônios-espelho. Eles pertencem a um sistema do cérebro que nos permite nos conectarmos e nos comunicarmos com o outro. Entendeu? — Amber prestava atenção. Esperei-a processar o que eu acabara de dizer e talvez pensar no que significava para ela. Continuei: — Quando a mãe pega seu bebê no colo, sorri e canta para ele, todos os principais sinais sensoriais, o estímulo visual do sorriso da mãe, o estímulo auditivo do canto da mãe, os sinais olfativos enviados pelo cheiro da mãe e a informação tátil do abraço e da pressão do toque da mãe transformam-se em padrões de atividade neural que entram no cérebro da criança e estimulam as mesmas partes do cérebro que fazem a mãe sorrir, cantar, ninar etc. O cérebro do bebê é configurado pela estimulação padronizada e repetitiva das interações com a mãe! — Ela me ouvia. Estava muito interessada e movia a cabeça afirmativamente. — É muito interessante. Eu amo o cérebro! — declarei. Deixei a revista sobre a mesa e esperei ela dizer alguma coisa.

— Você é muito estranho, cara.

Era óbvio que ela não aceitava que seu cérebro estava "ferrado". Amber começava a enxergar que sua percepção era diferente da realidade e a forma como reagia às pessoas era se baseada em uma visão distorcida do mundo.

Com o passar do tempo, Amber foi melhorando. Sua frequência cardíaca em repouso passou a sessenta batimentos por minuto e não era mais perigosamente baixa. Ela também não apresentou mais períodos de inconsciência. Os relatórios da escola e de sua casa sugeriam melhora significativa. Ela estava mais animada durante as sessões e já falava de um pequeno grupo de amigos, todos um pouco marginalizados, mas em geral saudáveis.

Então, um dia ela entrou no consultório, jogou-se na poltrona e anunciou:

— Vamos mudar outra vez.

— Quando você soube?

— Ontem. Minha mãe foi chamada para trabalhar em Austin, então vamos mudar. — Seus olhos se encheram de lágrimas.

— Vocês já sabem quando vão?
— Em poucas semanas. Minha mãe começa no próximo mês.
— Vamos falar sobre isso.
— Por quê?
— Porque aposto que você não está gostando.
— Você lê pensamentos agora? Não sabe como estou me sentindo.
— Mmmmm... Eu disse aposto que você não está gostando. Estou errado?

Ela se sentou sobre as pernas dobradas e abaixou a cabeça, para que eu não visse as lágrimas escorrendo. Uma delas caiu na calça preta. Dei a ela um lenço de papel.

— Odeio isso. — Amber disse em voz baixa. Silêncio. Levei minha cadeira para mais perto dela e pus a mão em seu ombro. Ela se sentou mais ereta.
— O que você mais odeia?
— Odeio tudo. Nova escola, novos alunos, novos malucos na cidade. Odeio começar tudo de novo.
— Deve ser difícil mesmo.

Eu não pretendia invalidar seus sentimentos, mas sabia que mais tarde teríamos que conversar sobre o lado positivo de um recomeço. Deixei-a expressar sua frustração e me limitei a ouvir.

Na semana seguinte, Amber anunciou:
— Não vejo a hora de sair desta cidade.
— E o que foram aquelas lágrimas na semana passada? — Eu a olhava fixamente, esperando que ela entendesse que eu estava triste e preocupado. Então começaríamos o difícil trabalho da transição.

Nas últimas sessões, o problema foi como se apresentar na nova escola. Amber estaria pronta para "começar de novo?" Tinha que projetar sempre sua raiva? Usar preto o tempo todo? Ela começou a admitir que podia ser mais suave, mais aberta, mais receptiva a novos relacionamentos. Nossas conversas sobre o mundo animal e o funcionamento do cérebro se infiltraram na compreensão de si mesma.

— Não sei o que fazer. Não sei se devo recomeçar e ser eu mesma ou se me protejo. Não sei nada. Não sei como vai ser.
— Quando chegar a hora, você vai saber.
— Como assim?
— Se a escolha for *sua*, tudo bem. Não permita que ninguém escolha por você; não permita que sua mãe, seus amigos, eu ou mesmo... — Parei e fiquei olhando para ela — o fantasma de Duane escolha por você.

— O que Duane tem a ver com isso?

— Penso que esse seu lado sombrio não é só seu. Que o que entrava em ação quando ele abusava de você, o distanciamento, a fantasia, esse lado sombrio que você projeta no mundo era provocado por Duane.

— Não, era eu que fazia isso.

— Lembra-se de que, a primeira vez que me falou desse seu mundo, você queria ser um passarinho? Um rouxinol? Conseguiu?

— Consegui.

— Passarinhos coloridos eram sua primeira escolha, Amber. Talvez eles não cantem agora porque estejam muito vulneráveis; talvez você esteja precisando de algo mais forte, mais sombrio, mais perigoso para se proteger.

— Pode ser.

— Deixe os passarinhos esperando lá fora.

— Não sei, não.

— Também não sei. Mas, quando chegar a hora, você saberá. E na hora certa você fará a melhor escolha.

Antes da mudança, aconselhei Amber e Jill a procurarem outro terapeuta em Austin. Dei alguns nomes e disse que estava acostumado a trabalhar com colegas a distância. E que estaria disponível ao telefone ou em consultas ocasionais para acompanhar o progresso de Amber. Mas seria melhor encontrar um terapeuta em Austin para dar continuidade ao trabalho já iniciado. Amber não gostou da ideia.

— Não vou procurar nenhum psiquiatra. Não sou louca.

— Estou tratando você como se estivesse louca?

— Não.

— Ouça, vai depender de você. Minha opinião é que você deveria aproveitar o tempo livre para encontrar a pessoa certa. Converse com meus colegas e veja com qual deles você se sente mais à vontade para falar.

— Tudo bem.

Ela não ia fazer isso.

— Bom. Apenas tenha certeza de que o que escolher seja de fato uma escolha sua. — Estendi a mão para selar nosso trato.

— Fica frio, Doc.

Tivemos notícias pela mãe de Amber, algumas vezes, nos primeiros seis meses após a mudança. Ela levou a filha à primeira terapeuta da nossa lista de indicações, mas Amber não gostou. E não voltaram a procurar ninguém.

É muito comum os pais não se sentirem motivados a manter as despesas e os inconvenientes da terapia quando tudo vai bem. Como Amber "estava ótima", a mãe não quis forçar quando a filha resistiu a buscar outro terapeuta.

Um ano e pouco após a mudança para Austin, entrei em meu e-mail e vi uma mensagem de "BlueRaven 232". A princípio, pensei que fosse *spam* e quase deletei. Então vi o assunto: "Nova tatuagem".

Querido Doc,

Quero que você seja o primeiro a saber. Fiz uma tatuagem nova; um buquê de flores – uma laranja, uma vermelha, uma roxa e uma azul. Sou uma garota de verdade. Nada de tinta preta. Corvo Azul.

Respondi:

Obrigado pelo e-mail, você fez uma boa escolha. Bom trabalho. Uma pergunta: Corvo Azul-Celeste?

Dr. P.

Num outro dia, ela escreveu:

Não. Corvo Azul-Marinho. Mas é um bom começo, não é?

Sorri quando vi a resposta:

É um bom começo, Amber.

De vez em quando, ainda recebo um e-mail do Corvo Azul. Hoje Amber é uma moça. Fez faculdade e se bacharelou em quatro anos. Como todo mundo, tem seus altos e baixos, mas é uma pessoa saudável, produtiva e afetiva. Trabalha com crianças e ainda não decidiu se voltará a estudar para ser assistente social, policial ou professora. Acredito que saberá escolher bem. Por tudo que Amber viveu e aprendeu sobre traumas e sobre como formatam a visão de mundo de uma criança, seja qual for sua formação, ela fará um excelente trabalho.

CAPÍTULO 9

"MAMÃE ESTÁ MENTINDO. MAMÃE ESTÁ ME MACHUCANDO. CHAMEM A POLÍCIA."

~୨୧~

Um dos riscos que se corre ao dirigir uma clínica para crianças maltratadas e traumatizadas é fazer sucesso: se você tem boa reputação por ajudar essas crianças, inevitavelmente terá que ser capaz de atender à demanda. É difícil aumentar a quantidade de auxiliares e prestadores de serviços e manter uma qualidade individualizada e o cuidado intensivo de que a criança necessita. Por isso, nossa equipe decidiu maximizar a capacidade de cuidar delas o melhor possível por meio da pesquisa e do treinamento. Nossos esforços educacionais visavam aos adultos que moravam com crianças vítimas de maus-tratos e trabalhavam com elas – de psiquiatras a decisores políticos, de policiais a pais. Hoje fazemos trabalhos clínicos com vários parceiros por todo o país, mas em 1998 a maior parte do trabalho se concentrava em nossa grande clínica em Houston. James, um menino de 6 anos, era um dos nossos pacientes. O trabalho que fizemos com ele não foi terapia: dei minha contribuição especializada para a complexa situação do garoto. James me ensinou muito sobre coragem e determinação e me lembrou de como é importante prestar atenção às crianças.

James nos foi encaminhado por um juiz que ouvira tantas opiniões diferentes sobre a situação do menino e esperava que nossa ajuda esclarecesse o que estava acontecendo com ele. Uma organização de defesa legal de crianças desconfiava de que ele estivesse sendo abusado pelos pais adotivos. Mas outros terapeutas e os funcionários do SPC (Serviço de Proteção à Criança, sigla em Inglês) diziam que ele era um desordeiro e a família adotiva precisava se afastar dele por um tempo. Professores relatavam hematomas e arranhões inexplicáveis. O menino fora adotado com menos de 1 ano por um casal que tinha três outros filhos adotivos e um biológico. James era o segundo. Quando o conhecemos, o mais velho tinha 8 anos, e a mais nova ainda era bebê.

Segundo a mãe, Merle*, James era incorrigível e incontrolável. Fugia de casa, queria saltar do carro em movimento, tentara se matar e urinava na cama. Aos 6 anos, fora hospitalizado várias vezes, uma delas por pular de um terraço do segundo andar. Mentia o tempo todo, principalmente para os pais, e parecia gostar de desafiá-los. Tomava antidepressivos e outras medicações contra impulsividade e problemas de atenção. Passara por vários terapeutas, psiquiatras, orientadores e assistentes sociais. A mãe dizia que ele era tão incontrolável que ela própria ligara para o SPC (Serviço de Proteção à Criança, sigla em Inglês) fazendo-se passar por uma vizinha preocupada com a própria segurança, dos irmãos e até mesmo dele. A gota d'água foi uma overdose de medicamentos que o levou a uma unidade de cuidados intensivos. James chegou tão perto de morrer que foi levado de helicóptero para o hospital e atendido imediatamente. Agora ele estava em um centro residencial de tratamento para a mãe poder respirar. O juiz foi consultado para decidirmos o que fazer.

O SPC (serviço de proteção à criança, sigla em inglês) e outros terapeutas acreditavam que ele tivesse Transtorno de Apego Reativo (TAR), diagnóstico frequente em crianças que sofrem abandono e/ou trauma precoce severo. Leon, que assassinou as duas meninas, tinha esse mesmo distúrbio, caracterizado pela falta de empatia e capacidade de se ligar aos outros, e em geral a pessoa apresenta comportamentos manipuladores e antissociais. Esse transtorno pode ocorrer quando a criança não é ninada, acarinhada e estimulada o bastante, física e emocionalmente. As regiões do cérebro que ajudam a criar relacionamentos e a decodificar sinais sociais não se desenvolvem de maneira adequada, e a criança cresce com a neurobiologia relacional malformada, aí incluída a incapacidade de sentir prazer com interações humanas saudáveis. Os sintomas de TAR (Transtorno de Apego Reativo) incluem "má evolução ponderal" e crescimento lento, como vimos no caso de Laura. O transtorno costuma ser visto em pessoas como Virginia, mãe de Laura, que mudava de lar adotivo a cada seis meses e não desenvolvia relações afetivas primárias com os cuidadores. Crianças criadas em instituições como orfanatos correm os mesmos riscos que Justin e Connor. Além de não respeitarem pessoas conhecidas, crianças com TAR se afeiçoam a desconhecidos de maneira imprópria:

para elas, todo mundo é substituível, porque desde que nasceram não tiveram oportunidade de estabelecer conexão primária duradoura com os pais biológicos e seus substitutos. Essa afetividade indiscriminada não é uma tentativa de se conectar com o outro, mas um comportamento de "submissão", porque envia a adultos dominadores sinais de que a criança será obediente e submissa, não uma ameaça potencial. Crianças com TAR sabem que os comportamentos afetivos têm potencial para neutralizar adultos perigosos, mas não os praticam para criar vínculos emocionais e duradouros.

Felizmente, o TAR é um transtorno raro, mas que muitos pais e especialistas em saúde mental usam para explicar grande variedade de maus comportamentos, em especial em filhos adotivos. Tratamentos como a "terapia do abraço", que tanto mal fazia às crianças de Gilmer, são considerados curas para o TAR, bem como outros tratamentos coercitivos e potencialmente abusivos que envolvem agressões emocionais e disciplina violenta. O terapeuta de James, por exemplo, recomendara que a mãe o trancasse em um armário quando ele se comportasse muito mal.

A descrição que o terapeuta e a mãe fizeram do comportamento de James se encaixava no diagnóstico. Mas havia algo muito estranho nos relatórios de James. Quando ele ficava no hospital ou estava em um centro residencial de tratamento, comportava-se bem. Não fugia nem ameaçava se suicidar. Seu comportamento na escola era irretocável, com exceção de algumas leves agressões contra colegas, mas nada como o demônio descontrolado do qual sua mãe se queixava tanto. Outra coisa: o comportamento dos pais adotivos não era normal. Eles apareciam de repente nas consultas de James (nessa época, ele morava em um centro de tratamento), quando pedimos explicitamente que não viessem; uma vez, o pai ficou esperando por horas para dar um presente ao filho. E quando a mãe de James foi entrevistada por nossa equipe mostrou-se totalmente focada em si mesma e nos próprios problemas, expressando repetidamente tristeza por estar longe do filho, mas sem nenhum interesse em saber o que ele estava passando.

Conheci James e gostei dele no mesmo instante. Era um menino pequeno para a idade, cabelos loiros cacheados. Era simpático, bem-comportado e sorridente. Ria, brincava e parecia apreciar minha companhia. Stephanie, a médica clínica de nossa equipe interdisciplinar, sentia o mesmo por ele. Após quatro sessões, decidimos parar de vê-lo, porque tínhamos informações suficientes para a avaliação.

Na clínica, fazemos reuniões com todos os envolvidos em cada caso para decidir como cuidaremos do paciente. As interações de cada um com o paciente são ouvidas, então discutimos suas impressões. No caso de James, Stephanie era a mais emotiva: gostava do menino e estava triste porque não ia mais trabalhar com ele. Quando percebi que ela estava quase chorando, minha perspectiva do caso mudou.

Se uma criança tem TAR, a falta de conexão e a falta de apego caminham juntas. Há uma neurobiologia recíproca nos relacionamentos humanos, e os "neurônios-espelho" são os responsáveis. Consequentemente, não é fácil trabalhar com essas crianças, porque elas não se interessam por outras pessoas, e é difícil gostar delas, porque não conseguem criar empatia. Interagir com essas crianças é cair no vazio, não existe envolvimento. Stephanie não poderia estar tão triste por se desconectar de uma criança com TAR; não existia perda de contato relacional para se lamentar. Os terapeutas são tão humanos quanto qualquer outra pessoa, e a interação não gratificante com crianças com TAR faz com que o trabalho com elas seja um peso, não um prazer. A raiva e o desespero que a frieza dessas crianças provoca, talvez seja a razão de muitos pais procurarem terapias rigorosas e punitivas e tantos terapeutas convergirem para técnicas perigosas. É um alívio quando a terapia termina. Mas Stephanie e eu nos afeiçoamos a James, e desconfiei de que o Transtorno de Apego Reativo dele não fosse real.

Passamos a ler com mais atenção seus relatórios e a rever as diferentes versões dos eventos. Aquela overdose, por exemplo. Uma pesquisa mais aprofundada revelou que James fugira de casa naquele dia e fora devolvido à mãe pelo xerife. Segundo Merle, no intervalo de uma hora, ele tomou uma overdose de antidepressivos. A mãe ligou para o órgão controlador de envenamento e a atendente mandou levar a criança ao hospital imediatamente. Mas Merle não foi para o hospital – foi a um supermercado –, e não se sabe por que o trajeto de dez minutos entre a casa dela e o supermercado demorou uma hora. Ela estacionou o carro e começou a gritar como uma histérica que o filho estava inconsciente. O socorro foi chamado. A situação era urgente, e os paramédicos pediram um helicóptero para levar a criança ao hospital.

Soubemos então que os médicos do hospital já conheciam Merle e desconfiavam quando ela os procurava. Enquanto os paramédicos tentavam estabilizar o menino no estacionamento do supermercado, ela esperou sentada, bebendo calmamente um refrigerante. A histeria e a preocupação com a criança desapareceram, embora a sobrevivência dela não estivesse garantida. No hospital, ao receber a boa notícia de que a criança não morreria, Merle surpreendeu o médico pedindo a ele que desligasse os aparelhos vitais. Uma enfermeira da emergência desconfiou quando a viu mexer no equipamento. Quando James recobrou a consciência e a mãe não estava presente, ele disse aos enfermeiros: "Mamãe está mentindo. Mamãe está me machucando. Chamem a polícia". Então o comportamento de James fez todo o sentido para nós. Vários aspectos da história dele não "se encaixavam", não faziam sentido no contexto que já conhecíamos. Com o passar do tempo, a ideia que fazemos do comportamento das crianças em determinadas circunstâncias é intuitiva e, se alguma coisa não nos "parece certa", é sinal de que é preciso ficar mais atento. Foi assim que fiquei sabendo, por exemplo, que Stephanie e eu não estávamos agindo de maneira adequada se James tivesse TAR. Essa "intuição treinada" é, em grande parte, o que distingue o especialista do amador. Nem sempre sabemos o que não se encaixa, mas nosso cérebro reconhece que falta uma peça no quebra-cabeça e alguma coisa não está certa (essa "sensação visceral" é, na realidade, uma ativação na parte inferior do sistema de reação de estresse que está em perfeita sintonia com os sinais que estão fora de contexto ou não são habituais.).

Era evidente que James fugia porque a mãe o agredia, não porque seu comportamento era desafiador. Não é comum crianças na idade dele fugirem, mesmo que sejam abusadas, as que sofrem sérias agressões e são abusadas temem menos as mudanças e as coisas desconhecidas que perder os únicos pais que conhecem. Preferem a certeza do sofrimento ao sofrimento da incerteza. Quanto mais nova é a criança, mais importantes são as pessoas conhecidas e as situações familiares. Muitas já nos pediram para voltar para os pais violentos e perigosos. Mas James, não. Seu comportamento era o de alguém que precisa de ajuda, não que tem dificuldade de se apegar e se relacionar.

Essa nova perspectiva deixou claro que o menino não tinha pulado da sacada do segundo andar, nem saltado de carros em movimento. Ele foi empurrado. James não engoliu espontaneamente todo um frasco de antidepressivos: foi obrigado a uma overdose. Não era uma criança manipuladora ou "fingida"; só estava pedindo que alguém ajudasse a ele e aos irmãos da maneira que sabia. E se recusava a desistir, apesar de ser desrespeitado, ignorado, desacreditado e até castigado por dizer a verdade.

Merle quase conseguiu matar James duas vezes, pelo menos: o voo de helicóptero depois da "overdose" não foi a primeira experiência. O menino também fora resgatado pelo helicóptero quando "caiu" do segundo andar. James receberia "cuidados temporários", e os irmãos continuariam lá naquela casa perigosa. Em geral, não sou alarmista, mas sabia que até descobrirmos o que acontecia lá dentro aquelas crianças estavam correndo perigo. Entrei em contato com as autoridades, para que o juiz mandasse removê-las imediatamente e decretasse o término dos direitos paternos.

O caso de James me colocou no centro de um dos conflitos-chave da psiquiatria infantil: embora o paciente seja uma criança, não é ele que toma as decisões sobre seus cuidados e tratamentos, nem é ele que fornece as informações iniciais sobre o caso. Soubemos por Merle que James era doente, mas James só era doente porque Merle queria que fosse. James era considerado uma criança "difícil", com "comportamentos problemáticos". Na realidade, era uma criança corajosa, persistente e ética, colocada em uma situação impossível – James fazia de tudo para ajudar a si mesmo e aos irmãos e era considerado uma "criança mal comportada".

Nós que trabalhamos com crianças problemáticas temos que estar constantemente atentos aos nossos conceitos preconcebidos diante de determinadas situações; o que é um "adolescente problemático" para um pode ser uma "vítima de abuso sexual" para outro; o rótulo que a criança recebe determina seu tratamento. Uma criança "má" será tratada diferentemente de outra considerada "louca", e o comportamento das duas será avaliado sob luzes distintas se o clínico vir nela uma "vítima" ou um "agressor". Além disso, um mesmo comportamento pode ser visto como "fuga" ou "pedido de ajuda", o que afetará profundamente as decisões do que fazer pela e para a criança.

Se é verdade que a maioria dos pais tem as melhores intenções com os filhos, também é verdade que crianças perturbadas têm pais perturbados, que são os responsáveis diretos pelos problemas dos filhos. É um grande desafio envolver os pais e a criança em terapia, mas não podemos aceitar ações que a prejudiquem. Muitas crianças desistem do tratamento porque os pais não querem ou não conseguem mudar os próprios padrões de comportamento nocivo, ou desconfiam de tratamentos que não responsabilizem a criança por alguma dificuldade.

No caso de James, Merle preferia profissionais que vissem o filho como um caso de TAR e dispensava quem questionasse seus atos e julgamentos. Era capaz de repetir opiniões de terapeutas e assistentes sociais para se justificar perante as autoridades dos conselhos tutelares, e omitir pareceres que discordassem do diagnóstico.

Mas sejamos justos: muitos pais têm motivos para evitar teorias de saúde mental que os estigmatizem e os culpem. Não faz muito tempo que a esquizofrenia era causada por "mães esquizofrenogênicas" (mulheres "frias" e insensíveis). Hoje sabemos que a genética e a biologia têm o maior papel na etiologia dessas condições. Mas abusos e traumas também podem criar sintomas similares. Como temos visto, crianças como Justin e Connor, cujos problemas eram causados unicamente por abuso e abandono, são rotuladas como autistas, esquizofrênicas e/ou "ruins da cabeça". Entretanto, seus problemas eram causados por ambientes deteriorados. É um desafio para a psiquiatria infantil distinguir doenças como esquizofrenia e autismo dos transtornos causados por abuso e abandono prematuros, e é ainda mais difícil entender e considerar que um trauma infantil expresse vulnerabilidades genéticas subjacentes. Por exemplo, é muito mais provável que pessoas com esquizofrenia genuína tenham histórias de abuso e trauma na infância; as complexas condições humanas, mesmo as que envolvem fortes componentes genéticos, também podem ser afetadas pelo ambiente. O desafio de tratar essas crianças e lidar com seus pais é muito maior em casos como o de James, em que os pais são deliberadamente mentirosos.

Merle tinha uma doença chamada Síndrome de Münchausen por procuração. Essa síndrome leva o nome de um barão alemão do século XVIII, Karl Friedrich von Münchausen, famoso pelas histórias fantásticas que contava. Pacientes com essa síndrome, em geral mulheres, se dizem doentes para chamar a atenção dos médicos e ganhar a simpatia de terceiros. Vão de um médico a outro, submetem-se a exames e procedimentos invasivos e desnecessários e chegam ao extremo de criar sintomas convincentes – contaminando agulhas intravenosas com fezes para causar infecção, por exemplo. Na Síndrome de Münchausen por procuração, o paciente faz tudo para adoecer a outra pessoa, em geral uma criança, outro estratagema para conseguir atenção e apoio.

A causa dessa síndrome é desconhecida, mas envolve claramente problemas com dependência. Mulheres como Merle têm necessidade patológica de serem necessárias, e suas identidades giram em torno de que sejam vistas como cuidadoras e protetoras. Ter um filho doente ou ferido permite que exibam esse aspecto; vivem para os olhares preocupados, os abraços de apoio e a atenção médica que recebem quando a criança é hospitalizada. Em geral, atraem parceiros extremamente passivos e cuja necessidade de afeto e direção é satisfeita pelo forte desejo delas de controlar e ajudar. O marido de Merle corresponde perfeitamente a essa descrição. O que pessoas com essa síndrome não suportam é o amadurecimento, a menor carência e a maior independência da criança. Em geral, esse problema é "resolvido" tendo ou adotando outras crianças ou uma criança doente, daí a necessidade de Merle de que James adoecesse. A resistência e as fugas de James que não chamavam a atenção dos profissionais nem o apoio esperado a ameaçavam. Como toda mãe que perde um filho é objeto supremo de pesar, e como o comportamento de James poderia denunciá-la e levá-la a perder a custódia dos outros filhos, sua vida corria perigo constante. Mães com Síndrome de Münchausen por procuração são perigosas. Podem matar várias crianças antes de serem descobertas, pois a ideia de uma mãe matar o próprio filho é algo monstruoso. A solidariedade por pais que perdem filhos também é tão natural e automática que essas mortes não são investigadas. Em muitos casos, as crianças morrem ainda bebês, e a causa da morte é descrita como Síndrome da Morte Súbita Infantil (SMSI). O estudo que primeiro comprovou que a SMSI tem origem genética baseou-se no caso de uma mãe cujos cinco filhos morreram sucessivamente. Essa mãe tinha Síndrome de Münchausen por procuração e matou os filhos por sufocamento. Foi condenada pelos crimes.

Um dos estudos mais antigos da Síndrome de Münchausen por procuração, gravou secretamente mães suspeitas de ter a doença. Trinta e nove mães com a síndrome foram gravadas; algumas desligando sistemas de suporte à vida, outras sufocando os filhos com travesseiros – uma delas enfiou os dedos na garganta da criança. Doze irmãos dessas crianças tiveram morte súbita, e, quando confrontadas com os *videotapes*, quatro mães confessaram ter matado oito bebês.

Infelizmente, a maior atenção dada a esse transtorno já condenou erroneamente mulheres cujos filhos morreram por complicações em detrimento do vírus da AIDS. Por ser extremamente raro que pessoas de uma mesma família morram por decorrência do vírus da AIDS ou de Síndrome de Münchausen por procuração, as diferenças entre uma causa e outra são muito complexas. Roy Meadow, pediatra britânico que originalmente deu nome à síndrome, formulou as bases da famosa lei de Meadow para mortes infantis: "A morte súbita de criança é uma tragédia, duas mortes são suspeitas e três são assassinatos até que se prove em contrário". Recentemente, ele perdeu a licença médica porque o testemunho especializado sobre os fundamentos da sua "lei" não se baseava em dados. As condenações de várias mulheres baseadas nessa "lei" foram revistas, e Meadow recuperou a licença. Pelo menos três condenações foram invalidadas.

A derrota de Meadow levantou dúvidas até mesmo sobre a existência da síndrome de Münchausen como um tipo de abuso infantil específico, mas existem casos indiscutíveis, como o de Merle e o das mães filmadas em *videotape* agredindo os filhos para ganhar o apoio e chamar a atenção dos médicos. Por volta de 9 por cento das crianças nascidas com mães portadoras desse transtorno morrem nas mãos delas, e muitas outras são machucadas ou submetidas a centenas de procedimentos médicos dolorosos e desnecessários. Infelizmente, por se conhecer muito pouco as causas, também são poucos os sinais conhecidos que caracterizam a doença. Homens com MSBP (Síndrome de Münchhausen por procuração, sigla em Inglês) são raros; e a MSBP está bem representada por mulheres que trabalham nos serviços de saúde. Muitas sofreram traumas e abusos na infância, em geral abandono severo, mas a imensa maioria nunca desenvolveu a doença. No amplo espectro dos comportamentos saudáveis, elas estão do lado de um desejo patológico de cuidar dos outros e serem valorizadas por isso. Essa mesma dependência as motiva a cometer atos extremos de carinho e altruísmo. Mas não sei dizer por que algumas saltam do desejo desesperado de ajudar, para a necessidade incontrolável de ferir o outro, talvez para que seus cuidados não sejam dispensados.

Somos gratos ao juiz que ouviu nossos conselhos e afastou James e os irmãos da custódia de Merle e do marido. Mais tarde, um júri popular decidiu que James era abusado pela mãe adotiva e o pai não interferia para evitar. As evidências provaram que a mãe distorcia tudo que James fazia e o retratava como uma criança problemática para ocultar a própria perversidade. Os direitos parentais do casal pelas cinco crianças, o filho biológico inclusive, foram retirados, e a acusação de abuso infantil criminoso foi protocolada.

De vez em quando recebo notícias do promotor que está em contato com James e seus novos pais adotivos. O nome do menino foi trocado, e eu soube que ele está muito bem. O comportamento "problemático" e as fugas eram tentativas de obter ajuda. James salvou não só a própria vida, mas a dos irmãos. Sua história não me deixa esquecer que devo confiar na minha intuição e ouvir o que a criança tem a dizer, não importa o que digam os terapeutas e os pais.

CAPÍTULO 10

A DELICADEZA DAS CRIANÇAS

∽◦∾

Eu os observei por alguns instantes antes de entrar na sala de espera. O menino se comportava normalmente, sorrindo, subiu no colo da mãe, sentou-se de frente para ela e começou a brincar com os lábios dela. Essa interação silenciosa entre os dois é um comportamento clássico do vínculo entre a mãe e o filho pequeno. Mas Peter tinha 7 anos. Eu diria que eles sempre brincavam assim. Entrei na sala de espera e notei que Amy*, a mãe, se sentiu constrangida. O marido e pai de Peter, Jason, estava mais envergonhado.

— Sente-se direito, Peter — Jason ordenou e levantou para me cumprimentar. Eu me aproximei do menino e parei.

— Peter, levante-se daí e cumprimente o doutor — disse Jason. Amy tentou tirar Peter do colo, mas ele não saiu. Isso também devia fazer parte da brincadeira.

— Peter, levante-se — Jason repetiu ainda paciente, mas com firmeza. Percebi certa insatisfação e cansaço em seu tom de voz. Jason era um homem ocupado.

— Fiquem à vontade. Só quero saber como vocês estão. — Eu me sentei e continuei — Esse primeiro encontro serviu para Peter nos conhecer e começar a se habituar conosco. Espero que ele tenha gostado.

Peter assentiu com a cabeça.

— Diga isso com palavras, querido — Amy pediu.

— Gostei — disse Peter.

A família havia passado três horas na clínica em consulta de admissão. Fomos procurados porque Peter tinha problemas de fala e linguagem, além de impulsividade e dificuldade de prestar atenção. E certamente, tinha problemas sociais e acadêmicos na escola. De vez em quando, explodia e perdia totalmente o controle. Esses excessos eram assustadores e duravam muito tempo.

Os pais de Peter o adotaram em um orfanato russo quando ele tinha três anos. Apaixonaram-se imediatamente pelo menino loirinho de olhos azuis e bochechas rosadas que parecia um anjo. Os funcionários do orfanato se orgulhavam da boa alimentação que davam às crianças, da limpeza das instalações, mas Peter e as outras crianças que lá viviam sofriam profundo abandono. Amy e Jason ouviram falar do nosso trabalho com crianças maltratadas e agora estavam terminando o primeiro dia de uma avaliação que durava dois dias. Para isso, a família tinha viajado oitocentos quilômetros.

— Vai voltar amanhã? — perguntei a Peter.

— Vou — ele respondeu com um sorriso.

Nossos clínicos ainda teriam muito trabalho pela frente. Em uma avaliação típica, nosso grupo interdisciplinar de psicólogos, assistentes sociais, psiquiatras e psicopediatras compartilha suas várias consultas para melhor conhecer as crianças e suas famílias. No caso de Peter, o processo foi condensado, porque a família morava longe. Nosso grupo de profissionais avalia, processa e enriquece as impressões que temos da criança e da família. Como parte dos estudos, é feita uma ressonância magnética do cérebro para detectar desde quando o abandono precoce o afeta. Dados de nossas pesquisas indicam que crianças deixadas em instituições no início da vida, como Peter, têm cérebro menor, encurtamento em determinadas regiões e problemas funcionais. No caso de Peter, para que o tratamento desse resultado, teríamos que encontrar as áreas do cérebro que estavam mais afetadas.

No período de avaliação, os dez membros da equipe se reúnem para conversar sobre o que estamos conhecendo sobre a criança. Esse processo nos permite identificar quais são os pontos fortes e vulneráveis do paciente e determinar em que estágio do desenvolvimento se encontram os vários setores, das habilidades perceptivas às capacidades motoras, das habilidades emocionais, cognitivas e comportamentais aos sentimentos morais. Em seguida, fazemos o diagnóstico preliminar e as recomendações iniciais para a intervenção. Embora tudo isso nos tome tempo e dinheiro, o objetivo é criar um modelo de tratamento com menos pessoas envolvidas.

À medida que o trabalho com Peter e a família se desenvolvia, nosso método neuro sequencial em crianças maltratadas avançou bastante. Comprovamos que vítimas de trauma e abandono precoces devem ter experiências próprias da idade em que sofreram os danos e as privações, não da idade cronológica em que se encontram no momento. Descobrimos que o enriquecimento desenvolvimental e as experiências terapêuticas devem acontecer repetidamente e de forma consistente, com muito carinho e respeito. Atitudes coercitivas, punitivas e forçadas só pioram as coisas. Também incorporamos música, dança e massagem para estimular e organizar as regiões inferiores do cérebro que abrigam os principais sistemas neurotransmissores regulatórios envolvidos na reação de estresse. Concluímos que essas regiões são mais vulneráveis a traumas precoces porque estão passando por um desenvolvimento importante e acelerado nesse início de vida. Por fim, começamos a usar medicamentos em crianças com sintomas dissociativos preocupantes e hiperexcitação.

Ao mesmo tempo em que reconhecíamos que era fundamental sanar os relacionamentos existentes, não tínhamos entendido por completo a importância dos relacionamentos com pessoas da mesma idade, em especial quando as crianças são mais velhas.

Detalhes do passado de Peter trouxeram para o centro da discussão o papel fundamental dos relacionamentos. Peter não recebeu a atenção dos adultos nos primeiros três anos de vida. Viveu praticamente em um depósito de bebês, em uma sala grande, bem iluminada, com sessenta crianças em berços enfileirados e perfeitamente higienizados. Turnos de dois cuidadores percorriam os berços metodicamente e alimentavam as crianças, trocavam as fraldas e iam embora. Essa era a atenção que os bebês recebiam dos adultos, quinze minutos para cada um em turnos de oito horas. Essas pessoas raramente conversavam com as crianças ou as pegavam no colo, as embalavam e acariciavam, porque não havia tempo para fazer mais que alimentar e trocar, alimentar e trocar. Até as crianças que já andavam passavam o dia todo presas no berço.

Sem ninguém para interagir, esticavam as mãozinhas entre as barras do berço para se comunicarem com a criança no berço ao lado. Na ausência dos adultos, eram os pais uns dos outros. Essa interação, embora muito pobre, deve ter atenuado de alguma maneira o dano causado por uma privação tão severa.

Quando os pais adotivos levaram Peter para casa, perceberam que ele tentava se comunicar e procuraram um tradutor de russo. Mas o tradutor disse que o menino não falava russo. Talvez os cuidadores do orfanato tivessem vindo de algum país do Leste Europeu e falavam com a criança em seu próprio idioma. Um tcheco disse que não era tcheco, e Peter também não falava húngaro nem polonês.

Para surpresa de todos, ele falava uma língua desconhecida. Parece que os órfãos tinham desenvolvido uma linguagem muito rudimentar, como acontece entre gêmeos e crianças surdas. O historiador Heródoto conta que o rei Psamtik do Egito isolava as crianças para que criassem uma língua que falariam "naturalmente" quando não havia ninguém por perto; as cuidadoras do orfanato também tinham feito um raro experimento de linguística, em que as crianças criaram algumas dezenas de palavras. Os tradutores conseguiram identificar a palavra "mãe" para referir-se a "adulto" ou "cuidadora"; a palavra "mãe" tem som semelhante em todos os idiomas conhecidos, porque "mm" é o som que os bebês fazem quando mamam.

Em nossas reuniões clínicas, revisávamos o que sabíamos sobre a história pregressa de Peter, incluindo o contato restrito com adultos e a privação de linguagem. Falávamos também sobre os pais adotivos. A primeira impressão que tive de Amy e Jason foi corroborada pelos colegas: eram pessoas admiráveis. Antes de adotar Peter, leram livros sobre paternidade, assistiram a vídeos sobre o tema e conversaram muito com o pediatra sobre o que esperar de uma criança como Peter. Quando o trouxeram para casa, contrataram fonoaudiólogos, terapeutas ocupacionais, fisioterapeutas e profissionais de saúde mental para ajudar a criança a se recuperar.

Seguiam à risca os conselhos que recebiam. Gastavam dinheiro, tempo e energia para que Peter tivesse o que fosse preciso para ser um adulto saudável, produtivo e solidário. Apesar de tanto empenho e dos esforços dos especialistas, Peter resistia. Progredia em alguns aspectos, mas era um avanço pontual e muito lento.

Diferentemente de outras crianças, Peter só aprendia novas habilidades após centenas de repetições. Aprendeu a falar inglês, mas suas enunciações eram estranhas, e a gramática, desastrosa. Os movimentos também eram descoordenados: estando sentado, ele se balançava e raramente fazia ou mantinha contato visual. Aos sete anos, apresentava comportamentos rudimentares, principalmente se balançar e chupar o polegar. Cheirava tudo que comia antes de levar à boca, e as pessoas desconhecidas que se aproximavam dele. Se distraia facilmente, ria e sorria quando estava sozinho, como se estivesse "em outro mundo". No último ano, atingiu um novo patamar desenvolvimental, mas talvez tenha regredido um pouco.

Primeiro conversamos sobre os pontos fortes de Peter, a começar pelos modos afáveis, quase piegas. Em alguns aspectos da linguagem, ele estava bem acima da média e parecia ter algum talento para a matemática. Era muito afetuoso, mas de forma flagrantemente imatura, reagindo aos pares e aos adultos como se fosse um bebê.

Em nossas discussões, concordamos que em alguns aspectos cognitivos Peter tinha 7 anos, em outros era um bebê. Confirmando nossas observações sobre a natureza dependente de uso do cérebro em desenvolvimento, as áreas em que ele se saía melhor correspondiam às regiões cerebrais que haviam sido estimuladas e nas outras em que ele era deficitário representavam regiões que sofreram graves privações e não tinham sido estimuladas o suficiente para compensar o abandono precoce. *Scanners* do cérebro reforçavam nossas observações desse neurodesenvolvimento fraturado: atrofia cortical, ventrículos grandes (o que significa que o fluido espinal ocupava um espaço ocupado em geral por tecido cerebral) e estruturas do baixo cérebro subdesenvolvidas para a idade.

Esse desenvolvimento disperso é comum em crianças que crescem em ambientes caóticos e marginalizados e causa imenso caos aos pais, professores e colegas. Externamente, Peter era uma criança de 7 anos, mas de apenas 3 em alguns aspectos. Quanto às habilidades e capacidades, correspondiam a 1 e meio, e 8 ou 9 anos para certas coisas.

Essa inconsistência era a principal razão dos problemas familiares. Também havia diferenças importantes na maneira como o pai e a mãe interagiam com o filho. Quando Amy ficava sozinha com Peter, era extremamente ligada às necessidades dele. Se ele agisse como uma criança pequena, ela o atendia nesse nível de idade; se agisse como uma criança mais velha, ela também agia. Acredito que ele tenha feito tantos progressos graças à capacidade intuitiva de Amy de atender às necessidades desenvolvimentais do filho. Mas Peter cresceu, e Jason começou a questionar Amy sobre as "criancices" do menino. Isso provocou tensão no casamento, com Jason argumentando que Amy o "mimava" demais, enquanto ela insistia que era o que Peter precisava em razão do passado dele. Essas diferenças são universais na paternidade. Entretanto, quando as discordâncias são muito profundas, como no caso de Amy e Jason, causam graves problemas matrimoniais.

Presenciei esse conflito na breve interação que tive com a família na sala de espera. Meu trabalho era ajudar o casal a entender as necessidades de Peter e respeitar o ponto do desenvolvimento em que ele se encontrava. Assim, eles não oprimiriam o menino e não se frustrariam ao exigir dele um comportamento apropriado em situações que ele ainda não dominava.

Quando a família voltou para o segundo dia de avaliação, aplicamos alguns testes psicológicos formais em Peter. Chegara a hora de dizer aos pais o que pensávamos sobre o caso e o que gostaríamos de fazer por Peter. Entrei na sala e percebi que Amy e Jason estavam ansiosos.

— O que vocês acharam? — Jason perguntou, claramente esperando más notícias.

— Achamos que Peter é um garoto de muita sorte. Vocês são ótimos pais. E ele fez um progresso notável nos últimos quatro anos. — Esperei eles processarem a informação e continuei — O esforço de vocês é heroico. Devem estar exaustos. — Amy começou a chorar. O marido passou o braço pelos ombros dela, tirei um lenço de papel da caixa e dei a ela.

Comecei a dizer o que pensava e pedi que, se não entendessem ou se algo não fizesse sentido, me perguntassem. Contei a história de Peter da maneira como a entendia, os detalhes da orfandade e a lista de atrasos desenvolvimentais que ele apresentava. Então perguntei se eu tinha razão em desconfiar de que, quando Peter se aborrecia, todo seu progresso desenvolvimental desaparecia e ele agia de modo primitivo, assustador. Ou se jogava no chão e entrava em posição fetal, gemendo e se balançando, ou soltava gritos terríveis. Acrescentei que, quando as crises começavam, eram "um caminho sem volta", e que ele regredia até começar a voltar aos poucos. Os pais concordaram. Então expliquei que as alterações do estado emocional podem afetar nosso aprendizado. Habilidades que dominamos, como a compreensão de certos conceitos e até a própria linguagem, podem desaparecer quando estamos "perturbados". Disse também que as situações novas assustam e estressam uma criança como Peter e provavelmente provocam esse tipo de regressão. E finalizei com o que concluímos na avaliação.

— Já temos uma boa noção dos problemas de Peter e de como ele os desenvolveu. Também conhecemos seus pontos fortes, não todos, mas alguns. Agora resta saber se é possível usar tudo isso para ajudá-lo. Mas antes quero lhes contar como o cérebro se desenvolve. Conhecendo melhor o cérebro, vocês vão apreciar melhor os progressos de Peter e entender por que são tão lentos. — Enquanto eu falava, a teoria e a prática de tantos anos se cristalizaram em um todo coerente.

Fiz alguns desenhos em uma folha de papel. O primeiro (ver figura 1 no Apêndice) era uma comparação simples do crescimento do cérebro em relação ao crescimento do corpo, para mostrar que o corpo não alcança o tamanho e o peso adultos até a adolescência, mas o cérebro cresce de forma muito diversa. O cérebro de uma criança de três anos já tem 85 por cento do tamanho de um cérebro plenamente desenvolvido.

— O cérebro humano cresce mais no início da vida e principalmente nos primeiros três anos. — Queria que eles entendessem que Peter estava em uma instituição estéril e castradora no período mais crítico da organização do cérebro. Então desenhei uma pirâmide de cabeça para baixo. (Ver figura 2 no Apêndice). — O cérebro se organiza de baixo para cima. — Mostrei a pirâmide com a base maior voltada para cima. — Aqui no alto está o córtex, a parte mais complexa do cérebro, responsável pela habilidade de pensar e por integrar muitas funções. — Descrevi como funcionam algumas regiões inferiores, expliquei que a área das emoções, mais central, permite que façamos conexões sociais e controle o estresse, e que nas regiões mais profundas o tronco encefálico controla a reação de estresse. Expliquei que essas regiões "despertam" em sequência ao longo do desenvolvimento, partindo do tronco encefálico em direção do córtex, conforme a criança cresce. Falei que o desenvolvimento das regiões superiores e mais complexas precisa que as áreas inferiores e mais simples estejam bem organizadas. Expliquei que a privação afetou essas regiões e provocou grandes variações no comportamento do filho deles. — É importante que Peter aprenda de acordo com seu grau de desenvolvimento, não pela idade cronológica. — Jason entendeu o que eu disse. — Mas isso não é fácil, não é?

Os dois concordaram.

— O maior desafio é que, em algum momento, vocês terão expectativas e proporão experiências apropriadas para 5 anos, por exemplo, quando quiserem ensinar um conceito cognitivo específico. Dez minutos depois, a expectativa e os desafios terão que ser adequados a uma criança mais nova ao ensiná-la, por exemplo, a interagir socialmente. Em termos desenvolvimentais, Peter é um alvo em movimento e não é fácil criar um filho como ele. Num momento, vocês fazem tudo certo, no momento seguinte acabou-se a sincronia.

Jason e Amy tinham vivido essa dicotomia várias vezes, mas até conversarmos eles ainda não haviam conseguido articular verbalmente. Minhas explicações serviram para reduzir o conflito criado pelas "criancices" de Peter, e Jason não se preocupar tanto quando Amy o mimava. Depois dessa nossa conversa, ele se permitiria mimá-lo também. E Amy ouviria as advertências de Jason quando necessário.

Mas só explicações não bastam. O grande desafio de educar um filho não termina aí. Era quase impossível os pais estarem sintonizados com Peter o tempo todo sem um suporte. Eles estavam esgotados emocional e fisicamente e precisavam da nossa ajuda. Sugerimos que "recarregassem as baterias" fortalecendo o círculo de amigos, tendo um tempo só para o casal e fazendo coisas de que gostavam.

Jason e Amy estavam abertos a sugestões. Por não morarem perto da clínica, tivemos que trabalhar com e por intermédio dos provedores locais. Felizmente, a maior parte das peças de uma boa equipe clínica se encaixou. Peter tinha ótimo fonoaudiólogo, um terapeuta ocupacional, um terapeuta em nível de mestrado e um pediatra compreensivo. Conversamos com todos eles. Faltava acrescentar na rotina uma massagem terapêutica e as aulas de música que tanto ajudaram outras crianças que sofreram abandono precoce, como Connor. Mas o que seria apenas outra peça do quebra-cabeça acabou sendo o elemento mais importante: a escola e os colegas. Ao reler o histórico de Peter, percebi que seu maior progresso aconteceu nos primeiros três anos nos Estados Unidos, quando ele passava mais tempo com os pais, as babás e com uma ou duas crianças.

Quando Peter foi para a pré-escola, o progresso cessou, e os problemas comportamentais se intensificaram. A mãe era capaz de entender que cronologicamente ele tinha seis anos e se comportava como um bebê de dois, mas os amiguinhos estranhavam muito. A professora também não sabia o que fazer, embora conhecesse a história dele. Peter tirava o brinquedo das mãos das crianças sem pedir e não entendia sinais sociais que os outros já dominavam. Não sabia quando tinha que dividir as coisas ou guardá-las, se podia falar ou ficar quieto. Na hora da roda, ele se levantava e corria para o colo da professora ou começava a correr em círculos. E às vezes soltava gritos e tinha acessos assustadores.

As crianças o temiam e o marginalizavam. O inglês mal pronunciado só piorava as coisas. Os colegas preferiam se manter longe dele. Peter se saía bem no ambiente protegido do lar adotivo, relacionando-se com adultos que o conheciam e o amavam. Mas o complexo mundo social da pré-escola, com relacionamentos tão diversos como as crianças e a professora, isso era demais para ele.

Em vez das reações pacientes e carinhosas que recebia em casa, seu comportamento na escola causava desconfiança, e, na maior parte das vezes, era rejeitado. A sala cheia de crianças, brinquedos barulhentos e o movimento incessante eram insuportáveis para Peter. Se em casa ele sabia o que esperavam dele, e, se não correspondesse, assim mesmo o tratavam com delicadeza, agora não sabia mais nada. Se Peter tivesse algumas experiências positivas saudáveis durante a semana, as inúmeras situações em que se sentia marginalizado e desprezado as ofuscavam rapidamente. Peter não tinha amigos e preferia brincar com as crianças menores. Os colegas se afastavam de um menino que falava engraçado e agia como bebê. Em geral, as crianças são carinhosas e receptivas com as menores e mais vulneráveis, mas Peter as assustava.

Era um comportamento previsível, uma versão menor do que acontece em todo o planeta diariamente, de várias maneiras. O ser humano teme o que não conhece. O desconhecido nos assusta. Quando conhecemos pessoas cuja aparência e comportamento nos parecem estranhos, não familiares, nossa primeira reação é mantê-las a distância. Muitas vezes nos mostramos superiores, mais inteligentes e mais competentes para desumanizar ou degradar os diferentes. Os piores comportamentos da nossa espécie — racismo, misoginia, antissemitismo, discriminação de idosos — têm raízes nessa reação básica mediada pelo cérebro diante de uma ameaça. A tendência é temer o desconhecido, um medo que facilmente se transforma em ódio e violência, porque suprime as partes racionais do cérebro. Diante do crescente ostracismo e da rejeição social que Peter sofria, Amy e Jason não sabiam o que fazer: deveriam deixá-lo na pré-escola mais um ano na esperança de que aprendesse, por fim, a conviver socialmente? Mas cognitivamente ele já podia ir para o ensino fundamental, talvez até mais. Peter era bem desenvolvido intelectualmente, mas socialmente era um fracasso. E para se recuperar precisaria da ajuda dos colegas. Então concordei que ele fosse para o ensino fundamental. Os adolescentes com quem já trabalhei permitiram que eu conversasse com a classe sobre suas experiências traumáticas e o que isso causou ao cérebro deles. Compreender melhor a situação melhorou muito a vida social dos meus pacientes. Mas funcionaria também com crianças do ensino fundamental? E Peter aceitaria?

Eu ficaria na cidade em que ele morava por mais algumas semanas após a avaliação e me ofereci para conversar com os coleguinhas de Peter. Perguntei a ele o que achava da ideia quando estávamos colorindo:

— Peter, você se lembra de quando vivia na Rússia?

Ele parou de pintar e ficou me olhando. Continuei pintando. Peter voltou a pintar, mas bem devagar. Eu ia perguntar novamente, quando ele pegou uma folha em branco e desenhou um grande círculo azul.

— Aqui é a Rússia. Com um lápis de outra cor, ele desenhou um círculo pequeno, quase invisível. — E aqui é o Peter. — Ele ficou triste. Peter se emocionava quando falava do orfanato, onde era apenas mais um entre dezenas de bebês anônimos e ninguém lhe dava atenção.

— Mas esse não é o Peter, é?

Ele fez que não com a cabeça.

— Peter, estive pensando em visitar sua classe do ensino fundamental. — Eu não tinha certeza de que ele entenderia, mas preferi dizer o que pretendia fazer e por quê.

— Tudo bem.

— Lembra daquelas nossas conversas sobre o cérebro crescer e mudar? Você se importaria se eu conversasse com sua classe sobre isso? E talvez falar um pouco de você, de como você vivia antes de morar com seus pais?

— Tudo bem. — E acrescentou: — Você leva as fotos?

— Que fotos?

— As fotos do meu cérebro.

— Claro. Você não se importa que eu mostre as fotos do seu cérebro para a classe?

— Não, meu cérebro é legal.

— Sabe, Peter, você está certo: seu cérebro é muito legal.

E assim, com a permissão de Peter, dos pais dele e da escola, fui ver se seria possível transformar o ensino fundamental em uma nova comunidade de "terapeutas" para Peter. Isso aconteceu no início do ano letivo.

— Oi! Sou amigo do Peter. Estudei o cérebro e vim de Houston para contar a vocês o que ensinei a Peter. — Pedi a ele que viesse para a frente para me ajudar.

Comecei dizendo às crianças que, de certa forma, o cérebro funciona como um músculo. Falei que na escola elas exercitavam o músculo do "ABC" e que a repetição era muito importante para aprender. Disse ainda que o cérebro era uma espécie de "músculo" similar que também precisava de atenção para crescer e se fortificar. Contei como o cérebro se desenvolve e o que faz o cérebro de todo mundo funcionar, enfatizando as mudanças.

— Você se lembra, Peter, de quando falamos que é preciso praticar muito para aprender uma coisa nova? Isso acontece porque o cérebro muda quando a gente o usa, usa e usa. Certo, Peter? — Ele sorriu e continuei. — E é por isso que a professora quer que vocês pratiquem muito a escrita.

Mostrei alguns slides, em seguida Peter passou pela classe um modelo do cérebro. Fiz perguntas. Que parte do cérebro faz a gente falar? De que cor é o cérebro? Como o cérebro grava os vídeos da nossa vida?

Falei que para o cérebro do bebê se desenvolver ele precisa ser estimulado com conversas, toques e interações humanas. Disse as mesmas coisas que digo aos pais, aos juízes, aos pediatras e à minha equipe, mas com outras palavras. Em seguida, disse que as crianças se desenvolvem de acordo com o lugar em que moram. Contei como crianças japonesas aprendem a falar japonês; que em algumas culturas as mães carregam os bebês o dia inteiro no primeiro ano de vida; que algumas crianças não recebem carinho e amor no início da vida e isso afeta o cérebro delas. As crianças se divertiram e riram muito.

Peter também riu. Então chegou a hora. Eu não sabia como dizer, nem mesmo se devia dizer. Deixaria que a reação das crianças, e de Peter, me orientassem.

— Muito obrigado por me convidarem. Peter me falou de todos vocês quando estávamos em Houston. Vocês estiveram juntos na pré-escola, não? — Algumas crianças ergueram a mão. — Peter esteve em nossa clínica em Houston porque queríamos conhecer melhor o incrível cérebro dele. As crianças olharam para Peter. — Vocês sabiam que quando Peter era pequeno ele viveu três anos em um berço? Sem sair para nada? — As crianças se interessaram. —Peter nasceu em outro país, onde não se conhecia muito sobre o cérebro. Os pais não puderam cuidar dele, então o puseram em um orfanato quando ainda era bebê. Nesse orfanato, os bebês eram colocados nos berços e ali ficavam. Não saíam ao ar livre, não engatinhavam nem ficavam em pé para aprender a andar. Até os pais irem buscá-lo aos três anos de idade, Peter nunca havia saído do berço para passear, brincar com outras crianças, receber um abraço. O cérebro dele não recebia estimulação. — A classe estava em silêncio absoluto; vinte e seis crianças de 6 anos não se moviam, não falavam, não brincavam. — E então os novos pais dele chegaram e o trouxeram para morar em Tulsa. — Esperei a tensão se dissipar. — E foi então que o incrível cérebro de Peter começou a aprender. Ele nunca tinha ouvido alguém falar inglês, mas aprendeu a língua. Nunca pôde andar, correr e pular, mas aprendeu a fazer tudo isso. Peter parecia encabulado, e eu não quis forçar. — Até hoje o cérebro de Peter está aprendendo. Conhecendo Peter, quisemos saber como alguém que teve uma vida tão difícil quando nasceu conseguiu se sair tão bem. — Então concluí: — Outra coisa que quero dizer é que Peter aprende com vocês todos os dias. Ele observa o que vocês fazem, como fazem, aprende brincando com vocês e sendo amigo de vocês. Muito obrigado por ajudarem Peter. E obrigado por me deixarem falar sobre o cérebro.

Foi uma conversa simples e curta. Queria que um Peter desconhecido se tornasse menos estranho para as crianças. E com o passar do tempo a bondade natural delas veio à tona. Peter deixou de ser aquele menino esquisito e se tornou tão popular que os colegas disputavam um lugar ao seu lado na sala de aula, queriam ser seus parceiros, pertencer ao mesmo grupo. Os mais inteligentes e os mais fortes da classe também se interessaram por Peter, e a liderança deles fez toda a diferença. Eles o incluíram, o protegeram e forneceram a experiência terapêutica que o ajudou a se recuperar. As crianças aprenderam a ser mais tolerantes com os problemas desenvolvimentais de Peter, mais pacientes com seus erros sociais e mais delicadas nas interações. Elas lhe proporcionaram muito mais experiências terapêuticas que nós. As crianças, como os adultos, reagem mal ao que desconhecem, ao que lhes é estranho e não familiar, em especial quando estão tentando se ajustar a uma nova situação, como o início de um ano escolar. Embora suas hierarquias sociais nem sempre sejam tão influenciáveis, grande parte da rejeição social e do *bullying* começam por medo do que não é familiar, processo no qual os adultos têm muito mais influência do que imaginam. Quando as crianças entendem por que alguém se comporta de maneira estranha, em geral costumam dar um desconto. E, quanto mais novas são, mais facilmente são influenciadas pelos sinais óbvios ou sutis de rejeição e aceitação por parte dos adultos. Esses sinais costumam dar o tom dos sistemas de *status* das crianças, cabendo aos pais e professores minimizar a causa do *bullying* ou, infelizmente, potencializá-lo, desencorajando e tolerando a culpabilização de quem é "diferente".

Saber que o comportamento imaturo de Peter vinha de sua história de privação ajudou os colegas a reinterpretá-lo. Quando ele tirava alguma coisa da mão de alguém ou falava fora da vez, ninguém mais via isso como afronta pessoal ou uma excentricidade chocante, e sim como algo remanescente de um passado que eles desconheciam. Os resultados foram rápidos: quase imediatamente Pater parou de fazer birra e surtar, talvez porque fossem provocados pela frustração, rejeição e incompreensão. Quando as crianças o perdoavam e enviavam sinais sociais mais explícitos, Peter os entendia e assim reagia melhor. O que era uma espiral descendente de rejeição, confusão e frustração transformou-se em uma cascata de reforços positivos que se retroalimentavam. Os imensos vazios desenvolvimentais nos domínios emocional, social, motor e cognitivo foram sendo preenchidos aos poucos. Quando Peter chegou ao ensino médio, já não se sentia mais um estrangeiro e se saiu muito bem tanto acadêmica quanto socialmente.

Os amigos e a família o curaram criando um ambiente social rico, uma comunidade acolhedora. Se o método neuro sequencial forneceu os estímulos específicos que faltavam em seu cérebro – a massagem compensando o afeto físico que ele não tivera, a música e o movimento ajudando a restaurar o cérebro e os ritmos corporais –, nada disso adiantaria sem o amor e a sensibilidade de Amy e Jason e a paciência e o suporte dos colegas de classe. Quanto mais relacionamentos saudáveis a criança tiver, mais fácil será se recuperar de um trauma e crescer. Os relacionamentos são os agentes da mudança, e a terapia mais poderosa que existe é o amor humano.

CAPÍTULO 11

COMUNIDADES TERAPÊUTICAS

Foi um privilégio imenso trabalhar com as crianças cujas histórias compartilhamos aqui e aprender tanto com elas. Não paro de me surpreender com a coragem, a força e a capacidade daquelas crianças para lidar com situações que muitos adultos não suportariam. Enquanto modelos terapêuticos, como o método neuro sequencial, ainda que seja uma promessa, minha experiência e a pesquisa sugerem que a maior parte das curas de crianças traumatizadas não ocorre em terapia.

Os traumas e como reagimos a eles não podem ser entendidos fora do contexto das relações humanas. Se uma pessoa sobrevive a um terremoto ou se sofre repetidos abusos sexuais, o que mais importa é como essas experiências interferem na relação com as pessoas que ela ama, consigo mesma e com o mundo ao redor. O aspecto mais traumático de um desastre é o estilhaçamento das conexões humanas. E isso vale em especial para as crianças. Ser ferida por quem deveria amá-la, ser abandonada e privada dos relacionamentos que a fariam se sentir segura, valorizada e humana são experiências profundamente destrutivas. Porque nós, humanos, somos seres sociais, as piores catástrofes que nos assolam envolvem, inevitavelmente, as perdas relacionais.

Consequentemente, recuperar-se de um trauma e do abandono tem tudo a ver com relacionamentos – reconstruir a confiança, recuperar a credibilidade, retomar a sensação de segurança e reconectar o amor. É claro que os medicamentos podem aliviar os sintomas e ajuda muito conversar com o terapeuta, mas é impossível alguém se curar, mesmo com os melhores medicamentos e terapias do mundo, se não tiver ligações afetivas e duradouras. No centro de tudo está a relação com o terapeuta, não com os métodos e com as palavras que fazem a terapia funcionar. As crianças que melhoraram com nossos tratamentos contavam com uma forte rede social que as envolveu e as estimulou.

O que curou Peter, Justin, Amber e Laura foram as pessoas que os cercavam, a família, os amigos que os respeitavam, que toleravam suas fraquezas e vulnerabilidades, que pacientemente os ajudaram a construir suas habilidades. O treinador que pediu a Ted que anotasse as estatísticas do time, Mama P. que ensinou Virginia a cuidar de Laura, os coleguinhas de receberam Peter de braços abertos e o protegeram, os pais adotivos de tantos pacientes meus, todos ofereceram a terapia mais importante que as crianças podiam receber. Porque elas só precisavam de um ambiente social rico para se sentirem inseridas e amadas.

De que as crianças que sofrem traumas e maus-tratos mais precisam é uma comunidade saudável que minimize seu sofrimento, suas angústias e as perdas causadas por traumas anteriores. O que ajuda a curá-las é algo que aumenta a quantidade e a qualidade dos relacionamentos: o afeto consistente, paciente, repetitivo e amoroso. E acrescento o que não ajuda: os "profissionais" bem-intencionados, mas mal treinados, que se apresentam após um evento traumático querendo que a criança "se abra" e "deixe a raiva sair".

As crianças mais vulneráveis a traumas são as que não têm uma família e uma comunidade saudável que as acolham, por isso é tão difícil ajudá-las nos sistemas ora existentes. Como são as comunidades saudáveis que costumam prevenir a ocorrência de eventos traumáticos interpessoais (como violência doméstica e outros crimes), o rompimento das conexões sociais, tão comuns nas sociedades altamente móveis, deixam todos muito mais vulneráveis.

Se quisermos ter crianças saudáveis, crianças resilientes às experiências traumáticas com as quais venham a se confrontar – e cerca de 40 por cento das crianças experimentarão pelo menos um evento potencialmente traumático antes de se tornarem adultas –, nossas sociedades precisam estar saudáveis. A capacidade de aprender é o dom mais precioso de nossa espécie: nossas memórias e tecnologias se beneficiam das experiências dos que vieram antes. Mas essas tecnologias, mesmo quando voltadas para nos unir, estão nos separando cada vez mais. O mundo moderno rompeu e, em muitos casos, abandonou uma unidade biológica fundamental da vida social humana: a família estendida. Tem se dado muita ênfase à dissolução da família nuclear, mas a família estendida, muito menos discutida, é igualmente importante. Pode fazer toda a diferença um jovem casal cuidar de uma criança saudável e educá-la, como na história de Leon, e outro em que um dos cônjuges arca com toda a carga sozinho.

Porque inúmeras gerações de seres humanos viviam em pequenos grupos, no máximo quarenta ou cinquenta pessoas, a maior parte delas morava próximo e existia uma vida comunitária. Por volta de 1500, o grupo familiar europeu consistia em umas vinte pessoas que se conectavam intimamente em bases diárias. Todavia, por volta de 1850, caiu para dez o número de pessoas morando próximas umas das outras, e em 1960 eram apenas cinco. Nos anos 2000, o tamanho médio de uma família é de, no máximo, quatro pessoas, e 26 por cento dos norte-americanos moram sozinhos.

A tecnologia avançou e nos distanciamos cada vez mais do ambiente para o qual fomos preparados para enfrentar. Hoje, o mundo é biologicamente desrespeitoso: não leva em conta muitas das nossas necessidades humanas, com frequência nos afasta das atividades saudáveis e nos empurra para as que nos prejudicam. Minha área, infelizmente, segue essa tendência. Durante muitos anos os profissionais de saúde mental pregavam que as pessoas podiam ser psicologicamente sadias sem ter um suporte social: "se você não se amar, ninguém vai amar você". As mulheres não precisavam dos homens, e vice-versa. Não ter um relacionamento era tão saudável quanto se relacionar com muita gente. Essas ideias contradizem a biologia fundamental da espécie humana: somos animais mamíferos e jamais sobreviveremos se não estivermos profundamente interconectados e interdependentes do contato humano. A verdade é que ninguém é capaz de amar a si mesmo se não amar e for amado. A capacidade de amar não pode ser construída no isolamento.

Vivemos um momento da história em que as sociedades modernas abandonaram os elementos fundamentais e necessários para a plena saúde mental humana. Isso pode ser visto no inexorável crescimento dos índices de depressão em todo o mundo, que não se explicam unicamente pelo diagnóstico e tratamento melhorados. Uma pessoa nascida no início do século XX tinha apenas 1 por cento de chance de ter depressão aos 75 anos de idade; as nascidas na metade do mesmo século apresentavam episódios de depressão grave aos 24 anos. Estudos indicam que os índices de depressão entre adolescentes aumentaram dez vezes nas últimas décadas. É possível reconhecer essa tendência também nos padrões de casamento e divórcio, nas dificuldades de encontrar relacionamentos românticos satisfatórios, na luta constante das famílias para encontrar equilíbrio entre trabalho e vida doméstica. A desconexão entre o que é preciso para ser mentalmente saudável e o que o mundo moderno oferece também está na constante preocupação dos pais com internet, mídia, drogas, predadores violentos, pedófilos, desigualdade econômica e, sobretudo, com os valores da nossa cultura que definem as respostas a essas questões. Da direita à esquerda, ninguém acredita que nosso atual estilo de vida seja saudável, mesmo que discordemos do que está errado e do que é possível fazer a respeito.

É hora de nossos líderes se perguntarem: "Como construir uma comunidade saudável no mundo de hoje? Como explorar os relacionamentos em um mundo de televisões, e-mails, dias artificialmente mais longos graças à luz elétrica, de automóveis, aviões, drogas psicoativas, cirurgia plástica e todo o restante que o avanço tecnológico traz? Como lidar com tudo isso e ainda respeitar nossas necessidades biológicas e fortalecer nossos relacionamentos, em vez de ignorar o outro? Infelizmente, não tenho essas respostas, mas sei que nossas atuais práticas de puericultura estão ferindo nossas crianças. Por exemplo, existe na Califórnia um grande centro que atende crianças de três a cinco anos, mas a equipe não pode encostar nelas. Se as crianças pedirem um abraço ou colo, os adultos se afastam! Esse é um exemplo clássico de como uma intenção aparentemente boa – proteger a criança dos predadores sexuais – pode causar consequências negativas graves. Crianças precisam de contatos saudáveis. Vimos que podem até morrer se não o tiverem. Isso faz parte da nossa biologia.

Infelizmente, sentimos tanto medo dos contatos nocivos que as chances de eles acontecerem são bem maiores se a necessidade da criança de receber carinhos físicos saudáveis não for atendida. Ela se tornará muito mais vulnerável a pedófilos, porque procurará quem lhe dê afeto. Por criar mais desconfiança nas crianças mantendo-as trancadas em casa, por não permitir que brinquem espontaneamente com outras crianças, por estruturar rigidamente a vida delas, estaremos destruindo vínculos comunitários que tão bem nos fazem.

Sou testemunha do mal que o molestamento sexual causa nas crianças. Isso é evidente no caso das crianças de Gilmer, na história de Tina e tantas outras. Sei melhor que ninguém que as preocupações com o abuso sexual se apoiam em uma realidade genuína e cruel. Sei também que os predadores atacam os mais vulneráveis, onde o tecido da comunidade é mais frágil. Outro aspecto biológico é que o predador busca sempre a presa mais fraca. Para manter nossas crianças a salvo, temos que ter um relacionamento saudável com elas; temos que abraçá-las. Proteger a criança é respeitar as necessidades dela, fortalecendo a comunidade, não fragmentando-a. Para que as crianças estejam seguras nas creches, não podemos permitir que adultos as agradem quando desacompanhadas e ao mesmo tempo não proibir o afeto e o consolo físico. Conheça seus vizinhos e more em um bairro seguro. Não deixe seus filhos trancados em casa envolvidos apenas em atividades estruturadas. Conhecemos bem a natureza humana para criar políticas que reflitam e respeitem a biologia, em vez de ignorar e depois não reconhecer as consequências disso.

O que mais podemos fazer para proteger as crianças dos traumas, do abandono e do abuso? E como ajudar as vítimas? Em primeiro lugar, temos que reconhecer que as nossas políticas e práticas não priorizam os relacionamentos, e que os sistemas atuais de auxílio à criança não funcionam. Temos que reconhecer que muitas de nossas "soluções" não encaram efetivamente os problemas sociais, e ao longo prazo podem até exacerbá-los. Temos que entender o que foi preciso evoluir e então encontrar os meios de prover o mundo moderno dessas coisas.

Um bom lugar para começar é pelo começo, pela maneira como tratamos as crianças e os pais de primeira viagem. Vimos que para se desenvolver normalmente a criança precisa da atenção dedicada e consistente dos pais, os quais, por sua vez, precisam do suporte diário de uma comunidade solidária que reconheça e alivie as demandas exaustivas da paternidade recente. Quando os seres humanos evoluíram, não viviam em um mundo em que a mulher passava os dias sozinha com o bebê enquanto o parceiro trabalhava fora. Homem e mulher lutavam pela sobrevivência, mas a mãe tinha os filhos mais novos sempre perto dela, enquanto os mais velhos saíam e eram treinados pelo pai. Se ela se cansava, podia deixar as crianças com a tia, a irmã ou a avó: havia, em média, quatro pessoas para cuidar de uma única criança. Hoje, uma creche é considerada excelente se a proporção adulto/criança que ela oferece é um único cuidador para cinco crianças!

A primatologista e teórica evolucionista Sarah Blaffer Hrdy disse em uma entrevista para a revista *New Scientist*: "Os políticos imaginam que as famílias nucleares personalizam os 'anos dourados', mas na longa história da família humana raramente as crianças são criadas só pelo pai ou pela mãe. Crianças cuidadas por outras pessoas veem seu mundo social como um lugar bom e agem de acordo". O livro de Hrdy, *Mother nature: maternal instincts and how they shape the human species,* insiste na importância da família estendida, chamada por Hrdy *alloparents*. E escreve: "Para crianças que correm risco de abandono, é surpreendente a diferença que fazem as intervenções *aloparentais*, por exemplo, dos avós." Mostramos isso ao longo do livro.

Contudo, quando os seres humanos evoluíram, as crianças pequenas não tinham o próprio quarto ou uma cama só delas. Jamais se distanciavam de um adulto ou de um irmão, e a maioria não saía de casa. Os problemas de sono e de choro que as crianças de hoje apresentam talvez sejam causados pelo fato de um bebê humano ter sido deixado sozinho, longe da vista dos adultos, ao longo de toda a história evolutiva da humanidade, e ter enfrentado a morte – não surpreende que bebês deixados sozinhos para dormir fiquem tão angustiados. Mas um fato que impressiona (e reflete a adaptabilidade do cérebro humano) é que eles se acostumam muito rápido. Os bebês evoluíram tanto que serem deixados sozinhos não dispara mais seus sistemas de estresse com facilidade, mas a evolução caminha em éons, não na cronologia preferida pelos pais.

Temos que ensinar às pessoas quais são as necessidades das crianças e encontrar as melhores maneiras de fazer isso. Precisamos de uma sociedade especializada em bebês e crianças, onde todos que tenham filhos ou trabalhem com crianças saibam o que esperar deles. Por exemplo, se uma criança não chora nunca, como Connor, é tão preocupante quanto uma que chora demais. Conhecer o comportamento próprio da idade é uma garantia de que a criança será ajudada quando precisar, tão logo seja possível.

Além disso, precisamos também de um cessar-fogo imediato na "guerra das mães" e reconhecer que todos se beneficiam quando os pais escolhem passar mais tempo com os filhos, quando têm o apoio da comunidade e acesso a cuidados de boa qualidade para seu bebê. Como diz Hrdy, "Evoluímos em um contexto em que as mães têm muito mais apoio social. As crianças precisam desse engajamento social para desenvolver todo seu potencial humano". Muitos países europeus, em particular os escandinavos, conseguiram ter economias altamente produtivas e creches de excelente qualidade. Não há razão para não termos políticas similares.

Para criar um ambiente doméstico biologicamente respeitoso, os pais devem fazer coisas simples, como estabelecer limites para a mídia e a tecnologia – por exemplo, fazer as refeições em família com o telefone, a televisão e o computador desligados. Podem também modelar comportamentos que enfatizem a importância dos relacionamentos, da empatia e da gentileza nas interações com pessoas, sejam elas parentes, vizinhos, lojistas ou quem quer que encontrem pela vida. A escola também precisa mudar. Nosso sistema educacional está obsessivamente concentrado no desenvolvimento cognitivo e quase ignora as necessidades emocionais e físicas das crianças. Há apenas vinte anos as escolas elementares tinham períodos de recreio e férias significativos, e eram obrigatórias as aulas de educação física vários dias da semana. A lição de casa raramente tomava mais que uma hora para ser feita, e as crianças aprendiam a respeitar os prazos sem que fosse preciso lembrá-las. Projetos que exigiam a assistência dos pais só aconteciam algumas poucas vezes por ano.

Isso é respeitar a biologia das crianças pequenas, em especial a dos meninos que amadurecem mais devagar que as meninas. As escolas reconheciam que momentos de desatenção são típicos da infância, que as crianças precisam correr, brincar e se socializar. O sobrinho de 9 anos de Maya, minha coautora, disse uma vez que não sabia quais eram seus amigos. Seus dias na escola eram tão estruturados que ele nunca tinha tempo para saber quem era seu amigo de verdade. E não tinha férias. Isso é insano. Na pressa de garantir que nossos filhos tenham um ambiente tão "rico" quanto o dos filhos dos vizinhos, nós os empobrecemos emocionalmente. O cérebro da criança precisa mais do que palavras, tarefas e atividades organizadas; precisa de amor, amizades e liberdade para brincar e soltar a imaginação. E os pais precisam resistir às pressões sociais e levar a escola em uma direção mais sensível.

Além do nosso sistema educacional, o desprezo da sociedade pela importância dos relacionamentos também está corroendo a empatia. Como a linguagem, a empatia é uma capacidade fundamental da espécie humana que ajuda a definir o que é ser humano. Contudo, como a linguagem, a empatia também tem que ser aprendida. Normalmente, ambas são absorvidas na primeira infância, mas como ilustram as histórias de Connor e de Leon o desenvolvimento da empatia e as habilidades relacionais que dela dependem requer o *input* crítico do ambiente. Felizmente, poucos bebês são deixados sozinhos por longos períodos de tempo, como foram aqueles dois meninos; as crianças vivem hoje em ambientes tão estruturados e regrados que sobra pouco tempo para as amizades, bem como para a prática e a repetição necessárias para manter a empatia. Pior que isso, o tempo que as crianças passam com os pais também é limitado, e o restante é rapidamente preenchido com lições de casa que demoram horas ou diante da televisão, do computador, jogando *games*.

O desenvolvimento do cérebro é dependente do uso: ou usa ou perde. Se a criança não tem tempo para aprender a conviver com os outros, a se conectar, a lidar com um conflito e negociar hierarquias sociais complexas, essas áreas do cérebro permanecerão subdesenvolvidas. Hrdy afirma: "Uma das coisas que sabemos sobre a empatia é que o potencial só se expressará sob certas condições educacionais". Se essas condições não forem dadas por uma rede social vibrante, o potencial não se expressará por completo.

É preciso reconhecer que nem todo estresse faz mal, que as crianças precisam ser desafiadas e correr riscos, assim como precisam de segurança. É natural querer protegê-las, mas deveríamos nos perguntar se o desejo de uma infância sem riscos não seria ir longe demais. Um parquinho mais seguro não teria balanços, escorregadores, superfícies ásperas, árvores e até mesmo outras crianças – e não seria divertido. O cérebro das crianças é estruturado pelo que elas fazem lenta e repetidamente ao longo do tempo. Se não tiverem chance de correr esses pequenos riscos e arcar com as consequências de suas escolhas, não estarão bem preparadas para tomar decisões maiores com consequências muito maiores. Na cultura da segurança dos nossos dias, oscilamos entre monitorar e guiar rigidamente nossos filhos da infância à universidade, então deixá-los em liberdade absoluta (embora alguns pais tentem se infiltrar lá também). Lembremos que ao longo da história da humanidade os adolescentes assumem as regras dos adultos cada vez mais cedo e crescem de maneira admirável diante dos desafios. Muitos dos nossos problemas com os adolescentes são causados por desafios inadequados aos cérebros deles em desenvolvimento. Hoje sabemos que as áreas cerebrais de tomada de decisão não estarão completamente interligadas antes dos vinte e poucos anos, que são interligadas pelas decisões tomadas, e que nada disso acontece se não corrermos alguns riscos. As crianças precisam tentar e errar. E, se tomarem decisões erradas por inexperiência, que assumam as consequências. Ao mesmo tempo, precisamos garantir um equilíbrio, criando políticas que não transformem erros como o uso de drogas em catástrofes destruidoras da vida. Infelizmente, é exatamente isso que fazem nossas atuais políticas de "tolerância zero": expulsam as crianças da escola por uma única violação da regra.

O que conhecemos da nossa biologia nos predispõe a refletir sobre as ações daqueles que nos rodeiam. Sabemos que tudo que é repetido é reforçado e acaba sendo incorporado. Quanto mais repetimos alguma coisa, mais o sistema a que essa coisa pertence é fortalecido no interior do cérebro.

Isso é maravilhoso quando o que se repete é amoroso e estimulante, mas é aterrador se pensarmos em violência e nos crescentes estímulos à violência que nos cercam.

Viver em uma comunidade violenta, ser desfavorecido financeiramente, ser vítima ou presenciar atos violentos são fatores que determinam muito mais se uma criança será violenta amanhã que um simples *game* ou programa de TV. Reduzir a desigualdade social e ajudar as vítimas de violência doméstica e abuso infantil são fundamentais para diminuir a violência e o crime. Embora nem todas as crianças que sofrem abuso se tornem abusadoras, as chances de um progenitor se tornar abusivo ou negligente aumentarão exponencialmente se ele teve essas experiências na infância. Isso é ainda pior quando as crianças vivem em comunidades carentes, cercadas de estímulos à violência, e têm poucas interações sociais positivas e compensatórias.

A Associação Americana de Psiquiatria estima que uma criança vê, em média, dezesseis mil simulações de assassinatos e duzentos mil atos de violência explícita na TV até os dezoito anos; mas nenhuma pesquisa já documentou como a exposição a videogames violentos afeta o comportamento das crianças. Para construir uma sociedade que valorize os "melhores anjos" da nossa natureza, teremos que diminuir a exposição das crianças a tanta violência. Veremos em todo o livro que, com o passar do tempo, pequenas influências e decisões podem se tornar grandes problemas. Consequentemente, mudar essas pequenas influências negativas pode fazer um grande efeito.

Além disso, os humanos evoluíram em uma situação que a cooperação era fundamental para a sobrevivência. Embora nunca tenhamos sido inteiramente pacíficos, algumas sociedades criaram seus filhos e resolveram disputas baixando o tom de suas tendências violentas, enquanto outras o amplificaram. Uma das questões mais difíceis para os teóricos evolucionistas foi entender como a cooperação evoluiu, uma vez que os "vencedores", na evolução, são os animais que se reproduzem com mais sucesso, e o comportamento egoísta costuma aumentar as chances de sobrevivência e reprodução. Os evolucionistas há muito enfatizam a "competição violenta e sem dó", mas a visão que focou na competição do mais apto a sobreviver deixou passar uma característica fascinante dos seres humanos e de algumas outras espécies: a propensão ao altruísmo.

Com o passar do tempo, pesquisadores descobriram que nas situações em que há equilíbrio delicado, a cooperação surgirá naturalmente, porque, nelas, os animais cooperativos têm muito mais chance de sobreviver que os que agem sozinhos. Para que a cooperação persista, as circunstâncias têm que ser favoráveis. Entre seres humanos, a condição para a cooperação ser mantida inclui ser bem tratado pelo demais e reconhecer e punir (pelos sistemas legais ou por rejeição social) os que violam a confiança e mentem para se beneficiar à custa dos outros.

Infelizmente, esse senso básico de justiça e boa vontade com o próximo está ameaçado em nossa sociedade, que enriquece cada vez mais os ricos e abandona os demais aos caprichos da competição global. Cada vez mais a mídia e os sistemas escolares enfatizam o sucesso material e a importância de triunfar tanto nas quadras esportivas quanto na sala de aula. Cada vez mais, nessa atmosfera de crescente competitividade, pais de classes média e alta chegam a extremos quase inalcançáveis para que as proles tenham todas as "vantagens" possíveis. Essa ênfase constante na competição abafa as lições de cooperação, empatia e altruísmo fundamentais para a saúde mental humana e a coesão social.

Pedem-me constantemente para fazer uma intervenção de saúde mental em eventos traumáticos que acredito resultarem diretamente de uma comunidade fraturada e do nosso incessante foco na competição. Desses eventos, os mais angustiantes são os tiroteios em escolas. Em todos os casos, notei uma cultura escolar do tipo "o vencedor leva tudo", onde o *bullying* é disseminado e aceito, e os "perdedores" não são pessoas que precisam ser entendidas e apoiadas, mas merecem ser alienadas e excluídas. Nessas situações, não são só os adolescentes, mas também os professores, os pais e os gestores escolares, todos constroem e reforçam uma hierarquia social rígida que causa grande sofrimento aos que estão na base. É claro que os seres humanos sempre foram uma espécie hierárquica – isso também faz parte da biologia –, mas ao priorizarmos a competição impiedosa às expensas de todo o restante, em uma cultura que glorifica a violência, um ato ocasional de violência de quem se sente rejeitado não é surpresa. Não vamos evitar esses incidentes a menos que todos os alunos se sintam incluídos na escola da comunidade.

O cérebro se desenvolve ao longo do tempo, acrescentando constantemente repetições e exposições; cada momento é uma oportunidade para reforçar padrões positivos e negativos. O padrão cria uma ranhura, uma fenda, que facilita a repetição de comportamentos similares. Os comportamentos são contagiosos graças aos sistemas reflexivos do nosso cérebro social. Novamente, isso é muito bom quando se praticam esportes, piano ou gentileza, mas nem tanto quando o que se repete são as reações impulsivas e agressivas às ameaças. Volto a pensar que Leon tomou, ao ser abandonado, milhares de pequenas decisões sem importância que, juntas, o levaram a escolher os maus comportamentos, enquanto as boas escolhas ficaram cada vez mais distantes do seu alcance.

Consequentemente, é melhor interferir antes que depois nessa propriedade do cérebro. Mas tem que ser a intervenção certa. No caso de Leon, muito do que foi feito para "ajudá-lo" só serviu para piorar a situação. Quando as crianças começam a se comportar mal, nosso impulso inicial de puni-las e privá-las pouco resolverá; para nós, as crianças choronas, mandonas e agressivas são "mimadas" e "malcriadas", e não reconhecemos que esses comportamentos costumam emergir de necessidades não satisfeitas, de um potencial inexplorado, não por ter demais ou se sentir bem demais. Mas para ser uma pessoa boa, generosa e empática a criança precisa ser bem tratada. A punição não pode criar e modelar essas qualidades. Embora seja preciso estabelecer limites, para nossos filhos se comportarem bem temos que tratá-los bem. Uma criança criada com amor quer ver as pessoas felizes; ela não obedecerá só para não ser punida. Esses ciclos de *feedback* positivos são tão poderosos quanto os negativos, mas estão baseados em reações muitas vezes contraditórias, como primeiro entender o que causou o mau comportamento e só então lidar com ele, em vez de agir antecipadamente. Acredito muito que, se Leon fosse tratado ainda muito pequeno, mesmo que já se sentisse abandonado pela mãe, não teria se tornado o assassino frio que conheci.

Entretanto, para trabalhar com crianças que sofreram traumas prematuros, como Connor, Peter, Justin e Laura, é preciso duas coisas que nem sempre estão disponíveis nesse nosso mundo moderno: tempo e paciência. As crianças traumatizadas tendem a ter reações de estresse hiperativas que as tornam agressivas, impulsivas e carentes. São crianças difíceis, irritam-se por qualquer coisa e não se acalmam com facilidade, têm reações exageradas diante de qualquer novidade ou mudança e não sabem pensar antes de agir. Antes de qualquer mudança duradoura em seu comportamento, elas precisam se sentir amadas e seguras. Infelizmente, muitos programas de tratamento e intervenções voltados para elas fazem o oposto: usam um método punitivo na esperança de que a criança tenha bom comportamento, e o amor e a segurança só serão recuperados se ela se comportar "bem".

Embora esses métodos as ameacem temporariamente a fazerem o que os adultos querem, não as motivam interiormente, no longo prazo, a agirem melhor e serem mais gentis com os outros.

As crianças problemáticas sofrem, e o sofrimento as deixa irritadas, ansiosas e agressivas. As únicas coisas que funcionam são paciência e carinho consistentes; não existem curas milagrosas. Isso vale tanto para crianças de 3 e 4 anos, quanto para adolescentes. Só porque a criança é mais velha não significa que um método mais agressivo seja mais apropriado e mais efetivo. Mas o sistema não pretende rever isso. A tendência é oferecer "consertos rápidos", e, se não funcionar, aplicar longas punições. Precisamos de programas e recursos que reconheçam que punição, privação e força só traumatizam a criança e exacerbam seus problemas.

Umas das importantes lições que aprendi com meu trabalho é que, antes de fazer qualquer coisa, é importante prestar atenção e ouvir. Por causa da neurobiologia espelhada do nosso cérebro, uma das melhores maneiras de ajudar alguém a se acalmar e se centrar é nos acalmarmos e nos centrarmos antes, então ficarmos atentos.

Quando abordamos uma criança com base nessa perspectiva, a resposta que recebemos é muito diferente que quando acreditamos saber o que está acontecendo e como consertar. A primeira vez que me aproximei de Justin naquela gaiola, por exemplo, vi uma reação diferente do que visitantes anteriores tinham visto, porque reconheci que por trás daquele comportamento assustador havia medo e fome. É claro que não é fácil ter esse distanciamento quando nosso próprio filho se comporta mal – principalmente se ele faz alguma coisa que nos tira do sério; mas, quanto mais conseguirmos ver o mundo do ponto de vista da criança, e quanto mais segura ela se sentir, melhor será seu comportamento e maior a probabilidade de refiná-lo.

Outra importante implicação da nossa biologia reflexiva é que reunir crianças com tendências agressivas e impulsivas não é uma boa ideia, porque elas refletirão e ampliarão o comportamento umas das outras em vez de se acalmar. Embora pesquisas atestem os resultados negativos dessa reunião, estamos habituados a organizar grupos de terapia e programas residenciais para as crianças. E, como no caso de Leon, os problemas só aumentam.

Quero enfatizar aqui a importância da rotina e da repetição para a recuperação. O cérebro muda ao reagir às experiências padronizadas e repetitivas: quanto mais se repete alguma coisa, mais enraizada ela se torna. Isso significa que a recuperação é mais demorada porque leva tempo acumular repetições – é preciso ter paciência. Quanto mais tempo durar o trauma, ou quanto mais grave este for, mais repetições serão necessárias para que o equilíbrio seja recuperado. Além disso, como o trauma é em si uma experiência de total impotência e perda de controle, a recuperação requer que o paciente se encarregue dos aspectos-chave da interação terapêutica. Novamente, pesquisas constataram que, se a pessoa for forçada, obrigada a se abrir quando ainda não estiver pronta, se a participação dela na terapia não for espontânea, as diferenças individuais não estarão sendo respeitadas pelo terapeuta. Porque se sentir seguro é fundamental para a recuperação, e forçar só causa medo; terapias coercitivas são perigosas e ineficazes para as vítimas de trauma. O trauma costuma causar outros problemas de saúde mental, como desvios de comportamento e alta porcentagem de dependência química em adolescentes. Infelizmente, são comuns nessa área várias formas de tratamento coercitivo, e esse é mais um aspecto em que os esforços para abordar o problema podem exacerbá-lo. Temos que educar pais e profissionais para essa realidade e trabalhar para que o sistema judiciário, o sistema de assistência à criança e os sistemas de saúde mental adotem métodos baseados em evidências e que pelo menos estejam bem informados sobre traumas. Só assim os danos serão menores.

Não é fácil criar um mundo mais seguro para as nossas crianças. Nossos esforços terão que levar em conta algumas das grandes controvérsias dos nossos tempos: a globalização, a "guerra das mães", a desigualdade financeira, para citar algumas. Nos Estados Unidos, discutem-se muito questões que envolvem a criança, com ambas as partes erguendo a bandeira dos "valores familiares", mas pouco se faz para enfrentar realmente os problemas do dia a dia que afetam igualmente pais e filhos. Não tenho todas as respostas. Mas sei que somos uma espécie social, temos um cérebro que evoluiu com capacidades e fraquezas que lhe são próprias, que se transforma naquilo que pratica e que nos permite, no mínimo, fazer as perguntas certas. E é por aí que devemos começar a construir uma comunidade solidária e afetuosa.

CAPÍTULO 12

UMA IMAGEM, NÃO UM RÓTULO

∽∾∾

"A little learning is a dangerous thing; Drink deep, or taste not the Pierian spring: There shallow draughts intoxicate the brain. And drinking largely sobers us again."
– *"An Essay on Criticism" (1711) Alexander Pope*[1]

Alguns anos depois do lançamento de *O menino criado como cão*, um supervisor do SPC (Serviço de Proteção à Criança, sigla em Inglês) de outro estado telefonou para nossa clínica. Queria checar o tratamento que estava sendo usado por um contratante particular que trabalhava com crianças abusadas e abandonadas "no sistema". Como eram poucas as agências do SPC que tinham equipes clínicas para prestar serviços terapêuticos, as equipes eram contratadas por particulares e organizações para atendimentos variados.

Porque o sistema de SPCs é, essencialmente, o guardião legal das crianças, os funcionários não conhecem a fundo os tratamentos. Neste caso, o supervisor ficou sabendo que crianças pequenas com históricos de abuso sexual estavam sendo cuidadas em uma clínica que aplicava técnicas terapêuticas bastante questionáveis. Depois de algumas explicações, ele disse:

— Só queremos saber se o que estão fazendo lá está de acordo com as suas teorias.

— Tudo bem — respondi, sem saber a que teorias ele se referia. — O que eles estão fazendo lá?

---

[1] *"Pouco aprendizado é uma coisa perigosa; beba profundamente, ou prove a primavera prieriana: rascunhos rasos intoxicam o cérebro. E beber em demasia nos preocupa novamente"* (Alexander Pope)

— Põem as crianças para representar o abuso sexual que sofreram.

— O quê???

— Pegam brinquedos sexuais e mostram como é sexo anal e sexo oral.

— É mesmo?

— É. E fazem as crianças abaixar as calças para inserir o brinquedo onde é para ser... e filmam tudo.

Fiquei sem palavras.

— Mas isso não é terapia, é abuso!

— Quando perguntei o que estavam fazendo, eles justificaram citando como base seu trabalho sobre as alterações do cérebro causadas por traumas e outras experiências.Respirei fundo antes de começar:

—Jamais defendemos esse tipo de comportamento em uma abordagem terapêutica. Recomendo que o senhor procure a polícia e repita o que me contou. E não permita que as crianças continuem a ver essas pessoas. Não se pode usar o véu da terapia para cometer atos que em qualquer outro contexto é considerado abuso. Se souber de algum outro adulto que esteja fazendo isso, não hesite um segundo em ligar para o SPC e para a polícia.

O telefonema de cinco minutos deixou nossa equipe chocada: como alguém pode pegar o que escrevemos e ensinamos sobre nossos traumas e nosso trabalho terapêutico e deturpar dessa maneira? O que essa gente tinha bebido?

Não muito depois desse incidente, recebemos outro telefonema, dessa vez da comissão de licenciamento de outro estado. Uns seis meses antes estive naquele estado dando uma palestra em uma escola de medicina. Eu dispunha de apenas uma hora na apresentação para dar uma visão geral do nosso método. Descrevi o processo de tratamento sequencial aplicado em Connor, menino que deu o título a este livro e cuja história fora contada aqui. Lembre-se de que ele sofreu abandono quando nasceu e desde então apresentava histórico de confusão mental e comportamentos estranhos. Nesse caso, o foco inicial era a integração sensorial, e a massagem terapêutica deu início ao processo terapêutico. A comissão de licenciamento havia ligado para se informar sobre nosso "modelo neuro sequencial", porque uma médica que dizia aplicar "o modelo neuro desenvolvimental de Perry para traumas" chamara a atenção deles. No método usado por essa mulher, *todos* os clientes que a procuravam recebiam massagem, porque "é por onde que se deve começar", segundo a interpretação dela do nosso trabalho. *Salão de Massagens do Dr. Perry*, pensei. Mas não era exatamente aquele tipo de massagem que estávamos propondo em nosso Modelo Terapêutico Neuro sequencial (MTN).

Esse telefonema também nos causou surpresa. Era uma interpretação muito equivocada do que estávamos fazendo ou do que ensinaríamos alguém a fazer. Ficou claro que tínhamos que encontrar alguma maneira de nos certificarmos de que as pessoas que usassem o "modelo neuro sequencial" fossem devidamente treinadas. A última coisa que eu queria fazer era criar processos de "certificação", de limites indevidos ou censurar a exportação dos conceitos centrais que eram a base do MTN, mas senti que os elementos específicos, as principais ideias e nossa "métrica" evolutiva (ou seja, as medidas) tinham que ser exportados de maneira adequada para que fossem usados fielmente.

Faltava estruturar um processo bem controlado e introduzir os clínicos nesse modelo para garantir que as ferramentas e medidas de nossa prática seriam usadas com responsabilidade. Assim, durante muitos anos, trabalhamos para desenvolver um processo formal de certificação do MTN e fazer as modificações necessárias em nossas "Ferramentas de Prática Clínica" do MTN, ou seja, a métrica MTN que ajuda o clínico a aplicar o método MTN. Em 2008, um ano depois de o livro ser publicado, começamos a oferecer "certificação" em MTN.

Antes de começarmos a escrever este livro, eu e os colegas da The Child Trauma Academy começamos a estudar e a sistematizar o método aqui descrito. A experiência com indivíduos como Connor nos deu valiosos *insights* que orientaram esse processo. Quando o livro foi publicado em 2007, nossa clínica já incorporava no trabalho muitos conceitos neuro desenvolvimentais e clínicos apresentados em *O menino criado como cão*.

O método clínico MTN tem quatro componentes-chave:

1) Histórico desenvolvimental: obter um histórico do *timing*, da natureza e da severidade do trauma, das adversidades e do abandono, *bem como* das experiências relacionais e da "conectividade", tudo associado a resiliência.

2) Funcionamento atual: acessar o atual funcionamento, com foco: a) nos pontos fortes e vulneráveis em vários domínios, como a integração sensorial, a regulagem (e a capacidade de administrar o estresse, as sensações e as emoções sem se sentir "sobrecarregado" ou se fechar), as habilidades relacionais (as habilidades sociais e a capacidade de formar relacionamentos), e a função cognitiva; b) na real conectividade do indivíduo com a família, os amigos, a comunidade e a cultura: a "rede terapêutica".

3) Planejamento do tratamento: enriquecimento educacional seletivo e organizado, experiências terapêuticas baseadas nas necessidades desenvolvimentais do indivíduo.

4) Implantação: acompanhar a implantação, a efetividade do plano e modificar o que for preciso.

Há muitos anos esse processo vem sendo desenvolvido e aperfeiçoado. Um grande desafio foi garantir que os elementos mais importantes da avaliação e do tratamento fossem incluídos e, ao mesmo tempo, evitar redundâncias e elementos desnecessários que pudessem descarrilar todo processo de tratamento (por exemplo, na primeira visita à clínica, perguntar: "Como você pretende pagar?" e, em seguida, dar uma pilha de formulários para o pai cansado e desesperado preencher).

Começamos trabalhando muito mais na casa e na comunidade do cliente. Nossa intenção é compreender melhor o histórico desenvolvimental da criança – mesmo se não houver históricos e pareceres confiáveis. À medida que o plano de tratamento vai sendo implantado, criamos formas de rastrear o progresso, ou não, da criança. Os resultados obtidos pela nossa clínica são animadores.

Reunimos um histórico detalhado do desenvolvimento do cliente com foco na natureza, no *timing* e na severidade do trauma, do abandono e outras adversidades. Esse histórico inclui também a natureza, o *timing* e a qualidade dos fatores relacionados à resiliência, como a conexão com a família, a comunidade e a cultura. Todas essas informações nos dão uma ideia do "risco desenvolvimental" que o indivíduo corria em momentos-chave dos estágios de desenvolvimento. Isso nos permite identificar o "momento" em que o risco desenvolvimental aconteceu.

Fazemos uma avaliação do funcionamento atual do cliente e examinamos as múltiplas capacidades que refletem os diferentes aspectos da função cerebral – das habilidades motoras ao controle do humor, da linguagem e da fala. Levantamos um bom número de capacidades para ter um *insight* de quantas áreas o cérebro está organizado. Por exemplo, medimos a frequência cardíaca, a respiração, a sucção, o ato de engolir, o reflexo faríngeo e a regulagem da temperatura corporal. Tudo isso nos fornece informações sobre a organização e o funcionamento do tronco encefálico. Da mesma maneira, medimos a habilidade de leitura, a capacidade de planejar, de não esperar gratificação imediata e do pensamento abstrato para ter *insights* do funcionamento do córtex. Para avaliar as áreas do cérebro fortes e as deficitárias, criamos um modelo de trabalho que nos permite ter uma "imagem" da organização e do funcionamento atuais do cérebro que está sendo estudado.

É uma imagem mesmo, literalmente: usamos diagramas esquemáticos do cérebro e pintamos com cores diferentes para facilitar a visão dos dados a clínicos e clientes. Esses "mapas do cérebro" nos permitem ver quais áreas estariam se desenvolvendo e se organizando e quais parecem subdesenvolvidas ou disfuncionais.

De posse do mapa do cérebro, selecionamos as áreas que serão estimuladas e damos sequência às experiências terapêuticas, educativas e enriquecedoras, levando em conta os pontos fortes e os desafios desenvolvimentais específicos de cada cliente. Antes disso, quando todos os clientes ainda estão na clínica, nós os acompanhamos para saber se a família, a escola e outros profissionais envolvidos estão seguindo ou não nossas recomendações e, se estiverem, se a "dose" recomendada está sendo adequada. O processo como um todo requer que os clínicos do nosso grupo de trabalho dominem os conceitos centrais das muitas disciplinas que dão sustentação teórica ao método MTN.

Infelizmente, até o momento existem poucos programas de treinamento para assistentes sociais, psicólogos e até médicos que tenham muito a ensinar sobre as neurociências desenvolvimentais, apego, abandono e toda gama de tópicos relacionados. Em consequência, nossa equipe clínica está aprendendo o tempo todo – para usar um método transdisciplinar e pouco conhecido do assunto em questão.

Conforme esses conceitos vão sendo alterados e integrados em nosso modelo clínico, compartilhamos nossas experiências entre colegas por vários meios acadêmicos. Apresentamos nossas descobertas clínicas em reuniões acadêmicas, fazemos *Grand Rounds* em faculdades de medicina, consultamos outras equipes clínicas e publicamos nosso trabalho em livros e revistas especializadas. Denominamos nosso método "Modelo de Terapia Neuro sequencial" para que alguns conceitos-chave fossem incluídos. Não demorou para que outros clínicos e suas equipes adotassem algumas ideias em seus trabalhos. Vários clínicos nos disseram que a mudança de perspectiva fora muito útil em todo tipo de crianças ameaçadas; algumas organizações passaram a nos dar *feedbacks* de redução de "incidentes críticos" e uso de medidas restritivas quando começaram a pensar nessa informação do trauma sensível. Foi um retorno gratificante que refletiu nossas experiências com a eficácia do método.

Entretanto, os telefonemas logo nos ensinaram que *pouco conhecimento é algo perigoso*.

Nesse meio-tempo, quando nossa equipe clínica começou a usar esse novo método, nosso grupo de pesquisa enfrentou problemas paralelos, porém relacionados. Simplificando, as pessoas são complexas; as famílias são complexas; as comunidades são complexas; a cultura é complexa; o desenvolvimento é complexo; a genética é complexa; o impacto do trauma no indivíduo é complexo; as consequências desenvolvimentais do trauma e do abandono são complexas; o poder dos relacionamentos para proteger e promover a cura é complexo.

Apesar de tanta complexidade, a pesquisa do trauma em crianças é muito simples. Pegue alguns poucos objetos, olhe para eles após um evento traumático e então veja se correspondem aos critérios descritos no Manual Diagnóstico e Estatístico de Doenças Mentais (MDE) para o Transtorno de Estresse Pós-Traumático (TEPT); existem, literalmente, centenas de publicações desse tipo. Raramente levam em conta momentos de avaliação diferentes – e até mesmo se havia adversidade ou trauma preexistentes. A medição dos resultados tende a refletir apenas algumas funções – ou então foca unicamente os critérios de diagnóstico para TEPT e se os pacientes se recuperaram e não apresentaram mais sintomas. Os poucos estudos de intervenção clínica existentes são igualmente simplistas: um número muito pequeno de sujeitos mal caracterizados, "comparadores" inadequados ("grupos de controle") e tratamento de curta duração (por exemplo, 12 semanas). Embora simples, esses estudos são importantes em uma área de investigação "jovem" e emergente. E a área do trauma desenvolvimental era, e ainda é, muito jovem.

Sabíamos que tínhamos que ir além desse modelo de pesquisa da mesma maneira que nos afastamos do típico modelo terapêutico "50 minutos semanais no consultório". Fomos buscar uma forma de melhor entender, integrar e medir os principais aspectos dessa complexidade. Se não fizéssemos isso, não faríamos muito progresso no tratamento do ser humano real, individual e tão complexo. Hoje, sabemos muito mais como o trauma e o abandono podem mudar o curso do desenvolvimento cerebral e reconhecemos a importância da primeira infância, do vínculo e do apego, dos fatores de saúde da comunidade e da cultura. E também existem meios mais sofisticados de estudar terapias que nos ajudem a lidar com essas complexidades.

Consequentemente, com nosso novo método, precisávamos desenvolver uma maneira melhor de estudar as pessoas que estávamos tratando. Um problema imediato era classificar melhor as crianças e a natureza dos problemas delas.

A maioria dos estudos em traumatologia ainda tende a classificar as pessoas com base no tipo de trauma sofrido – e não reconhece que é tão importante o momento em que o trauma aconteceu. Por exemplo, poucos estudos reconhecem a diferença dos efeitos de um abuso sexual aos cinco anos e aos quinze anos: um estudo típico sobre as consequências do abuso sexual colocaria os dois indivíduos no mesmo grupo e, em seguida, os compararia para "controle". Outro problema de classificação envolve a própria natureza do MDE. Tomemos o caso de THDA e "transtorno de conduta". Muitos estudos de crianças com esses diagnósticos não levam em conta se elas foram abusadas, abandonadas, expostas à violência ou se tiveram qualquer outra experiência potencialmente traumática –, mesmo que, como vimos, a exposição a um trauma no início da vida influencie profundamente tanto a atenção quanto o comportamento. Sempre questionei se muitos desses estudos de THDA e transtorno de conduta não seriam dificultados pelo fato de que mais de 30 por cento dos sujeitos estariam realmente manifestando sintomas do trauma, não algum tipo de problema de origem genética no desenvolvimento dos sistemas de controle executivo e atencional do cérebro. Estudos recentes levantam essa hipótese.

Por exemplo, um estudo retrospectivo em uma amostra representativa de 9.282 adultos concluiu que as adversidades na infância, como trauma e abandono, têm fortes correlações com o desencadeamento de transtornos de MDE. Essa relação era especialmente forte em crianças que viveram diferentes tipos de traumas relacionados à disfunção familiar: por exemplo, pais viciados e doentes mentais envolvidos com o sistema judiciário criminal e violência familiar, abandono emocional/físico e abuso sexual.

Os autores desse estudo aplicaram técnicas estatísticas para deslindar o papel da adversidade infantil em doenças mentais e concluíram que elas estão vinculadas em 44,6 por cento de todos os transtornos surgidos na infância e entre 25,9 por cento e 32 por cento dos transtornos surgidos mais tarde. É claro que os pesquisadores da nossa área –nosso grupo, inclusive – não analisavam a complexidade do desenvolvimento, e esses mesmos sintomas poderiam ser causados por diferenças genéticas, exposições ambientais ou, mais tipicamente, uma complexa combinação de ambos, podendo variar de acordo com a idade em que as adversidades foram vividas.

Mas talvez o problema mais substancial e difícil de solucionar no MDE (Manual Diagnóstico e Estatístico de Doenças Mentais) seja meramente descritivo; os indivíduos são classificados pelos sintomas e sinais, não por mecanismos psicológicos subjacentes, como em todo o restante da medicina; e não são classificados pelo mecanismo que cria o sintoma. Tom Insel, ex--diretor do National Institute of Mental Health, disse uma vez que é como a medicina física via a "dor no peito" – fosse ela causada por azia ou por infarto. Obviamente, isso cria um problema para o tratamento.

Além disso, não existe nenhuma categoria de MDE que englobe de maneira adequada o trauma desenvolvimental. Como procuramos mostrar em todo o livro, as inúmeras manifestações do trauma e do abandono não se encaixam perfeitamente nas classes de diagnósticos do MDE. Insel escreveu: "Um sistema de diagnóstico que se limita à apresentação clínica confere confiabilidade e consistência, mas não validade. O ponto forte das várias edições do MDE é a 'confiabilidade' – todos esperam que os clínicos usem os mesmos termos da mesma maneira. O ponto fraco é a não validade. Diferentemente das definições de cardiopatia isquêmica, linfoma ou AIDS, os diagnósticos do MDE se baseiam em consenso sobre os grupos de sintomas clínicos, não em uma medida laboratorial objetiva" (Insel, 2013).

Sabíamos que não conseguiríamos mais que um estudo simples de questões tão complexas se não mudássemos radicalmente nossas referências. A pesquisa avançada do trauma desenvolvimental se torna impossível se não enfrentamos a complexa interação entre genes, meio ambiente e *timing* do desenvolvimento. Além disso, é necessário um número muito maior de amostras, porque os fatores interagentes são muito diferentes – vão da complexa biologia e genética do cérebro à química ambiental, às experiências sociais, a fatores econômicos como emprego, à cultura e, potencialmente, até às experiências traumáticas dos avós, principalmente em um contexto de traumas multigeracionais, como a colonização dos povos indígenas.

Por isso decidimos, em 2006, que não tínhamos outra opção senão nos livrarmos da estrutura do MDE. Foi um projeto arriscado para um psiquiatra acadêmico: o manual é considerado "a Bíblia" das doenças mentais – e, o mais importante, todo o processo de reembolso financeiro do sistema médico dos Estados Unidos está atrelado ao manual. Por sorte, fizemos a maior parte do nosso trabalho clínico voluntariamente, e nossos recursos vieram, na maior parte, de fundações privadas, programas de financiamento estaduais e trabalhos de consultoria. Para começar, paramos intencionalmente de "rotular" os indivíduos e começamos a criar "imagens" do desenvolvimento, da organização e do funcionamento do cérebro deles num dado momento. Isso causou efeito "colateral" imediato: ajudou a diminuir o estigma dos pacientes, que se sentiram menos fragmentados e estranhos. Além disso, a descrição do caminho percorrido por eles até o presente e a imagem visual do seu funcionamento atual tornou-os mais participativos no planejamento do próprio tratamento. Eles entenderam o porquê de certas recomendações: as crianças mais velhas conseguiram prever como o processo aconteceria e que tipo de cura podiam esperar, sem fantasias, em certo prazo. Isso deu a elas mais controle, mais propriedade e mais esperança – todas participaram da cura interna e externa. Com um pé no mundo clínico e outro na pesquisa, percebi que a necessidade de criar um processo de "certificação" é, na realidade, uma bênção. Se os médicos dos grandes sistemas de saúde começassem a usar uma única avaliação para o desenvolvimento e o funcionamento atual, poderíamos coletar informações úteis e sistemáticas de milhares de clientes. E assim teríamos a grande amostragem necessária para testar nossas ideias. Os benefícios clínicos do modelo e os potenciais benefícios da pesquisa se complementariam se tivéssemos um modelo adequado de fidelidade e exportação. A chave é a certeza de que podemos criar uma forma prática, sustentável e clinicamente útil de transmitir aos médicos uma versão modificada e atualizada de nossas Ferramentas de Prática Clínica (métrica do MNT). Se esses componentes de avaliação estiverem na internet, podem criar uma base de dados comum.

Inicialmente, eu inseria os dados à mão e pelo Excel para criar nossos "mapas do cérebro". Quando começamos a ensinar a outros clínicos e organizações o MNT, aplicávamos a versão beta de nossa métrica nos clientes deles; a quantidade de dados que eu tinha que digitar para criar os "mapas do cérebro" e os relatórios do MNT me tomavam muito tempo. Eu precisava encontrar uma maneira de cada clínico incluir os dados de seus clientes – uma versão *online* de nossa métrica MNT.

O processo formal de certificação do MNT começou em 2008. Entretanto, até 2002 eu já havia inserido cerca mil avaliações do MNT na versão simples do Excel. Era um sofrimento. Mas isso me permitiu saber quais itens eram importantes e quais eram redundantes e como poderíamos criar algo padronizado e útil. Em 2010, lançamos nossa versão *online* das Ferramentas de Prática Clínica do MNT, e, então, o Certificado MNT deslanchou.

Nos últimos dez anos, a The Child Trauma Academy tem se dedicado a refinar o MNT, além de se esforçar para exportá-lo de forma responsável, principalmente pelo nosso processo de certificação. Os resultados são animadores. Quando escrevi este capítulo, mais de mil e quinhentos clínicos de mais de quinze países tinham recebido o certificado – e a cada semana outras organizações e clínicos individuais se inscreviam no processo de certificação.

Mais de noventa organizações médicas incorporaram o MNT em seus modelos de prática clínica, entre elas o Casey Family Programs, o Programa de Extensão em Saúde Mental da Universidade da Califórnia, o Ranch for Boys and Girls, de Cal Farley (Texas), o NFI (Vermont), a Alexander Youth Network (Carolina do Norte), o Mount St. Vincent Home (Colorado), o Hull Services (líder em assistência e saúde mental da criança em Alberta, CA), o Take Two of Berry Street (líder em assistência à criança na Austrália), o Kibble (líder em assistência à criança na Escócia), o Palier (hospital especializado em saúde mental da Holanda), os centros RVTs (equipes especializadas em tratamento de trauma da Noruega), entre muitos outros (veja mais em ChildTrauma.org).

Em 2015, o National Quality Improvement Center for Adoption/Guardianship Support and Preservation (QIC-AG: http://qic-ag.org) classificou o MNT no nível 3, e, em 2016, o MNT foi selecionado como o melhor quadro operacional de boas práticas para ser incluído em um teste randômico controlado em uma das principais fases do programa de cinco anos dedicado ao desenvolvimento de boas práticas para o bem-estar da criança.

Em 2016, o Ministério dos Recursos Humanos de Alberta (Canadá) anunciou formalmente que usaria o MNT como quadro operacional de boas práticas para fundamentar o trabalho terapêutico com crianças e jovens em risco, maltratados e traumatizados. E no Novo México o MNT é parte fundamental do sistema estadual do bem-estar da criança.

A adaptação que fizemos do modelo para escolas, o chamado Modelo Neurosequencial em Educação (MNE), tem se revelado um recurso eficiente para professores e para quem trabalha nas escolas. Quando os educadores implantam o MNE de forma sistemática, não demora para que os resultados positivos sejam reportados. Um exemplo veio de uma escola do Meio-Oeste que atende a uma população carente, onde a maioria das crianças tem graves problemas acadêmicos e comportamentais. Antes de instituírem o MNE, 498 alunos tinham sido mandados para a sala do "castigo" – um ano depois da implantação, o número caiu pela metade, para 161.

Além disso, a sala do "castigo" foi transformada em uma área de recuperação, onde o professor orienta as crianças em atividades regulatórias – basicamente, o que uma criança em particular acha que a ajudaria –, até ela se acalmar e voltar para a classe. As suspensões caíram de trinta e seis para nove depois do MNE. Existem hoje mais de trezentos treinadores de MNE em todo o mundo que atendem a milhares de alunos em centenas de classes.

Outra aplicação do Modelo Neuro sequencial é a formação de cuidadores como pais adotivos. É o chamado MNC, que até hoje tem apresentado resultados muito positivos. É uma iniciativa relativamente nova, mas esperamos que o projeto de construir capacidades seja útil aos cuidadores e, por extensão, às crianças por eles cuidadas.

A comunidade internacional dessa prática está crescendo. Artigos sobre como usar o MNT foram publicados em vários livros de diferentes idiomas. Basicamente, o MNT é um método relativamente novo, estabelecido como "prática baseada em evidência", com excelentes resultados positivos. Aconteceram três Simpósios do Modelo Neuro sequencial, em 2014, 2016 e 2018. A troca de ideias e de experiências na The Child Trauma Academy nos ensina a melhorar nosso trabalho e nossos modelos.

É claro que nem tudo é positivo. O processo de certificação do MNT é complicado. Inclui mais de 130 horas de instrução, discussões sobre casos clínicos, conteúdo multimídia e aplicação prática das métricas do método. Os módulos de aprendizagem *online* e os arquivos *online* facilitam o processo dos aprendizes, embora seja um desafio abandonar um quadro de referências por uma nova maneira de pensar.

De fato, a abordagem neuro desenvolvimental e o MNT apresentam mudanças conceituais, e introduzir algo novo para pessoas com os sistemas tão sobrecarregados e transtornados é provocar retrocesso. Por isso, estamos estudando agora o que é conhecido como "*implementation science*".[2] Ou seja, é possível mudar os grandes sistemas, não só os indivíduos? Muitos dos princípios centrais introduzidos neste livro, e nossa segunda colaboração

---

2 Estudo científico de métodos que facilitem a implantação sistemática nas práticas de rotina de resultados de pesquisa e outras práticas fundamentadas em evidências, a fim de melhorar a qualidade dos serviços de saúde. (N.T.)

em *Born for love: why empathy is essencial... and endangered*, nos ajudaram a entender isso, mas ainda há muito que aprender.

Queremos usar o que sabemos sobre o cérebro e o estresse para propor novas técnicas aos grandes sistemas. O processo de certificação do MNT inclui o componente "treine o treinador", porque queremos que a organização continue crescendo e sendo treinada independentemente de nós. Até agora tem funcionado. Temos hoje mais indivíduos credenciados por nossos treinadores para aplicar o MNT que os que foram treinados diretamente por um processo de certificação na The Child Trauma Academy. Pessoalmente, pretendo me afastar do treinamento e voltar a fazer pesquisa e a escrever. Agora que a visão original de milhares de indivíduos avaliados vem se concretizando, minha equipe de pesquisa tem uma oportunidade única.

Até agora, foram feitas quase trinta mil avaliações do MNT, cujos dados são reunidos em um único banco de dados. A cada mês, milhares de outras entradas são acrescentados. Desses, pelo menos dez mil são avaliações de alta qualidade de usuários fidedignos, o que as torna adequadas para avaliações de pesquisas e resultados. Temos uma equipe de pesquisadores, entre eles um gênio da estatística que hoje é capaz de aprender com milhares de crianças, jovens e adultos.

As primeiras descobertas são excitantes e poderosas. Temos infraestrutura para entender e estudar o funcionamento motor, emocional, social e cognitivo de maneira totalmente nova, e em vez de dar um diagnóstico impreciso e potencialmente estigmatizante descrevemos cada pessoa de modo visual e dinâmico.

Sem equipamentos caros, criamos uma imagem de como o cérebro das crianças está organizado e usamos isso para planejar o tratamento. A tese central do modelo MNT é que cada pessoa tem um caminho próprio de desenvolvimento e uma combinação única de forças e vulnerabilidades. Sempre é possível ajudar se antes conhecermos a pessoa. Também podemos ajudá-la a se conhecer melhor se dermos a ela uma imagem, não um rótulo. Seguimos explorando. As crianças e as famílias com as quais trabalhamos continuam nos ajudando; nossos colegas das mais variadas culturas e disciplinas continuam nos ensinando. Queremos continuar "bebendo muito" para compartilhar mais que um "pequeno aprendizado" – e que você se junte a nós nessa jornada, para compreender como nossas experiências nos modelam enquanto contribuímos com a história de nossa vida.

APÊNDICE

∽ ⊙ ⊂

Crescimento do cérebro *versus* crescimento do corpo

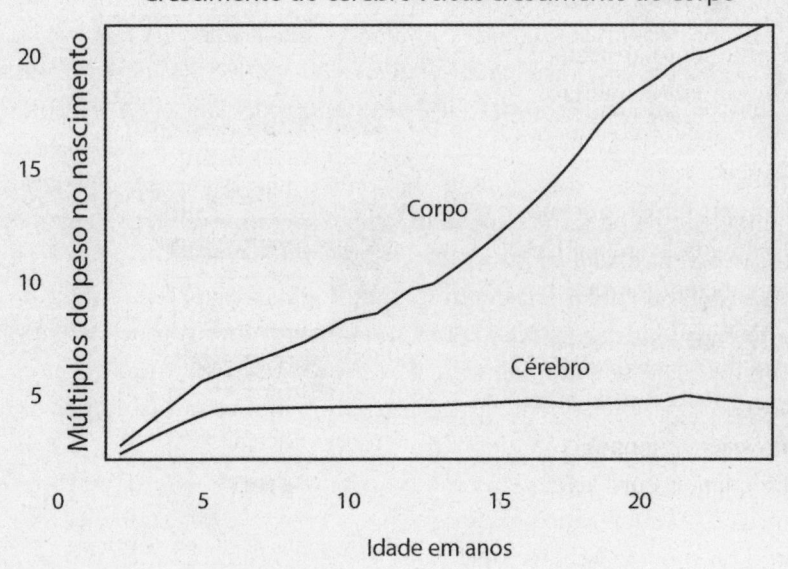

[Gráfico: eixo X "Idade em anos" (0 a 20+); eixo Y "Múltiplos do peso no nascimento" (0 a 20). Curva "Corpo" sobe de forma aproximadamente linear até cerca de 20. Curva "Cérebro" sobe rapidamente até cerca de 5 e então permanece quase constante.]

Figura 1: Crescimento do corpo e do cérebro.

O corpo humano cresce de forma mais ou menos linear desde o nascimento e por toda a adolescência. Mas o crescimento do cérebro segue um padrão diferente. O ritmo mais rápido do crescimento do cérebro acontece no útero, e do nascimento até os quatro anos cresce muito mais. Aos quatro anos, o cérebro já alcançou 90 por cento do tamanho do cérebro adulto. É nesse período que acontece a maior parte do crescimento físico das redes neurais cerebrais mais importantes. É uma fase de grande maleabilidade e vulnerabilidade, quando as experiências estão formando ativamente o cérebro em organização. É um momento de grande oportunidade para a criança em desenvolvimento: experiências seguras, previsíveis, estimulantes e repetitivas ajudam a expressar toda uma gama de potenciais genéticos. Infelizmente, é também quando o cérebro em organização é mais vulnerável aos impactos destrutivos das ameaças, do abandono e do trauma.

Entretanto, esse padrão inicial do crescimento do cérebro não significa que o desenvolvimento e a organização estejam concluídos. Na realidade, importantes processos neuro desenvolvimentais continuam a acontecer por toda a infância e adolescência, à medida em que os sistemas cerebrais se tornam mais complexos. Importantes reestruturações e mielinizações corticais entram pela vida adulta.

Pensamento abstrato
Pensamento concreto
Associação/recompensa
"Apego"
Comportamento sexual
Reatividade emocional
Regulagem motora
"Excitação"
Apetite/Saciedade
Sono
Pressão sanguínea
Frequência cardíaca

Cortical
Límbico
Mesencéfalo
Tronco Encefálico

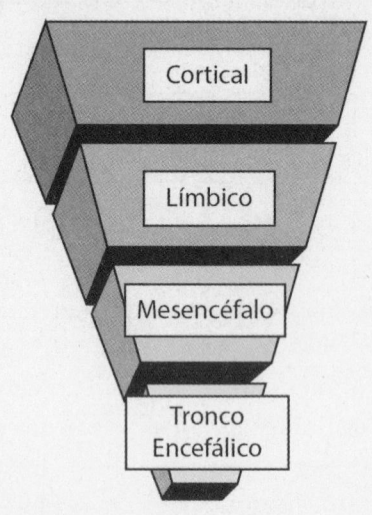

Figura 2: Hierarquia das funções cerebrais.

O cérebro humano se desenvolve em sequência, mais ou menos na mesma ordem em que suas regiões evoluem. As áreas centrais, mais rústicas, desenvolvem-se antes, com base no tronco encefálico. A criança cresce, e cada região, sucessivamente (passando pelo mesencéfalo e subindo para o córtex), sofre mudanças importantes. Todavia, para que as regiões se desenvolvam de forma adequada, é preciso que as experiências aconteçam no momento certo, sejam padronizadas e repetitivas. O método neuro sequencial para crianças traumatizadas e maltratadas examina primeiro as regiões e funções subdesenvolvidas e com mau funcionamento, e só então, estimula o restante para que o cérebro se desenvolva normalmente.

Noção de tempo	Futuro estendido	Dias/Horas	Horas/minutos	Minutos/segundos	Sem noção de tempo
Continuum de excitação	REPOUSO	VIGÍLIA	RESISTÊNCIA Choro	REBELDIA Birra	AGRESSÃO
Continuum dissociativo	REPOUSO	FUGA	CONFORMISMO Robotização	DISSOCIAÇÃO Posição fetal	DESMAIO
Região regulatória do cérebro	NEOCÓRTEX Córtex	CÓRTEX Límbico	LÍMBICO Mesencéfalo	MESENCÉFALO Troncoencefálico	TRONCO ENCEFÁLICO Periférico
Estilo cognitivo	ABSTRATO	CONCRETO	EMOCIONAL	REATIVO	REFLEXIVO
Estado interior	CALMA	ALERTA	ALARME	MEDO	PAVOR

Figura 3: O *continuum* de excitação, o aprendizado dependente do estado e a reação à ameaça

As pessoas processam, armazenam, retêm informações e só então reagem de acordo com seu estado fisiológico (em outras palavras, a resposta é dependente do estado). Se a criança ficou exposta a traumas e ameaças extremas e abrangentes, seu sistema de estresse sensibilizado a fará reagir às experiências ordinárias como se fossem ameaçadoras. Dependendo da própria reação ao estresse, ela se moverá, principalmente, ou em um *continuum* dissociativo ou em um *continuum* de excitação, mas ambos os modos reduzirão sua capacidade de assimilar informações cognitivas, como lições escolares. Ou seja, o cérebro dessa criança estará em um estado muito diferente daquele das outras crianças com as quais ela convive na escola. Como se vê no quadro, a criança calma processa as informações de forma muito diferente do que outra que está "alarmada", mesmo que tenda a ter reações dissociativas e hiperexcitadas. Entre duas crianças com QIs idênticos, a mais calma se concentrará mais rápido nas palavras do professor e por meio do neocórtex terá pensamentos abstratos e aprenderá. A criança alarmada, em contrapartida, vai processar e armazenar menos a informação verbal do professor. As áreas subcorticais e límbica dominarão a cognição da criança. Essas áreas focam em informações não verbais, como as expressões faciais do professor, seus gestos e humores. Além disso, como o aprendizado do cérebro é dependente do uso, a criança já desenvolveu capacidades cognitivas não verbais mais seletivas. Se for uma criança traumatizada que sofreu maus-tratos, ela aprenderá que as informações não verbais são mais importantes que as verbais – por exemplo: "Quando o papai cheira a cerveja e anda de maneira engraçada, sei que ele vai bater na mamãe".

Quando uma criança está percorrendo um *continuum* de excitação, suas ações são comandadas por outra parte do cérebro; quanto mais perturbada e ameaçada ela se sentir, mais rudes serão seus comportamentos e suas reações. Enquanto a cognição relacionada ao estado está mudando, a noção de tempo dela é alterada, e o planejamento futuro, mais reduzido. De agora em diante, a criança ameaçada não pensa mais (nem pode pensar) em termos de meses; ela só está focada na ameaça atual.

Isso tem profundas implicações na compreensão dos pensamentos, das reações e do comportamento de crianças traumatizadas. Para elas, o grande reforço é a recompensa imediata; é quase impossível postergar a gratificação. Elas não conseguem avaliar as potenciais consequências de seu comportamento em razão do estado de excitação física do cérebro.

Como o comportamento é considerado um efeito reflexo, inclusive o comportamento violento, ele não acontece quando a criança está em estado de alarme. Apartada de suas capacidades reguladoras do córtex, seu tronco encefálico age por reflexo, impulsivamente, e quase sempre com muita agressividade diante de qualquer ameaça percebida.

Por causa desse processo dependente do estado, as crianças maltratadas expressam "sensibilidades" confusas e aparentemente insignificantes. Olhar muito para elas pode ser percebido como sinal de ameaça letal. Um toque amigável no ombro as lembrará do abuso sexual de um padrasto. Uma brincadeira gentil e bem-intencionada poder ser um atalho humilhante para o outro abuso emocional, o infinitamente sarcástico e degradante abuso que ela sofre em casa. Um pedido para solucionar um problema no quadro deixará aterrorizada a menina que "nunca faz nada direito" em casa. Um tom de voz mais elevado soará como um grito para o garotinho que vive em um lar violento. Para ajudar as crianças traumatizadas, as respostas devem levar em conta e acalmar os sistemas de respostas de estresse, para que se sintam seguras, confiem em suas funções cerebrais superiores e reduzam o tempo que passam em continuum de excitação elevado.

Janela do desenvolvimento: estado de dependência

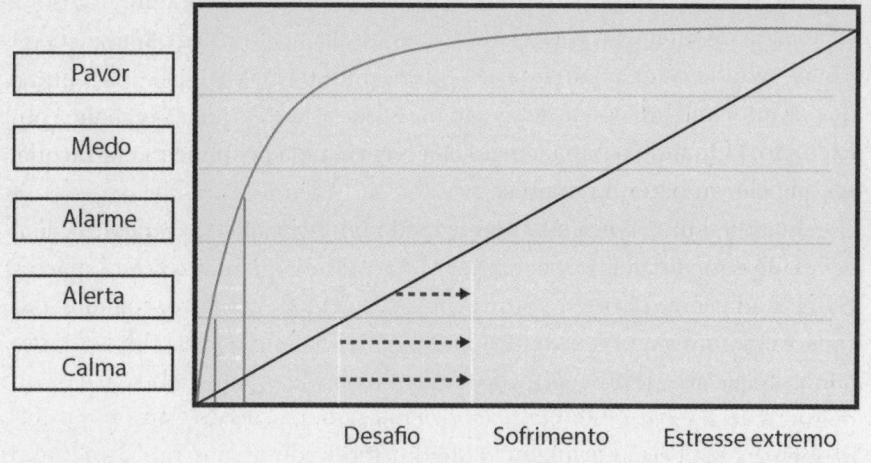

Figura 4: Janela do desenvolvimento. Adaptado de: Perry B. D. "Fear and learning: trauma-related factors in education". *New Directions for Adult and Continuing Education*, 110 (2006, Verão): pp. 21-27.

Vemos nessa figura duas curvas de reatividade ao estresse; a linha reta representa a reatividade de um indivíduo "neurotípico". Há uma relação linear entre os graus do desafio, do estresse e da ameaça e uma mudança proporcional no estado do cérebro para se adaptar e lidar com o estressor. Se os estressores forem menores, as mudanças serão menores no estado interno do cérebro; se estressores forem grandes, haverá mudança maior no estado interno do cérebro. A linha curva representa reatividade sensibilizada e alterada, causada por padrões extremos, imprevisíveis e prolongados de ativação do estresse. Nesse caso, haverá superatividade na base, causada por reação exagerada, mesmo que os desafios sejam relativamente pequenos.

As grandes redes neurais envolvidas nas reações heterogêneas de estresse (ver capítulos 2 e 3) podem ser "sensibilizadas" por padrões de ativação imprevisíveis, extremos e prolongados. Quando isso acontece, o principal estilo adaptativo de um bebê ou de uma de criança maior – seja hiperexcitação (ativa) ou dissociação (fechar-se) e, em alguns casos, ambos os estilos – ficam "sensibilizados" (superativo ou abertamente reativo) (veja a parte de cima da curva).

Os resultados são profundamente prejudiciais para o desenvolvimento subsequente, pois essas reações exageradas diante do novo e do estresse vão inibir e distorcer o bom processamento de experiências novas, mesmo que sejam previsíveis, consistentes, estimulantes e enriquecedoras.

Uma consequência importante da sensibilização é o estreitamento da janela "desenvolvimental" (veja as áreas hachuradas). Simplificando, para se desenvolver, aprender e sarar (ou seja, para que novas associações aconteçam nas redes neurais), o indivíduo precisa se expor a novas experiências, que, por sua vez, criarão novos padrões de atividade neural. Para que o desenvolvimento seja otimizado (um aprendizado ou uma mudança terapêutica), a novidade deve ter efeito "Cachinhos Dourados" – o ineditismo terá que ser em grau suficiente para desafiar e expandir a zona de conforto (conjunto das capacidades previamente adquiridas e dominadas), mas não pode ser tanto que a capacidade de processar e assimilar do indivíduo fique sobrecarregada.

Quando a pessoa está com o(s) sistema(s) de reação de estresse sensibilizado(s), a exposição a qualquer ineditismo pode mudar rapidamente o estado de alerta ativo para medo e interferir no processo de aprendizado. Quanto mais sensibilizada estiver a resposta de estresse, mais estreita será a "janela" terapêutica ou de aprendizado, menor será a tolerância ao novo e ainda menor será a probabilidade de que a criança se beneficie com as típicas experiências desenvolvimentais. O resultado final é uma profunda frustração de pais e professores causada pelo número aparentemente infinito de repetições de que a criança precisará para dominar um conceito ou aprender um comportamento. O segredo é mudar de alguma maneira esse estresse claramente reativo, seja temporariamente, por meio de alguma atividade regulatória, seja de maneira ideal, criando oportunidades regulares de [o indivíduo] experimentar ativações controladas, previsíveis e moderadas em seus sistemas de reação de estresse.

Pressões organizacionais	Recurso excessivo Previsível Estável/ Seguro	Recurso limitado Imprevisível Novo	Recurso pobre Inconsistente Ameaçador
Capacidade cognitiva prevalente	Abstrata/Criativa (QI do "grupo" = 150)	Concreto Supersticioso/ Defensivo (QI do "grupo" = 110)	Reativo/Regressivo (QI do "grupo" = 80)
"Tom" /afetivo prevalente	CALMO	ANSIEDADE	MEDO
Soluções sistêmicas	Reflexivo INOVADOR	Concreto SIMPLISTA	Baseado no medo REACIONÁRIO

Foco da solução	FUTURO Inflexão intencional	CURTO PRAZO Inflexão incomum	PRESENTE Inflexão forçada
Políticas e práticas	Abstrato/Conceitual	Concreto/ Supersticioso/ Intrusivo	Restritivo/Punitivo
Práticas pessoal e supervisão	Estímulo/ Flexibilidade/ Enriquecedor	Ambivalência/ Obsessivo/ Controlador	Apático/Opressivo/ Agressivo

Tabela 1: Dependência do estado em organizações

Assim como as ameaças alteram o funcionamento do indivíduo (ver tabela 1), também mudam o funcionamento das organizações. As organizações e seus líderes, os quais determinam o "tom" afetivo e emocional de uma organização, podem enfrentar uma série de desafios. A capacidade cognitiva do grupo (QI do grupo) muda conforme o tom afetivo das mudanças na organização.

Quando não há ameaças externas e os recursos são previsíveis e abundantes (coluna 1), os indivíduos do grupo conseguem pensar na solução de problemas de maneira abstrata (p. ex.: Bell Labs de 1940 a 1965). Essa é uma condição muito rara nas organizações em geral, algumas delas "protegem" um pequeno grupo (p. ex.: o setor de pesquisa e desenvolvimento), para que ele faça seu trabalho "abstrato" e criativo, mas isso também é muito raro. Quando acontece, as inovações e soluções de problemas são focadas no futuro, as mudanças na organização são intencionais (inflexões), e os membros mais humildes (p. ex.: os funcionários) são tratados com métodos flexíveis, estimulantes e enriquecedores.

Quando os recursos são limitados e existem ameaças econômicas, ambientais e sociais (coluna 2), a organização é menos capaz de solucionar problemas complexos e abstratos. Todas as "inflexões", ou grandes mudanças na direção organizacional, costumam acontecer ao acaso ou são acidentais. É como se encontra a maioria dos sistemas governamentais: entram aos tropeços no futuro, focados apenas na autopreservação. As práticas e os programas visam ao futuro imediato (p. ex.: o próximo ciclo de receita, o próximo ciclo eleitoral), e todos os aspectos do funcionamento no grupo regridem. Os menos poderosos são ignorados e controlados para minimizar desgastes excessivos dos mais poderosos.

Nas organizações sob ameaça direta (coluna 3), o foco de todas as soluções é o *timing*. As inflexões organizacionais são "forçadas" (p. ex.: tentativas de acordo, falência). As soluções para os problemas existentes tendem a ser reativas e regressivas. Quanto mais a situação externa fugir ao controle, mais controladoras, reativas e opressivas serão as ações desse grupo na organização. Em cada uma das situações, ambos os estilos de supervisão criarão funcionários que reforçam a estrutura da organização: se o grupo é confiável e capaz de pensar de maneira abstrata, os funcionários estarão mais aptos a receber os benefícios do enriquecimento e da educação, otimizando, assim, o potencial de criatividade, abstração e produtividade. Por outro lado, funcionários de organizações ameaçadas tenderão a refletir supervisão impulsiva, concreta e reativa – e serão tão desajustados que, ao interagirem com clientes, alunos, pais e crianças, não ajudarão ninguém a se ajustar. Serão ineficientes e até destrutivos, provocando mais instabilidade e imprevisibilidade com as pessoas com as quais deveriam se relacionar, respeitar, ajudar e curar.

Sequência do envolvimento e processamento

Argumentar ⟷ Refletir

Relacionar-se

Ajustar-se

Mundo interior: *Estímulo somático*

Mundo exterior: *Estímulo sensorial*

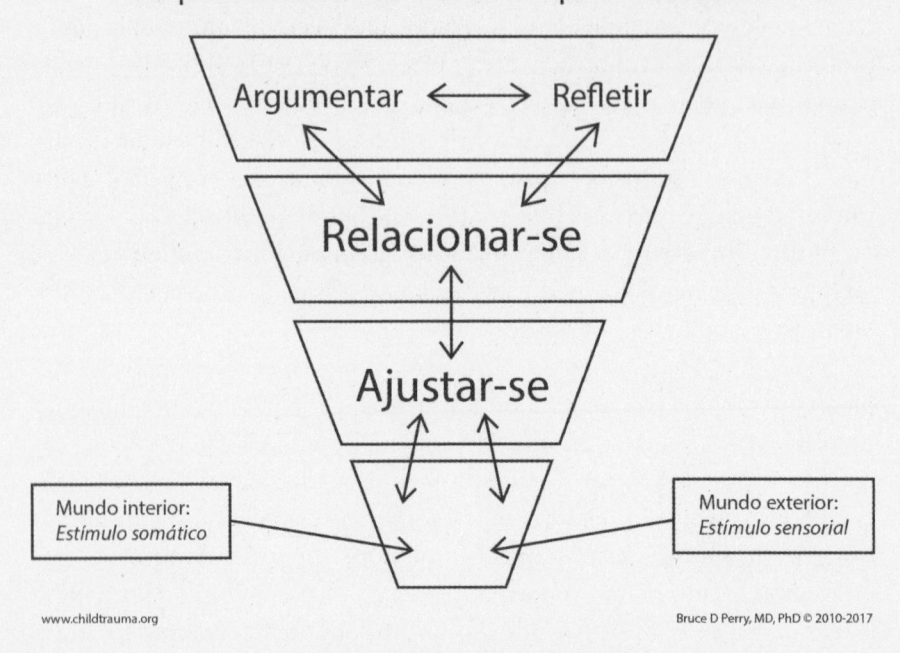

www.childtrauma.org Bruce D Perry, MD, PhD © 2010-2017

Figura 5: Sequência do envolvimento.

Todos os sinais sensoriais que nos chegam do mundo exterior e do nosso corpo (mundo interior) são antes processados nas regiões inferiores do cérebro. Essas regiões agem sobre as informações e as passam para as regiões mais altas, onde serão selecionadas, integradas e interpretadas de forma mais complexa. Se a natureza da atividade neural externa for "familiar" e neutra ou familiar e previamente considerada "segura", as regiões inferiores do cérebro passarão as informações para a parte superior, sem que uma reação de estresse significativa seja ativada. Todavia, se as informações forem desconhecidas (inéditas) ou familiares e previamente associadas à ameaça, à dor ou ao medo, as regiões inferiores do cérebro ativarão uma reação de estresse antes mesmo que as informações interpretadas com acurácia e perfeitamente integradas possam alcançar as partes "mais inteligentes" do cérebro. A ativação vai interferir ainda no processamento cortical mais apurado, "fechando" áreas específicas do córtex. O resultado disso é que a reação de estresse provocará mudanças "dependentes do estado" nos pensamentos, sentimentos e comportamentos. A natureza sequencial do processamento de toda experiência sensorial significa que, se quisermos convencer outra pessoa "com base no córtex", teremos que obedecer a uma sequência de interação: nós e o indivíduo com o qual estamos interagindo teremos que nos controlar o suficiente para entrarmos em contato – apenas quando o controle e a conexão estiverem presentes poderemos "argumentar" de modo eficiente. Conecte-se para não ter que se corrigir; ajuste-se, relacione-se e, só então, argumente.

COMENTÁRIOS DOS CAPÍTULOS PARA A EDIÇÃO DE 2017

CAPÍTULO 1: O MUNDO DE TINA

Dez anos é muito tempo na vida de uma criança, mas não mais que um instante no desenvolvimento de uma disciplina como a psiquiatria infantil ou a neurociência. Ao longo dos dez anos desde o lançamento da 1ª edição deste livro, essas áreas progrediram muito. Já seus sistemas, e as ideias que estruturam suas políticas, práticas e programas, mudam mais devagar.

Calcula-se, por exemplo, que um novo conceito ou um princípio de prática já comprovados em pesquisa levarão entre vinte e trinta anos para que as "novas" ideias propostas sejam incorporadas à prática. E bem sabemos que nesse intervalo de tempo surgirão novas pesquisas sugerindo modificações e aperfeiçoamentos para a "inovação" – que também levarão anos para serem incorporados à prática. O resultado é que o ritmo das descobertas é mais rápido que o ritmo em que uma organização ou um sistema se adaptam e incorporam as mudanças.

Vemos evidências desse "vazio de inovação" em todos os aspectos da vida. Um exemplo importante dos principais desafios com os quais Tina e sua família se depararam foi na área da primeira infância. Há muitos anos, pesquisas caríssimas voltadas ao desenvolvimento têm demonstrado o valor das intervenções na primeira infância para jovens famílias "em risco" como a de Tina. Para cada dólar investido em programas de alta qualidade na primeira infância, como a pré-escola, e em suporte para novos pais, nove retornarão como melhor desempenho acadêmico, empregos melhores e dependência química, doença mental e criminalidade reduzidas – e nem assim oferecemos pré-escola barata e de boa qualidade em período integral, muito menos o apoio adequado às famílias em situação de vulnerabilidade. Infelizmente, o fato é que o nosso sistema público de saúde mental da criança, de assistência à criança, da justiça juvenil e da educação mudam muito mais lentamente que organizações como as do setor corporativo.

Nos últimos dez anos, a The Child Trauma Academy vem trabalhando para diminuir seu "vazio de inovação" em várias áreas, sendo uma das mais importantes a conceitualização de "terapia". Desde que trabalhei com Tina, há vinte e cinco anos, minha compreensão de terapia e de interação terapêutica mudou muito.

Ao longo do nosso trabalho, nós nos propomos a entender melhor aquelas crianças fazendo as seguintes perguntas: O que é interação terapêutica significativa? Quanto tempo deve durar essa interação? Cinquenta minutos? Dez? Dois segundos? Essa "dosagem" de terapia, e das supostas interações terapêuticas, deve ser uma vez por semana, por cinquenta minutos? Duas vezes por semana, por trinta minutos, ou outra variante qualquer? Qual seria a dose mais eficaz de terapia? Quem pode proporcionar a experiência terapêutica? Somente um profissional "treinado"? Ou um dos pais, um treinador, um amigo – ou o próprio paciente, em um processo interior, poderia proporcionar um momento terapêutico?

As interações terapêuticas precisam de quanto tempo para otimizar uma mudança positiva? E as doses terapêuticas, quanto devem ser "espaçadas"? Existem padrões específicos para que as mudanças sejam mais eficazes ou basta a regularidade? Existem ambientes e experiências específicas que melhorem a interação terapêutica ou interfiram nela?

Nos últimos dez anos, nossos interesses e a compreensão que temos dessas questões amadureceram. No último parágrafo de "O mundo de Tina", observamos que uma hora por semana de terapia não iria "desfazer um conjunto de associações" relacionado a seu histórico de abusos. Agora, vamos refazer esse comentário: a terapia não desfaz as associações. Ao contrário, cria novas associações que, com o tempo, se tornarão novos "padrões" e "modelos" que reagirão às experiências futuras.

No caso de Tina, se ela tivesse tido tempo e oportunidade de interagir com homens saudáveis e sensíveis, e com meninos que proporcionassem interações positivas e neutras que criassem padrões claros, teria formado um novo conjunto de associações em relação aos homens – e aos atributos masculinos. As associações criadas pelo histórico de abuso sexual prematuro permaneceriam, mas com o tempo estariam muito menos "ativadas" e muito menos intensas.

O maior desafio, aqui, é como dosar e programar as experiências terapêuticas para que aconteça uma mudança terapêutica. Isso ainda não sabemos. Mas o estudo do cérebro e de como este muda pode nos dar algumas pistas. Hoje, um clichê da neurociência é a "neuroplasticidade", que é a capacidade dos neurônios e de suas redes se alterarem com a experiência.

Há alguns sinais promissores para o conceito de dosagem terapêutica propostos pelo estudo de como as novas sinapses – aquelas conexões entre neurônios que os interliga em redes – são formadas e modificadas para criar e alterar memórias. Uma das áreas mais estudadas e importantes da neurociência tem relação com a chamada Potencialização de Longo-Prazo (PLP). Basicamente, refere-se ao fortalecimento das conexões sinápticas que ocorrem em reação a um breve padrão de estimulação intensa. A cascata de mudanças celulares resultante dessa intensa estimulação provoca mudanças neuronais persistentes ao alcançar o cromossomo e alterar a expressão genética. Acredita-se que a PLP seja fator fundamental do aprendizado e da formação da memória.

Isso tem implicações importantes na dosagem da terapia, ao sugerir que até mesmo as experiências curtas causam grandes impactos. Realmente, as mudanças persistentes e de longo prazo em redes neurais são estimuladas por um período de estimulação intensa com menos de um minuto de duração. A divisão sináptica, uma das maneiras de mudar essas conexões, ocorre em poucos segundos de estimulação intensa – e, se a experiência intensa se repetir quatro vezes em uma hora, a mudança será mantida no longo prazo.

Assim como a experiência traumática pode alterar a vida em um instante, o mesmo pode acontecer em um encontro terapêutico. Infelizmente, para que "doses" de interação positiva provoquem mudanças de longo prazo, é preciso que haja muito mais repetições. Consequentemente, o padrão e o espaçamento necessários para garantir que uma mudança terapêutica seja mantida no longo prazo vão exigir densidade de interações terapêuticas que nosso atual modelo de saúde mental de cinquenta minutos uma vez por semana não pode oferecer. Para que crianças como Tina sejam verdadeiramente beneficiadas, é preciso que a terapia incorpore um contexto de interações seguras e positivas.

A boa notícia é que qualquer pessoa pode ajudar nessa parte da "terapia" – basta estar presente e ser gentil. A pessoa atenta, sintonizada e receptiva ajuda a criar oportunidades para a criança traumatizada controlar a dose e o padrão de reorganização das associações que têm relação com o trauma. Para quem sofreu abuso sexual como Tina, ser reconhecido como pessoa solidária, respeitosa e não ameaçadora ajuda muito a promover a cura. Quanto mais pudermos oferecer esses momentos de conexão humana tão simples – um breve olhar, um aceno de cabeça – estaremos ajudando muito mais às vítimas de experiências traumáticas.

CAPÍTULO 2: É MELHOR PRA VOCÊ, GAROTA

Hoje, ninguém discutiria que uma garotinha de três anos que viu a mãe morrer, foi esfaqueada, dada como morta e depois colocada em um lar adotivo não correria riscos de ter danos psicológicos pelo resto da vida. Felizmente, se a maioria das crianças tem capacidade de se recuperar, dados de que sofrer um estresse severo no início da vida tem impacto duradouro têm se acumulado desde que este livro foi lançado pela primeira vez.

O mesmo se dá com o entendimento que temos do papel da sensibilização e da tolerância para o trauma e a cura. São dois processos-chave que alteram as importantes redes da reação de estresse no cérebro. A sensibilização ativa o padrão de atividade e reatividade desses sistemas, enquanto a tolerância reduz a reatividade da reação de estresse. (ver figura 6 no fim deste comentário). E o mais importante: existem certos padrões de ativação que ativam a sensibilização e podem causar problemas, ao passo que outros ativam a tolerância e desenvolvem a resistência.

Os neurocientistas estudam esse fenômeno há cinquenta anos. A relevância desses estudos para experiências como a dependência química e a dor é bastante óbvia, mas faz apenas dez anos que a importância de entender os efeitos do trauma infantil começou a ser reconhecida.

Hoje, a neurobiologia da sensibilização e da tolerância tem muito a nos ensinar sobre os papéis cruciais do padrão e da previsibilidade no desenvolvimento e na regulagem dos nossos sistemas de reação de estresse. As experiências no início da vida criam o padrão das futuras respostas – isso é válido para nossas respostas de estresse, não só para nossas memórias. Alterar o nível médio de atividade nos sistemas de estresse e sua prontidão para a resposta e a reatividade durante o desenvolvimento pode causar efeitos profundos e duradouros.

O ponto, aqui, é que alguns padrões de experiência ativam esses sistemas com muito mais facilidade e tendem a reagir até mesmo a pequenas mudanças, enquanto outros padrões ajudam a permitir que esses sistemas respondam com mais tranquilidade e tenham reações menos exageradas. Então, anos e anos de pesquisas em neurociência para saber como funcionam esses mecanismos explicam como e por que os sintomas resultam de experiências potencialmente traumáticas, mas também nos dão pistas essenciais para o processo de cura.

Uma das maiores conquistas da área clínica nos últimos dez anos é a compreensão de que algumas formas de experiência desenvolvimental – por exemplo, insegurança alimentar e doméstica, marginalização racial ou cultural e outros estresses normalmente associados à pobreza – podem criar sintomas fisiológicos, emocionais, sociais e cognitivos similares àqueles vistos em eventos traumáticos extremos, aí incluídos os abusos físico e sexual e a exposição à violência doméstica.

Algumas pessoas da área costumam se referir a isso como "T" (maiúsculo) de trauma *versus* "t" (minúsculo) de trauma; não usamos essa terminologia, mas concordamos com a que ela se refere. Preferimos pensar tanto o "T" quanto o "t" como exemplos de padrões "sensibilizadores" de ativação da reação de estresse que causam mudanças previsíveis no organismo como um todo.

Em estudos da neurociência, foi possível criar uma reação de estresse sensibilizada simplesmente expondo o sujeito, de maneira incontrolável e imprevisível, a pequenos estressores, que, se forem experimentados apenas uma ou duas vezes ou se o momento em que acontecerem for sabido com antecedência, provavelmente não causarão grandes traumas em determinadas pessoas. Muitos de nós já vivemos isso na vida real, por exemplo, no ambiente de trabalho, quando um supervisor é, imprevisivelmente, constrangedor, em seguida motivador e logo depois se mostra enraivecido. Com o tempo, os funcionários estarão sensibilizados para os humores do chefe e ficarão ansiosos, distraídos e preocupados e, por fim, evitarão aquela pessoa. São sintomas clássicos de TEPT, embora raramente um chefe seja tão desagradável a ponto de provocar tantos danos em adultos sem histórico de adversidade desenvolvimental.

A mesma sensibilização que costuma ser descrita como "pisar em ovos" pode acontecer com pais temporários ou adotivos quando os comportamentos da criança forem completamente imprevisíveis para os cuidadores.

Obviamente, a birra de uma criança não é considerada um evento "traumático" se comparada a testemunhar um assassinato, mas, com o passar do tempo, os efeitos fisiológicos e psicológicos de inúmeros estresses pequenos e incontroláveis podem ser muito semelhantes àqueles causados por experiências mais extremas.

O padrão e o contexto da ativação do sistema de estresse, ou seja, se é ou não controlável, se é ou não previsível, são tão importantes quanto a intensidade da ativação, talvez até mais. Na vida real, isso significa que, uma criança negra vivendo em situação de pobreza, mas não exposta ao abuso, à violência doméstica ou a outro "trauma" explícito, poderá desenvolver problemas "relacionados ao trauma" muito parecidos com aqueles que se veem em crianças que presenciaram um assassinato ou sobreviveram a desastres naturais. Se crianças como essas também forem expostas a um grande trauma explícito, como uma comunidade violenta, seus problemas serão comparáveis.

Para explorar isso melhor, vamos rever brevemente as características da ativação dos padrões de estresse que podem criar capacidade de resposta menos sensível e reativa ao estresse. Como vimos, a maioria dos problemas físicos, emocionais, comportamentais, sociais e cognitivos relacionados ao trauma desenvolvimetal está vinculada a mudanças nas redes neurais abrangentes e amplamente distribuídas responsáveis pela reação aos estressores. Vimos ainda que as redes neurais são "plásticas" e podem mudar. O que a pesquisa na área teria a nos dizer sobre o que fazer para mudar esses sistemas?

O primeiro e único princípio da neuroplasticidade é que, para modificar intencionalmente – seja como for – uma rede neural específica, precisamos antes "ativar" (e, em alguns casos, "desativar") essa rede neural *específica*. Isso é óbvio; para aprender a tocar piano é preciso se sentar diante do piano e tocar. Ler um livro ou assistir a um vídeo no YouTube sobre como tocar piano não mudarão as redes neurais *específicas* responsáveis por tocar piano. O tempo que a pessoa passa diante do piano ajudará naquilo que ela aprenderia em um livro ou em um vídeo, mas não criará nem modificará a rede neural amplamente distribuída que permite "tocar piano", a menos que seja ativada plenamente se a pessoa dedilhar as teclas.

O mesmo é válido para a memória traumática e para as redes sensibilizadas da reação de estresse responsáveis pela reação complexa e amplamente distribuída que acompanha um evento de trauma. Para Sandy, as memórias do trauma eram reforçadas e fortalecidas toda vez que um sinal evocativo ativava a cadeia: por exemplo, quando ela fazia algo tão prosaico como beber leite. A imensa maioria das ativações que aconteciam nos primeiros anos que se seguiram ao assassinato da mãe eram imprevisíveis para Sandy, porque ela não sabia o que esperar. O resultado disso é que seus sistemas de reação ao estresse foram se sensibilizando cada vez mais, e suas reações eram sempre exageradas e prolongadas. Por isso ela piorou.

O maior desafio da terapia, quando há traumas e respostas de estresse sensibilizadas, é que para mudar esses sistemas é preciso aplicar o princípio da especificidade; a cura implica um processo de "revisitar" e "reativar", de alguma maneira, experiências muito dolorosas. O segredo do trabalho terapêutico e da cura efetiva é estar atento aos três elementos essenciais da criação de resiliência e da ativação do padrão de cura do estresse: previsibilidade, controle e moderação.

O que aprendemos sobre esses fatores desde que começamos a escrever este livro nos remete ao conceito de "dosagem". O que é uma dose moderada quando se revisita um trauma e se reativa uma cadeia de lembranças traumáticas? Quem determina o que é moderado? É o clínico que pede à criança para contar outra vez, o evento traumático ou quem pede é a criança?

Quando pedimos a uma criança para vir ao nosso consultório uma vez por semana, para uma dose de cinquenta minutos de revisitação, isso, por si só, não tiraria o controle da criança? É possível criar um ambiente seguro e controlado de modo que a criança possa reajustar a dose, o espaço e o padrão de suas jornadas de cura? No caso de Sandy, durante a terapia, ela podia voltar àquela época terrível, passar alguns momentos convivendo com a dor e a lembrança reativadas do trauma, mas também podia controlar o próprio desacoplamento para se reajustar antes de revisitar a experiência.

Ela controlava que partes daquela experiência seriam reativadas e reencenadas – isso assegurava seu controle. Ela também decidia por quanto tempo ficaria lá – o que controlava a dosagem. E determinava quanto tempo passaria até que voltasse a revisitar aquelas experiências –isso controlava o espaçamento da experiência. Nas sessões, ela se permitia ativar algum comportamento da memória abrangente do trauma e depois criava uma ativação moderada, controlada e previsível de seus sistemas sensibilizados da reação de estresse. Com o passar do tempo, isso resultou em um sistema menos reativo, uma mudança nos sintomas e algum grau de cura.

Não dá para enfatizar toda a importância que tem para as crianças traumatizadas obter o máximo possível de controle, previsibilidade e capacidade de moderar a periodicidade, a duração e a intensidade de suas experiências. Elas precisam desses elementos para se potencializarem não só em terapia, mas no restante da vida, principalmente em locais onde passam muito tempo, como a escola. Para se tornarem resilientes, as crianças precisam de ambientes nos quais se sintam seguras e confortáveis e saibam o que esperar para que seus sistemas de estresses sensibilizados e hiper-reativos voltem a se acalmar aos poucos e sejam regulados "mais uniformemente".

(O quadro a seguir ilustra os princípios-chave desta seção.)

CAPÍTULO 3: UMA ESCADA PARA O CÉU

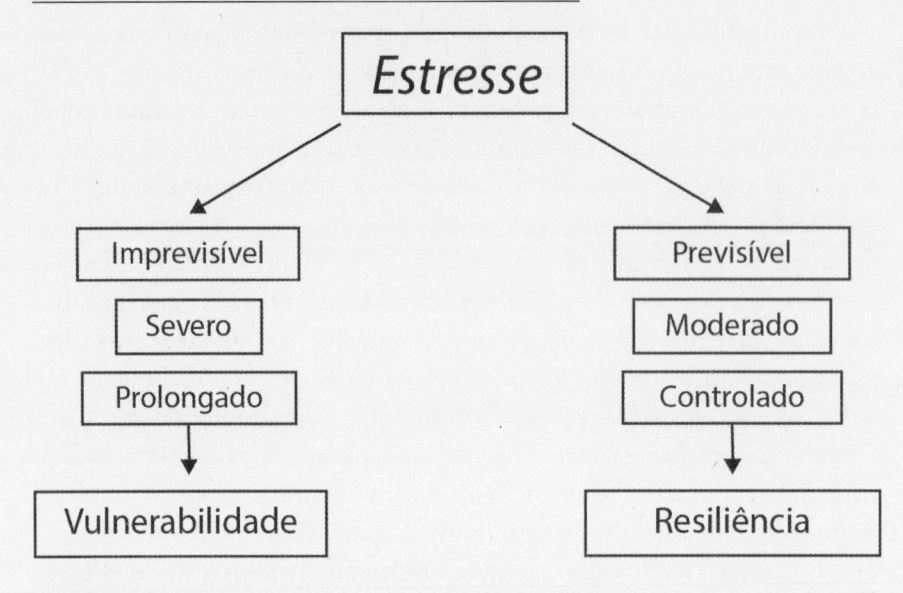

```
                    Estresse
                   /        \
          Imprevisível      Previsível
            Severo           Moderado
          Prolongado        Controlado
              ↓                 ↓
        Vulnerabilidade      Resiliência
```

Quase vinte e cinco anos se passaram desde a desastrosa invasão do Rancho do Apocalipse de David Koresh, em Waco, no Texas, e desde então evoluiu muito nossa compreensão de como a ameaça e o medo afetam tanto os grupos quanto os indivíduos.

Mais especificamente, aprendemos muito mais sobre a importância dos relacionamentos *no interior do grupo* para criar oportunidades de desenvolvimento e cura, ou para fazer o oposto. Cada vez mais, notamos que a saúde de um grupo tem amplo efeito na saúde do indivíduo.

Como vimos, a ameaça e o medo percebidos mudarão o funcionamento do cérebro em dada situação. De modo geral, quando a pessoa se sente ameaçada, as redes-chave do córtex se fecham: mais especificamente, as regiões envolvidas com o raciocínio, o planejamento e outros pensamentos complexos. Isso nos permite agir rapidamente numa emergência, mas não é o estado mental de que alguém necessite em sala de aula ou estudando para uma prova (ver Apêndice, figura 3).

As consequências são profundas, uma criança com medo terá dificuldade de aprender qualquer coisa, mesmo que seja uma atividade física ou esportiva. E o comportamento dessa criança refletirá seu estado emocional: quando sente medo, está pronta para lutar, congelar ou fugir, como vimos.

Todavia, como discutimos em maior profundidade em nosso segundo livro, *Born for love*, os grupos também reagem às situações de maneira dependente do estado (ver Apêndice, figura 5). Os seres humanos são criaturas sociais, e nossa neurobiologia e fisiologia individuais são influenciadas pelos que nos rodeiam. Os humores e as ações são contagiosos, em especial os do "líder" aceito pelo grupo. Isso tem inúmeras implicações; a mais relevante delas para quem trabalha com crianças traumatizadas, maltratadas e medrosas é que os adultos "que as ajudam" não as ensinarão a controlar as emoções e os comportamentos se eles próprios não estiverem emocionalmente calmos e razoavelmente controlados.

Assim como os cães, os seres humanos, em especial crianças traumatizadas, sentem medo e ansiedade, por isso quem trabalha com eles deve cuidar de si mesmo para a terapia alcançar o efeito desejado. Adultos que trabalham na linha de frente, sejam eles pais, professores ou assistentes sociais, e são maltratados por supervisores ou outros em cargos de comando acabam passando as próprias dificuldades para as crianças vulneráveis.

Isso significa que um clínico desmoralizado, desrespeitado e exausto terá muita dificuldade de se mostrar competente. Um professor mal pago provavelmente será pouco inspirador aos alunos; um pai adotivo sobrecarregado, ansioso e exausto não poderá estar presente para estimular e controlar os filhos. (O Sanctuary Model, de Sandra Bloom, um dos melhores que conheço, ajuda as organizações a dar prioridade a esse *insight*. Quem tiver interesse em implantar mudanças relevantes consulte Sanctuary web. com para mais informações.)

Outra grande mudança ocorrida na última década foram os estudos epidemiológicos denominados "Experiências Adversas na Infância (EAIs).

Como mencionamos neste livro, a adversidade desenvolvimental impacta o corpo todo, não só o cérebro. O primeiro estudo das EAIs teve como objetivo a saúde atual de 17 mil adultos e foi conduzido por Robert Anda, dos Centros de Controle de Doenças, e Vince Felitti, do Kaiser Permanente da Califórnia. Os resultados começaram a ser publicados em 1998. A conclusão básica surpreendeu, à medida que o número de EAIs aumentava, crescia também o risco de tudo, desde doenças cardíacas, infarte e obesidade até dependência química e depressão na vida adulta. (Discutimos esse trabalho ao longo de todo o livro; para mais detalhes dessa pesquisa, veja o capítulo 7 do livro *Born of love*). Apesar da grande importância dessa pesquisa, após a divulgação dos resultados, seguiu-se um "vazio de informação" que durou vinte anos. Somente nos últimos cinco anos esses importantes estudos começaram a ter maior influência nas práticas e políticas.

Esse e outros estudos similares provocaram uma explosão de práticas "traumainformadas" em educação, justiça juvenil, saúde mental, proteção à criança e até mesmo em bairros. Isso não é apenas animador como deu origem a muitos programas que fazem realmente a diferença na vida das crianças.

Ao mesmo tempo, infelizmente, assim como todas as mudanças de foco em larga escala na sociedade, em especial quando há dinheiro envolvido, ainda há muito joio nesse trigo, como os falsos especialistas com seus pacotes de programas que permitem ao sistema checar se são "traumainformados". Com o tempo, isso se regularizará, e temos a esperança de que o resultado final será positivo.

Enquanto isso, entender como a dependência do Estado age nas organizações pode nos ajudar a identificar alguns desafios com os quais nos deparamos ao fazer mudanças positivas em práticas, programas e políticas de qualquer organização ou sistema (ver Apêndice, figura 5).

CAPÍTULO 4: FOME DE PELE

Em todos esses anos, as pessoas têm me perguntado sobre as crianças que cito neste livro. Às vezes querem apenas uma atualização; com mais frequência, identificam-se com algumas delas; outros descrevem sintomas similares e se sentem aliviados por entenderem um pouco mais sobre si mesmos. Também os médicos dizem que enfrentam desafios semelhantes ou apontam onde deixei de mencionar uma questão importante e frequente, isso por causa de minhas próprias limitações e outras inerentes ao fato de escrever sobre situações clínicas tão complexas. E alguns até se ofereceram para cuidar ou adotar uma das crianças.

Os comentários e questionamentos variam, e as perguntas mais frequentes são, de longe, sobre Mama P. *Posso conhecer Mama P.? Ela mora no Texas? Ela ainda recebe crianças? Acho que conheço Mama P.*

Todos nós deveríamos ter uma Mama P. em nossas vidas. Suas maravilhosas qualidades, a paciência, a força, a sabedoria e a capacidade de amar fazem dela uma curandeira especial e poderosa, e, como líder da comunidade dos cuidadores temporários, parte fundamental do sistema de assistência em que ela vive. Ainda assim, preciso manter o sigilo das informações pessoais.

Comecei a residência em psiquiatria de adultos em Yale, em 1984. Desde então, a natureza do serviço de assistência à criança nos Estados Unidos mudou muito. Uma das principais mudanças é como as crianças e suas famílias são servidas pelo sistema assistencial. Com a nova ênfase em "famílias para sempre", o sistema tem focado cada vez mais na guarda permanente da criança – com mais frequência, com alguém da família estendida, como uma tia ou avó – ou em adoção. Do ponto de vista do trauma infantil, é uma tendência positiva, mas, como tudo que envolve os sistemas humanos, a mudança não ocorreu sem levantar outro conjunto de problemas.

Nos Estados Unidos, a responsabilidade por financiar e manter os serviços de assistência à criança, como investigação, remoção da criança de lares considerados inseguros, colocação em lares temporários, em orfanatos, em casa de parentes, fazer algum tipo de avaliação ou contratar serviços médicos e saúde mental, tudo isso é responsabilidade do Estado. Cada estado escolhe como fazer: alguns delegam a maior parte das responsabilidades aos municípios e oferecem algum tipo de supervisão organizacional e econômica, outros têm um sistema estadual unificado.

Em todos os casos, o governo federal fornece alguns recursos para as agências. O Título IV-E é um programa federal que reembolsa os estados por parte das despesas com lares temporários, adoção assistida e guarda de parentes assistida das crianças que atendem aos critérios de elegibilidade federal. Nem todas as crianças que requerem a atenção dos SPCs atendem a esses critérios; portanto, de modo geral, os casos custeados pelo IV-E estão abaixo do número atual de crianças servidas pelos estados. Apesar disso, os casos subsidiados pelo Título IV-E de 1984 a 2013 indicam mudança de foco radical dos recursos voltados ao bem-estar da criança.

Em 1984, havia 102.100 crianças "fora de casa" ou sob os cuidados de cuidadores – em outras palavras, vivendo em lares temporários ou com parentes – recebendo recursos do IV-E federal. Dessas, 11.600 estavam em lares temporários ou adotivos do IV-E., ou seja, apenas 10 por cento do total de casos estavam em locais permanentes. Mas, em 2001, 49 por cento, e, em 2013, 74 por cento das crianças subsidiadas pelo IV-E eram adotadas ou estavam em guarda permanente. Em 2015, por volta de 430 mil crianças viviam em lares temporários (subsidiados ou não pelo IV-E) e pelo menos as 500 mil que estavam em lares adotivos ou sob tutela permanente eram subsidiadas pelo IV-E.

Qual é a importância dessas mudanças nos casos subsidiados pelo IV-E? O livro inteiro trata do impacto que o trauma desenvolvimental, o abandono, as relações rompidas e as adversidades infantis têm sobre a criança. E sabemos que os graves problemas emocionais, comportamentais, sociais e cognitivos das crianças retiradas de seus lares atingem em média 70 por cento delas ou até mais. O número de crianças carentes só cresce, e os problemas criados por seus traumas psicológicos não desaparecem quando elas vão para um "lar definitivo".

Com o passar do tempo, o peso de lidar com esses problemas complexos da criança é transferido para as famílias que garantem os elementos de permanência da criança: os pais adotivos e seus familiares. Contudo, o sistema de assistência à criança ainda não entendeu isso (lembre-se do "vazio de informação") e não criou recursos para essas famílias ou para as famílias temporárias que cuidam de centenas de milhares de crianças a cada ano. O que se faz é simplesmente transferir os problemas de um sistema para o outro.

Pena que não existam 430 mil Mamas P. para dar atenção emocional individualizada a todas as crianças que necessitam e merecem. Nem a metade das crianças que hoje está em lares permanentes tem cuidadores que conhecem e respeitam as complexidades do trauma desenvolvimental. Infelizmente, os sistemas estaduais de cuidados temporários se esforçam tanto para encontrar lares qualificados, e quando recrutam uma família, pouco informam sobre desenvolvimento, trauma, apego e todos os demais desafios que a criança enfrentará. A maior parte dos cuidadores é autodidata, com todos os benefícios e armadilhas que isso possa esconder. Em geral, cuidadores temporários e adotivos são oprimidos pelas inúmeras necessidades e pelos desafios trazidos pelas crianças, e muitos não estão equipados nem recebem o apoio necessário para lidar com problemas tão complexos.

Sobretudo as escolas, que, além de não darem nenhum suporte às famílias, ignoram as boas atitudes dos pais e aplicam práticas como suspensão, expulsão, isolamento e castigo. Todas essas medidas só pioram as coisas para as crianças e suas famílias.

E temos, ainda, a comunidade médica, que deveria se inteirar mais de todas essas questões – para as escolas, as famílias e os próprios médicos, ali estão os especialistas. A comunidade médica, aí incluídos os psiquiatras, consegue ser tão ignorante sobre traumas e desenvolvimento quanto qualquer outra pessoa. Infelizmente, isso não mudou muito nos últimos dez anos.

E uma área em que essa ignorância é especialmente trágica é no uso impróprio e perigoso das medicações. E piorou muito nos últimos dez anos. A psicofarmacologia irracional, quando os médicos prescrevem medicações que *não funcionam* e cuja eficácia não é comprovada, explodiu. O mesmo acontece com a prescrição de muitas medicações, a polifarmácia, apesar de não haver qualquer evidência de que estejam ajudando ou não.

Provavelmente, crianças que vivem em lares temporários tomam mais medicações que não têm nenhum impacto sobre seus sintomas que outras que apresentam problemas semelhantes. Essas medicações, principalmente os chamados antipsicóticos atípicos (como o Risperdal, o Abilify e o Seroquel), encurtam o tempo de vida e causam graves efeitos colaterais, como ganho de peso e maior risco de desenvolver diabetes. A prescrição exagerada e inadequada dessas medicações para crianças que vivem em lares temporários tem sido tão frequente que chamou a atenção do Escritório de Prestação de Contas do governo. Tanto o governo federal quanto os vários governos estaduais processaram a Big Pharma por testar as drogas em crianças de lares temporários, o que resultou em acordos multimilionários.

Nos últimos anos, essas questões chamaram a atenção de grupos de advocacia, como o National Center for Youth Law, de Oakland, e o Foster Youth in Action, além da imprensa (um ótimo exemplo é a série *online* de Karen de Sa, no *Mercury News*), e o interesse pelo problema cresceu. As investigações estão produzindo mudanças positivas. Por exemplo, a Califórnia aprovou uma lei que permite monitorar prescrições para crianças que vivem em lares temporários.

Todavia, infelizmente, em vez de unirem esforços para melhorar a qualidade dos cuidados prestados a essas crianças, muitos médicos e psiquiatras ainda resistem e até se opõem a isso. Mudar é difícil, e é ainda mais difícil quando se tem muito a perder. Annette Jackson e eu escrevemos em 2014:

"Os grupos de interesse acadêmico mais ameaçados por inovações que ponham em xeque suas referências e pontos de vista serão os mais ruidosos e hostis às novas ideias". Mesmo assim, vamos insistir.

CAPÍTULO 5: UM CORAÇÃO GELADO

Ao rever este capítulo, ri e senti vergonha da arrogância de nossa última frase. Ainda estamos longe de desvendar os segredos do cérebro, e mais distantes ainda dos progressos da neurociência desenvolvimental e social que acrescentaram complexidades das quais dez anos atrás nem tínhamos ouvido falar. É a tal coisa: quanto mais aprendemos, menos sabemos. Ainda nos falta muito para compreender casos complexos de sociopatia como o de Leon.

Além disso, estamos percebendo que a qualidade dos estudos genéticos e neuroquímicos e as neuroimagens das doenças psiquiátricas humanas, como a sociopatia, são inadequadas e não interpretáveis em essência: com muita frequência, as amostras têm tamanhos inadequados, as caracterizações da população estudada são muito pobres, e, é claro, são usadas as denominações do Manual de Diagnósticos e Estatísticas, que, como vimos, são inapropriadas.

Como área de estudos, gastamos muito tempo e dinheiro para entender as complexidades do desenvolvimento do cérebro e seus efeitos no comportamento. Muita coisa já foi dita, e ainda é muito pouco.

À medida que aumenta nossa compreensão sobre o desenvolvimento, o cérebro e a raça humana, sempre há uma lacuna entre o que se sabe e o que pode ser aplicado. No momento, esse abismo é muito profundo, mas costuma ser mais escuro antes do amanhecer.

Muitas vezes criamos práticas, programas e políticas baseados "no que sabemos", para reconhecer logo depois que nosso "entendimento" era imaturo e estava errado. A psiquiatria está repleta de exemplos como esse: a lobotomia frontal, os banhos mais frios, o choque de insulina são apenas alguns. A área que hoje é conhecida como "medicina translacional" pretende desenvolver aplicações práticas para o que é descoberto pela ciência. O conceito é bom, mas a aplicação é mais problemática; isso acontece, em parte, pelo "vazio de inovação" e pela tendência dos que se beneficiam dos métodos tradicionais de recuar diante das inovações "translacionais".

Nosso grupo de trabalho sempre foi uma interface entre a descoberta e a aplicação, procuramos trazer os avanços da neurociência, e disciplinas relacionadas, para a prática clínica, para a educação e para a área de cuidados e proteção da criança. Isso requer "traduzir" fatos complexos, princípios e conceitos em linguagem clara e compreensível. Um problema é que algumas coisas se perdem na tradução. Por causa da abundância de fatos na neurociência, preferimos ensinar conceitos e princípios gerais quando nos comunicamos com quem não é neurocientista. Utilizamos recursos para ilustrar conceitos-chave como imagens e tabelas, como as incluídas no Apêndice. Para cada princípio, sempre existem exceções à regra, que são importantes.

E a simplificação também inclui distorções que podem levar a falsas conclusões quando as pessoas tentam fazer generalizações. Para ensinar o alto índice de desenvolvimento no útero e no primeiro ano de vida, por exemplo, pode ser usado o "Dr. Perry diz que após os três anos de idade é tarde demais para mudar o cérebro".

Outro exemplo disso nos últimos dez anos tem sido a emergência do "traumainformado". As frases "a amígdala se apropria do cérebro" e "um tumulto amigdalar" tornaram-se comuns entre os "traumainformados". A tentativa de ensinar um pouco sobre a neurobiologia da interpretação da ameaça e como o medo altera o modo como processamos a informação e agimos em relação a ela transformou-se em uma frase feita distorcida.

Infelizmente, as pessoas apreciam explicações curtas, como "A amígdala é o 'centro do medo'", e os surtos da criança são o "sequestro da amígdala". As incompreensões e distorções sobre o complexo funcionamento da amígdala quando processa e interpreta sinais de medo são tão comuns que Joseph LeDoux, pioneiro nos estudos dessa relação amígdala e medo, cujo nome é sempre citado quando se usa o termo "sequestro da amígdala", finalmente publicou um blogue cujo título é "A amígdala *NÃO* é o centro do medo no cérebro". De fato, essa região está envolvida em muitas outras emoções, e termos como "sequestro da amígdala" reduz complexos comportamentos humanos a meras ações de zumbis.

O trabalho translacional tem implicações políticas e práticas fora do ambiente clínico. O sistema jurídico, por exemplo, está usando a neurociência e as pesquisas sobre o trauma desenvolvimental de várias maneiras. Deficiência cognitiva e doença mental, ambas condições neurobiológicas, são levadas em consideração para determinar a culpa e definir a sentença. Em causas recentes, entre elas duas da Suprema Corte, o papel do "córtex adolescente imaturo" no discernimento e na impulsividade foi citado para modificar sentenças como pena de morte e prisão perpétua. Nenhuma delas pode ser usada para adolescentes. A Child Trauma Academy tem instruído as cortes e o sistema judiciário juvenil sobre a neurobiologia do trauma, o papel do trauma no desenvolvimento de comportamentos violentos, o impacto da reclusão e do confinamento solitário, os efeitos do uso indiscriminado de algemas em jovens nos tribunais e, em especial, a criação de práticas como "consciência do trauma" e "sensível ao trauma" em ambientes jurídicos juvenis.

Infelizmente, o sistema jurídico também está sujeito a "traduções errôneas" e interpretações distorcidas dos trabalhos com trauma e desenvolvimento. Muitas vezes me chamaram como observador especializado para testemunhar o impacto que determinada experiência tem sobre alguém; essa é uma área importante em litígios civis (não criminais) para provar danos consequenciais após algum evento ou injúria. Por exemplo, várias pessoas morrem na explosão de uma fábrica, mas um funcionário é ferido gravemente e apresenta problemas de sono, ansiedade, sinal de pânico específico e conduta evitativa.

Em outros casos, os advogados vão querer me convencer de que um adolescente foi "traumatizado" por um professor hostil, embora viva em uma casa com histórico de violência doméstica documentada, e que os comportamentos impulsivos e agressivos dele foram provocados por práticas "abusivas" do professor, que deu nota "zero" por uma lição de casa que o garoto esqueceu de apresentar.

Não faço muito trabalhos forenses e, quando faço, procuro escolher causas que possam me ensinar alguma coisa – e a causa de Leon foi uma delas. Ao longo dos últimos dez anos, pesquisas têm confirmado que pessoas condenadas por crimes violentos, como Leon, têm taxas altíssimas de interrupção de vínculos no início da vida e traumas desenvolvimentais crônicos, principalmente exposição à violência. Esses resultados têm aumentado os esforços para a criação de um judiciário "traumaconsciente" e programas de justiça criminal e juvenil "informados sobre traumas" – em regime fechado e liberdade condicional. A reabilitação é impossível se os múltiplos efeitos complexos dos traumas, do abandono, da pobreza, do racismo e de outras adversidades desenvolvimentais não forem conhecidos. Falar de reincidência e retorno bem-sucedido à vida normal é impossível se não houver uma perspectiva respeitosa, humana e bem informada do desenvolvimento e da consciência do trauma.

A "tradução" é importante. Auxilia as pessoas que vivem nesses sistemas a entender melhor as crianças, os jovens e as família, e isso ajuda muito a melhorar o próprio sistema. Não importa quantas vezes nossas traduções forem distorcidas, não vamos desistir. Conectar, corrigir, esclarecer e seguir em frente.

CAPÍTULO 6: O MENINO CRIADO COMO CÃO

Justin e Connor não sofreram apenas um grave abandono precoce, mas outros estressores traumáticos que afetaram profundamente o desenvolvimento deles. Justin, criado em um canil cercado de animais e com pouco contato humano, não teve, por certo, um início de vida normal; Connor passava os dias sozinho durante toda a semana, até os dezoito meses de vida, porque a babá negligente também tinha seus problemas.

É inevitável que os médicos, em especial os psiquiatras, se concentrem na patologia de crianças como Justin e Connor. Como identificamos e medimos seus déficits? O que se pode fazer para conhecer a causa desses problemas? Quais são os mecanismos que produzem suas dificuldades específicas e o que podemos fazer para ajudar essas pessoas?

Este capítulo foi escrito sob esse quadro geral de referências. Dez anos depois, foco muito mais a força e a resiliência de crianças como Connor e Justin diante de experiências tão dramáticas e devastadoras. É mais importante saber por que seus sintomas progrediram com tanta rapidez e por que isso não aconteceu com crianças que também sofreram abusos e abandono e tinham sintomas aparentemente similares. A palavra-chave aqui é "aparentemente".

Se as crianças descritas neste livro têm algo a nos dizer é: "Ouça com atenção e veja com muito cuidado meu histórico de vida". Infelizmente, nós, médicos, somos reconhecidos como "maus ouvintes" e, em geral, pouco observadores. Leva tempo para criar uma história desenvolvimental completa – muito mais que uma consulta inicial de avaliação. Inúmeras fontes do "histórico do paciente" serão requisitadas para preencher os espaços em branco. Entre elas, registros médicos e educacionais, conversas com pais, professores, profissionais da saúde mental e muitas outras. Isso leva tempo e custa dinheiro para ser reunido. E, mesmo assim, se você não perguntar e não procurar a presença de experiências críticas que influenciam o comportamento, não vai encontrá-las.

A avaliação sistemática de uma história de trauma desenvolvimental (ou de experiências adversas na infância, EAI) só há pouco tempo passou a ser componente rotineiro nas avaliações de saúde mental – um avanço significativo, diga-se de passagem. Mas raramente faz parte das consultas pediátricas típicas, apesar de ser o maior fator de risco para problemas de saúde como: asma, diabetes e doenças cardiovasculares. Como discutimos em todo o livro, o que importa são o *timing* e a natureza do trauma. Quando desenvolvemos nosso processo de avaliação pelo MNT, vimos que era essencial quantificar a natureza, a severidade e o *timing* da ocorrência do trauma no indivíduo. Mas só isso nos permitiria "olhar com muito cuidado"?

Aqueles meninos tinham duas coisas em comum: o abandono precoce e eram receptivos a intervenções apropriadas ao desenvolvimento deles. Um exame mais profundo de seus históricos nos deu algumas pistas de terem reagido tão bem ao tratamento. Apesar dos anos de abandono sofridos por Justin, ele teve, sim, conexões relacionais positivas no primeiro ano de vida, antes da morte da avó, sua principal cuidadora. Quando passou a viver no canil, também tinha contato físico caloroso e o amor incondicional que recebemos dos cachorros em situações normais.

Connor, por sua vez, teve pais carinhosos e presentes até os dois meses de vida – além de toques e conexões "estimulantes" todas as noites e nos fins de semana, quando foi abandonado. Os dois meninos tinham histórico de interações relacionais positivas, mas parcialmente anormais. Mesmo fragmentadas, essas interações os protegeram.

"Ouvir com atenção e olhar com cuidado" significa quantificar a "saúde relacional" das crianças. Em outras palavras, a natureza, o número de conexões do indivíduo com a família e o *timing* de suas conexões relacionais são o que se pode chamar "conectividade social", que se refere à qualidade e ao número de conexões que o indivíduo tem com a família, os amigos e conhecidos: é o componente mais importante da coesão cultural e comunitária. Em nosso livro *Born of love*, discutimos essa conectividade como o principal fator de saúde tanto do indivíduo quanto da comunidade.

Quando estávamos desenvolvendo o MNT, criamos um método para medir o *timing* e a gravidade de adversidades como abuso e abandono – e também o *timing* e a intensidade da "conectividade social", que inclui a força da conexão da criança com aspectos saudáveis da família, da comunidade e da cultura.

O "equilíbrio" entre os resultados das medidas da adversidade e da saúde relacional nos deram uma estimativa mais acurada do "risco desenvolvimental" real. Em outras palavras, a criança que tem forte rede de conectividade social corre menor risco de ter uma experiência potencialmente traumática que uma criança que não tem esse suporte.

Há seis anos, a rede de parceiros clínicos da The Child Trauma Academy avalia sistematicamente mais de 30 mil crianças, jovens e adultos pelas medidas de adversidade e saúde relacional. E atualmente olhamos também o funcionamento emocional, social, comportamental e cognitivo dos 30 mil indivíduos.

O que aprendemos incluiu boas surpresas. A primeira e mais importante delas foi que as consequências das medidas de saúde relacional são mais previsíveis que as das experiências desenvolvimentais adversas. Ou seja, para quem tem forte rede social com muitas e boas interações relacionais, o futuro promete boa saúde mental e outros desdobramentos positivos, ao passo que as experiências traumáticas prometem perspectivas ruins. A conectividade relacional amortece as angústias do presente e ajuda a curar os traumas do passado.

Isso não quer dizer que a adversidade desenvolvimental não cause sérios danos. Mas uma saúde relacional forte ajuda a proteger as crianças dos danos duradouros causados pelas experiências adversas e é essencial para aumentar a resiliência. Por isso, se você quiser prever o funcionamento e a saúde mental de alguém com base nas experiências da infância, os fatores sociais positivos terão mais a dizer, se o foco estiver exclusivamente no trauma. Quanto aos traumas, os bons apoios sociais podem neutralizar os danos.

As implicações dessa observação são profundas. Para começar, é consistente com os dados sobre a população e a saúde da comunidade, o que mostra que o apoio social é fundamental para a saúde e que as comunidades que não têm vínculos sociais tendem a apresentar problemas como diabetes, doenças cardíacas, obesidade e vícios. Essas descobertas estão de acordo com a pesquisa da resiliência, que, mais uma vez, relacionam resiliência com vínculos sociais e suporte saudável. Por fim, sugere estratégias práticas de intervenção e prevenção, como as medidas que apoiam a conexão entre escola e comunidade, programas de apoio aos pais e basicamente qualquer coisa que ajude as pessoas a se cercarem de amigos e famílias protetoras.

Nossa pesquisa também confirmou que o *timing* do risco desenvolvimental faz boa diferença. Crianças de doze anos, por exemplo, maltratadas por falta de um amortecedor social nos primeiros anos de vida – e nos restantes onze anos viveram em ambientes muito mais saudáveis – apresentaram resultados piores que se fosse ao contrário; ou seja, as crianças eram saudáveis e se sentiam seguras nos primeiros anos de vida e nos onze anos seguintes, não! Nesse caso, os primeiros anos de boas experiências "inocularam" o indivíduo contra onze anos de adversidade – infelizmente, um primeiro ano ruim é mais difícil de ser superado, mesmo que os onze anos seguintes sejam de experiências seguras e positivas.

Esse padrão é consistente com o que já se sabe sobre o desenvolvimento do cérebro, que ocorre, em grande parte, nos primeiros anos de vida. Também é consistente com o impacto positivo dos excelentes modelos de visitas em domicílio, como Health Families America e Nurse Family Partnership, onde as enfermeiras acompanham regularmente a gravidez das mães de primeira viagem e o primeiro ano de vida da criança. Constatou-se que esses programas melhoram o desempenho acadêmico da criança e mais tarde ajudam a diminuir o crime e a dependência química. Não obstante, ver efeitos tão variados das experiências precoces brotarem com tanta força em nossos dados não nos deixou dúvidas.

Atualmente, nossos sistemas públicos responsáveis por identificar e ajudar as jovens famílias isoladas e marginalizadas estão sem recursos e mal equipados para atender à demanda. Porque nossa sociedade ainda luta contra uma infinidade de problemas relacionados ao trauma infantil, à adversidade desenvolvimental e à miséria relacional, é essencial introduzir um processo de solução de problemas com dados de boa qualidade e bem interpretados. Se não aprendermos com essas crianças e suas famílias, "se não ouvirmos com atenção e olharmos com cuidado", sistematicamente todos vamos perder.

CAPÍTULO 7: PÂNICO FEMONÍACO

Quando começamos a tratar das crianças do Branch Davidians em 1993, a The Child Trauma Academy tinha bom relacionamento com a agência que supervisiona os SPCs (Serviço de Proteção à Criança, sigla em Inglês) no estado do Texas.

Eu conhecia os diretores, eles confiavam em nosso trabalho e sempre pediam minha opinião sobre programas em curso e questões práticas. E nós aprendíamos mais sobre os desafios que tínhamos pela frente e sobre o SPC como um todo; funcionários e supervisores enfrentavam longas jornadas de trabalho, situações emocionalmente dolorosas, conflitos entre os membros da família e os advogados e raramente recebiam algum suporte ou supervisão clínica.

Além disso, o contágio emocional tão natural entre seres humanos faz da proximidade constante com situações traumáticas um degrau para o estresse traumático "secundário", além da ansiedade, dos problemas de sono, da depressão, da irritabilidade e da desmoralização que vêm junto. Tudo isso combinado produz uma equipe de trabalho explorada e esgotada no SPC (Serviço de Proteção à Criança, sigla em Inglês).

A solução para muitos membros da equipe é pedir demissão. Enquanto trabalhamos com o SPC do Texas, vimos muitos pedirem demissão no primeiro ano de trabalho. Os que ficavam tentavam se controlar e administrar o estresse da melhor maneira possível. É claro que existem formas saudáveis e não saudáveis de fazer isso. Entre as primeiras estão se exercitar, manter boa distância entre trabalho e casa, relacionar-se com colegas e amigos regularmente para trocar ideias e se divertir, se afastar por um período do trabalho, entre outras.

As formas não saudáveis incluem desobrigar-se e até dissociar-se e caminhar como sonâmbulo pelo ambiente de trabalho ou tentar se controlar com comida, cigarro, álcool e outras drogas. Os maiores desafios dos sistemas SPC continuam sendo treinamento adequado, suporte permanente e supervisão clínica de qualidade, para que os profissionais possam conduzir um trabalho tão importante e tão estressante.

No caso do Texas, o SPC resolveu o problema, em parte, financiando intervenções de crise e com reuniões de informação sobre incidentes graves como os ocorridos em Gilmer, além de outros casos graves de crianças lesionadas e mortas. A The Child Trauma Academy era uma das organizações financiadas; o programa que propusemos foi "Intervenção de Crise e Prevenção do Trauma Secundário".

Isso envolvia um conjunto de atividades *reativas*, como chegar em Gilmer e fazer reuniões com os funcionários, as crianças, as famílias e os demais envolvidos para consultas e recomendações. Incluía também um conjunto de atividades *proativas* programadas, como oferecer um currículo sobre trauma, abandono e trauma secundário, para treinar funcionários e profissionais permanentes. Sabíamos que se todos estivessem bem treinados sobre trauma e questões relacionadas seriam menos vulneráveis aos traumas secundários e trabalhariam melhor.

Em outras palavras, teríamos menos necessidade de intervenções pós-fatos caras se programássemos mais elementos proativos. E, embora nossa parceria fosse renovada anualmente, o componente Intervenção de Crise era subvencionado, mas o componente proativo preventivo, não. A cada evento, dávamos o *feedback* de nossas práticas, programas e ações políticas para evitar fatos como o pânico ocorrido em Gilmer e casos de custódia e traumas resultantes. E todos os anos nossas recomendações eram desprezadas e ficavam perdidas nos arquivos de alguém. Isso era frustrante.

A preocupação com o autocuidado dos que trabalham pelo bem-estar da criança era apenas da boca para fora. Além disso, o *insight* e o suporte fundamentais de que os funcionários precisavam para entender aquelas crianças – e a si mesmos – não estava sendo oferecido. Os policiais do Texas nos ouviram em plena crise, mais ou menos em abril de 2008, quando nos pediram para conduzir uma avaliação da saúde mental das 439 crianças retiradas do Rancho Yearning for Zion (YFZ) administrado pela Igreja Fundamentalista de Jesus Cristo dos Santos do Último Dia (FLDS), no Texas Central. A FLDS era uma seita poligâmica liderada pelo "profeta" Warren Jeffs. Havia boatos de que as crianças criadas nesse grupo estavam sendo abusadas sexualmente.

A situação era bastante complexa e surreal, mas isso é outra história. Maia escreveu um livro com uma das testemunhas do caso, Brent Jeffs, sobrinho de Warren, que relatou ter sido abusado sexualmente pelo tio dentro da igreja e detonou uma série de fatos que culminaram na invasão (o livro se chama *Lost boy*).

Seja como for, a diretoria do SPC do Texas mudou, e senti que estávamos participando do problema simplesmente por cedermos ano após ano, até a parte proativa da subvenção ser desativada. Eles queriam nossa ajuda na crise, mas não queriam ouvir nossas propostas para evitar a catástrofe. Em 2009, nos envolvemos ativamente com os sistemas de assistência à criança de outros estados; quando nos ligaram para renovar a parceria no Texas, não nos inscrevemos. Agora sabíamos mais sobre mudança sistêmica, e, apesar de nossos esforços, o projeto Intervenção de Crise e Prevenção de Trauma Secundário não mudava o sistema de assistência à criança do Texas.

O que se pode fazer para mudar os sistemas? As situações complexas e extremas do sistema de assistência e saúde mental da criança podem ser evitadas até certo ponto. Pense em cada uma das crianças descritas neste livro e na história de vida delas. Fossem eles pais biológicos, pais adotivos, terapeutas, assistentes sociais, juízes, equipe tática do FBI, pediatras, professores ou psiquiatras infantis, a trágica trajetória das crianças poderia ter sido desviada ou minimizada se conhecessem melhor os fundamentos do cérebro, do desenvolvimento, do apego, do trauma e do abandono. É por essa razão que o foco persistente da The Child Trauma Academy nos últimos trinta anos tem sido traduzir e disseminar esse conteúdo.

Temos muita esperança nessa área. Estamos envolvidos ativamente no desenvolvimento e na implantação de um treinamento e em outros projetos de "construção de capacidade" para ensinar e implementar os conceitos centrais do nosso Modelo Neuro sequencial em ambientes variados (clínica, escola, justiça juvenil) e entre cuidadores não profissionais (pais biológicos, temporários e adotivos). Nos últimos dez anos, desenvolvemos currículos e atividades relacionadas para transmitir esses conceitos a qualquer profissional – psicólogos e médicos de todas as especialidades, assistentes sociais, enfermeiros, terapeutas ocupacionais, terapeutas físicos, professores, juízes e policiais, à comunidade empresarial e corporativa.

Desenvolvemos treinamentos, práticas e elementos programáticos para dezenas de organizações e sistemas – ambientes de bebês, escolas de todos os níveis, prisões (para jovens e adultos), tribunais (cíveis e criminais) – e para os sistemas de assistência e saúde mental da criança e os sistemas juvenis. Como dissemos, esses esforços aumentaram muito nos últimos dez anos.

Os projetos mais promissores implantaram esses conceitos em escolas de serviço social, educação e medicina. Quando isso envolveu profissionais treinados, pedimos que mudassem o ponto de vista: árdua tarefa. Todavia, quando eram estudantes de medicina, de educação ou do serviço social, os conceitos passaram a ser o principal quadro de referências; é muito mais fácil entender e implantar práticas sensíveis ao trauma e ao desenvolvimento quando lidamos com estudantes. Não cansamos de dizer: quanto mais cedo começar, melhor.

CAPÍTULO 8: O CORVO

A moça esperava pacientemente enquanto o grupo se dispersava. Trocamos breves olhares e sorrisos. Achei que a conhecia. Mas encontro tanta gente, e tenho tanta dificuldade de me lembrar dos nomes, que não consegui localizá-la.

Eu terminara uma palestra sobre a importância dos relacionamentos para a saúde mental e física. Um pequeno grupo se aproximou, e a moça continuou esperando até que todos saíssem. Logo o auditório ficou vazio, com exceção de alguns membros da organização que faziam a limpeza – além de uma senhora com duas crianças pequenas que estavam no fundo do auditório.

Ela se aproximou, nitidamente ansiosa.

— Lembra de mim?

— Parece que sim, mas não me lembro... Estou ficando velho e a memória está fraca. — Usei o humor para disfarçar o constrangimento.

— Muito bom. Você e suas piadas. — Ela ergueu a manga da blusa e imediatamente reconheci a tatuagem do corvo.

— Amber! Que bom ver você!

Ela estava diferente. Mais velha, sem *piercings* visíveis, o cabelo castanho-claro, quase loiro. Sorriu quando pedi que me contasse como estava sua vida. Ficamos conversando por uns dez minutos e então a senhora e as crianças se aproximaram de onde estávamos sentados. Logo reconheci Jill, a mãe de Amber. Trocamos algumas palavras sobre como elas haviam chegado àquela cidade tão distante do Texas. Amber aproximou as crianças de mim.

— Quero que você conheça meus filhos. Esta é a Tori*. Tem sete anos. E este é o Thomas*. Tem três. — E falou com as crianças: — Este é meu amigo, Dr. Perry. Nós nos conhecemos há muito tempo, quando eu ainda era uma garotinha.

Nem tanto, pensei. *Interessante o que ela disse. Talvez se achasse menor do que era na época.* As crianças ficaram em silêncio por um momento, olhando para mim. Provavelmente imaginando como seria a mãe quando garotinha. Em seguida, desvencilharam-se de Amber e foram explorar o auditório sob os olhares atentos da avó.

Esse foi um dos raros momentos na vida de um clínico em que temos a oportunidade de ver como um paciente se saiu. Amber teve seus altos e baixos, mas no momento tinha um relacionamento saudável com o pai das crianças. Viviam juntos, mas preferiram não se casar. Jill morava perto e ajudava com as crianças. A princípio, Amber queria ser assistente social e trabalhou por um breve período no sistema de assistência social infantil, mas agora trabalhava como voluntária em uma organização sem fins lucrativos que ajudava famílias de refugiados.

A "ruptura" clínica do tratamento de Amber descrita no capítulo é uma característica da descontinuidade dos trabalhos terapêuticos com crianças maltratadas e traumatizadas. Na maior parte das clínicas públicas de saúde mental, o número de visitas clínicas consecutivas antes de uma interrupção não planejada do tratamento é três, em média. As famílias se mudam, ou se cansam, ou a crise da criança passa. A criança sai de um lar temporário e volta para casa, para o hospital ou algum ambiente residencial, ou vai para outro lar temporário. A fragmentação do contato terapêutico é motivada pelo modelo financeiro que aprova dez, no máximo vinte, consultas. Dez anos de abuso, abandono, humilhação, marginalização – vinte acomodações, por exemplo –, dois anos atrás na escola, problemas de fala e de linguagem, questões de interação sensorial, sem amigos, sem família, sem habilidades sociais, impulsividade, falta de atenção, desregulagem, problemas com apego, centenas de sinais evocativos por anos de maus-tratos e, por fim, um novo lar temporário. *Aprovamos vinte sessões de Terapia Comportamental Cognitiva Focada no Trauma* em todos esses casos.

Os assistentes sociais checam a caixa de "terapia", e nós entramos em ação. Alguma dúvida sobre os resultados de longo prazo em crianças do sistema de assistência à criança, apesar dos milhões que são gastos em tratamento e horas trabalhadas para ajudá-las? Talvez alguns de nossos colegas não queiram ver o que acontece com os pacientes; talvez prefiram acreditar na mágica das vinte sessões: uma hora por semana para construir um "modelo" de relacionamento, reorganizar as redes de reação de estresse no cérebro, criar um novo conjunto de associações "predefinidas" para desviar sinais evocativos, ensinar estratégias cognitivas e sociais, introduzir no córtex novas capacidades executivas funcionais e adiantar a criança dois anos na escola (ah, esqueci que esse não é nosso trabalho, mas da escola).

Talvez eu esteja sendo um pouco exigente. Coisas importantes e duradouras podem acontecer nessas sessões; é possível chegar até a criança e fazer a diferença, mas prefiro ir direto ao ponto. Nossos modelos atuais não têm condições de atender às imensas necessidades delas. Com isso em mente, vamos ter que mudar esses modelos. E existem ótimas ideias – e pesquisas – para nos ajudar na mudança. Provavelmente, as mais importantes estejam relacionadas ao notável poder dos relacionamentos.

De fato, uma das descobertas mais importantes e recorrentes em relação à saúde – e em todos os setores da vida – é o papel da continuidade relacional, a conectividade duradoura com o outro. O papel-chave dos relacionamentos para a resiliência e a cura é descrito há muitas décadas; mesmo assim, continuamos desenvolvendo modelos terapêuticos e educacionais que fingem que as pessoas são intercambiáveis. A cada ano, as crianças têm um novo professor no ensino básico – o vínculo especial que poderia se formar tinha prazo de validade, que é o ano letivo. Portanto, a cada ano teremos muitos professores novos no meio do ensino médio.

Por certo, esses relacionamentos são importantes, mas e o poder da continuidade? Se um mentor começa a trabalhar com uma criança em risco na escola fundamental, almoça com ela uma vez por semana durante todo o ano letivo e a acompanha também no ensino médio, isso trará muitos benefícios não só para ela, assim como a taxa de graduação será muito mais alta. A duração de um relacionamento orientado é um dos fatores mais importantes para a eficiência. Ter vários mentores ao mesmo tempo traz menos benefícios, e os relacionamentos interrompidos fazem muito mal a algumas crianças. Relacionamentos saudáveis não são intercambiáveis: reconhecemos isso no casamento e na família e não esperamos que as pessoas tenham novos maridos ou novos filhos quando o ano escolar recomeça. Reconhecemos isso em nossas amizades adultas, mas é muito mais difícil avaliar a necessidade de permanência desse tipo na vida das crianças.

Outro bom exemplo da importância dos relacionamentos duradouros é uma organização notável chamada A Home Within, fundada pela Dra. Toni Heineman em San Francisco, em 1994. Ela se cansou de trabalhar com crianças em processo de adoção que iniciavam o tratamento e desapareciam quando se mudavam de casa. Então se comprometeu a criar um relacionamento terapêutico duradouro com elas, onde quer que estivessem – em outros lares temporários, hospitais, centros residenciais ou mesmo voltado para casa. Cuidava das crianças, e estas desabrochavam. Logo a Dra. Heineman agregou novos terapeutas voluntários para trabalhar com uma ou duas crianças. Com o passar do tempo, centenas de clínicos de todo o país estavam prestando serviços terapêuticos de alta qualidade para crianças que viviam em lares temporários. Os resultados foram excelentes, muito superiores aos resultados típicos apresentados pelas crianças de lares temporários. Os relacionamentos ajudam a barrar os estressores presentes e a curar os traumas passados. Portanto, o centro de todos os modelos terapêuticos reinventados tem que incluir a quantidade, a natureza e a permanência dos relacionamentos na vida da criança: a rede terapêutica duradoura. Afinal, a principal característica de um relacionamento para barrar o estresse é que ele dure: a pessoa em questão é reconhecida como segura, familiar e, no mínimo, razoavelmente previsível. Isso não se constrói em um dia: considerar as pessoas intercambiáveis cria um círculo vicioso de mágoa e perda. E para romper esse círculo é preciso permanecer.

CAPÍTULO 9: "MAMÃE ESTÁ MENTINDO. MAMÃE ESTÁ ME MACHUCANDO. CHAMEM A POLÍCIA"

Merle, mãe de James, tinha problemas para se ligar emocionalmente. Sentia necessidade desesperada de se apegar, mas, infelizmente, com muita coisa tóxica misturada. Em geral, pais temporários e adotivos são pessoas de bem. As famílias escolhem cuidar e adotar por razões pessoais; de modo geral, sentem-se bem fazendo isso e sempre têm as melhores intenções. O que é muito bom, porque essas crianças em situação de risco precisam de ajuda. Mas *não* é tão bom quando "o poço seca". Conviver com crianças afetadas por traumas e abandono e cuidar delas é arriscado, para dizer o mínimo. Rapidamente os cuidadores ficam exaustos, desmoralizados, desestimulados e esgotados. As qualidades que levam uma mãe temporária a se conectar, a sentir empatia e a receber uma criança para criar a deixarão vulnerável aos transtornos emocionais que a criança possa trazer consigo. O trauma secundário atinge essas famílias da mesma forma que atinge os assistentes sociais e os clínicos do sistema de assistência à criança. E é óbvio, como dissemos antes, que o sistema não é o que há de melhor para oferecer suporte, treinamento e supervisão para as famílias temporárias e adotivas.

Mesmo quando funciona, na grande maioria das situações, as crianças problemáticas são deixadas com as famílias com o mínimo de suporte. Acrescente-se a isso a tendência de sobrecarregar as melhores famílias temporárias com muitas crianças problemáticas ao mesmo tempo e a confusão estará criada: é grande a probabilidade de *bullying* e abuso entre as crianças, e ainda maior a probabilidade de que a colocação da criança seja interrompida. Isso será, simplesmente, mais uma descontinuidade relacional, um fracasso que mais tarde vai reforçar a visão distorcida que a criança tem de si mesma e do mundo. Tudo isso contribui para crianças e jovens mal resolvidos. Não é raro trabalharmos com crianças que passam por dezenas de colocações diferentes.

Agora, transfira o foco dos desafios enfrentados por uma família temporária para aqueles que uma mãe jovem e despreparada enfrentará com a reunificação de três, quatro e até sete filhos desafiadores. Alguns anos atrás, consultei uma organização conhecida e muito respeitada que fazia um excelente trabalho. Os assistentes sociais estavam nos apresentando em detalhes uma criança altamente necessitada que havia sido estabilizada em lar temporário. Perguntei por quanto tempo essa criança ficaria na casa seguindo o plano de tratamento adotado. Meu foco era a continuidade relacional.

Todavia, eles estavam trabalhando uma reunificação em alguns meses. A mãe da criança tivera um relacionamento abusivo e passara a usar drogas. Quando os filhos foram removidos, ela desfez esse relacionamento, foi reabilitada e voltou a estudar. Imaginei uma mulher jovem e frágil tentando organizar a vida, então quis saber mais.

Seus sete filhos estavam distribuídos em três colocações diferentes, todos eles com dificuldades nas colocações e na escola. O plano era reunir os sete sob a custódia dela. Era óbvio que não ia dar certo. Uma mãe solteira, sem família estendida e com a mínima conexão comunitária, não cuidaria de sete crianças extremamente problemáticas e traumatizadas, além de lidar com os próprios traumas e uma recuperação de dependência química.

Essa situação, e outras similares, me levaram a desenvolver uma nova "métrica" – nesse caso, uma medida dos pontos fortes do cuidador e da casa, em particular, contra os desafios colocados por uma criança específica. Subtraindo a pontuação dos desafios da pontuação dos pontos fortes obtém-se uma pontuação da "reserva de cuidados"; qualquer coisa abaixo de 200 é muito problemático; a família pontuou um pouco mais de – 860. Eu havia acrescentado esse "Avaliador de Cuidados Desafiadores" (ACD) em nossa lista *online* de Ferramentas de Práticas Clínicas, para que as equipes de tratamento e as famílias pudessem perceber quando estão ajudando uma família temporária a se desgastar ou se estão criando uma situação em que a reunificação com a família biológica provavelmente fracassaria. Como nossas outras métricas, esperávamos que o "quadro" de ACD nos ajudasse a tomar a melhor decisão. Se uma "ajudante" ou assistente social percebe que está sobrecarregada, ela se abre para uma "autoajuda" mais bem planejada e aceitará todo o auxílio possível. Se a assistente social vir que uma família temporária está chegando no limite, não colocará outra criança nessa casa; se um juiz perceber um desastre iminente em uma reunificação, possivelmente oferecerá um plano transacional melhor, em que a família biológica tenha mais suporte.

Um sistema métrico como o ACD teria ajudado a conhecer Merle melhor? Que os protetores da criança reconheceriam que James estava em situação potencialmente perigosa? Nesse caso, talvez não. A métrica mostraria que os desafios de Merle como responsável pelos filhos eram muito maiores que sua capacidade de cuidar deles, porque Merle apresentava uma necessidade patológica muito rara. Para entender os comportamentos de alguém como Merle, sempre buscamos informações em sua história pessoal. O que aconteceu com ela na infância e quando cresceu? Tendemos a criar nossos filhos da maneira como fomos criados. Falamos a mesma língua que ouvimos quando éramos pequenos. Imitamos os gestos e as expressões faciais dos nossos pais, da família e da nossa cultura. Os seres humanos transmitem coisas boas e ruins de geração para geração. Por que isso acontece?

Como se vê, não é tão simples – mas essa é outra área na qual aprendemos muito mais do que sabíamos quando publicamos o livro pela primeira vez. São muitos os mecanismos que nos formam. O mais óbvio desses fatores são os genes, mas há uma nova prega na compreensão da genética que complica ainda mais a compreensão dos genes e seu funcionamento: a "epigenética". Aqui, o ambiente em que a criança nasce determina os genes que entrarão em atividade e quais genes se manterão em silêncio. Por exemplo, em um ambiente calmo e seguro, certos genes ficarão muito ativos, e em uma situação caótica e imprevista outros dominarão. Isso faz parte de como o ambiente uterino e o primeiro ano de vida da criança afetam o desenvolvimento.

E a genética, a epigenética, o pré-natal, as interações precoces da criança e toda nossa vida de experiências são influenciados pela comunidade e pela cultura. A mistura exata de quais ingredientes são mais fortes em dada característica pode variar; a genética é muito importante quando se trata da cor dos olhos, por exemplo, enquanto a família, a comunidade e a cultura são mais importantes para determinar que idioma vamos falar e que roupa vestir. Essa complexidade importa quando vemos a que ponto o trauma de uma geração impacta a geração seguinte. É muito provável que Merle refletisse as experiências que teve na infância, e antes dela seus cuidadores refletiram as deles. Em cada geração, surgem adições, subtrações, distorções e reviravoltas em como somos influenciados pela geração que nos criou, embora a dinâmica do espelhamento transgeneracional seja poderosa.

O trauma transgeracional, passado de uma geração a outra, é um aspecto importante do campo emergente da traumatologia. Há diversas lentes sob as quais se pode olhar o impacto transgeracional do trauma; um dos mais importantes é o sociocultural. Ao longo de anos temos trabalhado com grupos mistos recém-afetados por histórias de genocídio, limpeza étnica ou genocídio cultural, entre eles as comunidades aborígenes da Austrália, inúmeras tribos nativas dos Estados Unidos, vários grupos tribais e étnicos da África e da Europa central. A complexidade do impacto de suas experiências traumáticas em larga escala raramente é avaliada e ainda não foi estudada o suficiente. Entretanto, é óbvio que o abuso sistemático em larga escala de um povo terá impacto transgeracional com ecos na história de uma família. Por envolver séculos de cultura genocida e práticas contra os grupos nativos dos Estados Unidos, a história de escravidão dos povos africanos nas Américas e a política de colocação de crianças indígenas em escolas residenciais brutais, conhecido por "trauma histórico", não ficam no passado.

Acredito na importância de análise sistemática no estudo dessas experiências: o que aprendemos aqui nos permitirá ajudar os sobreviventes de traumas a superar seus sintomas e nos moverá rumo a uma sociedade mais justa, que não reproduz a opressão e não passa suas cicatrizes para nossos filhos e para os filhos dos nossos filhos.

CAPÍTULO 10: A DELICADEZA DAS CRIANÇAS

A escola e a professora de Peter foram de uma flexibilidade e compreensão notáveis, por permitirem que eu visitasse a classe em que ele estudava, para falar sobre o cérebro e o abandono. Se não tivesse certa experiência nessa área, a resposta seria outra: "Trabalhamos há anos com crianças como essa; sabemos o que fazer".

Nos últimos trinta anos, a maior preocupação de pais conscientes do trauma é decidir que trabalhos podem ajudar os filhos a se manterem regulados e a aprenderem. E, em seguida, querem dizer isso à escola e não conseguem. Por exemplo, se a mãe diz ao professor, "sei que parece bobagem, mas ele gosta de levar esse brinquedo no bolso", ou "se perceber que ele está muito quieto e distante, peça a ele que ande um pouco", ou "ele precisa de alguns sinais antes de fazer uma transição", às vezes os professores lhe dão ouvidos, outras não. E se um professor fizer as devidas acomodações nada garante que outro professor fará o mesmo. De novo, são as descontinuidades relacionais que interrompem o progresso dessas crianças.

Os educadores costumam levar em conta disciplinar e ensinar crianças maltratadas e traumatizadas sob lentes "behavioristas". O behaviorismo é um campo da psicologia que, historicamente, foca nos comportamentos observáveis do indivíduo e ignora as emoções e os mecanismos subjacentes interiores que o levam a agir de determinada maneira. Essa perspectiva ajusta-se perfeitamente ao modelo de diagnóstico do Manual de Diagnóstico e Estatística (MDE), que se baseia em comportamentos observáveis. Por exemplo, se Billy é desatento, impulsivo e tem dificuldade com as habilidades sociais próprias da idade, corresponde aos critérios de diagnóstico do Déficit de Atenção e Transtorno de Hiperatividade, portanto tem DATH. Mas sabemos que esse transtorno e o déficit de atenção também são causados por trauma desenvolvimental e adversidade.

A perspectiva do behaviorismo é útil em muitas situações, mas, como todos os modelos, tem falhas. Uma grande falha é usar estratégias "operantes" (ou "contingentes") em crianças e jovens cuja sensibilização tem relação com os traumas de suas redes de reação de estresse. Essa é a visão "recompensa e punição" que se aprende em Psych 101: um exemplo comum são os sistemas *"point and level"* que costumam ser aplicados em programas residenciais: a criança é promovida a um grau "mais alto" e tem privilégios por se comportar como o esperado ou "cai" para um nível mais baixo e perde privilégios se não se comportar.

Por certo, a ideia é que a criança teria mais comportamentos desejáveis graças às "recompensas" e minimizaria ou extinguiria os indesejáveis por meio das "consequências", que, convenhamos, todos sabem que são punições. Esse modelo não ajuda e jamais ajudaria as crianças a desenvolverem capacidades complexas como as habilidades sociais que exigem a percepção de sinais sutis e variáveis que não são aprendidas só por obediência. E também não ensinam a regular as respostas de estresse.

Infelizmente, quando uma criança com histórico de trauma tem dificuldade na escola e problemas comportamentais, costuma ser colocada em um programa "behaviorista". E, quando o professor aplica as consequências do método, ela não se acalma nem permite que ele acalme seu comportamento; em vez disso, fica mais intensa, com maior probabilidade de ter comportamentos inconvenientes e até mesmo causar incidentes alarmantes, como fugir e ficar agressiva, que demandem repressões físicas. Basicamente, o que acontece nesses casos é uma reação de "lutar ou fugir" por parte da criança. E o efeito em sala de aula é o oposto do esperado: a criança é separada do restante da classe ou é suspensa e até expulsa da escola. Nossas escolas, apesar das práticas bem-intencionadas, mas da total ignorância sobre traumas, costumam piorar a vida de nossas crianças já tão maltratadas e traumatizadas. Mas não precisa ser assim.

Em 2010, Steve Garner, amigo de longa data, que também é professor de inglês, me ouviu falar em uma conferência em sua cidade natal, Bismark, na Dakota do Norte. Ele e sua colega, Crystal Halseth, perceberam os benefícios da aplicação em seus alunos dos conceitos de cérebro, estresse e desenvolvimento sobre os quais eu discorria.

Vieram conversar comigo na The Child Trauma Academy e nós enviamos o material que usamos nos treinamentos. Sempre trabalhamos com as escolas para entender melhor as crianças afetadas por traumas; nosso objetivo era desenvolver uma versão do Modelo Neuro sequencial para a Educação (MNE). Estávamos trabalhando na adaptação do processo de treinamento e da métrica em ambientes educacionais. Mas estávamos tão ocupados que o modelo se desenvolvia muito lentamente. A ajuda oferecida por Steve chegava em boa hora.

Steve e Crystal criaram um grupo voluntário de leitura que se reunia com professores para discutir *O menino criado como cão*. Discutiam capítulo por capítulo, e os participantes estavam estimulados e produtivos. Então, Steve, Crystal e alguns professores começaram a pensar em como introduzir ritmos na classe não só para regular as crianças com breves "intervalos" sensoriais, mas também para ensinar conteúdo. Por exemplo, começaram a usar rimas com mais frequência. Os comentários correram de boca em boca na escola, e logo foi criado outro grupo de estudos, e, em seguida, outros em outras escolas. (Steve é o autor da maior parte das versões mais antigas do guia de estudos incluído neste livro.)

Com a energia deles e mais tempo para nós, finalmente conseguimos desenvolver uma versão beta do MNE. Em 2012, Steve se aposentou do magistério e passou a liderar o desenvolvimento e a disseminação deste programa. Mostraremos no último capítulo deste livro que o crescimento e a eficácia do MNE são impressionantes. Nos últimos dez anos, mais clínicos e educadores têm sentido necessidade de ter um sistema educacional "traumainformado". Quanto à nossa experiência, a Solução Colaborativa de Problemas (SCP) está mais flexível e eficiente. A SCP existe há vinte anos e incorpora os princípios-chave incluídos no MNT.

Foi desenvolvida com o Dr. Stuart Ablon. A SCP ensina pais, educadores, crianças e clínicos, de modo prático e eficiente, a entender e lidar com problemas comportamentais no ambiente escolar, aí incluídos os comportamentos que têm relação com o trauma.

Mais importante, a SCP tem uma sequência de implantação que entende a fundamental realidade: para se "chegar ao córtex" e preparar a criança para aprender conteúdos abstratos e cognitivamente desafiadores, antes é preciso conectar-se com ela. E, antes que consigamos nos conectar efetivamente com a criança, ela deve estar mais ou menos regulada. A sequência do engajamento efetivo, portanto, é (1) regular, (2) relacionar-se e (3) raciocinar com a criança (ver Apêndice, figura 5). Não seguir essa sequência resulta em comunicação deficiente, frustração de ambas as partes e, às vezes, comportamentos de fuga ou de "fechamentos" dissociativos. Em qualquer interação humana, o único caminho para o córtex é por meio do tronco encefálico/diencéfalo e, em seguida, do sistema límbico (ver Apêndice, figura 2).

Se a SCP é convencionalmente entendida como uma intervenção cognitiva, é também uma intervenção relacional e lança mão de uma variedade de interações sequenciadas, efetivas e rítmicas para promover regulação, conexão e, por fim, iniciar o processo cognitivo de definição e solução de um problema específico de forma colaborativa. O Modelo Neuro sequencial e a SCP reúnem todos os seis Rs de um ambiente ótimo para a aprendizagem: conteúdo relevante (apropriado ao desenvolvimento), ritmo regulado, repetição (nos padrões corretos de dose e espaçamento), relacional (seguro e previsível), recompensador (agradável) e respeitoso (com a criança, a família e a cultura). (Veja mais sobre a SCP no site ThinkKids.org; para as práticas traumas sensíveis em educação, veja TraumaAndLearing.org.)

GUIA DE ESTUDOS E COMENTÁRIOS PARA LÍDERES DE GRUPO

~~୧୬୧~~

Em dez anos, desde a publicação original deste livro, nos alegra saber que ele faz parte do currículo de uma variedade de cursos, entre eles psicologia, psiquiatria, serviço social, neurociência e formação de advogados, juízes e educadores. Este guia de estudos tem como objetivo ajudar aqueles que queiram usar o livro de maneira sistemática, para melhorar a compreensão do desenvolvimento, do apego, do cérebro e dos efeitos de adversidades como trauma e abandono em crianças. Compreender isso pode nos ajudar a interagir com todas as crianças de tal forma que seja bem informada em termos neurodesenvolvimentais e sensível à possível exposição do trauma.

Com esse objetivo, incluímos algumas perguntas e respostas relacionadas aos temas de cada capítulo. As respostas apresentadas no livro não são as únicas "corretas"; só foram incluídas para ajudar instrutores e leitores a entender os principais pontos e como estão relacionados com as crianças expostas a traumas. As perguntas vêm antes, e os pontos principais nelas explorados estão no final do guia.

CAPÍTULO 1: O MUNDO DE TINA

1. Parte fundamental do trabalho com crianças traumatizadas é reconhecer que, para produzir mudanças de longo prazo no cérebro e no comportamento, as experiências devem ser padronizadas e repetitivas. Que experiências foram "terapêuticas" para Tina e o que o trabalho clínico do Dr. Perry ofereceu? Qual foi o papel da "dosagem" de interações terapêuticas na terapia de Tina?

2. O desenvolvimento do cérebro ocorre em uma sequência específica: algumas regiões amadurecem mais cedo que outras, e a maturação

bem-sucedida das últimas regiões depende do desenvolvimento daquelas que amadureceram antes. Isso sugere que o impacto do trauma precoce seria diferente do impacto do trauma posterior?

3. Quais regiões do cérebro se desenvolvem primeiro, e qual é a importância disso para os problemas que aconteceram em momentos específicos e que serão associados aos traumas?

4. O que acontece com o cérebro quando uma criança experimenta um padrão anômalo precoce, no caso de Tina o abuso sexual constante?

5. Como o estresse da pobreza afeta o desenvolvimento do cérebro?

6. Nas páginas. 23-26, o Dr. Perry interage com dois de seus mentores, o Dr. Stine e o Dr. Dyrud. Compare os estilos e as conclusões de cada um sobre Tina e sobre o comportamento da mãe dela. Depois, compare o trabalho com crianças traumatizadas em duas escolas de pensamento: uma usa o Modelo Neurossequencial e a outra é mais tradicional.

7. Por que o padrão das experiências é tão importante e como ajuda a ter mais previsibilidade com as crianças com as quais trabalhamos?

8. Qual é a importância da repetição constante e como encontrar equilíbrio entre repetir quanto for preciso para aprender, mas não a ponto de se tornar enfadonho?

9. Qual foi o método terapêutico usado pelo Dr. Perry com Tina e que técnicas foram mais importantes para o progresso dela? Como podemos aplicar essas ideias nas demais crianças com as quais trabalhamos?

10. Nas páginas 33-35, o Dr. Perry discute como o cérebro responde de maneira positiva e negativa ao novo. Que reações as crianças traumatizadas têm diante do novo que levam os adultos a interpretarem mal o comportamento delas?

11. Como as reações das crianças ao novo afetam aquelas que sofreram traumas em casa e chegam em um novo ambiente como a pré-escola, um tribunal ou o consultório do terapeuta?

12. As reações sexualizadas de Tina aos homens e aos meninos sempre foram vistas como evidências de que ela era uma menina "má" que "se comportava mal" – escolas e organizações tendem a reagir a esses comportamentos com ações punitivas. De que outra maneira podemos ajudar uma criança como Tina a representar um trauma sexual? De que maneira a organização em que você trabalha pode se sensibilizar para a possibilidade de um trauma sexual prematuro determinar o comportamento de uma criança?

13. À medida em que o controle de impulsos de Tina melhorava, ela aprendeu a sentir vergonha e a ocultar atitudes sexualizadas em vez de as interromper. Como podemos ajudar vítimas de abuso sexual a evitar esse caminho?

14. Depois de ler com atenção o último parágrafo do capítulo, descreva como as escolas e outras instituições que têm contato frequente com crianças podem fazer a diferença na vida delas.

CAPÍTULO 2: É MELHOR PRA VOCÊ, GAROTA

1. "As crianças não nascem resilientes, elas se tornam resilientes". De que maneira a quantidade e o padrão de estresse "certos" ajudam a desenvolver a resiliência na criança?

2. De que forma a construção da resiliência assemelha-se à construção de um músculo? De que maneira quantidades adequadas de estresse auxiliam a aprendizagem e o desenvolvimento do autocontrole?

3. O que são "*continuum* de excitação" e "*continuum* dissociativo", e por que entender em que ponto desse espectro a criança se encontra em dado momento é tão importante para ter boa comunicação com ela?

4. O que é tolerância e por que oferecer "doses" de estresse previsíveis e um pouco maiores a cada vez ajuda a desenvolvê-la?

5. O que é sensibilização e por que experiências estressantes em "doses" irregulares ou muito grandes ajudam a desenvolvê-la?

6. O que é hiperexcitação e como se comporta uma criança hiperexcitada? Como evitar comportamentos e problemas na escola em crianças que tenham tendência a se hiperexcitar?

7. O que é dissociação e como reconhecê-la em uma criança? Como evitar comportamentos e problemas na escola em crianças que tenham tendência a se dissociar?

8. Por que a criança traumatizada hiperexcitada e/ou dissociada pode ser confundida com outra com TDAH? Como ter certeza de que os sintomas de trauma não foram confundidos e são mal medicados?

9. Por que algumas crianças traumatizadas hostilizam os novos cuidadores e qual a melhor maneira de lidar com isso?

10. Crianças como Sandy reagiram às suas experiências traumáticas brincando. Como o Dr. Perry ajudou Sandy quando ela reencenou o assassinato da mãe? Qual é a importância de a criança controlar suas experiências de reencenação?

11. O que é "impotência aprendida" e que importância tem o senso de controle para pessoas que lidam com grande quantidade de estresse imprevisível?

CAPÍTULO 3: UMA ESCADA PARA O CÉU

1. Por que o plano original de colocar as crianças do Branch Davidian em lares temporários separados não foi bom?

2. Na página: 64, o Dr. Perry aconselha as agências de doenças mentais a cuidar das crianças para criar "consistência, rotina e familiaridade". Para os profissionais, isso significava "manter a ordem, estabelecer limites claros e melhorar a comunicação na organização".

Por que rotina e previsibilidade são tão importantes depois que uma experiência traumática rompe por completo o padrão de vida usual de uma criança? Por que é tão importante que a família e o grupo de apoio se envolvam, em vez de introduzir novos profissionais auxiliares que poderiam ser mais bem treinados?

3. Como garantir que em uma emergência ou um desastre as crianças com as quais trabalhamos estejam em ambientes estáveis, previsíveis e acolhedores?

4. Nas páginas: 78-80, o Dr. Perry discute a criação de uma "rede terapêutica" formada pelos que tratavam das crianças do Branch Davidian. De que maneira a escola ou a organização podem criar uma rede como essa para as crianças e o que fazer para manter e melhorar essa rede?

5. O Dr. Perry identificou no guardião do Texas designado para vigiar as crianças – e, a princípio, desconfiou da competência dele – uma influência muito positiva, por ser uma pessoa calma, solidária e não intrusiva. Quais pontos fortes você identifica nas pessoas de sua equipe úteis em uma rede de apoio terapêutica? E em si mesmo?

6. Na página 86, o Dr. Perry diz: "A pesquisa dos tratamentos mais eficientes para ajudar crianças vítimas de trauma se resume a isso: aumentar os relacionamentos de qualidade na vida da criança". O que sua equipe está fazendo hoje e o que você fará no futuro para ajudar a construir relacionamentos de alta qualidade na vida das crianças com as quais trabalham? Registre algumas medidas práticas a serem tomadas para que isso seja possível.

7. Os seres humanos refletem os humores e os comportamentos dos semelhantes, o que pode causar certo "contágio emocional" de sentimentos como medo e raiva. Os humores tendem a ser transmitidos de cima para baixo na hierarquia – o mau humor de um dos genitores tem mais probabilidade de se refletir em uma criança, assim como o medo do patrão se reflete nos funcionários (p. 76). Como se pode usar esse princípio para acalmar as crianças? Quando você se estressa, o que faz para não contaminar as crianças com as quais trabalha?

8. As crianças do Branch Davidian que apresentaram os melhores resultados não foram as que tiveram mais terapia, mas as menos estressadas e afastadas dos pais, que continuaram seguindo a religião de David Koresh. Foram aquelas que tinham os sistemas de apoio mais fortes e saudáveis, independentemente da crença religiosa. O que isso nos sugere para cuidar e trabalhar com crianças problemáticas?

CAPÍTULO 4: FOME DE PELE

1. "Quando dois padrões de atividades neurais ocorrem simultaneamente e se repetem em número suficiente, acontece uma associação entre eles (p. 90). De que maneira isso permite que os pais e a criança interajam positivamente? Como usar esse princípio em nosso trabalho com crianças?

2. É comum pensar que "ser engraçadinho" é algo frívolo e trivial, embora tenha papel evolutivo importante. Que papel é esse e como pode ser usado para satisfazer às nossas necessidades?

3. O que é desenvolvimento "dependente do uso" e como isso afeta o cérebro de uma criança em reação a um trauma?

4. O que é "período sensível" do cérebro em desenvolvimento e como as experiências vividas nesse período afetam o desenvolvimento?

5. Por que uma criança que não recebeu os estímulos essenciais durante o período sensível teria necessidades comportamentais e emocionais semelhantes às de uma criança muito mais nova? Como lidar com isso?

6. Como um carinho e um padrão de interação mútua entre criança e cuidador ensinam a criança a administrar o estresse?

7. Por que ser abraçada e acarinhada é imprescindível para uma criança crescer?

8. Como as experiências que tivemos com nossos pais interferem na maneira como cuidamos de nossos filhos? Como usar esse *insight* em crianças cujos pais passaram por experiências de trauma e abandono?

9. Algumas teorias de doenças mentais e transtornos de desenvolvimento – em especial teorias de autismo, esquizofrenia e anorexia – culpavam os pais e classificavam o comportamento das crianças como "querer atenção", "anormal" e "manipulador". Como essa visão prejudica a crianças e por que é melhor entender o histórico dos pais e da criança? Como esses históricos moldam a interação deles com o mundo?

10. Discuta em detalhes o estilo terapêutico de Mama P. Encontre pelo menos cinco ingredientes-chave do trabalho profundo e eficaz feito por ela com

Virginia e Laura. Em seguida, defina como sua equipe poderia oferecer terapia semelhante para as crianças problemáticas com as quais vocês trabalham.

11. Por que é tão traumático bebês e crianças pequenas serem transferidas de um ambiente tranquilo e seguro para outro e por que faz tão mal não ter cuidadores atentos e carinhosos? O que se pode fazer com crianças transferidas inúmeras vezes de lares temporários?

CAPÍTULO 5: UM CORAÇÃO GELADO

1. Compare as personalidades e as experiências precoces de Leon e de seu irmão Frank. Como essas experiências afetaram cada um deles?

2. Discuta o prazer anormal de Leon. Especifique os vários efeitos em seu comportamento – desde indisciplina até a incapacidade de sentir compaixão pelo outro.

3. Uma criança como Leon tem salvação? Que tipo de intervenções funcionariam se seus cuidadores soubessem o que deu errado na infância dele?

4. O que é "empatia cognitiva" e "teoria da mente"? E o que é empatia emocional?

5. De que maneira os problemas ligados à empatia provocam comportamentos tão diversos em autistas e sociopatas? O que fazer para não estigmatizar os autistas como "pessoas sem empatia"?

6. De que maneira eventos aparentemente insignificantes combinados entre si produzem resultados tão diversos no curso do desenvolvimento? O que isso significa em se tratando de crianças problemáticas?

7. De quem foi a culpa por Leon ter mudado tanto, e quanta responsabilidade pode ser imputada aos genes, aos pais, ao meio ambiente e às próprias escolhas dele?

8. Quais são as implicações legais e sociais da complexidade do modo como a sociopatia se desenvolve?

CAPÍTULO 6: O MENINO CRIADO COMO CÃO

1. Qual é a importância de entender o que é ambiente sensorial e as sensibilidades sensoriais de uma criança em particular antes de se comunicar com ela? Como seu ambiente de trabalho afeta pessoas com diferenças sensoriais e como facilitar as coisas para elas?

2. Por que não é uma boa ideia surpreender subitamente crianças abandonadas e traumatizadas e interagir com elas? Como é possível melhorar o ambiente e o método adotado para trabalhar com essas crianças?

3. Por que é tão importante obter um bom estudo de caso quando se trabalha com crianças com problemas de comportamento? Como é possível saber mais sobre elas e entender melhor o comportamento delas?

4. De que forma as alterações cerebrais associadas ao abandono podem ser confundidas com dano cerebral preexistente, e que implicações isso tem para as crianças traumatizadas?

5. Especifique os passos dados pelo Dr. Perry e seus auxiliares no início da terapia de Justin. Que tipo de atenção cada uma das regiões do cérebro recebeu?

6. De que modo morar com os cachorros proporcionou a estimulação social de que Justin necessitava quando criança? Como os animais e as interações com eles podem ser usados para ajudar crianças similares?

7. Como o que o Dr. Perry aprendeu com Justin ajudou-o a auxiliar Connor? Em que partes do cérebro ele se concentrou?

8. Como métodos não verbais, como aulas de música e movimento, ou mesmo massagem, alcançam partes do cérebro que as terapias faladas não atingem?

9. Por que é tão importante no trabalho com crianças traumatizadas deixar que elas controlem o ritmo e a intensidade da terapia?

10. Por que ajudar as crianças a entender o desenvolvimento do cérebro ajuda na recuperação?

CAPÍTULO 7: PÂNICO DEMONÍACO

1. Pesquisadores acreditavam que a memória fosse estável e que se lembrar de algo era como assistir mentalmente a um vídeo antigo ou olhar uma fotografia. Sabemos hoje que a memória pode ser resgatada e "editada" como um arquivo de computador. O que isso significa quando aplicamos terapias baseadas nas lembranças das crianças?

2. O abuso sexual infantil é real e não é incomum, mas as crianças também são sugestionáveis quando questionadas repetidamente, e acreditam que devam dar as respostas que seus interrogadores querem ouvir (sejam eles pais, professores ou policiais). Como alcançar o melhor equilíbrio quando se está lidando com possíveis casos de abuso sexual?

3. Nas décadas de 1980-1990, muitos norte-americanos acreditavam na existência de cultos satânicos cujos membros abusavam sexualmente de crianças e sacrificavam aquelas tiradas das escolas e das creches. Embora muita gente tenha sido condenada por cometer tais abusos, jamais se encontrou qualquer evidência física (como os corpos das crianças sacrificadas), e as condenações foram anuladas.

4. O que é "contágio emocional" e o que isso nos diz de sociedades inteiras vítimas desse tipo de pânico? Como o Dr. Perry conseguiu não entrar em pânico em Gilmer, no Texas, e como você consegue se proteger desse tipo de medo quando ele se espalha?

5. Como métodos coercitivos, como a "terapia do abraço" são perigosos para as crianças, em particular as já traumatizadas?

6. Terapeutas acreditavam que quem apresentava certas condições, como desordens alimentares ou dependência química, havia sofrido traumas na infância dos quais não se lembrava, por isso encontrar essas memórias ocultas poderia resolver o problema. O que havia de errado nesse método e por que buscar memórias "reprimidas" pode até fazer mal?

7. Crianças que sofreram experiências traumáticas devem ser pressionadas a falar sobre esses eventos se não apresentarem sintomas? Por que devem? Por que não devem?

CAPÍTULO 8: O CORVO

1. Quais são os "acionadores" das memórias traumáticas e como essas memórias afetam os sobreviventes?

2. Examine o caso de Amber e descreva em detalhes os sinais de uma reação de ameaça dissociativa que você reconhece nas crianças sob seus cuidados.

3. Por que os sobreviventes de traumas às vezes se "cortam" ou praticam outras formas de automutilação? Quais os efeitos disso no cérebro?

4. Por que o Dr. Perry disse a Amber que ela não tinha que se encontrar com ele nem confiar nele até conhecê-lo melhor?

5. Por que Amber queria que seu abusador bebesse e às vezes parecia "provocar" o abuso? O que isso nos diz sobre a importância do controle do trauma?

6. Os "acionadores" devem ser sempre evitados ou os sobreviventes devem aprender a lidar com eles? Por quê?

7. Que tipos de drogas produzem experiências similares à dissociação? E à hiperexcitação? Por que os sobreviventes de traumas correm o risco de se viciar com essa similaridade?

8. Que diferenças de gênero existem na reação dissociativa e como isso afeta seus esforços para acalmar os alunos e prepará-los para o aprendizado?

CAPÍTULO 9: "MAMÃE ESTÁ MENTINDO. MAMÃE ESTÁ ME MACHUCANDO. CHAMEM A POLÍCIA"

1. O que é Transtorno de Apego Reativo (TAR) e quais crianças correm esse risco?

2. Por que crianças com TAR se afeiçoam indiscriminadamente?

3. Por que é importante *não* ouvir "galopes nem pensar em zebras", como dizem os médicos ao avaliar se uma criança apresenta rara condição como o TAR ou se a mãe tem rara condição, como a Síndrome de Münchausen por procuração?

4. De que maneira examinar os registros e as informações de várias fontes da vida da criança ajuda a entender casos complexos como esse?

CAPÍTULO 10: A GENTILEZA DAS CRIANÇAS

1. O que é "desenvolvimento fragmentado" e por que é tão frustrante para pais e professores?

2. Qual é a melhor maneira de ajudar uma criança que age de maneira apropriada em algumas situações, mas em outros casos regride a comportamentos de crianças muito mais novas?

3. Por que, particularmente, o estresse tende a forçar as crianças a agirem de maneira imatura?

4. Por que foi tão importante conseguir o apoio dos colegas para Peter e por que a classe toda aprendia um método melhor, não só Peter?

CAPÍTULO 11: COMUNIDADES TERAPÊUTICAS

1. Por que os relacionamentos de apoio são tão importantes para a saúde mental e física, e como isso reflete em como nossos sistemas de estresse que estavam interligados na infância?

2. O que você pode fazer para aumentar a quantidade e a qualidade dos relacionamentos de seus filhos?

3. Como sua comunidade pode dar mais apoio às crianças traumatizadas? Liste as mudanças concretas que possam ser feitas para manter a saúde relacional.

COMENTÁRIOS DO LÍDER DE GRUPO SOBRE AS QUESTÕES DISCUTIDAS

෴

Nota: nesta seção, responderemos aos nossos próprios questionamentos, não por temer que as pessoas que estão conduzindo as discussões sobre este livro deem respostas "erradas". Esperamos que vocês avaliem as respostas e assimilem o maior número delas. Entretanto, não incluiremos alguns pontos que possam ser gerados pelas perguntas. Isso vai ajudar quem quiser aplicar os relevantes *insights* do Modelo Neuro Sequencial nas interações com as crianças.

Os pontos aqui incluídos referem-se à numeração das questões levantadas anteriormente. Os números remetem às questões originais da primeira parte do livro; algumas delas têm vários números, porque a discussão associada tem ligação com mais de uma pergunta.

CAPÍTULO 1: PONTOS-CHAVE

Um princípio do método Neuro Sequencial que não pode ser muito enfatizado é que o cérebro só pode mudar com experiências padronizadas e repetitivas. Isso é válido em casa, na escola, em terapia e em todos os lugares nos quais queremos ver mudanças de comportamento. As pessoas se sentem seguras quando estão no controle e o ambiente é previsível: isso vale tanto para os adultos quanto para as crianças, mas principalmente para crianças que vivenciaram traumas ou apresentam problemas de autorregulação.

Às vezes, pessoas que trabalham com crianças temem ser muito repetitivas. Ao tentar inovar, se esquecem de que a melhor maneira de ensinar é buscar o equilíbrio entre o novo e o previsível. No trabalho que o Dr. Perry fez com Tina, ele usou a rotina e a cordialidade para que a menina se sentisse segura, estabeleceu um padrão nas interações com ela e só introduziu algo novo quando teve certeza de que ela estava pronta para recebê-lo. A relação entre trauma e sensibilidade para este método será enfatizada na discussão deste capítulo.

2-3. As discussões deste capítulo devem se concentrar em como a ordem em que as regiões do cérebro se desenvolvem determina quais experiências melhor alcançam as crianças. As regiões inferiores são as primeiras – como o tronco encefálico e o diencéfalo – e especialmente sensíveis ao ritmo e à rotina. Crianças que sofreram abandono ou algum trauma muito cedo, quando essas regiões mais precisavam de estímulos carinhosos e cuidados, não vão progredir até que suas necessidades sejam atendidas. Para construir uma base para as habilidades cognitivas superiores, os atrasos e as desorganizações nesta área deverão ser abordados primeiro.

4, 12, 13. O abuso sexual é um assunto muito difícil e desconfortável. Mas, infelizmente, é muito comum e afeta sobremaneira os sobreviventes, como Tina. Seja delicado e cuidadoso ao abordar esse tema, pois muitos sobreviventes permanecem sensíveis a ele muitos anos depois, principalmente ao relatarem seus casos. Aqui, concentre-se em como aumentar a empatia e o apoio aos sobreviventes desse tipo de abuso, como reduzir a vergonha e como lidar com o comportamento sexual impróprio de crianças vitimizadas sem julgá-las, sem puni-las, mas de maneira protetora.

Tina cresceu em um bairro pobre e isolado, com altos índices de violência e poucos serviços de apoio às famílias. As discussões aqui devem ser como e por que a pobreza aumenta a probabilidade de ativação dos padrões "sensibilizados" de estresse (por exemplo, imprevisibilidade, vida caótica, insegurança alimentar e de moradia) e dificultam a recuperação, para ajudar o leitor a refletir sobre o trabalho com crianças de nível socioeconômico inferior e todos os desafios que isso implica. Providências práticas, como o acolhimento da criança, custos (por menores que sejam para pessoas com empregos decentes) e problemas de transporte devem ser priorizados quando se trabalha com essas crianças.

As diferenças entre o Dr. Stine e o Dr. Dyrud (pgs. 23-26) refletem duas maneiras diferentes de trabalhar com crianças. O Dr. Stine confiava fortemente na medicação, em uma breve terapia semanal, e em separar a terapia da vida cotidiana. Considerava importante esse distanciamento para a terapia e atribuía a falha à "resistência" ou à falta de determinação do paciente.

O método do Dr. Dyrud era mais pessoal e reconhecia que condições como a pobreza afetavam o desenvolvimento da criança. Ele procurava entender como o comportamento anômalo reflete a experiência traumática e as tentativas de lidar com ela e ajudava o paciente a mudar, ensinando-lhe melhores maneiras de se autorregular.

Ao discutir essas diferenças, leve em conta a natureza dos limites profissionais, e como compreender as crianças em seus ambientes emocional e social ajudará as pessoas próximas a aceitarem o comportamento dessas crianças e a reagir a elas de maneira mais produtiva.

O método terapêutico aplicado pelo Dr. Perry em Tina tem várias lições importantes para quem trabalha com crianças. A mais relevante delas é que as experiências positivas devem se repetir muitas vezes – muito mais do que se imagina –, para que crianças traumatizadas voltem a confiar em alguém e mudem. Quando as redes neurais não estão expostas à estimulação adequada no momento certo, o desenvolvimento dessas crianças exige muito mais que antes. Isso pode ser incômodo, mas é preciso ter paciência. As crianças conseguem aprender e mudar, mas leva tempo.

A paciência precisa ser reforçada continuamente – e, em particular, a probabilidade de retrocessos e o fato de que as pessoas não mudam de forma linear. Além disso, ajuda muito observar quais são as práticas em sua área que podem prejudicar inadvertidamente as crianças, porque elas não mudam tão rápido nem de uma só vez. Por exemplo, considere os "sistemas de níveis" de disciplina que punem os retrocessos ou qualquer outra prática disciplinar que não reconheça o tempo nem o processo de tentativa e erro para aprender um comportamento diferente.

10, 11. A novidade pode ser excitante ou ameaçadora, e a maneira como é percebida influenciará como agem as crianças. As discussões aqui podem se concentrar em como entender as diferentes respostas à novidade, e ajudar adultos que trabalham com crianças traumatizadas a serem mais sensíveis às necessidades delas. Mais uma vez, insista na importância da rotina, da repetição e de senso de controle e segurança.

12. Ao contrário da terapia semanal ou de outros contatos breves, as crianças estão na escola pelo menos seis horas por dia, cinco dias por semana.

É uma oportunidade única para elas criarem um ambiente seguro, com estrutura e interações positivas e repetitivas. Além disso, as escolas são as grandes responsáveis por minimizar o *bullying* e reduzir a quantidade de contatos sociais negativos. Se as discussões forem, principalmente, entre educadores, faz sentido focar direto no clima social e emocional da escola e em que fazer para melhorá-lo. Todavia, se seu trabalho com crianças for fora da escola, encontrar formas de influenciar o ambiente escolar das crianças que você atende também é importante.

CAPÍTULO 2: PONTOS-CHAVE

1, 2, 4, 5. O estresse em si não é positivo nem negativo. O contexto e a dose contam muito mais se o estresse for uma força de resiliência ou de dano. Muito estresse, e a criança ficará saturada e não conseguirá aprender; pouco estresse, e a criança ficará entediada e se dissociará. O nível de desenvolvimento individual da criança e sua sensibilidade ao estresse são igualmente importantes.

Isso significa que, ao trabalhar com os pequenos, é fundamental ter noção de suas zonas de conforto particulares, assim como um bom treinador percebe quanto peso cada indivíduo pode levantar com segurança em um ponto específico do treinamento. A analogia de treinar com pesos é extremamente útil, porque o peso que um músculo pode suportar antes do treino é muitas vezes menor que o que conseguirá erguer depois do treino – mas levantar muito peso, muito rápido e logo no início do treino causará ferimentos graves. Isso deve fundamentar a discussão da experiência no mundo real e ajudará a estruturar um trabalho individualizado com as crianças.

Aqui, a discussão deve explorar ideias-chave, como tolerância (reagir menos intensamente quando a experiência se tornar mais conhecida) e sensibilização (reagir mais rápido e de maneira mais incisiva em situações associadas às experiências passadas negativas), e de que maneira interferem na reação ao estresse.

3. Os conceitos de excitação e *continuum* dissociativo ajudam a prever quando as crianças traumatizadas vão "surtar", "se desligar", ou se apenas têm dificuldade de processar novas informações. Dependendo da criança e das circunstâncias particulares, o estresse vai deslocá-la para estados mentais que não lhe permitem aprender nem assimilar informações abstratas. As perguntas aqui visam provocar discussões sobre essas questões.

Uma criança que tende à hiperexcitação se moverá sob estresse para aumentar a vigilância, em seguida para a resistência, ao desafio e até para a agressão; a criança que tende à dissociação passará da evasão à complacência e daí aos comportamentos dissociativos, como ficar sentada se balançando (veja figura na p. 245).

Aqui, considere como modular o estresse para evitar que as crianças entrem nas partes mais turbulentas desse contínuo e, em particular, como o Dr. Perry trabalhou com Sandy fazendo-se parecer pequeno e seguro, sem exigir nada até que Sandy estivesse pronta para responder. Parecer muito grande e assustador teria provocado hiperexcitação nela, que era sua maneira de reagir às experiências ameaçadoras com homens.

Seja você professor, assistente social, policial, pai ou mãe, use essas ideias nas interações com crianças traumatizadas. Elas se movem rapidamente ao longo dos contínuos se assistirem com frequência a conflitos entre adultos ou se forem envolvidas neles. Ficar parado na frente delas, falar alto e ameaçá-las com consequências extremas é o que elas estão acostumadas por conviverem com o abuso e entram rapidamente no modo sobrevivência quando se deparam com esse modelo. Agachar-se para ficar do tamanho delas, falar suavemente, mas com firmeza, e garantir que estão em um ambiente seguro não as deixará excitadas e dissociadas para aprender. Com o tempo, elas lidarão melhor com experiências mais intensas.

6, 7. Entender as diferenças entre reações hiperexcitadas e dissociativas também é importante quando se trabalha com essas crianças. Aqui, o grupo deve discutir as próprias experiências e como eram suas reações.

Por exemplo, crianças hiperexcitadas tendem a surtar. Ficam impacientes, fazem barulho, falam fora de hora. Pode-se dizer facilmente que "estão em outra". Crianças dissociativas, no entanto, tendem a se misturar. São vistas como crianças "boas", mesmo que não tenham boas notas, porque não causam problemas.

Todavia, em ambos os casos, são crianças difíceis de lidar. As hiperexcitadas provocam nossa adrenalina, mas temos que nos manter calmos, falar baixo, se necessário ficar de joelhos, chegar bem perto delas e ser firme. Temos que resistir à tentação de imitá-las e fazê-las passar vergonha diante de toda a classe. Isso só vai espalhar o medo. Você precisa mostrar que é responsável por todos e não vai permitir que uma criança perturbe e agite toda a classe. Fique calmo, esteja presente, mas não demonstre medo.

CAPÍTULO 3: PONTOS-CHAVE

1, 2, 3. Como dissemos, o Método Neuro Sequencial enfatiza a consistência, a rotina e a familiaridade. Aqui, a discussão deve se concentrar em como fazer isso em um trabalho com as crianças, e mantê-las em contato com pessoas e lugares conhecidos é mais importante do que se pode imaginar. Considere também como restabelecer uma rotina quebrada por um evento incomum.

4. Uma "teia terapêutica" ou rede social de apoio saudável é fundamental para a recuperação de crianças traumatizadas. Aqui, a discussão será como isso se dá em sua organização e incentivar comentários sobre os problemas que podem interferir nessa rede e em como solucioná-los.

5. Ao criar um ambiente de apoio social, é importante reconhecer as forças e fraquezas individuais e colocar as pessoas em posições em que suas forças possam ser aproveitadas e as fraquezas minimizadas. Considere que um mesmo traço pode ser fraqueza em um cenário e força em outro. Os líderes da discussão devem dar exemplos de seus pontos fortes e fracos e pedir aos participantes que compartilhem suas experiências.

Também é importante que as pessoas que trabalham com crianças traumatizadas cuidem de si mesmas e cada uma cuide de todas as outras. Ajudar-se mutuamente no que diz respeito à saúde física, emocional e psicológica aumenta a energia e o ânimo do grupo. Quanto mais você promover um ambiente "familiar" em seu grupo, mais fácil será lidar com casos mais complexos.

Ajudar e ser ajudado são sempre um prazer: não seja uma ilha, mas um rio que flui livremente entre todos os que precisam de apoio. Celebre a diversidade de sua equipe e faça das várias personalidades uma fonte de força.

6, 7, 8. A quantidade e a qualidade dos relacionamentos das crianças são determinantes da capacidade de resiliência. No entanto, trabalhar com crianças problemáticas não é fácil: muitas são frias, hostis, desafiadoras e difíceis de gostar. As qualidades-espelho do nosso cérebro refletirão essa negatividade automaticamente e nos farão querer recuar.

É nosso trabalho, todavia, dar às crianças uma emoção positiva, para que se espelhem, e sermos positivos quando elas não são. As crianças precisam de muitas interações positivas para começar a retribuir. Se cada membro da escola – da faxineira ao diretor – decidir cumprimentar ao menos uma criança difícil todos os dias, essa criança acabará desistindo de resistir. A quantidade de vezes é importante, e as discussões devem enfatizar esse ponto.

Contudo, a qualidade também é importante. Então, se dizer "oi" é bom, dizer "oi, você está bem?" e parar para ouvir a resposta é muito melhor. Quanto mais pudermos manter a calma e sermos gentis, mais as crianças refletirão isso de volta, e nós as estaremos ajudando a aprender e se autorregular.

CAPÍTULO 4: PONTOS-CHAVE

1. Padrões simultâneos ou simultâneos e repetitivos de uma atividade neural criam associações entre si. Se essas associações são agradáveis, inicia-se um círculo vicioso no qual, por exemplo, o aprendizado fica associado ao sucesso, e as pessoas são vistas como fontes de apoio.

Quando o aprendizado é associado a um relacionamento previsível e estável, professores ou qualquer um que queira ajudar a criança a mudar podem se tornar fonte de afirmação e alegria: o cérebro fez uma associação entre aprendizagem, conexão e prazer.

É importante lembrar que em muitos sistemas que lidam com crianças, como as escolas, a justiça juvenil ou a assistência social da criança, a premissa subjacente é que elas aprendem melhor por meio de punição e fracasso, porque são pegas pelo braço e só aprendem "para acabar logo com isso". Mas não é assim que são motivadas: na realidade, crianças traumatizadas são, muitas vezes, provocadas pelo próprio fracasso, e isso cria uma reação de estresse que as impede de aprender, apesar das "consequências". Isso não quer dizer que quem trabalha com crianças perturbadas deva ter padrões baixos ou fazer tudo de qualquer jeito, e sim que precisamos nos lembrar daquela criança em particular e do nível de estresse que ela pode suportar num momento específico.

2. "Ser bonitinho" é um sinal que a natureza nos dá de que a pessoa é jovem, vulnerável e precisa de carinho. "Ser bonitinho" é sempre agradável de olhar e indicação de que devemos agir de maneira positiva com crianças e filhotes de animais. "Ser bonitinho" nos causa prazer, por isso os filhotes fazem tanto sucesso na internet. Mas também pode ser usado para ajudar crianças (e adultos!) a controlar o estresse e se acalmar.

3, 4, 5. Os conceitos de "dependência do uso" e "períodos sensíveis" estão inter-relacionados e são fundamentais para entender o desenvolvimento do cérebro. Ambos os conceitos devem ser enfatizados na discussão deste capítulo. Como vimos na p. 39, "dependência do uso" significa que uma rede neural só vai se desenvolver adequadamente se sua funcionalidade for utilizada – de novo, tal como os músculos. Ao longo do desenvolvimento, algumas redes têm "períodos sensíveis" em que determinadas experiências devem ocorrer em sequência para acontecer a maturação normal. Alguns exemplos são a linguagem, que requer os estímulos apropriados nos primeiros anos de vida para ser aprendida com mais facilidade, e a visão, que não será boa se um bebê não receber os estímulos normais para os olhos (ou seja, se os olhos dele estiverem obstruídos fisicamente por alguma razão ou se ele for mantido no escuro). Crianças que não tiveram as experiências sensoriais e físicas necessárias para seu desenvolvimento nos períodos sensíveis podem parecer muito mais novas que a idade que têm e precisar de muito mais repetições para aprender habilidades que não possuem, porque o período sensível do cérebro já passou.

6, 7, 10. Os cinco ingredientes do estilo terapêutico de Mama P. devem ser incluídos nas discussões destas perguntas:

Necessidade de ser amado: crianças problemáticas, em geral, experimentaram muitos conflitos, muita raiva, e demonstram prepotência ao longo da vida. Precisam de um "novo normal" e pessoas suficientemente pacientes para lhes proporcionar as repetições necessárias que desenvolverão os sentimentos de confiança e segurança. Crianças que se sentem amadas são mais seguras, por isso aprendem com mais facilidade.

Toques apropriados: Mama P. conseguia pegar Laura no colo e abraçá-la e, com o tempo, criou associações entre toques físicos, segurança e prazer. Em alguns ambientes, isso não é possível, mas os adultos precisam aprender a "tocar sem tocar", fazendo coisas como chegar mais perto, sentar-se ao lado da criança e diminuir de estatura em vez de ficar em pé na frente dela, falar suavemente e rir. Usar ritmos e músicas também permite contatos apropriados.

Senso de humor: os adultos precisam aprender a rir como riem as crianças. É uma liberação de estresse, uma infusão de prazer, e cria uma associação positiva entre aprender e se divertir. Adultos que conseguem rir de si mesmos estão fazendo uma declaração saudável para as crianças que os rodeiam: não sou perfeito, não preciso ser e gosto de estar aqui com vocês.

Movimentos rítmicos/balanço: oportunidades sensoriais que envolvem andar, equilibrar-se, dançar e fazer movimentos ritmados com as mãos são reguladores para todo mundo, em especial para crianças com dificuldades de autorregulação.

Consciência desenvolvimental: crianças com da mesma faixa etária cronológica costumam apresentar estágios muito diferentes de desenvolvimento.

Para crescer intelectualmente, elas têm que querer ser bem-sucedidas ou ter alguma experiência bem-sucedida para motivar novos progressos. Precisam sentir-se aceitas para, em seguida, serem desafiadas. Só poderão ter novas ideias e experiências quando tiverem base de aceitação e segurança.

9, 11. Aqui, enfatize que os pais não são necessariamente culpados do trauma infantil, que muitas experiências traumáticas não são causadas por eles ou resultam da ignorância, de abuso não deliberado ou de abandono. No caso de Laura e Virginia, os problemas alimentares de Laura eram consequência da falta de toques saudáveis, embora Virginia não estivesse, de jeito nenhum, querendo prejudicar a filha. A experiência precoce de Virginia de ser "criada pelo sistema" interferiu em sua habilidade de criar bem a filha. Bebês precisam ser cuidados por uma ou duas pessoas consistentes: toda vez que são transferidos para outros cuidadores e perdem os antigos é traumático, e a saúde física e mental pode ser afetada por toda a vida.

CAPÍTULO 5: UM CORAÇÃO GELADO

1. Aqui, o ponto-chave é que o início de vida de Leon foi marcado por negligência e abandono, enquanto Frank teve não só o apoio dos pais como da família estendida, quando Maria se sentiu sobrecarregada e não conseguia cuidar dele. Para Frank, a conexão humana era consistente e disponível, o que ligava os relacionamentos com prazer e alívio; para Leon, seus gritos por ajuda nem sempre eram atendidos ou foram realmente punidos.

2. A capacidade de sentir prazer nas relações humanas é fundamental para o desenvolvimento saudável, porque a socialização adequada depende de as crianças estabelecerem conexões recompensadoras. Aqui, as implicações são profundas: em casos como os de Leon, quando os relacionamentos são vistos como não confiáveis e dolorosos, é possível desenvolver visão distorcida da humanidade. Se, por um lado, a conexão humana em si não é agradável, a criança não vai dizer isso só para agradar aos pais e professores e dificultar a disciplina e a educação; quando a criança não se importa com o que pensam os adultos, tem pouco incentivo para cumprir os deveres e receber elogios.

Por outro lado, essa criança só vai valorizar o outro como objeto: possível fonte de dinheiro, de alimento, de sexo casual e de outros prazeres que independem de estar ou não conectada. Isso significa que ela verá o outro como vê o mundo, por exemplo, que o amor é só uma palavra que se usa para obter sexo, e compaixão é só mais um pretexto para ser bem-vista ou mero ardil usado pelos fracos. Pense como seria o mundo se você tivesse essa mesma perspectiva.

3. Se Leon teria sido salvo ou não pela intervenção precoce não é possível saber, mas há pontos em sua história que poderiam realmente importar e deveriam ser discutidos aqui. Por exemplo, ele estava em um programa "de risco" na pré-escola, em que não havia pessoal suficiente para atender às necessidades de uma criança que sofreu abandono tão severo. Precisava de atenção individual exclusiva, não estar em um grupo de seis ou mais crianças.

O Método Neuro Sequencial também reconhece que faltaram na infância toques, conversas e interações necessários para desenvolver a autorregulação saudável e a regulação sensorial. O método teria oferecido oportunidades como terapia com animais, simples e repetitiva, e interações de apoio com adultos, para compensar o que Leon não teve.

Uma escola adequada permitiria que tivesse pausas sensoriais para se mover à vontade e se regular, e quando começasse a se sentir bem em qualquer dos ambientes teria relações mais positivas com professores e colegas, e um círculo vicioso positivo seria criado. É claro que o melhor remédio seriam os pais não o abandonarem, mas outras crianças que sofreram abandono semelhante apresentaram ótimos resultados com esse método.

4, 5. Empatia cognitiva ou "teoria da mente" é entender intelectualmente sob o ponto de vista da outra pessoa, enquanto "empatia emocional" é sentir emocionalmente o que o outro sente. A distinção é importante porque quem não tem problemas de empatia cognitiva é cuidadoso e solidário quando entende o outro, ao passo que os que não têm empatia emocional, como os sociopatas, são muito mais difíceis de alcançar.

7, 8. Esta será uma questão de discussão bastante animada, porque não existem respostas certas!

CAPÍTULO 6: O MENINO CRIADO COMO CÃO

1, 2. Aqui, para ajudar uma criança, é importante compreender suas experiências sensoriais e seu ambiente anterior. Para muitas delas, diferenças sensoriais podem dificultar a compreensão de ambientes novos e opressores (barulhentos, muito iluminados, lotados etc.): a discussão deve, então, se concentrar em como diminuir a surpresa, minimizar a intensidade e admitir diferenças individuais no grau de tolerância sensorial.

3. Do nosso ponto de vista, jamais se deve deixar de dar muita ênfase à importância de entender a história de uma criança de todas as perspectivas possíveis.

4. Embora a "neuroplasticidade" só tenha se tornado recentemente um termo da moda, o fato é que toda experiência, toda memória e toda sensação refletem mudança no cérebro. No caso de Justin, os médicos ignoraram o poder que o ambiente tem de mudar o cérebro em desenvolvimento. É importante saber que o ambiente, o trauma emocional e o estímulo (ou a falta dele) podem causar grandes alterações no cérebro, não só forças óbvias, como uma lesão ou um defeito de nascença.

5. O Dr. Perry primeiro quis que Justin se sentisse o mais seguro e confortável possível. Fez tudo que podia para diminuir o medo dele e alimentá-lo, para criar associações positivas e sensação de prazer. Não perguntou nada, só falou pausadamente e usou linguagem corporal delicada. Com isso, pretendia, a princípio, ajudar Justin a "se regular". A sequência do engajamento deve ser sempre "regular, relacionar-se e só então motivar".

Dessa maneira, o Dr. Perry livrou Justin da sobrecarga sensorial da UTI neonatal e manteve contato humano limitado a pequenas doses, no início. Novas experiências como a fisioterapia foram introduzidas aos poucos, e a fonoterapia só foi adicionada quando o menino começou a responder. Esses tratamentos seguiram o curso do desenvolvimento natural do cérebro: subiram pelo tronco encefálico para o sistema límbico e de lá para o córtex. Quando Justin se sentiu seguro e viu que seria bem tratado no lar temporário, recuperou-se rapidamente. Regular, relacionar, motivar.

6. Os cães são animais altamente sociáveis e táteis, e o contato com eles ajudou Justin a sobreviver, proporcionando algum estímulo a seu cérebro em desenvolvimento enquanto morava no canil. Muitas vezes, a interação com animais é muito mais curativa para crianças traumatizadas, porque é mais simples e previsível que se relacionar com pessoas.

7, 8. A terapia de Connor seguiu sequência similar à de Justin. O abandono precoce o deixara arredio ao toque. O Dr. Perry começou com uma terapia de massagem rítmica lenta, segura e sistemática. A mãe de Connor estava sempre presente para acalmá-lo e para aprender a técnica. A frequência cardíaca de Connor era monitorada para gerenciar o estresse.

Em seguida, Connor teve aulas de música e movimento para melhorar o senso rítmico. Isso visou tanto ao tronco encefálico quanto ao mesencéfalo, mas também ajudou suas habilidades sociais. Seu caminhar melhorou, e a necessidade de balançar-se e de murmurar diminuiu. As terapias não verbais ajudaram a resolver problemas de regiões do cérebro não alcançadas por meio da linguagem.

À medida que essas regiões cerebrais inferiores se fortaleceram, o Dr. Perry acrescentou uma terapia paralela para o sistema límbico. Permitiu que Connor ditasse os termos da interação para reduzir o diferencial de poder. Eles só conversavam se Connor tomasse a iniciativa; caso contrário, apenas compartilhavam o espaço e desenvolviam a confiança. Logo Connor se sentiu preparado para sair da zona de conforto para aprender a se socializar.

A essa altura, Connor se sentiu preparado para ter amigos de sua idade e logo se uniu a um menino que conheceu na aula de música e movimento. Eles jogavam juntos as cartas de Pokémon, enfrentavam algumas provocações na escola e aos poucos foram se tornando mais funcionais socialmente.

9. Regiões cerebrais diferentes respondem a estimulações diferentes; portanto, é preciso usar outros métodos para alcançar regiões não envolvidas em experiências que possam ser verbalizadas. A música e o movimento são muito úteis porque alcançam partes emocionais profundas do cérebro que devem ser curadas antes que a terapia verbal dê resultados.

10. É muito importante no tratamento do trauma entender que, porque a experiência traumática é, em essência, um sentimento de impotência e desamparo, controlar as experiências atuais é fundamental para a recuperação da pessoa. A discussão aqui deve se concentrar em permitir que as crianças estabeleçam um ritmo próprio, e reagir com sensibilidade às respostas que derem, pode fazer a diferença entre traumatizá-las de novo ou ajudá-las a se recuperar. Lembre-se de que a dosagem e o espaçamento são importantes. Uma dose aceitável para uma pessoa pode ser insuportável para outra.

11. Muitas vezes, entender como as coisas funcionam ajuda alguém a se afastar da própria experiência para enxergar e compreender melhor uma situação. Ensinar às crianças como funciona o cérebro é uma forma de fazer isso. Permite que se tornem as próprias "terapeutas" e colaborem com o processo de selecionar e sequenciar atividades educacionais e regulatórias que melhor se adequem a seus interesses e necessidades.

CAPÍTULO 7: PÂNICO DEMONÍACO

1, 5. A memória é complexa e altamente influenciada por pistas e outros aspectos da recordação no momento presente. Aqui, a discussão deve se concentrar em como desconfiar da memória e em como as emoções a ela relacionadas podem moldar nossa vida. Procurar "memórias reprimidas" como resposta para problemas psicológicos é prejudicial, porque os problemas são causados por muitos fatores, e as "memórias" reveladas sob pressão talvez não sejam precisas.

2. O ponto-chave é que os casos de abuso sexual exigem tratamento extremamente sensível: evite ver abuso em toda parte e usar técnicas de interrogatório que possam criar falsos relatos, mas ao mesmo tempo acredite que estes possam ter ocorrido. Se houver alguma dúvida, consulte um especialista.

3. O "contágio emocional" é a base da empatia; é quando você "capta os sentimentos" das pessoas ao redor e todas se conectam entre si. No entanto, isso pode ser uma tática ruim e causar reações exageradas. Reconhecer os sinais de pânico moral – acreditar em denúncias absurdas sem prova nenhuma, ser envolvido por um grupo que não questiona as próprias crenças diante de provas conflitantes e legítimas, agir impensadamente movido pelo medo – ajuda a restaurar a razão.

4, 6. Os métodos coercitivos são perigosos porque repetem um elemento-chave do trauma e a pessoa não tem escolha nem saída. Também por isso as crianças nunca devem ser forçadas a falar sobre suas experiências traumáticas: algumas lidam melhor com elas se não as verbalizar.

CAPÍTULO 8: O CORVO

1. Um "disparador", o sinal que evoca experiências traumáticas, pode ser qualquer coisa, como um objeto, uma cena, um cheiro, um som, uma palavra e até mesmo a luminosidade em certos meses do ano. É importante discutir os inúmeros sinais enviados pela memória e como estimulam a dissociação, a vigilância exagerada e outras reações idiossincráticas relacionadas à experiência e ao sobrevivente.

Tanto Amber quanto Ted tinham reações dissociativas quando se lembravam de seus traumas, e em casos extremos é possível até perder a consciência. Se você trabalha com crianças traumatizadas ou em risco, discuta com elas como são suas respostas dissociativas – a da maioria são bem menos extremas. Em geral, as crianças "não estão nem aí" ou simplesmente se desligam.

"Cortar-se" e outros tipos de automutilação costumam atrair os sobreviventes de traumas, em especial quem apresenta reações dissociativas "sensibilizadas", que estimulam a liberação de substâncias químicas semelhantes à heroína e a opioides endógenos, como as endorfinas. Elas produzem tanto um "barato" quanto um estado dissociativo, aliviando memórias e experiências traumáticas.

4, 5. A proposta que o Dr. Perry fez a Amber de só interagir com ele quando achasse necessário e confiar quando lhe parecesse confiável, é um exemplo da importância para os sobreviventes de trauma de controlar os principais elementos de um processo terapêutico. A tentativa de Amber de embebedar o agressor para controlar o tempo de duração do abuso foi um modo de enfrentá-lo que ela encontrou: entenda que isso não significa que ela desejasse ou consentisse o abuso.

6. Gatilhos e "alerta de gatilhos" são temas controversos na academia, por isso devem ser discutidos aqui. Os gatilhos não devem ser sempre evitados: quando os sobreviventes de traumas estão em lugar seguro e se sentem preparados, encarar os gatilhos e vencer o medo e a evitação são fundamentais para a recuperação. Lembre-se da dosagem – quando os sobreviventes conseguem controlar a exposição e a intensidade, trabalhar com estímulos-gatilho ajuda a dessensibilizar e não reagir mais. Tudo isso é individual e envolve o controle da pessoa traumatizada: aconselha-se alertá-la contra perturbação violenta e/ou conteúdo potencialmente ofensivo. Contudo, os sobreviventes de trauma podem ser provocados por outras coisas, e a recuperação depende de saber se controlar.

7. Estimulantes como a cocaína e a metanfetamina produzem experiências semelhantes à hipervigilância, enquanto depressivos como o álcool, os opiáceos e os benzodiazepínicos produzem distanciamento e dissociação. Talvez porque as drogas apresentam essas propriedades o trauma aumente o risco de a pessoa se tornar dependente.

Em geral, as mulheres correm risco maior e são mais propensas a respostas dissociativas ao serem ameaçadas, enquanto os homens tendem a ficar hipervigilantes. A reação hipervigilante pode se transformar em agressão, o que também é mais comum entre os homens. Entender essas diferenças, mas reconhecer que pessoas de ambos os gêneros apresentam as duas reações, pode ajudar na abordagem de crianças.

É importante lembrar que, como as respostas dissociativas são basicamente invisíveis, as meninas traumatizadas chamam menos atenção dos professores e outras autoridades, enquanto os meninos entram mais em apuros por suas reações agressivas e visíveis. Temos que estar atentos aos dois tipos de respostas e trabalhar para que as crianças traumatizadas possam desenvolver seu potencial.

Observe que: poder se movimentar livremente e, em especial, fazer coisas úteis, como dar um recado, e outras tarefas que façam as crianças se levantarem da cadeira e andarem pela escola são muito importantes e, diferentemente do que se pensa, permitem que se concentrem mais por terem mais chances de se restaurar e se regular. Incorporar oportunidades como brincar, andar, dançar e correr faz bem à saúde mental e física.

CAPÍTULO 9: "MAMÃE ESTÁ MENTINDO. MAMÃE ESTÁ ME MACHUCANDO. POR FAVOR CHAMEM A POLÍCIA"

1. A coisa mais importante que deve ser reconhecida sobre o distúrbio do apego reativo é que ele é raro; é causado por ambientes precoces extremamente anômalos, como os orfanatos, ou pela perda prematura de figuras parentais. E isso envolve comportamento frio, antissocial e manipulador, muitas vezes alternado com reações afetivas indiscriminadas a estranhos. Além disso, lembre-se de que não é possível ter compreensão real da capacidade relacional ou cognitiva de alguém que esteja muito desregulado. Frequentemente, os problemas cognitivos e de "apego" são resolvidos quando os sistemas de reação de estresse da criança estão calmos.

2. O comportamento aparentemente afetuoso dessas crianças com estranhos não é uma reação emocional genuína, mas um tipo de "submissão" destinado a agradar àqueles que serão os próximos cuidadores.

3. Condições raras como a Síndrome de Münchausen por procuração são facilmente confundidas com síndromes mais comuns, e, como o diagnóstico errôneo dessas condições pode causar graves consequências para as famílias, lembre-se de descartar as explicações mais prováveis.

4. Mais uma vez, conheça o máximo possível a vida da criança por várias fontes e enfatize as boas histórias!

CAPÍTULO 10: A GENTILEZA DAS CRIANÇAS

1. O "desenvolvimento fragmentado" é a ideia de que uma área de funcionamento se desenvolve normalmente e outras, não. Por exemplo, uma criança exibe força apropriada à idade em um domínio, como excelente funcionamento motor (nos esportes), mas está quatro anos atrasada em habilidades sociais e intelectualmente dois anos atrás dos colegas. O funcionamento dependente refere-se à mudança de funcionamento quando saímos de um estado, como estar calmo, e entramos em outro, como sentir medo. Todos nós experimentamos essas mudanças; um exemplo é nos comportarmos de maneira imatura e irritável quando estamos cansados, dormimos mal ou estamos doentes. Em

crianças traumatizadas e com problemas de desenvolvimento, essas mudanças costumam ser rápidas e extremas: num minuto a criança está funcionando muito bem na classe, no minuto seguinte está no chão, aos gritos.

Entender o que desencadeia essas mudanças e "atender a criança aonde ela estiver", e saber como lidar com isso, é desafiador e muitas vezes frustrante, porque os ataques são aleatórios e inesperados. Essa é outra razão para acreditar que, para os sistemas, o progresso não é linear e leva tempo para mudar. Lembre-se de reconhecer o "estágio" em que a criança está (seu desenvolvimento motor, social, emocional e cognitivo) e seu "estado" de excitação (calma, alerta, alarmada, com medo, aterrorizada).

2, 3. O mais importante entender sobre essas crianças é que o estresse é um provável gatilho de regressão. Por elas serem tão reativas, pequenos estressores podem ativar esse gatilho: quando os sistemas de reação de estresse são ativados, as redes corticais correspondentes se desligam. Quanto mais desreguladas são as crianças, menos acesso têm às redes mais maduras do cérebro. Quando entram em "pânico", funcionam mais como um bebê carente que como um adolescente de quinze anos.

Paciência, rotina, estrutura e previsibilidade podem reduzir o problema. Entrar em sintonia com o grau de desenvolvimento da criança em momentos específicos e realizar determinadas atividades – e fornecer informações apropriadas a esse estágio, com inúmeras repetições – ajudam as regiões menos desenvolvidas do cérebro a recuperar o atraso e evita que as crianças caiam na "zona de pânico" com frequência.

4. Muitas vezes, dissemos que as crianças são naturalmente cruéis e descuidadas e historicamente vimos o *bullying* como inevitável, mas a realidade é muito mais complexa. O *bullying* de crianças consideradas "diferentes", como Peter, depende do contexto: enquanto algumas escolas e sociedades fingem não ver, outras trabalham ativamente a inclusão e a tolerância.

A visita do Dr. Perry à escola de Peter ajudou a classe a entender seu comportamento estranho e, ao fazê-lo, neutralizou o medo e a rejeição que ocorrem com frequência quando as crianças se deparam com o diferente. Mostrar como o cérebro se desenvolve explicou o que a classe achava estranho e assustador em Peter e o ajudou a obter o apoio social que lhe faltava.

Em geral, os alunos que aprendem sobre o funcionamento do cérebro reconhecem que existem diferenças entre seus pares e que essas diferenças não devem ser temidas. Reconhecem que existem temperamentos e personalidades diferentes e que outras pessoas experimentam o mundo de outra maneira, algumas com comportamentos incomuns. Reconhecem também os próprios medos e os acabam vencendo por meio dos relacionamentos, dos exercícios, da música, dormindo e comendo melhor. Entender o próprio cérebro conduz à empatia, à maior compreensão do outro e à consciência de que ajudar um semelhante não é só melhor para todos, mas é fonte de prazer e alegria.

Nota adicional: qualquer instituição que trabalha com crianças precisa saber que é importante os adultos aprovarem o comportamento "natural" dessas crianças. Elas temem "naturalmente" o diferente, mas podem aprender a vencer esse medo com experiências como a que o Dr. Perry proporcionou a Peter e seus colegas.

Ainda mais importante, esse modelo de inclusão em escolas e comunidades que não toleram o *bullying* não só reduz os problemas de comportamento na infância como o uso de drogas entre adolescentes, a violência e os problemas de saúde mental dos adultos.

CAPÍTULO 11: COMUNIDADES TERAPÊUTICAS

1. Este é o lugar para reforçar a importância dos relacionamentos na saúde física e diminuir o impacto do estresse. Nosso cérebro está preparado para confiar no próximo para nosso conforto e nos curarmos: as regiões sociais cerebrais modulam os sistemas de estresse e são a base das conexões humanas. No início da vida, bebês dependem dos pais para modular o estresse: os sistemas cerebrais de estresse bem desenvolvidos têm raízes na educação familiar adequada.

O estresse descontrolado afeta o corpo por meio do cérebro: impactando a saúde mental por intermédio dos muitos circuitos cerebrais, o estresse aumenta a probabilidade de desenvolvermos diabetes, doenças cardíacas e outros problemas de saúde pelo sistema nervoso autônomo, pelo sistema neuroendócrino e pelos sistemas neuroimunes, bem como nos levam a adotar comportamentos insalubres de alto risco, como fumar e comer em excesso.

2, 3. É evidente que existe uma infinidade de maneiras de melhorar a saúde relacional das crianças. São desde pequenas atitudes (mas importantes!), como cumprimentar os adultos – diretores, funcionários administrativos e professores, o motorista do ônibus, aqueles que servem na lanchonete e outros –, até manter com eles interações agradáveis e divertidas. É importante que todos reconheçam que o humor e o nível de ansiedade de cada um podem afetar as crianças. Ações inovadoras são definitivamente importantes e necessárias para aumentar a quantidade e melhorar a qualidade dos relacionamentos.

AGRADECIMENTOS

RECONHECIMENTOS DE BRUCE D. PERRY:

Os que mais contribuíram para este livro são aqueles que não posso identificar pelo nome: as centenas de crianças maltratadas e traumatizadas que continuam moldando minha compreensão da evolução da condição e das necessidades terapêuticas delas. Sinto-me honrado por ter trabalhado com cada uma delas e agradeço-lhes a coragem e a disposição de compartilhar seu sofrimento em benefício de tantas outras. Espero que a força e a atitude dessas crianças saltem destas páginas e que eu tenha feito justiça às suas histórias de vida.

Também quero agradecer a vários cientistas e médicos pesquisadores brilhantes e talentosos pela sabedoria e orientação ao longo da minha carreira profissional. Entre eles os Drs. Seymour Levine, Charles Sorenson, David U'Prichard, Jon Stolk, Earl Giller e Steve Southwick. Agradeço aos meus mentores, em especial aos Drs. Jarl Dyrud e Richard Kaufman. Além deles, tive a sorte de ter vários mentores administrativos que dispuseram seu tempo, espaços laboratoriais, recursos e orientação, principalmente os Drs. Bennett Leventhal e Stuart Yudofsky. Também merecem ser mencionados meus principais colaboradores em neurociência, os Drs. Lewis Seiden, Al Heller e Bill Woolverton.

Sou profundamente grato aos Drs. Lenore Terr, Robert Pynoos e Frank Putnam e a muitos outros médicos pesquisadores e pioneiros que tanto me inspiraram. O espaço não me permite listar todos eles.

Também quero reconhecer aqui o trabalho e a inspiração do autor e advogado Andrew Vachss. Em todos esses anos, ele tem me ajudado com sua sabedoria e orientação a estruturar meu trabalho. E a fazer as perguntas certas. Foi meu Norte em um mundo obscuro.

Agradeço aos colegas e aos funcionários atuais e antigos da The Child Trauma Academy. A compaixão que esses médicos sentem pelas crianças problemáticas é inspiradora e a estimulação intelectual que oferecem é inestimável. O primeiro entre os iguais é o Dr. Robin Fancourt, pediatra notável e altruísta que transformou um país inteiro com seus esforços. Agradeço especialmente à atual liderança da The Child Trauma Academy, Jana Rosenfelt, ao Dr. Chris Dobson e a Stephanie Schick, e a meus atuais colaboradores de pesquisa clínica inicial na CTA, os Drs. Rick Gaskill e Gizane Indart. O trabalho de todos esses anos tem recebido o apoio de muitas pessoas generosas e compreensivas. Gostaria de agradecer especialmente a Irving Harris, Jeffery Jacobs, Maconda Brown O'Connor e Richard e Meg Weekley. Também agradeço a Jo Ann Miller, diretora editorial da Basic Books, pelo apoio e pela escultura editorial, e ao nosso agente Andrew Stuart, pelo árduo trabalho e incentivo ao longo do projeto.

Meu maior agradecimento, no entanto, é à minha família. Meu pai, Duncan, e minha mãe, Donna, têm muitas qualidades: curiosidade, humor, solidariedade e zelo. Minhas qualidades refletem o que recebi quando criança. Por isso e por muito mais sou profundamente grato a eles. Mas de toda minha família minha maior gratidão reservo à minha esposa, Barbara. Ela tolerou minhas mudanças, o tempo longe de casa, muito tempo dedicado ao trabalho e a mim, de modo geral. Nossos filhos são minha maior alegria e meus maiores mestres. Minha família continua me dando o amor, a força, o apoio e a inspiração que me sustentam.

Por fim, este livro existe por causa de Maia Szalavitz. Sou extremamente grato a ela por termos começado essa colaboração. É uma escritora assídua e disciplinada, com notável capacidade de digerir os conceitos científicos das muitas disciplinas e traduzi-los para o leitor. Mais que isso, tem um grande coração. Espero que você tenha gostado de ler este livro tanto quanto gostamos de escrevê-lo.

Tudo o que escrevi antes é a mais pura verdade, e continuo sendo um homem de sorte e agradecido. Há dez anos tenho me beneficiado da coragem e das percepções das crianças e das famílias com as quais trabalhei. É inspirador ver a resiliência e a humildade com que tantos carregam o fardo da perda, do sofrimento, do trauma. Meu crescimento profissional foi auxiliado pela amizade de colegas como a dos Drs. Kristie Brandt, Gene Griffin, Stuart Ablon, Sandy Bloom, Nelba Marquez-Greene e Ed Tronick. O trabalho da

The Child Trauma Academy tem expandido, e sou grato pelo trabalho e pela liderança de Jana Rosenfelt, Emily Perry, Diane Vines e Steve Graner. Os Drs. Erin Hambrick e Thomas Brawner (o gênio da big data) participaram de nossas pesquisas. O modelo de avaliação que incluímos na internet só foi possível graças ao brilhantismo e ao cuidado de Rob Smith. Por fim, sou grato ao trabalho da The Child Trauma Academy Fellows, aos associados e a todos da nossa rede de aprendizagem da TMN e do MNE. São muitos para citar, mas visite o site ChildTrauma.org para conhecer a notável colaboração de profissionais dedicados com os quais tive a sorte de trabalhar.

AGRADECIMENTOS DE MAIA SZALAVITZ:

Foi uma grande honra trabalhar com um dos meus heróis cientistas, Bruce D. Perry; eu não poderia colaborar com ninguém melhor. Agradeço em primeiro lugar à sua bondade, sabedoria, generosidade, apoio e inspiração e por me permitir participar da feitura deste livro. Como autora de ciências, minha ideia de paraíso é fazer perguntas importantes a grandes mentes, e este projeto envolveu exatamente isso. Também devo elogios ao nosso agente Andrew Stuart, por sua orientação e clareza na estruturação do livro, desde a proposta até o final, e a Jo Ann Miller, pela edição elegante e todo suporte. Minha gratidão especial a Lisa Rae Coleman, pela boa transcrição, amizade e perspicácia, e a Trevor Butterworth e à Stats.org, pelo apoio contínuo. Minha mãe, Nora Staffanell, e meu pai, Miklos Szalavitz, meus irmãos Kira Smith (e seus filhos Aaron, Celeste e Eliana), Sarah e Ari Szalavitz também merecem crédito. Como sempre, minha gratidão também vai para Peter McDermott, por tornar meu trabalho e minha vida melhores.

ÍNDICE REMISSIVO

A

abandono 7, 10, 15, 16, 19, 77, 93, 99, 101, 103, 113, 114, 119, 120, 122, 123, 125, 128, 130, 132, 133, 135, 136, 137, 141, 142, 145, 146, 148, 149, 151, 158, 179, 192, 197, 199, 202, 205, 208, 215, 219, 220, 230, 231, 232, 233, 234, 235, 236, 242, 262, 266, 267, 268, 271, 272, 274, 277, 280, 285, 289, 291, 296, 303, 304, 305
abuso 16, 17, 18, 19, 25, 37, 39, 47, 68, 72, 74, 77, 99, 100, 104, 105, 135, 147, 151, 153, 154, 155, 156, 157, 158, 159, 160, 161, 164, 165, 168, 169, 173, 177, 178, 179, 181, 182, 183, 196, 197, 199, 218, 219, 223, 229, 230, 235, 244, 252, 254, 256, 268, 274, 277, 279, 286, 287, 291, 292, 296, 299, 303, 307, 308
abusos 22, 26, 36, 37, 39, 46, 107, 151, 156, 168, 176, 197, 199, 215, 252, 255, 267, 291
adolescente 41, 126, 132, 136, 145, 146, 149, 157, 162, 171, 196, 265, 266, 310
adolescentes 11, 68, 73, 103, 105, 106, 114, 116, 119, 142, 145, 149, 178, 179, 209, 217, 222, 224, 226, 227, 265, 311
adrenalina 36, 48, 72, 73, 299
adultos 7, 10, 12, 15, 16, 17, 18, 22, 25, 28, 38, 47, 49, 54, 57, 67, 80, 84, 85, 95, 108, 127, 137, 140, 151, 152, 153, 154, 156, 157, 160, 162, 170, 182, 191, 193, 203, 204, 205, 206, 208, 212, 215, 218, 219, 220, 222, 226, 235, 240, 255, 259, 260, 261, 269, 273, 286, 295, 297, 299, 301, 302, 303, 304, 311
agressividade 53, 82, 97, 98, 105, 121, 180, 244
agressor 21, 22, 35, 41, 55, 174, 178, 181, 182, 196, 308
alunos 76, 187, 224, 239, 248, 259, 281, 292, 310
amígdala 73, 265
amor 2, 3, 19, 34, 51, 67, 71, 76, 90, 92, 95, 96, 102, 111, 115, 118, 119, 120, 121, 138, 147, 148, 158, 162, 180, 211, 213, 215, 221, 225, 268, 303, 314
analfabetismo 134, 154
analgésicos 48

anfetaminas 48
ansiedade 16, 47, 54, 64, 74, 81, 90, 94, 118, 133, 138, 146, 173, 177, 178, 259, 266, 270, 311
antidepressivos 48, 192, 194, 195

B

bebê 27, 28, 29, 30, 89, 92, 93, 94, 95, 96, 98, 99, 100, 111, 113, 114, 121, 122, 134, 135, 137, 139, 140, 149, 166, 167, 186, 192, 205, 208, 209, 211, 219, 220, 245, 302, 310
bebês 41, 59, 67, 74, 75, 87, 89, 90, 93, 94, 99, 134, 137, 140, 153, 160, 167, 168, 198, 203, 204, 210, 211, 220, 221, 273, 290, 311
biológico 64, 167, 192, 199, 218

C

cardíaca 23, 140, 146, 164, 165, 167, 171, 172, 186, 232, 242, 305
cerebrais 22, 32, 33, 35, 36, 47, 50, 52, 59, 75, 91, 108, 109, 116, 117, 128, 136, 139, 205, 222, 241, 242, 244, 291, 306, 311
cérebro 9, 10, 15, 18, 19, 24, 31, 32, 33, 34, 35, 36, 37, 38, 39, 40, 41, 42, 47, 48, 49, 50, 51, 52, 55, 56, 57, 58, 59, 62, 63, 72, 73, 74, 75, 76, 78, 84, 88, 89, 90, 91, 94, 95, 96, 100, 102, 103, 104, 108, 114, 115, 119, 120, 121, 122, 124, 125, 127, 128, 130, 131, 132, 134, 136, 137, 139, 141, 143, 144, 148, 149, 152, 153, 157, 158, 172, 173, 175, 179, 180, 181, 182, 185, 186, 187, 192, 195, 202, 203, 205, 206, 207, 209, 210, 211, 212, 213, 220, 221, 222, 224, 225, 226, 227, 229, 230, 232, 233, 235, 236, 237, 240, 241, 242, 243, 244, 245, 249, 253, 254, 259, 260, 264, 265, 270, 272, 275, 280, 281, 285, 286, 289, 291, 292, 295, 296, 300, 301, 302, 305, 306, 310, 311
cocaína 48, 50, 51, 97, 179, 308
coração 5, 28, 33, 34, 37, 63, 72, 76, 93, 103, 104,

113, 120, 139, 140, 165, 166, 171, 172, 264, 290, 303, 314
córtex 33, 34, 40, 52, 58, 73, 74, 92, 115, 117, 128, 207, 233, 242, 244, 249, 259, 265, 275, 282, 305
criança 10, 16, 18, 21, 23, 27, 28, 29, 32, 33, 42, 43, 44, 45, 46, 47, 49, 50, 52, 60, 63, 64, 71, 72, 74, 76, 77, 80, 82, 85, 86, 87, 88, 89, 90, 91, 92, 93, 94, 95, 96, 97, 98, 99, 101, 105, 111, 112, 114, 116, 120, 122, 123, 124, 125, 126, 127, 128, 129, 130, 133, 134, 135, 136, 140, 142, 143, 147, 148, 152, 153, 155, 156, 157, 158, 159, 160, 165, 167, 169, 177, 182, 186, 189, 191, 192, 193, 194, 195, 196, 197, 198, 199, 202, 203, 204, 205, 206, 207, 213, 216, 218, 219, 220, 221, 222, 223, 225, 226, 227, 232, 238, 239, 242, 243, 244, 245, 246, 251, 252, 254, 255, 256, 257, 259, 260, 261, 262, 265, 268, 270, 272, 273, 274, 275, 276, 277, 278, 279, 281, 282, 283, 286, 287, 288, 289, 290, 291, 293, 296, 297, 298, 299, 300, 301, 302, 303, 304, 309, 310, 314
crianças 2, 3, 5, 7, 9, 11, 12, 13, 15, 16, 17, 18, 19, 21, 22, 25, 26, 29, 30, 32, 37, 41, 43, 45, 46, 49, 50, 51, 53, 55, 59, 60, 63, 67, 68, 69, 70, 71, 72, 73, 74, 75, 76, 77, 78, 79, 80, 81, 82, 83, 84, 85, 86, 87, 89, 92, 93, 95, 96, 97, 99, 100, 103, 108, 111, 113, 115, 116, 117, 121, 122, 125, 128, 129, 131, 132, 133, 134, 135, 136, 137, 138, 141, 142, 145, 146, 147, 148, 149, 151, 152, 153, 154, 155, 156, 157, 158, 159, 160, 161, 162, 163, 164, 165, 167, 168, 169, 170, 174, 175, 180, 182, 183, 189, 191, 192, 193, 194, 195, 196, 197, 198, 199, 201, 202, 203, 204, 205, 208, 209, 210, 211, 212, 215, 216, 218, 219, 220, 221, 222, 223, 225, 226, 227, 229, 230, 233, 234, 235, 237, 238, 239, 240, 242, 243, 244, 248, 252, 253, 254, 256, 258, 259, 260, 261, 262, 263, 266, 267, 268, 269, 270, 271, 272, 273, 274, 275, 276, 277, 278, 279, 280, 281, 282, 285, 286, 287, 288, 289, 290, 291, 292, 293, 295, 296, 297, 298, 299, 300, 301, 302, 303, 304, 305, 306, 307, 308, 309, 310, 311, 313, 314

D

déficit 15, 37, 46, 60, 91, 93, 96, 97, 119, 122, 133, 280
déficits 34, 267
depressão 15, 62, 133, 137, 139, 160, 180, 183, 217, 260, 270
diagnóstico 15, 24, 25, 47, 60, 93, 115, 156, 160, 192, 193, 197, 202, 217, 234, 236, 240, 280, 309
diencéfalo 33, 34, 282, 296
distúrbios 24, 46, 47, 60, 88
doença 87, 119, 155, 171, 197, 198, 199, 251, 265
dopamina 48, 50, 118, 179
droga 25, 50, 51, 62, 174, 181
drogas 35, 48, 50, 89, 92, 98, 112, 146, 157, 171, 173, 178, 179, 180, 181, 218, 222, 263, 271, 277, 292, 308, 311

E

emocional 10, 11, 18, 26, 30, 89, 92, 93, 101, 103, 105, 109, 145, 152, 168, 170, 186, 206, 208, 213, 235, 240, 242, 244, 247, 259, 262, 269, 270, 288, 290, 292, 297, 298, 300, 304, 305, 307, 309, 310
empatia 19, 95, 103, 105, 109, 110, 116, 117, 123, 147, 148, 158, 192, 194, 220, 221, 222, 224, 277, 290, 296, 304, 307, 311
encefálico 33, 34, 59, 73, 133, 137, 139, 140, 141, 143, 207, 232, 242, 244, 282, 296, 305
encefalinas 48, 173
endógenos 48, 59, 307
Endorfinas 173
estresse 11, 15, 19, 22, 32, 34, 35, 36, 37, 39, 40, 47, 48, 50, 51, 52, 53, 57, 59, 61, 62, 63, 72, 73, 75, 76, 79, 94, 95, 98, 99, 108, 114, 118, 121, 122, 133, 137, 139, 140, 147, 149, 159, 160, 165, 173, 179, 181, 182, 195, 203, 207, 220, 222, 225, 231, 240, 243, 244, 245, 246, 249, 254, 255, 256, 257, 270, 271, 275, 276, 281, 286, 287, 289, 293, 296, 298, 299, 301, 302, 305, 309, 310, 311
estressores 47, 59, 95, 181, 245, 255, 256, 267, 276, 310

F

família 21, 23, 24, 26, 28, 29, 30, 31, 36, 52, 53, 64, 73, 75, 77, 79, 88, 89, 105, 108, 110, 111, 112, 120, 121, 124, 132, 134, 135, 146, 147, 148, 152, 153, 155, 156, 157, 161, 168, 177, 191, 198, 201, 202, 205, 206, 213, 216, 217, 219, 220, 232, 233, 251, 261, 262, 266, 268, 270, 275, 276, 277, 278, 279, 283, 288, 303, 314
familiares 44, 47, 50, 56, 76, 83, 103, 195, 205, 209, 227, 249, 262
filha 21, 27, 52, 88, 91, 93, 96, 100, 101, 102, 103, 123, 125, 134, 162, 169, 171, 172, 173, 176, 178, 188, 189, 303
filho 21, 22, 23, 32, 33, 95, 97, 98, 101, 110, 111, 112, 113, 121, 134, 135, 138, 139, 141, 148, 163, 193, 194, 196, 197, 198, 199, 201, 205, 207, 208, 226
filhos 17, 19, 26, 27, 30, 32, 52, 67, 89, 90, 92, 97, 99, 101, 109, 111, 112, 127, 129, 134,

135, 138, 139, 140, 142, 143, 148, 152,
154, 155, 157, 159, 161, 162, 164, 169,
192, 193, 196, 198, 199, 219, 220, 221,
222, 223, 225, 227, 259, 274, 276, 277,
278, 280, 289, 293, 314, 315

G

genética 109, 116, 118, 120, 146, 147, 197, 198,
234, 235, 236, 253, 279

H

heroína 35, 48, 50, 59, 173, 174, 179, 180, 307
homem 25, 42, 52, 55, 57, 68, 71, 127, 162, 164,
165, 170, 175, 181, 201, 314
hormônios 72, 95, 96, 100, 137, 139, 140
humana 19, 22, 31, 32, 34, 50, 76, 84, 90, 91, 103,
114, 140, 144, 215, 216, 217, 219, 221,
224, 254, 264, 266, 282, 303
humanas 34, 89, 90, 94, 119, 192, 197, 211, 215,
217, 264, 303, 311
humanidade 18, 19, 28, 107, 220, 222, 303
humano 19, 24, 31, 33, 34, 42, 50, 51, 75, 76, 84,
89, 91, 94, 95, 96, 104, 112, 114, 120,
137, 142, 156, 162, 185, 207, 209, 213,
217, 220, 221, 234, 241, 242, 267, 305
humanos 15, 18, 19, 33, 34, 35, 57, 62, 75, 76, 90,
116, 140, 144, 163, 170, 194, 215, 217,
219, 220, 223, 224, 259, 261, 265, 270,
278, 288
humor 35, 48, 76, 101, 131, 183, 186, 232, 273,
288, 302, 311, 314

I

ideologia 159
infância 10, 12, 15, 17, 19, 32, 38, 50, 62, 65,
73, 86, 88, 89, 91, 94, 95, 102, 103, 108,
111, 116, 119, 122, 123, 127, 131, 132,
134, 138, 148, 152, 155, 157, 172, 179,
197, 199, 221, 222, 223, 234, 235, 242,
251, 267, 269, 278, 279, 290, 292, 293,
304, 311
infantil 2, 3, 13, 15, 18, 21, 23, 25, 31, 38, 43, 88,
89, 98, 105, 133, 134, 138, 149, 151, 155,
158, 163, 171, 176, 196, 197, 199, 223,
235, 251, 254, 261, 270, 274, 291, 303

L

límbico 33, 34, 58, 73, 92, 115, 282, 305, 306

M

mãe 21, 22, 23, 26, 27, 29, 30, 32, 37, 41, 43, 44,
45, 49, 52, 55, 56, 61, 73, 80, 82, 88, 89,
92, 93, 94, 95, 96, 97, 98, 100, 101, 102,
103, 110, 111, 112, 113, 114, 115, 120,
122, 123, 125, 127, 134, 138, 139, 140,
142, 146, 147, 152, 154, 159, 165, 166,
168, 169, 171, 172, 173, 175, 176, 177,
178, 181, 186, 187, 188, 189, 192, 193,
194, 195, 198, 199, 201, 204, 205, 208,
219, 225, 254, 257, 274, 276, 277, 278,
280, 286, 287, 293, 299, 305, 314, 315
maus-tratos 9, 10, 11, 16, 43, 152, 155, 175, 191,
216, 244, 275
medicamentos 15, 35, 133, 141, 192, 203, 215
medicina 11, 15, 22, 97, 171, 181, 230, 233, 236,
264, 273
médico 2, 21, 22, 23, 24, 28, 31, 47, 53, 54, 62,
71, 72, 87, 93, 98, 100, 105, 128, 129,
171, 174, 195, 197, 236
medula 34
memória 19, 39, 40, 41, 44, 50, 51, 52, 56, 63, 75,
90, 95, 151, 152, 156, 159, 160, 174, 253,
256, 257, 273, 291, 305, 306, 307
menino 1, 2, 3, 5, 9, 10, 11, 12, 13, 18, 19, 22, 42,
80, 81, 82, 97, 98, 105, 115, 119, 121,
125, 126, 127, 128, 129, 132, 135, 145,
153, 161, 162, 164, 165, 166, 167, 191,
192, 193, 194, 195, 196, 199, 201, 202,
203, 205, 209, 212, 229, 230, 231, 267,
282, 290, 304, 305, 306
mulher 21, 97, 100, 106, 110, 127, 134, 154, 156,
158, 162, 163, 219, 230, 277
mulheres 17, 22, 59, 81, 101, 112, 119, 139, 179,
197, 198, 199, 217, 308

N

National Geographic 2
neurobiologia 32, 94, 192, 194, 226, 254, 259,
265, 266
neurobiológicos 50
neurociência 11, 12, 13, 22, 31, 32, 35, 151, 185,
251, 253, 255, 264, 265, 285, 313
neurologista 172
neurônios 33, 35, 36, 51, 73, 91, 95, 120, 121,
185, 186, 194, 253
neuroquímica 73
noradrenalina 36, 48, 72, 73, 179

O

órfão 18
overdose 152, 171, 174, 192, 194, 195, 196

P

paciente 18, 21, 23, 28, 30, 32, 88, 127, 175, 176,
184, 194, 196, 197, 201, 202, 216, 227,
252, 267, 274, 297
pais 7, 16, 17, 18, 19, 32, 46, 47, 53, 57, 61, 67,
70, 73, 77, 84, 85, 89, 90, 91, 92, 93, 94,
97, 101, 105, 109, 110, 111, 112, 113,
114, 121, 122, 127, 132, 134, 135, 136,
137, 138, 139, 140, 141, 142, 143, 147,

148, 151, 153, 154, 155, 156, 158, 159, 160, 161, 164, 165, 166, 167, 168, 169, 177, 179, 182, 189, 191, 192, 193, 194, 195, 196, 197, 198, 199, 202, 203, 204, 205, 206, 208, 210, 211, 212, 216, 218, 219, 220, 221, 222, 224, 227, 235, 239, 246, 248, 251, 252, 255, 259, 262, 263, 267, 268, 269, 272, 273, 276, 278, 280, 282, 289, 290, 291, 293, 303, 304, 311
parentais 139, 199, 309
parental 103, 154, 157
pediatras 10, 97, 100, 211, 272
professor 13, 43, 54, 60, 76, 135, 148, 239, 243, 244, 259, 266, 275, 280, 281, 299
professores 10, 37, 46, 57, 60, 97, 98, 110, 113, 114, 115, 138, 142, 181, 182, 205, 212, 224, 238, 246, 259, 267, 272, 273, 275, 280, 282, 291, 293, 301, 303, 304, 308, 311
psicológico 15, 18, 59, 135
psicólogos 10, 31, 88, 97, 138, 141, 143, 202, 233, 273
psiquiatras 10, 15, 31, 47, 72, 97, 109, 138, 141, 143, 191, 192, 202, 263, 267, 272
psiquiatria 11, 15, 21, 22, 23, 25, 28, 31, 35, 38, 43, 47, 68, 97, 98, 126, 180, 196, 197, 251, 261, 264, 285

R

raiva 67, 83, 97, 98, 103, 105, 109, 115, 121, 123, 142, 147, 157, 166, 181, 187, 194, 216, 288, 302

S

sexo 22, 41, 42, 89, 106, 118, 157, 163, 230, 303
sexuais 21, 22, 36, 39, 42, 68, 107, 109, 155, 168, 215, 218, 230
sexual 16, 19, 21, 25, 39, 42, 47, 68, 74, 85, 151, 154, 155, 156, 157, 161, 177, 179, 196, 218, 229, 230, 235, 242, 244, 252, 254, 255, 286, 287, 291, 296, 307
sintomas 15, 16, 24, 25, 26, 31, 32, 33, 34, 36, 37, 39, 47, 48, 55, 56, 58, 59, 60, 68, 69, 74, 79, 83, 85, 98, 119, 133, 136, 159, 160, 165, 174, 180, 182, 183, 192, 197, 203, 215, 234, 235, 236, 255, 257, 260, 263, 267, 280, 287, 292
sono 16, 34, 35, 48, 53, 59, 64, 68, 139, 180, 220, 266, 270

T

terapeuta 32, 43, 44, 64, 79, 107, 131, 133, 135, 138, 152, 157, 160, 166, 188, 189, 193, 208, 215, 227, 286
terapeutas 18, 46, 106, 138, 141, 152, 155, 156, 157, 191, 192, 194, 196, 199, 204, 210, 272, 273, 276, 306
terapêutica 80, 126, 145, 149, 208, 212, 227, 230, 232, 246, 252, 253, 276, 288, 300
terapia 11, 18, 22, 26, 27, 28, 33, 46, 55, 60, 61, 64, 79, 80, 86, 129, 131, 136, 138, 142, 143, 144, 149, 151, 153, 157, 158, 159, 160, 176, 181, 183, 189, 191, 193, 194, 196, 213, 215, 216, 226, 227, 230, 252, 253, 254, 257, 258, 259, 275, 285, 289, 290, 291, 292, 295, 296, 297, 304, 305, 306
transdisciplinar 233
transtorno 60, 97, 114, 116, 119, 122, 132, 133, 159, 180, 182, 192, 193, 198, 199, 235, 280
trauma 9, 10, 12, 13, 15, 16, 17, 18, 19, 36, 37, 38, 45, 49, 50, 51, 55, 56, 59, 60, 62, 63, 64, 69, 72, 75, 79, 86, 98, 118, 119, 136, 148, 149, 158, 159, 160, 165, 173, 174, 177, 178, 179, 180, 192, 197, 202, 213, 215, 227, 231, 232, 234, 235, 236, 238, 242, 245, 254, 255, 256, 257, 261, 262, 265, 266, 267, 268, 269, 270, 271, 272, 273, 277, 279, 280, 281, 282, 285, 286, 287, 288, 289, 292, 296, 303, 305, 306, 307, 308, 314
traumas 10, 12, 15, 16, 17, 18, 42, 46, 47, 49, 50, 60, 63, 68, 69, 72, 74, 84, 125, 133, 136, 159, 160, 173, 176, 179, 180, 189, 197, 199, 203, 215, 216, 219, 225, 227, 230, 235, 236, 243, 255, 257, 262, 263, 266, 269, 271, 276, 277, 278, 280, 281, 283, 285, 286, 292, 295, 307, 308
traumática 10, 47, 52, 60, 61, 62, 69, 72, 82, 132, 152, 174, 235, 253, 256, 268, 288, 297, 306
traumatologia 9, 11, 235, 279

V

violência 15, 16, 17, 19, 26, 47, 73, 76, 105, 116, 117, 123, 169, 179, 181, 209, 216, 223, 224, 235, 255, 256, 266, 296, 311
violento 19, 69, 119, 177, 244